Deutschbuch 9

Handreichungen für den Unterricht

Neue Ausgabe

Herausgegeben von
Bernd Schurf und Andrea Wagener

Erarbeitet von
Gerd Brenner, Ulrich Campe,
Günther Einecke, Dietrich Erlach, Ute Fenske,
Karlheinz Fingerhut, Margret Fingerhut,
Heinz Gierlich, Cordula Grunow,
Rolf Kauffeldt, Markus Langner,
Angela Mielke, Kerstin Muth,
Norbert Pabelick, Bernd Schurf
und Andrea Wagener

Cornelsen

INHALTSVERZEICHNIS

Vorwort 4

1 Fremd sein – Über Grenzsituationen informieren

Konzeption des Gesamtkapitels 14

1.1 Migration und Integration – Informationen auswerten 16
1.2 Begegnung mit dem Fremden – Parabeln entschlüsseln 24
1.3 Für die Begegnung verschiedener Kulturen werben 29

Lernerfolgskontrolle 30

2 Mode, ein tierisches Vergnügen? – Argumentieren und Erörtern

Konzeption des Gesamtkapitels 36

2.1 Diskutieren und Erörtern........ 38
2.2 Eine Rede analysieren und textgebunden erörtern 43
2.3 Protokoll einer Debatte.......... 48

Lernerfolgskontrolle 50

3 Fit für die Arbeitswelt – Berufe finden und sich bewerben

Konzeption des Gesamtkapitels 54

3.1 Was willst du werden? – Informieren und Präsentieren 56
3.2 Leben und Arbeit – Literarische Texte produktiv erschließen..... 63
3.3 Berufsbezogenes Sprechen und Schreiben................. 65

Lernerfolgskontrolle 68

4 Träume und Visionen – Kreatives Schreiben

Konzeption des Gesamtkapitels 72

4.1 Fantasie und Wirklichkeit – Zu Bildern schreiben 74
4.2 Texte durch Schreiben verstehen...................... 84
4.3 Bilder filmisch verlebendigen ... 93

Lernerfolgskontrolle 94

5 Ehre und Abenteuer – Begriffe untersuchen

Konzeption des Gesamtkapitels 100

5.1 Stolz und Ehre – Begriffen Bedeutungen zuordnen...................... 102
5.2 Gefahr, Ruhm, Abenteuer – Begriffe in Literatur und Sachtexten untersuchen................... 112
5.3 Projekt: Selbstdarstellung im Interview 119

Lernerfolgskontrolle 121

6 Zwischen Dialekt, Denglisch und PC – Sprache und Sprachkritik

Konzeption des Gesamtkapitels 124

6.1 „Kids" und „Pänz" – Sprachvarietäten 126
6.2 Männersprache, Frauensprache – Schreiben mit Witz und Verstand 135
6.3 „Political Correctness" – Umsichtiger Sprachgebrauch 139

Lernerfolgskontrolle 142

7 Das „schwarze Schaf" im „Stillen Ozean" – Richtig schreiben

Konzeption des Gesamtkapitels 150

7.1 Vom Wörterbuch zur Ratgeberliteratur – Rechtschreibproblemen begegnen..................... 152
7.2 Kommagefühl und Kommaregeln – Satzzeichen thematisieren 159
7.3 Die eigene Rechtschreibbiografie bedenken – Texte überarbeiten 164

Lernerfolgskontrolle 166

INHALTSVERZEICHNIS

8 Rausch der Geschwindigkeit – Textverständnis erarbeiten

Konzeption des Gesamtkapitels 168

8.1 Sachtexte und literarische Texte lesen und verstehen 170
8.2 Informationen ermitteln, vergleichen und bewerten 178
8.3 Projekt: Geschwindigkeit in modernen Medien recherchieren und präsentieren 181

Lernerfolgskontrolle 182

9 Beziehungsgefüge – Kurze Prosatexte interpretieren

Konzeption des Gesamtkapitels 188

9.1 Der Schritt aus der Familie – Kurzgeschichten analysieren ... 190
9.2 R. Dahl: „Lammkeule" – Kommunikation untersuchen 201
9.3 Kurzgeschichten umschreiben 207

Lernerfolgskontrolle 208

10 Dem Verbrechen auf der Spur – Alte und neue Krimis

Konzeption des Gesamtkapitels 212

10.1 T. Fontane „Unterm Birnbaum" – Eine Kriminalerzählung aus dem 19. Jh. analysieren 214
10.2 Moderne Kriminalgeschichten – Produktiv erschließen 221
10.3 „Tatort" – Das Strickmuster einer Krimireihe 227

Lernerfolgskontrolle 230

11 „Blueprint Blaupause" – Roman und Film im Vergleich

Konzeption des Gesamtkapitels 234

11.1 Handlung, Perspektive und Motive im Roman untersuchen 236
11.2 Die Sprache des Films 249
11.3 Rezensionen untersuchen 255

Lernerfolgskontrolle 256

12 Sehnsucht und Liebe – Motive in der Lyrik analysieren

Konzeption des Gesamtkapitels 260

12.1 „Und greife endlich nach den Sternen" – Motive im Spiegel der literarischen Epochen 262
12.2 Johann Wolfgang Goethe: „Willkommen und Abschied" – Eine Textanalyse schreiben..... 273
12.3 Projekt: Lyrik-Galerie zum Thema „Sehnsucht und Liebe"...... 277

Lernerfolgskontrolle 279

13 Bilder vom Anderen – Theaterstücke untersuchen

Konzeption des Gesamtkapitels 282

13.1 Max Frisch: „Andorra" – Wie Vorurteile und Stereotype wirken 284
13.2 „Schleichendes Gift ..." – Sprache im Nationalsozialismus 294
13.3 Themenabend: „Ab heute heißt du Sara" 297

Lernerfolgskontrolle 298

14 Die Macht der Medien – Sachtexte und Medien untersuchen

Konzeption des Gesamtkapitels 302

14.1 Informationen und Meinungen unterscheiden 304
14.2 Medien auf dem Prüfstand – Schriftlich Stellung nehmen ... 312
14.3 Projekt: „Podcasting" – Radiosendungen selbst gestalten 315

Lernerfolgskontrolle 316

15 Original und Fälschung – Den Computer nutzen

Konzeption des Gesamtkapitels 322

15.1 Internetrecherche 324
15.2 Perfekt präsentieren 329
15.3 Eine Website entwickeln 330

Vorwort

1 Zur Grundkonzeption des Lehrwerks

Das „Deutschbuch" ist ein **integratives Lehrwerk**. Es trennt den Deutschunterricht nicht in Sprach- und Literaturunterricht mit den traditionellen Leitmedien Sprachbuch und Lesebuch, sondern geht von der Erfahrung vieler Lehrerinnen und Lehrer aus, dass die Binnengliederung des Fachunterrichts in die Teildisziplinen „Sprache" und „Literatur" weder von den Gegenständen her gerechtfertigt ist noch dem pädagogischen Grundsatz entspricht, alles erfolgreiche Sprachlernen entwickele sich aus komplexen und realitätsnahen Lernsituationen heraus. Mündliche und schriftliche Mitteilungen, Gebrauchs- oder Sachtexte eröffnen die Möglichkeit, ihre sprachliche Verfasstheit zu thematisieren sowie die Bedingungen sprachlichen Handelns zu reflektieren. Literarische Texte weisen eine besondere sprachliche Komplexität auf, insofern sind sie besonders geeignete Objekte, um Sprachaufmerksamkeit zu erzeugen. Entsprechend ist die Integration von Sprache und Literatur im Fach Deutsch ein didaktisches Konzept, zu dem es eigentlich keine Alternative gibt. Auch die neue Generation der Lehrpläne verlangt die Integration der Teilbereiche des Faches in der konkreten Planung von Lernprozessen.

Integration im „Deutschbuch" heißt **Integration von den Gegenstandsstrukturen her und Integration von den intendierten Lernprozessen her**.

Ausgangspunkte der fünfzehn Kapitel, in die jeder Jahrgangsband gegliedert ist, sind im Sinne eines erfahrungsbezogenen Unterrichts Problemstellungen und Themen, die sich an der Alltagsrealität der Schülerinnen und Schüler orientieren. Sie erhalten ihre fachspezifische Ausprägung jeweils dadurch, dass in den auslösenden Lebens- und Lernsituationen Sprache und Kommunikation zum Problem werden oder literarische bzw. pragmatische Texte Erfahrungen anderer Menschen darlegen und zur Diskussion stellen.

Die konsequente Anknüpfung an die Lebenswelt der Schülerinnen und Schüler und an gesellschaftliche Schlüsselprobleme verlangt, dass das Integrationsprinzip an manchen Stellen auch die Bereiche des Faches Deutsch überschreitet und die Verbindung zu anderen Fächern herstellt. Dies gilt vor allem dann, wenn Unterricht handlungsorientiert (bis hin zum Projekt) angelegt werden soll und der zu erarbeitende oder zu erforschende Bereich nicht nur Sprache und Literatur umfasst. Hier schließt das fachimmanente Integrationsprinzip nahtlos an das fachübergreifende an. Das ist gerade im Deutschunterricht auch insofern gerechtfertigt, als in den Sachfächern ja häufig sprachlich und an Texten gearbeitet wird. Deswegen wird man im „Deutschbuch" Aufgabenstellungen finden, die auf Gegenstände, Textbeispiele oder Arbeitsergebnisse anderer Fächer zurückgreifen. Mit der Berücksichtigung der sprachlichen Dimension in den Sachfächern versucht das „Deutschbuch", einen Beitrag zur Überwindung der Aufsplitterung des schulischen Lernens und Arbeitens im künstlichen System der „Fächer" zu leisten. Dabei gewährleistet das Prinzip des exemplarischen Arbeitens eine angemessene Reduktion der Stofffülle.

1.1 Die Kompetenzbereiche und ihre Integration

Die neuen Bildungsstandards und Lehrpläne gliedern das Fach Deutsch in die Bereiche „Sprechen und Zuhören", „Schreiben", „Lesen – Umgang mit Texten und Medien" sowie „Reflexion über Sprache". Darüber hinaus heben die curricularen Standards die besonderen Anforderungen an Methoden und Lernstrategien des fachlichen und fachübergreifenden Arbeitens hervor.

Das „Deutschbuch" berücksichtigt die **Einteilung des Faches in Kompetenzbereiche** bei der Anordnung der einzelnen Kapitel. Die Kompetenzbereiche werden dabei in unterrichtspraktischer Hinsicht gebündelt und sowohl systematisch entfaltet als auch im Sinne des grundlegenden Integrationsprinzips miteinander verknüpft.

Wie in den vorangegangenen Bänden sind thematisch orientierte Kapitel den zentralen Arbeitsbereichen **„Sprechen – Zuhören – Schreiben", „Nachdenken über Sprache"** sowie **„Lesen – Umgang mit Texten und Medien"** zugeordnet. Den Abschluss bildet ein Kapitel, das methodisches Lernen zum Gegenstand hat. Der Bereich **„Arbeitstechniken und Methoden"** ist im „Deutschbuch" besonders hervorgehoben. In den jeweils abschließenden Kapiteln der einzelnen Bände werden übergreifende Lernstrategien und -techniken an fachlichen Inhalten exemplarisch eingeübt, so z. B. basale Lese- und Verstehenskompetenzen, Textüberarbeitung, Teamarbeit, Recherchestrategien, Techniken des Visualisierens und Präsentierens sowie die adäquate Nutzung des PCs. Darüber hinaus kommt das Methodenlernen in allen weiteren Kapiteln integriert zur Anwendung, beispielsweise das Durchführen und Protokollieren einer Debatte (Teilkapitel 2.3), Internetrecherche, PC-Präsentation und Anfertigung eines Portfolios zum Thema Beruf (Teilkapitel 3.1), Textüberarbeitungsstrategien im Rahmen von Schreibkonferenzen (Teilkapitel 7.3), die Gestaltung einer Radiosendung mittels „Podcasting" (Teilkapitel 14.3) sowie – in einzelnen Arbeitsaufträgen – z. B. das Entwickeln von Schaubildern, grafischen Darstellungen und Diagrammen (S. 18, 198, 235, 307, 312 und öfter), die Durchführung einer Fishbowl-Diskussion (S. 32) und vieles andere mehr.

Die Entscheidung für eine angemessene Berücksichtigung der Leitprinzipien „Schüler- und Wissenschaftsorientierung" ist nach dem Grundsatz getroffen: „So viel Situations- und Erfahrungsanbindung wie möglich, so viel Fachsystematik wie unbedingt nötig." Die Folge des durchgehend geforderten Prinzips **„Lernen in Zusammenhängen"** ist, dass das Lehrgangsprinzip im „Deutschbuch" nur noch dort Gültigkeit für die Organisation von Lernprozessen hat, wo fachlichem Klärungsbedarf anders nicht zu entsprechen ist, z. B. beim Aufbau einer grammatischen „Verkehrssprache" in Sachen Wortarten und Satzbau. Aber auch dort geht es nicht um das systematische Lernen von Regeln und Definitionen, sondern um operatives Erarbeiten und „(sprach-)entdeckendes" Lernen, das Sprachaufmerksamkeit fördert und kontinuierlich Sprachbewusstsein entwickelt. Einheiten des Rechtschreibunterrichts können sich zum Beispiel im Gefolge eines Schreibvorhabens oder aber im Anschluss an eine Sprachreflexion ergeben. Natürlich wird man auch die Grammatik als thematisiertes Sprachbewusstsein wiederfinden: Warum und wie unterteilen wir Wörter nach ihrer Leistung im Satz und nach ihren Bildungsregeln in „Wortarten", warum lernen wir verschiedene Satzfunktionen kennen? Aber es gibt immer Angebote, die Sprachreflexion mit anderen Bereichen des Deutschunterrichts thematisch zu verklammern. Schreib- und Lesesituationen, kommunikative Anlässe oder auch Sprachspiele ermöglichen Einsichten in Bauformen, Funktionen und Leistungen der Sprache.

1.2 Das Prinzip der Integration in den einzelnen Kapiteln

Integration bedeutet im „Deutschbuch" nicht das Hintereinanderschalten von Arbeitsteilen aus den verschiedenen Sektoren des Deutschunterrichts, Integration bedeutet vielmehr, dass traditionell unterschiedlich zugeordnete **fachspezifische Tätigkeiten der Schülerinnen und Schüler im Zusammenhang einer nachvollziehbaren Lernsituation** gemeinsam entwickelt werden. Aus dem Umgang mit literarischen Texten z. B. kann eine produktive Schreibaufgabe, eine analytische Operation, eine Rechtschreibübung oder eine Sprachbetrachtung erwachsen – je nach der konkreten Unterrichtskonstellation.

Die einzelnen Kapitel des „Deutschbuchs" sind nach dem Prinzip des **Dreischritts** aufgebaut:
- Im ersten Teilkapitel dominiert das systematische Arbeiten in einem der Kompetenzbereiche.
- Im zweiten Teilkapitel wird ein weiterer Bereich integriert.
- Das dritte Teilkapitel dient dem Anwenden, Üben und Vertiefen des zuvor Gelernten (bis hin zur Organisation eines Projekts).

Ein Farbsystem informiert über das jeweilige Zusammenspiel von dominanten und zugeordneten Bereichen.

Die Arbeitsaufträge verknüpfen den dominanten Kompetenzbereich mit dem ergänzenden oder erweiternden Bereich. Der Ausflug über die Grenzen der Bereiche hinaus erfolgt also nicht nur auf der Ebene der Materialien, sondern konkret auf der Ebene der einzelnen Tätigkeiten der Schülerinnen und Schüler. Ersatz- und Umstellproben etwa sind nicht nur Operationen des Grammatikunterrichts zur Bestimmung von Satzgliedern, sondern sie haben eine weitere Funktion beim Verbessern eigener Texte und beim Analysieren von Literatur.

Im dritten Schritt, dem der Übung und Festigung, werden die integrativen Momente dadurch verstärkt, dass nicht mehr klassifikatorisch unterschieden wird, wohin nun eine vorgeschlagene Tätigkeit gehört. Gerade das dritte Teilkapitel bietet ein didaktisch abgestimmtes, reichhaltiges Angebot zum Üben, Vertiefen und selbstständigen Anwenden des Gelernten, wie es die neuen Bildungsstandards und Lehrpläne nachdrücklich fordern.

Die Entscheidung für die dreigliedrige Grundstruktur der Kapitel sichert eine Zentrierung auf wesentliche Aspekte. Die Transparenz der Schrittfolge ermöglicht nicht nur eine schnelle Orientierung für die Lehrerin/den Lehrer, sondern fördert im Besonderen den organischen Aufbau des Lernprozesses, sodass die Schülerinnen und Schüler erhöhte Chancen der aktiven Teilnahme und des produktiven Verstehens erhalten. Die Kapitel sind nicht darauf angelegt, vollständig erarbeitet zu werden. Je nach Lernsituation und vorgesehenem Zeitrahmen können einzelne Teilkapitel oder auch nur wenige Abschnitte in der gewünschten Schwerpunktsetzung behandelt werden.

2 Weitere Besonderheiten des Konzepts

2.1 Lernen in Unterrichtsprojekten

Jeder Jahrgangsband enthält Projektvorschläge, die zwar einen fachspezifischen Ausgangspunkt haben, sich aber nicht auf das Fach Deutsch beschränken, sondern Aspekte anderer Fächer mit einbeziehen. Aus der Didaktik des Projektunterrichts stammen die beiden wichtigsten pädagogischen **Prinzipien des handlungs- und erfahrungsorientierten Lernens und des selbst organisierten und selbsttätigen Arbeitens in Gruppen.** Aus der Fachdidaktik stammen die Prinzipien der besonderen Berücksichtigung des sprachlichen Anteils an den Lernprozessen. Dabei können unterschiedliche Texte, Schreib-, Lese- und Sprachverwendungssituationen zur Verständigung der Teilnehmer und zur Organisation der Arbeit dienen.
Der Anteil „Deutsch" ist weder zu unterteilen in „Sprechen – Zuhören – Schreiben" oder „Lesen – Umgang mit Texten und Medien" noch abzugrenzen gegenüber Fächern wie z. B. Religionslehre/Ethik, Geschichte oder Politik; je nach Thema auch nicht gegenüber Fächern wie Fremdsprachen, Erdkunde, Musik oder Kunst.

2.2 Fachübergreifendes Lernen

Nicht nur in den projektorientierten Teilkapiteln ist fachübergreifendes Arbeiten sinnvoll. Auch in den übrigen Kapiteln finden sich Fachgrenzen überschreitende Arbeitsschritte. So sind zum Beispiel in Kapitel 1 (S. 24) die Fächer Mathematik und Deutsch in Bezug zueinander gesetzt, in Kapitel 4 (S. 76 bis 94) und Kapitel 12 (S. 267/68) die Fächer Deutsch und Kunst, in Kapitel 5 (S. 109) die Fächer Deutsch und Französisch, in Kapitel 7 (S. 144 und 150) die Fächer Deutsch und Englisch, in Kapitel 8 (S. 168) und Kapitel 11 (S. 236 bis 238) die Fächer Deutsch und Biologie, in Kapitel 12 (S. 255 und 268) die Fächer Deutsch und Musik. Die fachübergreifenden Schritte sind so konzipiert, dass sie Absprachen zwischen den Fächern sinnvoll erscheinen lassen, dass sie aber auch von der Deutschlehrerin oder dem Deutschlehrer allein durchgeführt werden können.

2.3 Integration des Umgangs mit informationstechnischen Medien

Sowohl Medien- als auch Methodenkompetenzen können nur aufgebaut und erweitert werden, wenn Anwendungen im Zusammenhang mit entsprechenden Lern- und Gegenstandsbereichen ermöglicht werden. Deshalb werden überall dort, wo der Lerngegenstand es erfordert oder sinnvoll erscheinen lässt, Aufgabenstellungen zum Umgang mit den modernen Informations- und Kommunikationsmedien integriert. So liefert das „Deutschbuch" fachspezifische methodische Grundlagen zur Nutzung des PCs bei der Informationsbeschaffung sowie bei der Be- und Verarbeitung von Texten, z. B. in Kapitel 3.1 (*„Was willst du werden? – Informieren und Präsentieren"*), in Kapitel 8.3 (*„Projekt: Geschwindigkeit in modernen Medien recherchieren und präsentieren"*), Kapitel 14.3 (*„Projekt: ‚Podcasting' – Radiosendungen selbst gestalten"*) und Kapitel 15 (*„Original und Fälschung – Den Computer nutzen"*) sowie in vielen Abschnitten und Aufgabenstellungen des gesamten Lehrwerks.

3 Didaktische Prinzipien in den Kompetenzbereichen

Innerhalb der Kompetenzbereiche haben sich in den letzten Jahren eine Reihe **fachdidaktisch begründeter methodischer Neuansätze** ergeben, die in den Bildungsstandards und auch in einem aktuellen Lehrwerk wie dem „Deutschbuch" ihren Niederschlag finden. Im Bereich „Sprechen – Zuhören – Schreiben" sind das die Integration des darstellenden Spiels in den Deutschunterricht und die Reform des Aufsatzunterrichts zur prozessorientierten Schreibdidaktik, im Bereich „Nachdenken über Sprache" der integrative, funktionale und operative Grammatikunterricht und die neuen Wege im Rechtschreibunterricht. Im Bereich „Lesen – Umgang mit Texten und Medien" sind es der erweiterte Textbegriff, speziell die Integration des Umgangs mit den elektronischen Medien, der Aufbau einer basalen Lese- und Verstehenskompetenz im Umgang mit Sachtexten und literarischen Texten sowie der produktiv-gestaltende Ansatz im Literaturunterricht.

3.1 Sprechen – Zuhören – Schreiben

Die didaktisch-methodischen Innovationen im Bereich des „Sprechens und Zuhörens" beziehen sich weniger auf den kommunikativen Grundansatz, der weiter ausgebaut wird, indem explizit Gesprächsregeln und bewusste Formen der Gesprächsführung angeboten und gelernt werden sollen, sondern auch auf die Berücksichtigung **rhetorischer Fähigkeiten**, die in den vergangenen Jahrzehnten vernachlässigt worden sind. Zu diesen gehören das **gestaltende Sprechen**, der freie Vortrag und die Präsentation von Texten sowie das szenische Lesen mit verteilten Rollen. Damit hängt zusammen, dass nun auch dem **Zuhören** und den dafür notwendigen Fähigkeiten und Fertigkeiten erhöhte Aufmerksamkeit zuteilwird.

Durch die systematische Berücksichtigung methodischer Möglichkeiten des **darstellenden Spiels** bei den Aufgabenstellungen und bei den Vorschlägen zur Projektarbeit soll gewährleistet werden, dass die ästhetische Komponente in diesem Arbeitsbereich angemessen berücksichtigt wird.

Im Bereich „Schreiben" haben sich in der fachdidaktischen Diskussion erhebliche Veränderungen vollzogen. Nach der so genannten „kommunikativen Wende" in der Aufsatzdidaktik waren die traditionellen Aufsatzgattungen und deren Begründung als „Naturarten" der Schriftlichkeit stark in Zweifel gezogen worden. Die Einbeziehung des Adressaten, die Berücksichtigung der Schreibsituation und die Orientierung am Schreibziel beim Verfassen eigener Texte sind wesentliche Funktionen des Schreibvorgangs. Um den **Prozesscharakter des Schreibens** zu betonen, spricht das „Deutschbuch" vom **Erzählen, Berichten, Beschreiben, Erörtern usw. als Tätigkeiten**.

Kreative Formen des Schreibens erhalten im „Deutschbuch" einen besonderen Stellenwert. Das Spektrum reicht vom **freien, spontanen, textungebundenen Schreiben** bis zum **produktiv-gestaltenden Schreiben im Anschluss an Textvorlagen**.

Wichtig und neu hinzukommend zu allen Formen des „Aufsatzschreibens" ist das **funktionale Schreiben**. Es handelt sich um Arbeitstechniken der Schriftlichkeit, die nicht zu in sich geschlossenen Texten führen, wohl aber im Alltag für die Bewältigung von Lernsituationen große Bedeutung besitzen. Dazu gehören nicht nur die bekannten „Notizzettel" und „Stichpunktsammlungen", sondern auch der schriftliche Entwurf von Argumentationsskizzen, die Mitschriften in Gesprächen und der Entwurf von Schreibplänen/Gliederungen für umfangreichere Ausführungen.

Eine besondere Art des funktionalen Schreibens ist das Verbessern von Geschriebenem. Der Arbeitsschwerpunkt **„Textoptimierung"** (mit und ohne Einbezug computergestützter Schreibprogramme) besitzt ein großes Gewicht im gegenwärtigen Deutschunterricht. Unter dem Aspekt des Selbstkontrollierens und der eigenen Überprüfung des Lernfortschritts reicht dieses Verfahren bis zur Möglichkeit, Texte von Schülern erst nach der vorgenommenen Textverbesserung zu bewerten. Der Aufgabenschwerpunkt „Überarbeiten von Schülertexten" wird im „Deutschbuch" an zahlreichen Stellen integriert. Dabei ist es Aufgabe der Lehrkraft und der Lerngruppe, im Sinne einer inneren Differenzierung und Individualisierung die jeweiligen Hinweise des Lehrbuchs, insbesondere auch zur Rechtschreibung, situativ angemessen zu nutzen.

3.2 Nachdenken über Sprache

Im Bereich „Nachdenken über Sprache" ergeben sich wesentliche Innovationen. Besonders wichtig ist der Schritt vom systematischen Grammatikunterricht hin zur situativen, funktionalen und integrativen Sprachbetrachtung. Es geht um die **Abkehr vom Regel- und Auswendiglernen hin zum operativen Lernen**. Ausgangspunkt sind spontan gebildete subjektive („innere") Regeln, über die die Schülerinnen und Schüler verfügen, Ziel ist die Schreibentscheidung des erwachsenen und kompetenten Schriftbenutzers. Dementsprechend sind die dem Kompetenzbereich „Nachdenken über Sprache" zugeordneten Kapitel des „Deutschbuchs" nach dem integrativen und themenorientierten Prinzip organisiert. Der traditionelle und nachgewiesenermaßen für die Beherrschung der Muttersprache völlig wirkungslose Grammatikunterricht arbeitete an Definitionen von Wortarten und Satzformen. Er veranlasste die Schüler, aus Beispielsätzen unter der Leitung der Lehrkraft „Regeln" abzuleiten und mit deren Hilfe die eigene Benutzung der Schriftsprache zu verbessern, Fehler zu erkennen und zu vermeiden. In den seltensten Fällen konnten dadurch sprachliche Defizite behoben werden; genauso wenig kam es zu einer hinreichenden Sicherheit in der Benutzung der grammatischen Terminologie.

Deswegen wird im „Deutschbuch" in Anlehnung an neuere didaktische Konzepte ein anderer Weg beschritten. Sprachliche Phänomene wie z. B. Wortarten werden nicht mehr über Definitionen gelernt, sondern **funktional** eingeführt. Dabei sind sowohl die grammatischen Merkmale wichtig als auch deren semantische, syntaktische, stilistische oder kommunikative Funktion. Entscheidend ist, dass es keine allumfassenden Definitionen mehr gibt, sondern Prototypenbeschreibungen: Kann man ein Wort mit einem Artikel versehen, kann man es deklinieren und bezeichnet es einen in der Wirklichkeit vorkommenden Gegenstand, Vorgang oder Gedanken, dann ist es ein Nomen. Die Schüler lernen, mit solchen prototypischen Beschreibungen als Prüfinstrument umzugehen. Ihr deklaratives und operatives Sprachwissen hilft ihnen, Situationen zu bewältigen, die metasprachliche Kompetenzen erfordern. Dies bezieht sich zum Beispiel auf die Erschließung von Texten, das Thematisieren sprachlicher Alltagssituationen und das Bewältigen von Schreibaufgaben sowie auf die Beherrschung der Rechtschreibung. Demzufolge werden Aspekte der Sprachreflexion auch in die Kapitel der Bereiche „Sprechen – Zuhören – Schreiben" sowie „Lesen – Umgang mit Texten und Medien" integriert.

Damit ist zugleich für die **Integration des Rechtschreibunterrichts in die Sprachreflexion** das entscheidende Argument gefallen. Die deutsche Orthografie ist kein willkürliches Regelwerk mit vielen Ausnahmen, sondern eine auf wenigen und plausiblen Grundsätzen aufgebaute Abfolge von Entscheidungen. Die Prinzipien der phonemischen und der morphematischen Schreibung stehen im Zentrum. Ziel ist es, Sprachaufmerksamkeit, das heißt Fehlersensibilität, bei Schülerinnen und Schülern zu wecken und eine sprachbewusste Lösungskompetenz zu vermitteln, die zur Verbesserung der Schreibkompetenz führt. Das geschieht in Form von Übungen, die darauf achten, dass Phänomene, die zwar systematisch gesehen zusammengehören, einander im Lernprozess aber hemmen, nicht zusammen gelernt werden. Über die thematisch orientierten Rechtschreibkapitel hinaus, in denen Rechtschreibübungen aus Schreibsituationen, Schülertexten und Lesesituationen erwachsen, besteht in den übrigen Kapiteln des „Deutschbuchs" die Möglichkeit, Übungen zur Rechtschreibung integriert einzubringen. Dabei wird ein Schwerpunkt auf unterschiedliche Verfahren der Überarbeitung von Texten gelegt.

3.3 Lesen – Umgang mit Texten und Medien

Besondere Aktualität kommt dem Bereich „Lesen – Umgang mit Texten und Medien" nicht zuletzt nach der PISA-Studie zu. Das **Lesen und Erfassen von Texten** gilt als eine **wesentliche Kompetenz** zum Erwerb von Wissen und ist damit eine wichtige Voraussetzung für die Teilhabe an unserer Kultur, für die Mitgestaltung gesellschaftlicher Entwicklungen und für die personale und berufliche Weiterentwicklung. Im „Deutschbuch" wird dem Rechnung getragen durch die Auswahl unterschiedlicher Texte und durch vielfältige Anregungen zum Lesen.

Den Schülerinnen und Schülern begegnen Texte sowohl in **kontinuierlicher**, schriftlicher Form – zum Beispiel als literarische und anwendungsbezogene Texte – als auch in Form von **diskontinuierlichen Texten** – etwa als Grafiken, Tabellen, Schaubilder und Diagramme. Darüber hinaus rezipieren sie Texte sowohl in gesprochener Form (z. B. Reden) als auch in audiovisuellem Format (z. B. Medientexte wie Film und Fernsehen).

Bei der Textauswahl für das „Deutschbuch" werden unterschiedliche Gattungen, historische Zusammenhänge, Autorinnen und Autoren der Vergangenheit und Gegenwart sowie interkulturelle Themen berücksichtigt. Gleichfalls werden Texte aus dem Bereich der Kinder- und Jugendliteratur, Sachtexte und solche aus audiovisuellen Medien angeboten. Ausschnitte aus Jugendbüchern und altersgemäßen Werken der Literatur sowie Lesetipps sollen zum Weiterlesen als Klassenlektüre oder zur individuellen Lektüre einladen.

Sach- und Gebrauchstexte werden vorwiegend unter dem Aspekt des Lesens, der Entnahme, Verknüpfung und Auswertung von Informationen angeboten. Entsprechende Aufgabenstellungen fördern das Sinn erfassende Lesen und das Sichern, Reflektieren und Bewerten von Informationen. Dabei werden auch diskontinuierliche Texte und Bilder einbezogen.

Das „Deutschbuch" widmet dem Umgang mit Medien jeweils mindestens ein eigenes Kapitel (in dem Band für die 9. Jahrgangsstufe Kapitel 11 *„,Blueprint Blaupause' – Roman und Film im Vergleich"*, Kapitel 14 *„Die Macht der Medien – Sachtexte und Medien untersuchen"* sowie Kapitel 15 *„Original und Fälschung – Den Computer nutzen"*). Dabei werden sowohl medienpädagogische Aspekte als auch filmanalytische und produktive Verstehens- und Handlungskompetenzen entwickelt. Über die Medienkapitel hinaus wird der Umgang mit Medien in weiteren Kapiteln integrativ und projektartig verortet. Da Filmtexte nicht ausführlich dokumentiert werden können, verweist das „Deutschbuch" in den Aufgabenstellungen auf einzubeziehendes Material.

Eine wichtige Form der Auseinandersetzung mit Texten ist das **kreative und produktive Schreiben** im Literaturunterricht. Gemeint sind unterschiedliche Formen des Wechsels der Schüler aus der Rezipienten- in die Produzentenrolle. Das „Deutschbuch" entwickelt hier zahlreiche Vorschläge. Der Sinn dieses didaktischen Ansatzes ist es, den Schülern das Recht auf subjektive Formen des Verstehens zu verschaffen und ihnen nahezubringen, dass das fantasievolle Weiterdenken und das experimentierende Eingreifen in Gegenstände der Lektüre nicht deren Zerstörung bedeutet, sondern einen Weg zu tieferem Verstehen darstellen kann. Produktiv-gestaltende Arbeitsweisen beim Umgang mit Texten stellen eine wesentliche Ergänzung analytisch-hermeneutischer Methoden dar, die selbstverständlich ihre Berechtigung behalten.

4 Methodische Entscheidungen

Die methodischen Entscheidungen kommen in besonderer Weise in den Aufgabenstellungen und den dort impliziten Tendenzen zum Ausdruck. Leitend sind die Prinzipien des thematischen, induktiven und selbst regulierten Lernens. Den Benutzern des „Deutschbuchs" wird dabei vor allem die Mischung aus kreativen, handlungsorientierten und analytischen Aufgabenstellungen auffallen.

4.1 Selbstständiges Lernen/Aufgabenstellungen

Eigenverantwortliches und handlungsorientiertes Arbeiten der Schülerinnen und Schüler fördert die Effizienz des Lernprozesses und stärkt die Selbstständigkeit. Diese Zielsetzung wurde bei der Formulierung der Aufgabenstellungen besonders berücksichtigt. Oftmals kann die Aufgabenstellung von der Lehrkraft je nach situativem Unterrichtskontext problemlos modifiziert werden; sie enthält Alternativen oder sie lädt ein, einen Versuch zu unternehmen, der nicht unbedingt zu einem vorzeigbaren „Ergebnis" kommen muss. Insgesamt ist der Prozess des Lernens wichtiger als das jeweils entstehende Produkt.

Aufgabenstellungen haben im „Deutschbuch" oft einladenden Charakter, sie enthalten mehrere Vorschläge, von denen sinnvollerweise nur eine Auswahl wirklich realisiert werden sollte. Darin liegt auch eine Aufforderung an die Schülerinnen und Schüler, selbst mit zu entscheiden, welche Variante der vorgeschlagenen Tätigkeiten sie für sich aussuchen. Besonders bei Vorschlägen für Gruppenarbeit und in den projektartig angelegten Teilen des Unterrichts ist es wünschenswert, dass die Lerngruppe aushandelt und selbst organisiert, was von wem zu tun ist.

Die Aufgabenstellungen des Lehrbuchs steuern den Verstehens- und Lösungsprozess nicht schrittweise. Materialarrangement und Aufgaben sind so angelegt, dass eigenverantwortliche Entscheidungen von der Lerngruppe getroffen werden. Anregungen zur Anwendung prozeduraler, metakognitiver und evaluierender Strategien fördern den kommunikativen Aufbau des Lernprozesses, sodass Wissen im Zusammenhang verfügbar wird und Ergebnisse nicht beziehungslos nebeneinanderstehen. In wechselnder Akzentuierung erfüllen die Aufgaben Funktionen des entdeckenden Lernens, des operativen analytischen und produktiven Arbeitens sowie der transferorientierten Anwendung.

4.2 Orientierungswissen

Eine wichtige Rolle für das selbstständige Lernen – und dies gilt gleichermaßen für leistungsstärkere wie leistungsschwächere Schülerinnen und Schüler – spielt das Orientierungswissen. Dort, wo in den Kapiteln das von den Schülerinnen und Schülern erarbeitete Wissen gesichert werden muss, weil es die Grundlage für das weitere Vorgehen bildet, wird es zur Orientierung zusammenfassend dargestellt. Auf diese Weise festigt sich auch die eingeführte Terminologie, sodass den Schülerinnen und Schülern die notwendigen Begriffe für ihre weiteren Lernaktivitäten zur Verfügung stehen. Das Orientierungswissen bietet eine überschaubare Zusammenfassung von deklarativem, operativem und methodologischem Wissen. Daneben liefern „Tipps" und mit einem Ausrufezeichen versehene Merk- und Regel-Kästen sowie Hinweise auf „Arbeitstechniken" Anregungen und Hilfen zur eigenständigen Problemlösung. In keinem Fall beeinträchtigen die Orientierungshilfen das Prinzip des entdeckenden Lernens.

Entlastende Funktion kommt dem Anhang zu: Dort wird das Orientierungswissen im Überblick dargestellt, sodass die Schülerinnen und Schüler es selbstständig nachschlagen können, wenn sie sich nicht im Kapitelzusammenhang bewegen. Gleichzeitig verschafft das Orientierungswissen den Lernenden einen Überblick über die in den Bildungsstandards und Lehrplänen festgelegten Kompetenzen. Es bietet somit einen wichtigen Hinweis für Leistungsanforderungen bei Lernstandserhebungen, Tests und Klassenarbeiten.

4.3 Hinweise zur Arbeitsorganisation

Die Arbeitsorganisation bleibt in den Aufgabenstellungen weitgehend offen. Ob etwas als Gruppenarbeit, im kooperativen Lernen oder als Einzelaufgabe gelöst werden soll, ist zunächst einmal Angelegenheit der Lehrerin/des Lehrers und der Lerngruppe. Aber das Lehrbuch macht Vorschläge, die sinnvoll sein könnten und praxiserprobt sind.

Arbeitsschritte, Materialien und Aufgabenstellungen sind im „Deutschbuch" so organisiert, dass Lehrerinnen und Lehrer phasenweise eine stärker moderierende und prozessbegleitende Rolle einnehmen können. Diese Lehrmethoden erlauben den Schülerinnen und Schülern zunehmend ein selbsttätiges und mitverantwortliches Arbeiten, das ihre sozialen und kommunikativen Kompetenzen stärkt.

Die Kapitel des „Deutschbuchs" eröffnen vielfältige Möglichkeiten für eine situations- und lernergerechte Aufbereitung im Unterricht. Je nach Lernsituation und vorgesehenem Zeitrahmen können einzelne Teilkapitel oder auch nur wenige Abschnitte in der gewünschten Schwerpunktsetzung sinnvoll behandelt werden.

4.4 Freiarbeit

Freiarbeit ist den Schülerinnen und Schülern vielfach aus den vorhergehenden Schuljahren vertraut. In der Sekundarstufe I wird diese Lernorganisation, bei der die Schülerinnen und Schüler weitgehend selbst gesteuert arbeiten, meist phasenweise eingesetzt. Das „Deutschbuch" lässt sich in dreifacher Weise für solche Freiarbeitsphasen nutzen:

– Das **Schülerbuch** bietet an zahlreichen Stellen Möglichkeiten des Einsatzes von Freiarbeit im Rahmen des themengebundenen Unterrichtsvorhabens. Übungsbezogene Materialien, Hinweise für Projektschritte und vielfältige Impulse für Einzelarbeit finden sich schwerpunktmäßig oft im dritten Teilkapitel, zum Beispiel in den Teilkapiteln 1.3 („*Schulprojekt: Für die Begegnung verschiedener Kulturen werben*"), 7.3 („*Die eigene Rechtschreibbiografie bedenken – Texte überarbeiten*"), 9.3 („*Kurzgeschichten umschreiben*") oder 12.3 („*Projekt: Lyrik-Galerie zum Thema ‚Sehnsucht und Liebe'*").

– Die **Handreichungen für den Unterricht** liefern zahlreiche Zusatzmaterialien, die zur Akzentuierung einzelner Aspekte oder auch zur Förderung besonders interessierter Schülerinnen und Schüler genutzt werden können.

– Das **Arbeitsheft** enthält ein besonders reichhaltiges Angebot an Freiarbeitsmaterialien. Da den Schülerinnen und Schülern zu sämtlichen Aufgaben die Lösungen in einem Beiheft vorliegen, ist hier die Chance des selbst gesteuerten Lernens im Sinne der Individualisierung und Differenzierung in besonderem Maße gegeben.

5 Zusatzmaterial rund ums „Deutschbuch"

Neben den vorliegenden Handreichungen für den Unterricht und dem Arbeitsheft bietet der Verlag weiteres Übungsmaterial zum „Deutschbuch" an:
- Das **„Deutschbuch Hörbuch 9/10"** enthält ausgewählte Kurzprosa, Erzählungen und Gedichte sowie einen Dramen- und Hörspielauszug, die das Textangebot des „Deutschbuchs" themenorientiert ergänzen. Prominente Sprecherinnen und Sprecher, in einigen Fällen die Autoren selbst, tragen die Texte vor, machen sie hör- und erlebbar. Indem das Hörbuch an die lange Kultur des Erzählens und Vorlesens anknüpft, weckt es die Fantasie der Schülerinnen und Schüler und fördert das Hörverstehen. Es bietet vielfältige Möglichkeiten zum Einsatz im Unterricht, kann einen besseren Zugang zu langen oder schwierigen Texten vermitteln, Grundlagen für die Diskussion des interpretierenden Vortrags geben und Möglichkeiten für produktiv-gestaltendes Arbeiten schaffen. Das Booklet zum Hörbuch gibt methodische Hinweise zum Textverstehen auf der Basis des gestaltenden Sprechens.
- Mit dem **„Trainingsheft für Klassenarbeiten, Lernstandstests und zentrale Prüfungen"** können sämtliche Formen der Leistungsmessung eingeübt und Prüfungen Schritt für Schritt vorbereitet werden. Alle Aufgabenformate werden beispielhaft vorgeführt, zusätzliche Materialien zum selbstständigen Übungen bereitgestellt.
- Im Internet sind weitere Übungsmaterialien zu einzelnen Kapiteln des „Deutschbuchs" unter **www.cornelsen.de/deutschbuch-gymnasium** zu finden.

Auf die zu dem jeweiligen Kapitel passenden Zusatzmaterialien wird im vorliegenden Handbuch auf der Konzeptionsseite jedes Kapitels verwiesen; die Vignette 🎧 und ein kurzer Hinweis im fortlaufenden Text machen außerdem gezielt auf die korrespondierenden Beiträge aus dem Hörbuch aufmerksam.

Zur Aufgabennummerierung in diesen Handreichungen

- **1** Diese Form der Nummerierung verweist auf die entsprechenden Aufgabennummern im Schülerbuch.
- [1] Diese Nummern kennzeichnen neue Aufgaben zu Zusatzmaterialien oder Lernerfolgskontrollen.

SPRECHEN · ZUHÖREN · SCHREIBEN

1 Fremd sein – Über Grenzsituationen informieren

Konzeption des Gesamtkapitels

Beinahe täglich berichten öffentliche Medien über die Themen Migration und Integration. Statistiken geben darüber Auskunft, dass momentan fast ein Fünftel der Bevölkerung in der Bundesrepublik Deutschland eine Migrationsgeschichte hat. Es gibt wohl kaum eine Klasse, in der nicht Schülerinnen und Schüler sind, die zu diesem Fünftel gehören. Interkulturelle Kompetenz ist deshalb heutzutage unabdingbar. Fächerübergreifend lässt sich die Thematik auch im Politik- und Religionsunterricht bzw. im Differenzierungsbereich „Gesellschaftswissenschaften" aufgreifen.

Didaktischer Schwerpunkt des Kapitels ist das Informieren. In einer Informations- und Wissensgesellschaft ist die Kompetenz, Texten Informationen sach- und fachgerecht zu entnehmen und diese weiterzuverarbeiten, unerlässlich.

Im ersten Teilkapitel („**Migration und Integration – Informationen auswerten und verarbeiten**") mit dem Schwerpunkt im Bereich „Schreiben" stehen informative Materialien im Vordergrund, die ausgewertet und zu berichtenden Texten verarbeitet werden sollen. Kompetenzen im Hinblick auf das Text- und Leseverständnis auch diskontinuierlicher Texte sind Voraussetzung für die eigenen Schreibprozesse.

Das zweite Teilkapitel widmet sich dem „Umgang mit literarischen Texten" („**Die Begegnung mit dem Fremden – Parabeln entschlüsseln und interpretieren**") und stellt drei verschiedene Parabeltexte ins Zentrum. Gemeinsam ist ihnen das Thema des Fremden und der Umgang mit dem Fremden. Analytische und interpretatorische Kompetenzen im Hinblick auf das parabolische Erzählen (den Zusammenhang zwischen Bildteil und Sachteil) werden erworben und weiterentwickelt.

Schließlich regt das dritte Teilkapitel ein Projekt an („**Schulprojekt: Für die Begegnung verschiedener Kulturen werben**"). Eigene schulische Initiativen (Schüleraustausch, Schulpartnerschaften) werden in den Blick genommen, informierende und appellierende Texte verfasst.

Weiteres Übungsmaterial zu diesem Kapitel

Übungsmaterial im „**Deutschbuch Arbeitsheft 9**"
– Sachtexte erschließen: S. 64–66, 69
– Diagramme lesen und verstehen: S. 67
– Beziehungen zwischen Informationsmaterialien herstellen: S. 68
– Erzähltexte erschließen: S. 70–74

🎧 Das „**Deutschbuch Hörbuch 9/10**" enthält einen Text, der in diesem Kapitel behandelt wird.

1 Fremd sein – Über Grenzsituationen informieren

		Inhalte	**Kompetenzen**
S. 9	1.1	**Migration und Integration – Informationen auswerten und verarbeiten**	Die Schülerinnen und Schüler können – das Thema „Migration – Integration" kritisch reflektieren; – ihr eigenes Vorverständnis des Begriffs „Integration" klären;
S. 10		**Integration von Zuwanderern – Materialien sichten, Berichte verfassen**	– unterschiedliche Materialien zu diesem Thema sichten; – Exzerpte von diesen Materialien anfertigen; – Diagramme und Tabellen auswerten; – auf der Grundlage eines Schreibplans eigene Berichte zu unterschiedlichen Themenschwerpunkten verfassen; – ihre Berichte überarbeiten;
S. 17		**Wie war das damals? Wie ist es heute? – Migrationswege beschreiben und schildern**	– Aufbau und sprachliche Gestaltungsmittel der Texte untersuchen; – berichtende, schildernde und kommentierende Passagen einer Reportage unterscheiden;
S. 17		Maike Jansen **Arbeitskräfte kommen, und Menschen bleiben**	– Informationen aus einer Reportage in einen Kurzbericht umformulieren; – Lebensgeschichten von Migranten vergleichen;
S. 19		Adam Soboczynski **Polski Tango**	– Erfahrungen von Migranten recherchieren und diese mit ihren eigenen Vorstellungen vergleichen; – über „Fremdsein" reflektieren.
S. 22	1.2	**Die Begegnung mit dem Fremden – Parabeln entschlüsseln und interpretieren**	Die Schülerinnen und Schüler können – Parabeln zum Thema „Begegnung mit dem Fremden" entschlüsseln; – durch Ersatzproben das „Gesagte" besser verstehen;
S. 22		Bertolt Brecht **Zwei Städte**	– Aussageabsichten erkennen; – Bildteil und Sachteil einer Parabel aufeinander beziehen;
S. 23		Nikos Kazantzakis **Die Blinden**	– Parabeln analysieren und eine Interpretation schreiben.
S. 25		Günter Kunert **Der fliegende Mensch**	
S. 27	1.3	**Schulprojekt: Für die Begegnung verschiedener Kulturen werben**	Die Schülerinnen und Schüler können – über das Leben von Mitschülern verschiedener Nationalitäten berichten; – Wirkung und sprachliche Mittel von Slogans gegen Ausländerfeindlichkeit untersuchen; – selbst themenbezogen Slogans entwerfen; – Informationen über Schulpartnerschaften und Schüleraustauschprogramme an der eigenen Schule recherchieren; – für die Teilnahme an einem Austausch werben.

1 Fremd sein – Über Grenzsituationen informieren

1.1 Migration und Integration – Informationen auswerten und verarbeiten

S. 9

1 Die Fotos auf der Auftaktseite des ersten Kapitels geben Ausschnitte aus Alltagssituationen wieder, in denen uns Menschen aus anderen Ländern begegnen, z. B. Straßenmusiker, die Besitzerin oder Verkäuferin in einem Geschäft mit italienischen Lebensmitteln, Lernende in einem (Integrations-)Kurs, Passanten auf einer belebten Geschäftsstraße und Besucher einer (Sport-)Veranstaltung.
Die von den Schülerinnen und Schülern selbst zu erfindenden kurzen Lebensberichte dienen als Impuls, sich mit Menschen, die aus einem anderen Land nach Deutschland gekommen sind, zu beschäftigen. Die Lerngruppe erfährt, welche Vorstellungen über Migrationsgeschichten in den Köpfen existieren.

2 Das Motto der Fußballweltmeisterschaft 2006 als Begrüßung aller Gäste – Erwartungen, Hoffnungen, Ansprüche:
- „Die Welt": allumfassend, international, global, ohne Ausgrenzung;
- „zu Gast": herzliche Einladung, freundliche Aufnahme; sich als „Gast" verhalten;
- „bei Freunden": Deutschland als Gastgeber, friedliches Miteinander, willkommen sein.

3 Die Erwartungen und Hoffnungen gehen dahin, dass sich durch eine Gemeinsamkeit (wie die Begeisterung für Fußball) Menschen unterschiedlicher Herkunft friedlich begegnen, kennen lernen, stärker zusammenwachsen und dass dies auch das zukünftige Zusammenleben verbessert.
Schülerinnen und Schüler nehmen hierzu durchaus differenziert Stellung. Eine multinationale Veranstaltung wie eine Weltmeisterschaft (oder ein Kirchentag, ein Musikfestival) wird positiv beurteilt, die Nachhaltigkeit positiver Erlebnisse jedoch hinterfragt. Einzelerlebnisse und besondere Events werden oft als zu flüchtig angesehen. Allerdings könnten aus solchen Veranstaltungen Kontakte entstehen, die dazu führen, Freundschaften aufzubauen (etwa über E-Mails, Besuche in den Ferien).

S. 10

Integration von Zuwanderern – Materialien sichten, Berichte verfassen

1 Vorstellungen zum Begriff „Integration": Zunächst wird eine Fragehaltung geweckt und das eigene Vorverständnis festgehalten. Ein Begriff wird aus unterschiedlichen Positionen – durchaus nicht einfach positiv – bewertet; dies dient der Aufmerksamkeitsschulung. Als Starthilfe sind schon verschiedene Aspekte dieses Begriffs angedeutet.

2 b) Textarten auf den Seiten 10–15 im Schülerband: Gesetzestext – Zeitungsartikel – Erklärung der Integrationsbeauftragten der Bundesregierung – amtliche Verlautbarung – Zeitungsbericht – Meinungsäußerungen – Tabelle – Säulendiagramm – Kreisdiagramm.

3 Die Tabelle und die Diagramme müssen ausgewertet werden. Hier erhalten die Schülerinnen und Schüler differenziertes Zahlenmaterial zu dem Stichwort „Integrationskurse".

4 Mit den weiteren Recherchen kann der jeweils aktuelle gesellschaftliche Stand in Richtung „Integrationsplan" im Unterricht thematisiert werden.

1.1 Migration und Integration – Informationen auswerten und verarbeiten

5 Da das Thema recht komplex ist, sollen sich die Schülerinnen und Schüler auf einen Schwerpunkt konzentrieren. Anspruchsvoll ist es auch, einen Bericht zu einem der Schwerpunkte zu verfassen. Daher sollte zunächst das Schreiben genau geplant werden. Dabei werden die Schülerinnen und Schüler überprüfen können, ob ihre Exzerpte hilfreich sind. Müssen die Materialien noch einmal neu gesichtet werden, war ihre Vorarbeit nicht ausreichend. Je nach Schwerpunkt können die Informationen aus den Textbausteinen mit Zahlenmaterial angereichert werden.

Beispiel für die Gestaltung eines eigenen Textes – möglicher Aufbau:

Gliederung zum Thema „Integration – Wunsch oder Realität?"

Einleitung
- Eher Wunsch … aber: Der erste „Integrationsgipfel" war ein Anfang
- Wie geht's weiter?

Hauptteil
  a) Ist-Zustand:
   - Integrationsdefizite in der zweiten und dritten Generation der Migranten
     Bereiche: Sprache, Ausbildung, Bildung
   - Zuwanderung rückläufig
  b) Soll-Zustand
   - Identifikation, Teilhabe und Verantwortung
   - Potenziale nutzen
   - Wechselseitiges Verständnis notwendig (Aufnahmegesellschaft – Zuwanderer)

Schluss
- Ausblick: Fördern und Fordern

Wenn die Berichte geschrieben sind, können diese untereinander ausgetauscht werden. Mit Hilfe des ausführlichen Info-Kastens zu den Arbeitstechniken „Schreibplan" und „Textüberarbeitung" (S. 16 im Schülerband) können die Schülerinnen und Schüler einander Verbesserungsvorschläge machen.

Wie war das damals? Wie ist es heute? – Migrationswege beschreiben und schildern

S. 17

Maike Jansen

S. 17

Arbeitskräfte kommen, und Menschen bleiben

1 a) Aufbau des Zeitungsartikels – berichtende, kommentierende, schildernde Textpassagen:
  – schildernd (Z. 1–4): charakteristischer Einzelfall;
  – berichtend (Z. 5–24): leserfreundliche Hintergrundinformation zum Einzelfall: Perrone;
  – kommentierend (Z. 25–34): Bewertung durch die Berichtende;
  – berichtend (Z. 35–66): Kommentare und Bewertungen nimmt der Integrationsbeauftragte Kufen vor, Zitate und indirekte Rede sind kennzeichnend (= leserfreundlich aufbereitete Hintergrundinformation);
  – kommentierend (Z. 67–74): Reaktion der Berichtenden;
  – schildernd (ab Z. 75).

b) Erklärung des Frisch-Zitats und der Überschrift:
- „Wir riefen Arbeitskräfte"/„Arbeitskräfte kommen": Die Menschen werden nur in ihrer Funktion gesehen, wenn die Arbeit getan ist, können (sollen) sie wieder gehen; Arbeitskräfte werden nur (zeitlich und räumlich) begrenzt benötigt.
- „und es kamen Menschen"/„Menschen bleiben": ganzheitlicher Ansatz, es geht ums „Menschsein" – unabhängig von Herkunft und Leistung; die Zuwanderer wohnen, leben hier – (vielleicht) für immer.

2 a) Stichworte für einen Kurzbericht:

Entwicklung der Ausländerpolitik in Deutschland seit den 60er-Jahren:
- 60er-Jahre: NRW – Arbeitskräfte gesucht;
- dafür so genannte „Gastarbeiter" angeworben;
- Beispiel: Antonio Perrone aus Italien (seit 1962 in Deutschland); zunächst Arbeiter in einer Elektrofirma, dann Gründung eines eigenen Geschäftes (Lebensmittel);
- seit Anfang der 70er-Jahre: Rezession, Ölkrise, zunehmende Globalisierung, Rückgang der Arbeitsplätze;
- Folge: Erlass 1973 – Anwerbungsstopp von Arbeitskräften;
- aber: Zahl der ausländischen Wohnbevölkerung stieg (Familienzusammenführungen).

Integrationsbeauftragter Kufen sieht mehrere Probleme:
- Entwicklung zur Wissensgesellschaft;
- in den 60er-Jahren Menschen angeworben, die vor allem körperlich arbeiten können (stammten aus eher bildungsfernen Schichten, aus ländlichen Gebieten);
- Herausforderung an die Gesellschaft: mehr für Bildung tun;
- so genannte „Parallelgesellschaften" in deutschen Städten;
- Kontakte pflegen.

b) Ein Kurvendiagramm kann beispielsweise die steigende Zunahme der ausländischen Wohnbevölkerung abbilden.

c) Mögliche Begriffserläuterungen in einem Glossar:
- **Wissensgesellschaft:** eine Gesellschaft, in der Wissen eine herausragende Rolle spielt, über die gesellschaftliche Zuordnung und über wirtschaftliche Entwicklungen entscheidet. Kennzeichnend sind z. B. die Entwicklung und der zunehmende Einsatz technischer Geräte, eine Hightechindustrie (Spitzentechnologie), die Arbeit mit dem Computer usw. Die Wissensgesellschaft, die immer auch eine wissenschaftsorientierte Gesellschaft ist, macht den Erwerb von Knowhow für alle ihre Mitglieder notwendig.
- **Parallelgesellschaft:** Menschen einer bestimmten Kultur siedeln sich in einem Stadtteil an, wo bereits viele „Landsleute" (Menschen aus der gleichen Kultur, aus dem gleichen Herkunftsland) leben. Vorrangig wird weiterhin die Sprache des Heimatlandes gesprochen, die Sprache des „Gastlandes" wird – wenn überhaupt – nur rudimentär erlernt. Im Stadtteil wird eine eigene Infrastruktur entwickelt, es entstehen beispielsweise so genannte „Türkenviertel" („Klein Istanbul").

d) Diese Aufgabe dient der Reflexion des Schreibens; Stil und Darstellungsweise richten sich nach dem Publikationsforum und den Adressaten. Reportagen haben auch einen Unterhaltungswert, sie eignen sich z. B. für eine Tageszeitung. Sachlich gehaltene Kurzberichte geben eine schnelle Information (sie eignen sich, neben der Zeitung, für Erklärungen, historische Abrisse usw.).

3 *Kritik des Integrationsbeauftragten:*
- *Die Politik habe viel zu lange erwartet, die Arbeitskräfte aus dem Ausland („Gastarbeiter") würden wieder abreisen.*
- *Die wachsende Zahl von Migranten (durch Familienzusammenführung) bei rückläufigen Arbeitsplatzangeboten wurde nicht berücksichtigt.*
- *Versäumt wurde, stärker für die Bildung der Zuwanderer zu sorgen: Sie wurden als Arbeitskräfte geholt, die für körperliche Tätigkeiten vorgesehen waren; die Entwicklung hin zur Wissensgesellschaft mache aber auch andere Kompetenzen notwendig.*
- *Schließlich gelte es, Kontakte zu pflegen zwischen Zuwanderern und Einheimischen.*

4 *In erster Linie werden die Schülerinnen und Schüler immer angeben, dass sie in einem anderen Land Freunde und Familie vermissen würden; das ist weltweit sicher gleich: Menschen vermissen zunächst andere, ihnen vertraute Menschen, die sie lieb gewonnen haben. Zu fragen ist, ob es auch anderes gibt, was einem im eigenen Land wichtig erscheint und anderswo fehlen würde. Dies ist auch abhängig davon, was man in „der Fremde" Vergleichbares – oder eben ganz anderes – vorfindet. Zu diskutieren ist: Sehnt man sich immer nach dem, was man nicht hat? (Beispiel: Man lebt in einer großen Stadt und sehnt sich nach Meer, Wald und Wiesen. Man lebt in einer dörflichen Umgebung und vermisst das rege Stadtleben.) Mit dem eigenen Land können auch bestimmte Gerüche (z. B. ein Fluss, der Duft bestimmter Pflanzen oder Früchte) oder Ernährungsgewohnheiten (Frühstück, Brotsorten) verbunden sein. Die subjektive Wiedergabe sinnlicher Eindrücke verlangt Textformate mit schildernden Passagen.*

Adam Soboczynski
Polski Tango –
Eine Reise durch Deutschland und Polen

S. 19

1 – 3 *Nicht nur Erwachsene, auch Schülerinnen und Schüler finden diesen Text amüsant, müssen immer wieder darüber schmunzeln, wie der Autor seine ersten Erlebnisse in Deutschland sowohl selbstironisch als auch augenzwinkernd kritisch dem Einwanderungsland gegenüber beschreibt. Die Ich-Perspektive lässt Nähe aufkommen, verspricht Authentizität. Sehr detailreich werden die Umstellungsphasen (Polen – Deutschland, Sprachprobleme, sprachliche Missverständnisse, z. B. „Komma" als Wort statt als Satzzeichen verstanden) sowie die neuen Errungenschaften („Konsumgüter") beschrieben bzw. geschildert. An sprachlichen Gestaltungsmitteln finden sich z. B. Adjektivhäufungen, treffende/sprechende Verben (etwa „der Capri strahlte in sattem Orange, duftete nach frischer Wäsche", Z. 78 f.), (dramatisierende) Vergleiche (z. B. „gleichsam sein Leben hinweggespült", Z. 83).*
(Sachliche) Informationen der eigenen Auswanderergeschichte in Kombination mit knapper Reflexion der politischen Situation in Polen werden quasi beiläufig in die Alltagserlebnisse „eingestreut" (z. B. „1981 sind wir nach Deutschland gezogen, nur wenige Wochen bevor in Polen der Kriegszustand ausgerufen und die Gewerkschaft Solidarnosc für Jahre zerschlagen wurde." Z. 46 ff.).
Anschaulich und lebendig erzählt Soboczynski von den Anpassungsversuchen seiner Eltern in Deutschland. Sie wollen nicht auffallen („wir wollten uns in der Masse einrichten", Z. 144 f.), legen Kennzeichen für eine polnische Herkunft ab (der Vater rasiert den typischen Schnurrbart ab; sie legen die „schäbige" Kleidung ab, die Mutter trägt Jeans statt „bunter Röcke"), sie feiern Geburtstage statt Namenstage. Schamgefühle werden erkennbar, wenn die Mutter sich nicht mehr traut, Kutteln einzukaufen, aus denen eine polnische Spezialität zubereitet wird, weil Kutteln in Deutschland nur an Hunde verfüttert werden. Der Vater versucht, sein Sprachproblem zu lösen, indem er eine eigene Sprache ausbildet („Deutsche Wörter beugte er mit polnischen Endungen", Z. 98 f.).

Deutschland wirkt für die Zuwanderer im Vergleich mit Polen glamourös, ein hell erleuchtetes (Einkaufs-)Paradies, ein glitzerndes Schlaraffen- oder Märchenland („Und das neue Land, Deutschland, funkelte in den ersten Monaten nach unserer Ankunft an jeder Straßenecke", Z. 123 ff.); die Deutschen erscheinen wie Prinzen und Prinzessinnen – aber es sind nur Karnevalsprinzen.
Anhand des Karnevals in Koblenz wird der verquere Mechanismus der Anpassung noch einmal überspitzt vorgeführt, „eine verdoppelte Inszenierungsanstrengung" (Z. 151 f.).

4 *Es ist eine erhöhte Anforderung, jemandem aus einem anderen Land Karnevalsbräuche zu beschreiben und zu erklären, z. B. Karnevalsvereine, den Beginn der Session am 11.11., Sitzungen, Karnevalslieder, Hoch-Zeit von Weiberfastnacht bis Aschermittwoch, Kostüme, Festwagen, Umzüge (besonders am Rosenmontag, mit einem bestimmten Motto), den „einfachen" Straßenkarneval, „Nubbel-Verbrennung" am „Veilchen-Dienstag", Fischessen am Aschermittwoch.*
Die persönlichen Schilderungen werden nur Bruchteile des gesamten Brauchtums aufgreifen, manch einer kennt nur den Straßenkarneval aus eigenem Erleben, sicher wird auch der Alkoholkonsum thematisiert werden. Sprachlich sollten sich die Schilderungen durch die Darstellung der individuellen, persönlichen Eindrücke mit wertenden Elementen von den eher sachlichen Beschreibungen unterscheiden.

5 *Diese Aufgabe dient dazu, erklärende und beschreibende Texte zu verfassen. Die unterschiedlichen Silvesterbräuche sind ein durchaus reizvolles Thema. Zum Teil können die Schülerinnen und Schüler auch hierbei auf eigene Erfahrungen zurückgreifen.*

6 *Beim Vergleich der beiden Lebensgeschichten von Antonio Perrone und Adam Soboczynski wird als Gemeinsamkeit deutlich werden, dass es sich für die Zuwanderer in Deutschland besser, angenehmer leben lässt.*
Schamgefühle gegenüber seiner Herkunft werden bei dem Italiener nicht erkennbar, was sicher damit zu tun hat, dass Italien bei uns ein anderes „Image" hat als Polen: Während Italien seit den 1950er Jahren als Urlaubsland geschätzt wird und Rom als Sitz des Papstes in allen Köpfen Bilder aufruft, wird mit Polen nach wie vor oft der „graue Osten" verbunden.

7 *a/b) Die meisten Schülerinnen und Schüler werden aus der Nachbarschaft, der Schule, aus Sportvereinen oder Musikschulen jemanden kennen, der nicht nur eine Migrationsgeschichte hat, sondern tatsächlich in einem anderen Land aufgewachsen ist. Manchmal verfügt man aber nur über diese Information und hat keine weiteren Kenntnisse. Die Aufgabe fordert dazu auf, sich ein genaueres Bild von einer Person zu machen, jemanden „kennen zu lernen". Der ein oder andere wird merken, dass er nur bestimmte Vorstellungen im Kopf hatte, tatsächlich aber wenig über die Hintergründe weiß. Durch die authentischen Schilderungen können diese Vorstellungen überprüft oder gar verändert werden.*

c) Der biografisch geprägte Text der jungen Polin thematisiert ihre ambivalente Situation: die empfundene Heimatlosigkeit. Hier kann ein Bezug zu dem Text von Soboczynski hergestellt werden (vgl. den Schlusssatz: „Mutter blieb für die Deutschen stets ‚die Polin'").

8 *Zum Abschluss von Teilkapitel 1 können noch einmal anhand des weit gefassten Themas „Fremde bei uns" die unterschiedlichen Schreibformate geübt werden.*

Zusatzmaterial

Hilal Sezgin hat in ihrem Buch „Typisch Türkin? Porträt einer neuen Generation" 19 verschiedene türkische Frauen interviewt: „Wie war das damals? Von der Türkei nach Deutschland."

Ich habe am Anfang nur geweint

Zahide zum Beispiel, die heute Anwältin in einer internationalen Kanzlei ist und ihren Mandanten mit Rat und Tat von montags früh bis sonntags spät zur Seite steht, fühlte sich damals wie der sprichwörtliche Schluck Wasser in der Kurve (nur dass sie weder diesen Ausdruck kannte noch irgendein anderes deutsches Wort). „Ich habe am Anfang nur geweint", erzählt sie rückblickend ein wenig verschämt. [...] sie war immerhin schon 16 Jahre alt, als sie nach Deutschland kam, und in den Jahren davor hatte sie eigentlich ganz gut gelernt, sich in neuen Situationen zurechtzufinden: Der Vater war schon fünf Jahre zuvor nach Deutschland gegangen, die Mutter war ihm ein Jahr später gefolgt. Selbstverständlich hatten beide fest vor, bald zurückzukehren. Ihre vier Kinder ließen sie in der Heimat, wollten sie nicht aus der gewohnten Umgebung reißen, suchten nach Übergangslösungen, bis die Familie wieder zusammen sein würde – wie sie damals noch glaubten: in der Türkei. Einige Monate lang lebten Zahide, ihre ältere Schwester und ihre beiden Brüder sogar allein im elterlichen Haus in dem kleinen Dorf, in dem sie aufgewachsen waren. Verwandte schauten vorbei, Nachbarn brachten warme Mahlzeiten, eine Tante und ein Onkel waren damit beauftragt, regelmäßig nach dem Rechten zu sehen. Wie gesagt: Es war ja alles nur für kurze Zeit.
Als sich die Zeit allmählich in die Länge zog, beschlossen die Eltern von Deutschland aus, ihre Kinder bei Verwandten unterzubringen. Die Jungen zogen bei Tante und Onkel im Nachbarort ein, die beiden Schwestern kamen zu ihrer Oma in die Kreisstadt, wo sie die Volksschule besuchen konnten. Als die Ältere der beiden die Volksschule abgeschlossen hatte, wurde auch die Kreisstadt zu klein.

Die Eltern, die immer noch beabsichtigten, bald zurückzukehren, nur zu einem etwas späteren „Bald", wollten unbedingt, dass die Töchter auch eine weiterführende Schule besuchten, sie sprachen mit weitläufigen Verwandten in Istanbul. Und wieder zogen die Mädchen um. Erst als sich Zahide und ihre Schwester in Istanbul schon ein wenig heimisch fühlten, kapitulierten die Eltern vor der Einsicht, dass ihr ursprünglicher Plan nicht durchzuhalten war. Sie entschieden sich, ihre Kinder nachzuholen, sie schickten zwei Tickets nach Istanbul; Bekannte setzten die beiden ins Flugzeug, und in Deutschland holten die Eltern ihre Töchter am Flughafen ab.
Das mag nach einer ungewöhnlich komplizierten Geschichte klingen: diese vielen Haushalte, in denen Zahide und ihre Geschwister gelebt haben; das Dorf, die Kleinstadt, Istanbul. Doch hat die Reise nach Deutschland für viele Kinder aus Zahides Generation diese oder ähnlich viele Stationen gehabt. „So ist es ganz oft gewesen", sagt Zahide selbst, „dass vorher lauter andere Arrangements ausprobiert wurden, bevor die ganze Familie nach Deutschland ging. Und jedes Mal guckst du dich als Kind neu um, alle zwei Jahre ist alles wieder anders. Ja, das ist etwas, wovon hier die wenigsten wissen: Was die Migration, bevor die Leute hier überhaupt angekommen sind, schon alles mit ihnen gemacht hat."
Und während es einerseits so rührend ist, wie sich das Netzwerk, das Zahides Eltern von Deutschland aus aufbauen, von einem kleinen Dorf an der Schwarzmeerküste ausbreitet bis zur nächstgrößeren Stadt und schließlich sogar Istanbul umspannt, wird man den Eindruck nicht los: Zahide und ihre Geschwister waren, trotz aller elterlichen Sorge und der von Verwandten und Bekannten, immer wie-

der sehr allein. Als die Mutter nach Deutschland aufbrach und die älteste Schwester den Haushalt führte, war diese gerade mal 13 Jahre alt! Und auch als die Familie wieder zusammen war, war dieses Alleinsein nicht zu Ende. „Eigentlich ging es hier ganz genauso weiter", erinnert sich Zahide. Ihr Vater hatte sich vorher erkundigt, welche Art von Arbeitern in Deutschland gebraucht werde, und so hatte er eine handwerkliche Zusatzausbildung gemacht; die Mutter arbeitete als Näherin. „Tja, und da waren sie nun den ganzen Tag weg, ist ja klar. Wir gingen zur Schule, und nach der Schule haben meine Schwester und ich auf die jüngeren Geschwister aufgepasst, das war normal. Und es hatte auch sein Gutes. In der Zeit habe ich gelernt, auf mich und auch auf andere Acht zu geben, dieser Impuls ist mir bis heute ein bisschen geblieben, das kommt mir auch in meinem Beruf zugute." Außerdem schweißt so etwas zusammen. Die Brüder und Schwestern haben in dieser Zeit eine Solidarität untereinander entwickelt, von der Zahide sagt, dass sie ihnen – allen geschwisterlichen Streitereien und den sehr verschiedenen Wegen, die sie als Erwachsene eingeschlagen haben, zum Trotz – noch manches Mal geholfen habe.

Das familiäre Zusammensein aber, wie es die Kinder irgendwann einmal, viele Jahre vor der Migration, in ihrem Heimatdorf erlebt hatten, stellte sich nicht wieder ein; auch in Deutschland bestimmte die Abwesenheit der Eltern, die morgens früh zur Arbeit gingen und abends spät nach Hause kamen, Zahides Tag. Es war dieses Alleinsein in fremder Umgebung, das Zahide weinen ließ, und auch die Umgebung selbst, so schön sie war. In der Nähe von München hatten die Eltern eine kleine Wohnung in einem schönen Neubaugebiet gefunden. Es gab Bäume, Spielplätze, Parks. Es war geradezu idyllisch, gibt Zahide im Nachhinein zu, aber damals sah sie nur: Hier gibt's gar kein Meer! Als sie ein kleines Mädchen war, hatte sie an der Schwarzmeerküste gelebt, oder in den letzten Jahren am Bosporus den großen Dampfern nachgeschaut, das Funkeln der Wellen geliebt, die Sonne über einer Stadt, die direkt am Wasser liegt. Verglichen damit schien ihr Bayern trotz all seiner schönen Seen furchtbar trocken, trostlos, einfach nicht lebendig.

Und noch etwas hat Zahide anfangs zu schaffen gemacht: „Mir fehlten die Menschen. Diese Wärme, die in der Türkei ganz normal ist – die fehlt mir bis heute!" Es fehlte ihr die Freundlichkeit und Fürsorglichkeit auch fremder Menschen, die man in der Türkei bis heute in allen kleineren Orten antrifft, es fehlte ihr die Aufmerksamkeit flüchtiger Bekannter, die jedes Kind liebevoll in die Wange kneifen (auch wenn es das in dem Moment vielleicht nicht immer zu schätzen weiß), es fehlte ihr die Selbstverständlichkeit, mit der Nachbarn ein- und ausgehen, frisch gebackene Pogca und Kadayif vorbeibringen und mit der immer zig Tanten und Kinder aller Altersstufen um einen sind. [...]

(Aus: Hilal Sezgin: Typisch Türkin?
Porträt einer neuen Generation.
© Herder Verlag, Freiburg i. Br. 2007, S. 23–27)

1 *Formuliert euren ersten Eindruck von Zahides Leben.*

2 *Untersucht die sprachlichen Besonderheiten des Textes. Achtet dabei auf die Wortwahl, den Satzbau und den Stil.*

3 *Stellt die Stationen des Migrationsweges von Zahide sachlich, aber anschaulich beschreibend dar. Recherchiert dazu passende Abbildungen und ergänzt entsprechende Informationen über „Land und Leute" dort:*

Dorf an der Schwarzmeerküste – türkische Kleinstadt – Istanbul – München

4 *Schaut euch eure Darstellungen an und vergleicht sie mit dem Text. Was leistet eure Arbeit, was wird weniger deutlich?*

Hilal Sezgin

Statt Parallelgesellschaften –
Nebeneinander zweier Nachbarn desselben Mietshauses

„Ich habe am Anfang nur geweint", erzählt schließlich auch Dolunay, die im Alter von 18 Jahren heiratete und mit ihrem Mann nach Deutschland ging, in das ihr völlig unbekannte Köln. Genau genommen kannte sie auch ihren Mann damals noch nicht sehr gut. Sämtlichen älteren Frauen im Dorf, insbesondere seiner eigenen Mutter, war klar, dass er in dem Alter war, in dem man heiraten sollte; und so wurde er Dolunay eines Nachmittags offiziell im Wohnzimmer vorgestellt, eingeklemmt zwischen Kissen in grünem Samt und hellblauen Häkelbezügen. Er trank verlegen seinen dritten Tee, sie schaute zu ihm hinüber. Sie kannte ihn längst vom Sehen; aus der Nähe betrachtet, war er ihr angenehm, sie wollte es wagen. Wenig später bewohnte sie zwei Zimmer in einem Hochhaus in der Nähe von Köln. „Ich konnte kein Deutsch. Mein Mann war andauernd arbeiten. Wir waren die einzige türkische Familie im Haus. Was sollte ich da machen?"

Doch Dolunay ist eine findige, eine aufgeschlossene Person, und vor allem hat sie keinerlei Hemmungen, wenn es darum geht, auf Fremde zuzugehen – oder diese auf sich zugehen zu lassen. Sie unterstellt, dass es Freundlichkeit in jeder Nachbarschaft gibt, und für dieses Vertrauen wird sie offenbar in jeder Nachbarschaft mit Freundlichkeit belohnt. Man muss nur die Tür aufmachen, im wahrsten Sinne des Worts. „Ich hab dann einfach immer die Wohnungstür offen gelassen, und die Nachbarn sind zu Besuch gekommen. Das waren Deutsche, Jugoslawen, alles durcheinander. Ach, was haben die mich getröstet! Ich war voller Heimweh, und die Nachbarinnen kamen herein und haben mich in den Arm genommen." „Und dann kam Omi. Omi heißt Omi, weil sie ungefähr das Alter von Dolunays inzwischen verstorbener Mutter hat und weil sie die erste Frau war, die Dolunays erstes Töchterchen auf den Arm genommen hat. Und auch schon während der Schwangerschaft war Omi jeden Tag für Dolunay da, Omi war Anker und Hafen, Omi hat Dolunay, wenn sie allein und verzweifelt war, an sich gedrückt und hin- und hergewiegt und ihr tröstend – was Dolunay heute noch die Tränen in die Augen treibt – „meine kleine Hexe" ins Ohr geflüstert. Später hat Omi Dolunays beiden kleinen Töchter spazieren geführt oder auch umgekehrt, denn Omi wurde allmählich wirklich alt. Aber Omi war immer noch ganz schön clever: „Für sie brauchte ich nicht mal Deutsch zu lernen, denn Omi kam mir zuvor, sie hat einfach Türkisch gelernt!" Also gibt es doch Wärme und Herzlichkeit in Deutschland [...].

Heute besucht Dolunay einen Deutschkurs in der Volkshochschule. Er wird vom Sozialamt bezahlt, entspricht allerdings nicht ganz dem, was Dolunay sich eigentlich gewünscht hätte: Lieber würde sie einen Intensivkurs machen, derzeit wird aber keiner angeboten. Überhaupt hat es lange gedauert, bis sowohl Deutsche als auch Türken angefangen haben einzusehen: Das Erlernen der deutschen Sprache gehört unbedingt dazu. [...]

(Aus: Hilal Sezgin: Typisch Türkin?
Porträt einer neuen Generation.
© Herder Verlag, Freiburg i. Br. 2007, S. 27–29)

1 *Inwiefern ist Dolunay ein Beispiel für eine gelungene Integration?*

Tipp: Ihr könnt euch das Buch beschaffen, weitere Lebenswege untersuchen oder eine Leseempfehlung für dieses Buch schreiben.

1.2 Die Begegnung mit dem Fremden – Parabeln entschlüsseln und interpretieren

S. 22

Bertolt Brecht
Zwei Städte

🎧 Das **„Deutschbuch-Hörbuch 9/10"** enthält die Keuner-Geschichte „Zwei Städte" von Bertolt Brecht, gelesen von Manfred Krug.

1 a/b) *Die Gegenüberstellung könnte z. B. so aussehen:*

Stadt A	Stadt B
Man liebt mich.	Man war zu mir freundlich.
Man machte sich mir nützlich.	Man brauchte mich.
Man bat mich an den Tisch.	Man bat mich in die Küche.
Hier ist Herr K. Gast: Herr K. wird als eher passiv angesehen, er wird bewirtet/bedient, die Liebe scheint voraussetzungslos, als Gast bleibt er aber fremd, es herrscht Distanz, die bleibt. „Die Stadt" würde auch ohne ihn auskommen.	Hier wird Herr K. als weiterer Stadtbewohner gesehen: Er kann aktiv werden, er bereichert das Leben der anderen, er wird als Mitbewohner gesehen (in die Küche gebeten!), die Freundlichkeit kann sich noch zu einer tiefer gehenden Freundschaft, gar Liebe entwickeln, sie kann wachsen.

2 a/b) *Die Ersatzprobe macht deutlich, dass es Herrn K. um ein Umfeld geht, in das man sich hineinbegeben, in dem man sich als Mitgestalter wohlfühlen kann, in dem man sich zugehörig fühlen, mit dem man sich identifizieren kann. Man ist nicht nur „Gast". Der anschließende Textvergleich schärft den Blick für die Intention des Parabeltextes.*

Beispiel für eine Umgestaltung:

Zwei Schulen
Schule A: Ein Ort, an dem man glaubt, ein Außenseiter zu sein, nicht dazuzugehören, nicht hineinzupassen, man ist nur „Gast-Schüler".
Schule B: Es ist „meine" Schule, sie wirkt identitätsstiftend, man ist Mitgestalter.

3 *Die „Stadt" (Gesagtes) steht für eine Gesellschaft, einen Staat (Gemeintes). Herr K. will die Gesellschaft mitbestimmen, aktiv an ihr teilnehmen und teilhaben.*

1.2 Die Begegnung mit dem Fremden – Parabeln entschlüsseln und interpretieren

Nikos Kazantzakis

Die Blinden

S. 23

1 b) *Stichwörter, worum es in dem Text geht:*
– *Ort: kleines Dorf in der Wüste.*
– *Besonderheit der Dorfbewohner: Sie sind alle blind.*
– *Ereignis: König mit seinem Heer kommt vorbei, er reitet auf einem Elefanten.*
– *Bitte/Anliegen der Dorfbewohner: Elefanten untersuchen – was ist es für ein Ding?*
– *Streitgespräch der Dorfbewohner: verschiedene Antworten auf die Untersuchungsfrage.*

c) *Rüssel, Fuß, Seite, Ohr, der Ritt auf dem Rücken des Elefanten wurden genannt, mögliche Fortsetzungen können z. B. thematisieren:*
– *Schwanz: Seil mit ausgefranstem Ende/Peitsche;*
– *Stirn(falten): Wellen im Sandboden/in den Sanddünen;*
– *Auge mit Lid und Wimpern: sich bewegender Schmetterling;*
– *Maul mit Zunge: nasser Lappen.*
Es muss darauf geachtet werden, dass „die Blinden" Wüstenbewohner sind, d.h. sie werden Vergleichsmomente anführen, die aus ihrem Erfahrungsbereich stammen.
Auch eine Fortsetzung der Geschichte wird nicht zu einer Einigung führen, denn die Streitenden haben zu unterschiedliche Details des Ganzen erfahren. Die Einzeleindrücke lassen sich nicht zu einem stimmigen Ganzen zusammenführen.

d) *Die Offenheit des Textes zeigt, dass es für diese Menschen – die ihre Art und Weise, etwas zu „betrachten", wahrzunehmen, nicht verändern werden – keine Lösung geben wird. Es wird ein Endlosstreit werden.*

2 *Weitere Redewendungen, in denen das Thema „Blindsein" im übertragenen Sinn zu verstehen ist:*
– *„Jemand ist mit Blindheit geschlagen."*
– *„Da hast du wohl einen blinden Fleck."*
– *„Bist du blind?"*
– *„Der Blinde und der Lahme."*
– *„Schlecht sehen kannst du gut, aber gut hören kannst du schlecht."*
– *„Unter den Blinden ist der Einäugige König."*

3 a) *Jeder der Ältesten gibt das wieder, was er – ausschnitthaft – erfahren hat. Keiner kann das Ganze erfassen. Je nach eigenem Standpunkt, nach eigener Position, nach eigenem (Be-)Fühlen wurde das unbekannte „Ding" beschrieben.*

b) *Chancen für die eigene Wahrnehmung durch Vorinformationen: Erzähltes macht auf etwas aufmerksam und regt die eigene Fantasie an; es weckt Neugierde und Forscherdrang.*
Gefahren durch Vorinformationen: Erzähltes kann Vorurteile transportieren, Realität verfälschen; es gibt die Wirklichkeit ausschnitthaft wieder, ist subjektiv, ist bereits eine Interpretation.
Die Formulierung „Es ist wie ..." würde zumindest den Vergleichsaspekt verdeutlichen und darauf hinweisen, dass es sich bei der Beschreibung nur um eine mögliche Entsprechung handelt und dass diese nicht das Tatsächliche wiedergibt. Stets würde das Sich-Herantasten signalisiert, an die Vorsicht gemahnend, dass man das Tatsächliche nicht wirklich erfasst.
Die Aussage „Es ist ..." gaukelt Realität vor, suggeriert, es sei so, die Behauptung sei wahr.

c) *Thema des Textes ist das Problem begrenzter Wahrnehmungs- und Erkenntnismöglichkeit im Hinblick auf Unbekanntes, Fremdes.*

4 Der erste, unmittelbare Zugriff auf den Text ist nun ausdifferenziert worden. Die Tiefenschichten der Textoberfläche und damit der Deutungsspielraum sind freigelegt worden.

5 Die Aufgabe gibt Möglichkeiten zur Reflexion des inzwischen Erarbeiteten. Die Form der mathematischen Parabel hilft anschaulich, Bildteil (Gesagtes) und Sachteil (Gemeintes) gegenüberzustellen und aufeinander zu beziehen. Parabeln werden auf einen Blick als zu entschlüsselnde Texte erkennbar.
Das Verfassen der Rahmenhandlungen geht insofern einen Schritt weiter, als die Schülerinnen und Schüler überlegen, wem durch eine solche Geschichte in welcher Situation „die Augen geöffnet werden können". Wem könnte es wann helfen, seine Wahrnehmung zu verändern? Beziehungsweise: Wem muss bewusst gemacht werden, dass die „eigene" Welt nur „eine" Welt ist?

6 a) Zuordnung der Textausschnitte:
   (1) Schlussteil (eigene Stellungnahme)
   (2) Beginn des Hauptteils (inhaltliche Zusammenfassung)
   (3) Hauptteil (Deutungsansatz)
   (4) Einleitung

7 Beispiel für eine Interpretation:

Die Parabel „Die Blinden" von Nikos Kazantzakis aus dem Jahr 1957 handelt von den blinden Einwohnern eines Wüstendorfes, die zum ersten Mal die Möglichkeit erhalten, einem Elefanten zu begegnen. Die Blinden kennen dieses Tier bisher nur vom „Hörensagen": „Die Blinden hatten viel von Elefanten erzählen hören" (Z. 5 f.). Nun möchten sie gerne eigene Erfahrungen machen. Sie bitten darum, das fremde Tier berühren zu dürfen, was ihnen der Besitzer des Elefanten, ein König, auch erlaubt. Jeder berührt daraufhin einen Teil des Elefanten: den Rüssel, einen Fuß, eine Seite, ein Ohr, den Rücken. Schließlich berichten die blinden Dorfältesten den Zurückgebliebenen von ihren Erfahrungen. Jeder von ihnen setzt den Teil des Elefanten, den er berührt hat, mit etwas ihm Bekannten, Vertrauten gleich („Es ist (wie)..."). Auf Grund der unterschiedlichen Ergebnisse geraten sie in einen Streit, mit dem die Parabel endet; der Streit ließe sich unendlich fortsetzen.

Der Elefant steht stellvertretend für etwas, was einem „Betrachter" vollkommen unbekannt, fremd ist. Die Blindheit der Einwohner weist auf die begrenzte Wahrnehmungsfähigkeit und mögliche Engstirnigkeit der Menschen hin. Viele bedenken nicht, dass man mit seiner subjektiven Wahrnehmung stets nur einen Ausschnitt des Ganzen erfassen kann. Jeder sammelt nur auf seinem individuellen Hintergrund Erfahrungen, die entsprechend nicht allumfassend sind.

Die Parabel „Die Blinden" mahnt an, mit vorschnellem Einschätzen und Urteilen vorsichtiger zu sein. Sowohl fremden Menschen als auch bisher unbekannten Situationen wird man kaum gerecht, wenn man sich nicht auf ein behutsames Kennenlernen einstellt. Mich hat der Text gelehrt, in Zukunft offener für Neues, Fremdes zu sein und es nicht gleich mit mir wohlbekannten Etiketten zu versehen.

Günter Kunert
Der fliegende Mensch

1. a) *Gliederung:*
   Z. 1–20: *Lebensumstände der Hauptfigur*
   Z. 20–38: *„Damals" – Rückwendung in die Vergangenheit aus der Perspektive des alten Mannes: besondere Fähigkeit: Fliegen; Folgen dieser Begabung: Konflikt; Konsequenz: Anpassung, bis hin zur Aufgabe der Fähigkeit*
   Z. 38–54: *„Heute" – Der alte Mann meint, in toleranteren Zeiten zu leben, aber nur noch unter Anstrengung in seinem Zimmer fliegen zu können*
   Z. 54–68: *Höhepunkt – Jemand zweifelt seine Fähigkeit an: Er springt in den Tod*

   b) *Lebensgeschichte von Metzenwetzler:*
   als Jugendlicher:
   – *überraschende Fähigkeit entdeckt (bei einer Theateraufführung): kann unter der Decke schweben;*
   – *Reaktion: Ärger;*
   später:
   – *er will nicht mehr unangenehm auffallen (Schuhe mit Bleieinlagen);*
   – *„fliegt" nur noch heimlich im verschlossenen Zimmer;*
   – *gibt es schließlich ganz auf;*
   als alter Mann:
   – *glaubt, die Zeiten haben sich verändert, Menschen seien aufgeschlossener;*
   – *versucht – vergeblich – zu fliegen;*
   – *Reaktionen: Heuchelei (Besucher loben angebliche Flugkunst), Zweifel;*
   Metzenwetzler springt in den Tod.

   c) *Mögliche Erklärungen für die Reaktionen der Besucher:*
   – *Ängste gegenüber dem, was nicht sein kann: „Was nicht sein kann, darf nicht sein."*
   – *Fremdes wird abgelehnt.*
   – *Befürchtungen, dass die Gesellschaft durcheinandergerät, wenn Normen/Gewohnheiten/Gesetzmäßigkeiten verletzt oder außer Kraft gesetzt werden.*

2. a) *Wortfeld zum Begriff „fliegen": z. B. flattern, segeln, gleiten, ...*
   Redensarten rund um den Begriff „fliegen":
   – *flügge werden;*
   – *vom Boden abheben;*
   – *in den Himmel fliegen;*
   – *nur Fliegen ist schöner;*
   – *jemand fliegt von der Schule;*
   – *du fliegst gleich raus;*
   – *etwas beflügelt mich;*
   – *sich beschwingt fühlen.*

   b) *Mit der Fähigkeit, „fliegen" zu können, könnte in der Parabel z. B. gemeint sein:*
   – *ein besonderes Talent besitzen, das außergewöhnlich ist;*
   – *in einer Gesellschaft aus dem Rahmen fallen;*
   – *Normen hinterfragen, verletzen, außer Kraft setzen;*
   – *gesellschaftlich isoliert oder verloren sein.*

3 *Deutungsansatz von Manfred Durzak:*

Kunerts Geschichte „Der fliegende Mensch" aus seinem Erzählband *Camera obscura* entwirft den Lebenslauf des unbedeutenden Zeitgenossen Herrn Metzenwetzler, der in der Straße, wo er wohnt, der fliegende Mensch genannt wird, durchaus realistisch. Ein Jedermann, der in einem durchschnittlichen Leben alt geworden ist wie viele andere und der in der Stumpfheit eines untätigen Greisenalters zu verdämmern scheint. „Man sah ihn den ganzen Tag am Fenster sitzen und hinunterblicken aufs Pflaster [...]." Der utopische Schatten, der dennoch über diesem belanglosen Leben liegt – und hier dringen die parabelhaften, die Realität übersteigenden Züge in die Geschichte ein und weiten den Erzählansatz aus –, hat mit der Erinnerung an eine außerordentliche Fähigkeit dieses Herrn Metzenwetzler zu tun, die ihn einmal als außergewöhnliches Ich auswies. Er vermochte nämlich zu fliegen, wie er während eines Theaterbesuches in seiner Jugend zufällig herausfand, als er plötzlich „unter der Decke des Zuschauerraumes" schwebte. Diese außergewöhnliche Begabung brachte ihn in Konflikte mit der Gesellschaft. Seine die Normalität der andern außer Kraft setzende Fähigkeit wurde nicht von den andern bewundert, sondern als Ärgernis betrachtet. Metzenwetzler beschritt den Weg der Anpassung: „Später trug er Schuhe mit Bleieinlagen, um nicht unangenehm aufzufallen. Keine Behörde hat Leute gern, die aus dem amtlich festgelegten Rahmen flattern, weil sie damit die Allgemeingültigkeit gesetzlicher Normen zerstören." Diese Normen beginnen stattdessen, ihn selbst zu zerstören. Er übte seine Fähigkeit nur noch manchmal in der Privatheit seiner vier Wände aus, gab sie dann ganz auf, aber glaubt in seiner Erinnerung, als alter Mann noch immer über diese besondere Gabe zu verfügen. Er erzählt seinen wenigen Besuchern davon. Man lässt ihn mitleidig in seinem Glauben, bis „ein fremder Irgendjemand" eines Tages offen sein Aufstiegsvermögen anzweifelt. Der in Zorn geratene Greis klettert auf das Fensterbrett seines Mietskasernenzimmers, um den Wahrheitsbeweis anzutreten. Der Sprung aus dem Fenster endet mit seinem Tod. Die Gleichgültigkeit und Inhumanität seiner Umgebung wird in der Reaktion des Hauswarts überdeutlich akzentuiert: „am unglücklichsten war der Hauswart, der die Steinplatten vor dem Haus vom Blut reinigen musste, weil er sie erst am selben Tag geputzt hatte. Wer bezahlte die doppelte Arbeit?" Niemand ist unglücklich über den Tod des alten Mannes. Sein Tod ist für die andern lediglich ein Ärgernis.

Die einstige Fähigkeit des Protagonisten zu fliegen ist sicherlich zeichenhaft zu sehen. Es ist ein Hinweis auf die außerordentlichen Möglichkeiten, die auch in seiner Existenz einst angelegt waren, bevor er auf dem Wege der Anpassung an die Normen der Gesellschaft sein Ich systematisch aushöhlte und sich selbst abhandenkam. Das, was er ein Leben lang an sich vollstreckte, die Auslöschung der Selbstverwirklichungsmöglichkeit seines Ichs, bringt sein sich gleichsam unfreiwillig ereignender Selbstmord an den Tag: Er hatte sein Ich bereits längst erstickt, als er zum Sprung in den Tod ansetzte. [...]

(Aus: Manfred Durzak:
Die parabolische Kurzgeschichte der Gegenwart.
In: Die Parabel. Hg. von Theo Elm und Hans Helmut Hiebel.
Suhrkamp Verlag, Frankfurt/M. 1986, S. 360 f.)

4 *Alle drei Parabeln lassen sich auf das Thema „Fremdsein" beziehen.*
- *Brecht: Übertragen könnte dies bedeuten, dass sich Menschen aus anderen Ländern auch bei uns erst dann wirklich wohlfühlen, wenn sie nicht nur als „Gäste" empfangen und bewirtet werden, sondern auch aktiv die Gesellschaft mitgestalten können.*
- *Kazantzakis: Fremdes ist nie wirklich verstehbar, es bleibt immer ein Stück fremd, da die Erfahrungswelt jedes Einzelnen auch nur begrenzt ist (Vergleiche „hinken").*
- *Kunert: „Fremde" laufen Gefahr, ihre Identität aufzugeben (wie Metzenwetzler), wenn sie auf Unverständnis, Ärger oder grundlegende Zweifel treffen.*

1.3 Schulprojekt: Für die Begegnung verschiedener Kulturen werben

1 a) Die Recherche nach den unterschiedlichen Nationalitäten der Schülerinnen und Schüler an der Schule wird unter Umständen zu erstaunlichen Ergebnissen führen. Man könnte vorher auch eine Zahl schätzen lassen. Meist wird diese von der Realität übertroffen.

b) Man kann mitunter feststellen, dass die Schülerinnen und Schüler nicht viel vom anderen wissen. Befragt man Klassen, ist es den Schülern manchmal kaum bewusst, dass Mitschüler aus einem anderen Land kommen. Dies ist als durchaus positiv anzusehen.

S. 27

2 a) Slogans sind bewusst plakativ, wegen ihrer Kürze und Dichte häufig aber auch überraschend in ihrer Aussage.

b) In den Slogans verwendete sprachliche Mittel:
- Parallelismen;
- leicht veränderte Schreibweisen (getrennt/zusammen);
- Anglizismen;
- Korrespondenz von Inhalt und Form (Buntheit).

3 / 4 Schüleraustausch gehört zur Erfahrungswelt der Schülerinnen und Schüler. Auch wenn sie nicht selbst daran teilnehmen, erleben sie Austauschschülerinnen und -schüler in ihren eigenen Klassen. Dabei gilt: „Andere Länder – andere Sitten"; Verhalten wird thematisiert, z. B. andere Essensgewohnheiten, andere „Rituale" in den Familien.

Um für einen Austausch werben zu können, muss man sich selbst genauer mit den Voraussetzungen (z. B. Notendurchschnitt, soziale Kompetenz, Kostenübernahme), den Bedingungen (z. B. Bereitschaft, Gegenbesuch aufzunehmen), den Möglichkeiten und Herausforderungen auseinandersetzen.

Auf der Homepage einer Schule findet sich meist Material zum Schüleraustausch, das für die „Werbung" benutzt werden kann. Hat eine Schule eine Partnerschaft, so finden sich auf der Homepage ebenfalls entsprechende Darstellungen. Diese können recherchiert und weiter bearbeitet werden.

Lernerfolgskontrolle/ Themen für Klassenarbeiten

Vorschlag 1: Einen informativen Text auf der Basis von Materialien verfassen

Jedes Jahr im Herbst findet in Bonn eine „Interkulturelle Woche" mit Vorträgen und Diskussionen statt. Deine Schule will sich daran beteiligen, indem sie Beiträge in der Schülerzeitung mit dem Schwerpunkt dieses Jahres „Berufschancen für Menschen mit Migrationsgeschichte" veröffentlicht.

1. Verfasse dazu auf der Basis der Materialien M1–M5 einen informativen Text und finde für deinen Beitrag eine eigene Überschrift.

2. Begründe deine Informationsauswahl, die Sprache und die Gliederung deines Artikels im Hinblick auf Adressaten und Textsorte.

M1

Teilhaben und Teil werden

BONN „Teilhaben – Teil werden" lautet das Motto der Interkulturellen Woche, welche die Evangelische Migrations- und Flüchtlingsarbeit Bonn (EMFA) vom 17. September bis 3. Oktober veranstaltet. Die Interkulturelle Woche thematisiert bei vielen verschiedenen Veranstaltungen Möglichkeiten und Grenzen der Partizipation von Migranten. Welche Erfahrungen machen sie in Schule, Ausbildung und Beruf? [...] „Nur wer in vollem Umfang am gesellschaftlichen Leben teilhat, kann wirklich Teil dieser Gesellschaft werden", betont der Ökumenische Vorbereitungsausschuss in seinem gemeinsamen Wort zur Interkulturellen Woche.

(Aus: Bonner General-Anzeiger, 10. 9. 2007, S. 7, gekürzt)

M2

Dunja Hayali: Zur Person

- Dunja Hayali (32 Jahre alt);
- im nordrhein-westfälischen Datteln geboren und aufgewachsen;
- Eltern stammen aus dem Irak;
- acht Jahre als Sportreporterin bei der Deutschen Welle (Bonn);
- ab 28. Mai 2007 Ko-Moderation bei der 19-Uhr-Sendung „heute" (ZDF/Berlin).

Dunja Hayali am 11. 9. 2007 im Studio des ZDF-Morgenmagazins (picture-alliance/dpa © dpa-Report)

M 3

Interview mit Dunja Hayali über ihren neuen Job als Ko-Moderatorin der „heute"-Nachrichten

GA: Frau Hayali, unter den ZDF-Moderatorinnen fallen Sie schon optisch aus dem Rahmen. Warum glauben Sie, hat sich der Sender für Sie entschieden?

HAYALI: Mir war beim Casting klar, dass das ZDF jemanden mit Migrationshintergrund sucht. Das war aber nicht das Hauptaugenmerk. Eher so eine Art Zusatzqualifikation, für die ich natürlich nichts kann. Ich bin halt Araberin auf Grund der Tatsache, dass meine Eltern im Irak geboren sind. Wenn ich meinen Job nicht gut machen würde, hätte ich ihn aber nicht bekommen.

GA: Sind Sie andererseits wegen Ihrer Herkunft schon mal diskriminiert worden?

HAYALI: Nee, das hat nie eine Rolle gespielt. Ich bin im Ruhrgebiet geboren und zur Schule gegangen. Ich habe in Köln Sport-, Medien- und Kommunikationswissenschaften studiert, bei einer TV-Produktionsfirma volontiert und seit einem Jahr im Nachtprogramm des Fernsehens der Deutschen Welle Nachrichten moderiert. Ich könnte mir vorstellen, dass es bei der Deutschen Welle für meine Herkunft Pluspunkte gab, aber ich arbeite da in der deutschen Redaktion und nicht in der arabischen. Das würde auch gar nicht gehen, denn ich kann mich zwar auf Arabisch verständigen, aber auf Arabisch lesen und schreiben kann ich nicht.

GA: Wie definieren Sie Arabischsein – gibt es da religiöse Aspekte?

HAYALI: Nein. Meine Mama ist Christin, und mein Papa ist syrisch-orthodox. Ich habe die Werte vermittelt bekommen, die im Irak wichtig sind: Gastfreundschaft, Offenheit, Toleranz.

GA: Welchen Bezug haben Sie zum Irak?

HAYALI: Der Großteil meiner Familie lebt in Bagdad, bis zum Jahr 2000 war ich dort regelmäßig zu Besuch. Seit 2003 ist das jedoch nicht mehr machbar. Es regiert das Chaos, meine Verwandten leben in Angst und Panik. Die bleiben möglichst zu Hause und meiden öffentliche Gebäude und Märkte. Meine Cousinen werden mit dem Auto zur Arbeit gebracht. Meine Eltern haben sie 2004 noch einmal besucht, es hätte fast mit einem Desaster geendet. Sie sind von bewaffneten Männern überfallen und ausgeraubt worden.

GA: Hat der Krieg schon Todesopfer in Ihrer Familie gefordert?

HAYALI: Ja, entfernte Cousins sind ums Leben gekommen. Und Verwandte meiner Eltern aus Mosul wurden vertrieben, weil sie Christen sind. Also, das gibt es auch. Dass Menschen bedroht werden auf Grund ihrer Religionszugehörigkeit.

GA: Im Irak herrscht Bürgerkrieg. Beinahe täglich erreichen uns Meldungen von Selbstmordattentätern, denen Zivilisten zum Opfer fallen. Können Sie neutral bleiben, wenn Sie künftig solche Meldungen vorlesen?

HAYALI: Als ich bei der Deutschen Welle anfing, ist mir das schwergefallen. Ich musste oft schlucken. Da driftet man mit seinen Gedanken auch schon mal ab und fragt sich: „Was ist mit den Verwandten?" Und greift nach der Sendung zum Telefon. Das hat sich aber schnell gelegt. Wenn man professionell arbeiten will, muss man einfach lernen, das zu trennen.

(Aus: Bonner General-Anzeiger, 27.4.2007, S. 31, Auszug)

M4

Die Deutsche Welle

Die Deutsche Welle informiert von Bonn aus über Rundfunk- und Fernsehprogramme das Ausland über das aktuelle politische, kulturelle und wirtschaftliche Leben in Deutschland. DW Radio sendet in 39 Sprachen und unterhält 41 Sender in aller Welt.

M5

Bärbel Röben

Zur Präsenz von Migrantinnen und anderen Frauen in deutschen Medien

„Frauen und Personen mit Migrationshintergrund werden bei gleicher Qualifikation bevorzugt eingestellt", heißt es in einer Stellenausschreibung für ein neues entwicklungspolitisches Magazin im Juli dieses Jahres. Im Mai verstärkte Dunja Hayali das Team der „heute"-Nachrichtenredaktion. [...] Dass im Journalismus bewusst Migranten/Migrantinnen gesucht werden, ist eine relativ neue Entwicklung.

Deutschland hat inzwischen zwar ein Zuwanderungs- und allgemeines Gleichbehandlungsgesetz, ist aber noch weit davon entfernt, eine politische Perspektive für alle Mitglieder der multikulturellen Gesellschaft zu entwickeln. Die politischen und medialen Teilhabechancen sind weiterhin ungleich verteilt [...].

Im Vergleich zu ihrem wachsenden Anteil an der deutschen Wohnbevölkerung sind Migranten/Migrantinnen mit ihren spezifischen Lebenserfahrungen und Perspektiven in den Redaktionen immer noch deutlich unterrepräsentiert. Inzwischen gibt es in der Bundesrepublik mehr als 15 Millionen Menschen mit Zuwanderungshintergrund – über 19 Prozent der Bevölkerung. Journalisten/Journalistinnen mit Migrationshintergrund stellen nach Einzelstudien aber nur etwa drei Prozent des Medienpersonals – größtenteils Männer. Die deutschen Journalistinnen kommen nach den jüngsten Berufsforschungsdaten immerhin auf etwa 37 Prozent.

(Quelle: www.migration-boell.de/web/ diversity/48_1238.asp)

Erwartungshorizont

	Klassenarbeit Jahrgangsstufe 9 – Anforderungen Du hast ...	Punkte (max.)	deine Punkte
Teil 1			
Überschrift	... eine treffende Überschrift gefunden	2	
Einleitung	... einen Leseanreiz formuliert	4	
Mittelteil	... in deinem Artikel über berufliche Chancen von Menschen mit Migrationsgeschichte informiert, indem du – indirekt – auf die Beantwortung der **W-Fragen** (Bericht!) eingegangen bist: – Anliegen der „Interkulturellen Woche" – Situation von Menschen, vor allem Frauen mit Migrationshintergrund in den Medien (vgl. Zahlenmaterial) – positives Beispiel: Dunja Hayali (kurze Lebensgeschichte, beruflicher Werdegang, Professionalität)	24 (3 × 8)	
Schluss	... z. B. eine Anregung, Bewertung, Einschätzung für die Zukunft gegeben	5	
		= 35	
Teil 2			
	... die **Auswahl** deiner Informationen (Materialien) beleuchtet ... die **Gliederung** deines Artikels dargelegt ... die **sprachliche Gestaltung** (Textsorte/Adressat) reflektiert	9 (3 × 3)	
		= 9	
Darstellungsleistung	... alles im **berichtenden Schreibstil geordnet** und **übersichtlich** dargestellt, dabei gliedernde Abschnitte (evtl. Zwischenüberschriften) gemacht	3	
	... in deinem Artikel hauptsächlich das **Präteritum, mitunter das Präsens** verwendet	2	
	... bei der Darstellung des Inhalts die Einleitewörter abgewechselt (nicht immer nur „Dann ... Dann") bzw. sonstige Wiederholungen vermieden	2	
	... **Aussagen** durch buchstabengetreues **Zitieren** belegt oder	2	
	... den **Konjunktiv der indirekten Rede** korrekt verwendet, um Aussagen wiederzugeben	2	

	Klassenarbeit Jahrgangsstufe 9 – Anforderungen Du hast ...	Punkte (max.)	deine Punkte
	... überwiegend **Standardsprache** verwendet	2	
	... **gedankliche Zusammenhänge** klargemacht, indem du einleitend jeweils entsprechende Redewendungen verwendest	2	
	... Sätze abwechslungsreich konstruiert, indem du verschiedene Verknüpfungen mit **Konjunktionen** wie „weil", „sodass", „obwohl", „wenn" und Adverbien wie „folglich", „daher" usw. verwendet hast	1	
		= 16	
	Gesamtpunktzahl	= 60	

Vorschlag 2 (zur Parabel):
Analyse eines literarischen Textes/
Produktiv-gestaltend zu literarischen Texten schreiben

Franz Kafka

Der Steuermann

„Bin ich nicht Steuermann?", rief ich. „Du?", fragte ein dunkler hochgewachsener Mann und strich sich mit der Hand über die Augen, als verscheuche er einen Traum. Ich war am
5 Steuer gestanden in der dunklen Nacht, die schwach brennende Laterne über meinem Kopf und nun war dieser Mann gekommen und wollte mich beiseiteschieben. Und da ich nicht wich, setzte er mir den Fuß auf die Brust
10 und trat mich langsam nieder, während ich noch immer an den Naben des Steuerrades hing und beim Niederfallen es ganz herumriss. Da aber fasste es der Mann, brachte es in Ordnung, mich aber stieß er weg. Doch ich besann
15 mich bald, lief zu der Luke, die in den Mannschaftsraum führte und rief: „Mannschaft! Kameraden! Kommt schnell! Ein Fremder hat mich vom Steuer vertrieben!" Langsam kamen sie, stiegen auf aus der Schiffstreppe, schwankende müde mächtige Gestalten. „Bin ich der 20 Steuermann?", fragte ich. Sie nickten, aber Blicke hatten sie nur für den Fremden, im Halbkreis standen sie um ihn herum, und als er befehlend sagte: „Stört mich nicht", sammelten sie sich, nickten mir zu und zogen wieder die 25 Schiffstreppe hinab. Was ist das für Volk! Denken sie auch oder schlurfen sie nur sinnlos über die Erde?

(Aus: Franz Kafka: Die Erzählungen. Hg. von Roger Hermes. Fischer Taschenbuch Verlag, Frankfurt/M., 5. Aufl. 2000, S. 376)

[1] *Analysiere die Parabel von Franz Kafka im Rahmen des Themas „Begegnung mit dem Fremden". Gehe dabei besonders auf die Figurenkonstellation ein.*

[2] *Schreibe die Parabel so um, dass du ein anderes treffendes Bild wählst: „Bin ich nicht .....?". Begründe kurz deine „Ersatzprobe".*

Erwartungshorizont

1 *Die Interpretation sollte zu folgenden Ergebnissen führen:*
- „Bin ich nicht Steuermann?": rhetorische Frage, verdeutlicht Unsicherheit des Selbst und Selbstaufgabe.
- Ein Mann (= Ich-Erzähler) verliert – zunächst in der Auseinandersetzung mit einem Fremden, dann auch im Verhältnis zur Mannschaft – schrittweise seine Funktion, seine Rolle, sein Selbstverständnis.
- Die Figurenkonstellation kontrastiert zunächst den Ich-Erzähler und den fremden Mann, der ihn aus seinen Funktionen vertreibt. Als der Ich-Erzähler die Mannschaft, seine „Kameraden", zu Hilfe ruft, bestätigen sie zunächst, dass er der Steuermann sei, fügen sich aber bald dem Befehl des Fremden und wenden sich vom Erzähler ab.
- Die Struktur der Einzelschritte des dargestellten Vorgangs sowie seine erzählerische und sprachliche Realisation werden erläutert.
- Schlüsselwörter werden hervorgehoben.
- Als eine auffällige Abweichung werden die beiden letzten Sätze gekennzeichnet und die erzähltechnische Funktion benannt: Übertragbarkeit der einzelnen Motive, des Bildbereichs in einen Deutungsbereich.
- Die Schülerinnen und Schüler stellen einen Bezug zum Thema „Begegnung mit dem Fremden" her.

2 *Die Schülerinnen und Schüler ersetzen einzelne Schlüsselwörter aus dem „Steuermann", z. B.:*
- „Bin ich nicht Lehrer/in?" Schiff = Schule/Mannschaft = Schülerinnen und Schüler. Wer ist „der Fremde"?

Falls der Text von Kafka als weiteres Übungsmaterial im Unterricht Verwendung finden soll, können folgende Aufgaben gestellt werden:

1 *Legt ein Schaubild für die Figurenkonstellation an.*

2 *Zeichnet ein weiteres Schaubild, sodass die Veränderung der Situation und Position der Figuren deutlich wird. Schreibt daneben, wodurch diese Veränderung entsteht.*

3 *Wie beurteilt ihr das Verhalten des Steuermanns, des Fremden, der Mannschaft?*

4 *Schreibt die Parabel so um, dass ihr andere Bilder wählt: „Bin ich nicht ..."*

5 *Prüft, ob sich der Sachteil dadurch ändert.*

Literaturhinweise

Interkulturelle Woche 2007. Teilhaben – Teil werden! Woche der ausländischen Mitbürger. Hg. vom Ökumenischen Vorbereitungsausschuss zur Interkulturellen Woche (23.–29. September 2007, Frankfurt/M.)

Kafka, Franz: Die Erzählungen. Fischer Taschenbuch Verlag, Frankfurt/M. 5. Aufl. 2000

Die Parabel. Hg. von Theo Elm und Hans Helmut Hiebel. Suhrkamp, Frankfurt/M. 1986

Strannik Newsletter für Aussiedlerarbeit und Integration. Evangelische Aussiedlerarbeit im Rheinland. Diakonie Evangelische Kirche im Rheinland. Landeskirchenamt Düsseldorf, 2/2006

SPRECHEN · ZUHÖREN · SCHREIBEN

2 Mode, ein tierisches Vergnügen? – Argumentieren und Erörtern

Konzeption des Gesamtkapitels

Das Kapitel beschäftigt sich mit der systematischen Einübung und Erweiterung der mündlichen und schriftlichen kommunikativen und argumentativen Kompetenzen, die die Schülerinnen und Schüler zu einer kritischen und konstruktiven Teilnahme an einer demokratischen Gesellschaft befähigen sollen. An schülergemäßen Themen üben die Jugendlichen beispielhaft, die eigene Meinung klar zu formulieren, ihren Standpunkt mit Argumenten zu vertreten und ihn in Bezug auf andere Meinungen zu artikulieren, anzupassen oder abzugrenzen. Das eigene Outfit ist für Mädchen und Jungen ein häufiger Gesprächsanlass. Das Thema Mode wird in diesem Kapitel auch mit dem Thema Pelztierproduktion und der Frage nach dem Tierschutz verknüpft, welche weiterführende Diskussionsanregungen bieten.

Das erste Teilkapitel („**Jobben für Klamotten? – Diskutieren und Erörtern**") knüpft unmittelbar an die Schülerinteressen und ihre Realität an. Im konkreten situativen Kontext diskutieren die Schülerinnen und Schüler die Fragen, ob man für modische Kleidung jobben sollte und ob einer Kleiderordnung oder der Modefreiheit der Vorrang zu geben sei. In der Diskussion reflektieren sie den Standpunkt anderer, in der schriftlichen Darlegung überdenken sie insbesondere ihre eigene Position. Dabei hierarchisieren sie ihre Argumente und legen ihren Standpunkt in einer dialektischen oder einer linearen Erörterung dar; logische Zusammenhänge machen sie durch sprachliche Verknüpfungen deutlich.

Das zweite Teilkapitel („**‚Fellernte' für den Modemarkt – Eine Rede analysieren und textgebunden erörtern**") stellt die Analyse einer Rede zum Thema Pelzproduktion in den Mittelpunkt, wobei methodisch wie auch inhaltlich an das erste Teilkapitel angeknüpft wird: Das Thema Mode wird um die Facette der Pelzmode mit all den kontroversen Standpunkten dazu erweitert; die schriftliche Erörterung wird durch die textgebundene Erörterung ergänzt. Dieser liegt die Analyse des Ausgangstextes zu Grunde, dessen formaler und argumentativer Aufbau ebenso untersucht wird wie die darin verwendeten rhetorischen Mittel.

Das dritte Teilkapitel („**Kein Grund für Gewissensbisse, oder doch? – Protokoll einer Debatte**") trainiert in Form der Debatte noch einmal die kommunikative Kompetenz. Die inhaltliche und formale Vorbereitung dieser Diskussionsform ist zentral für den Ertrag der Auseinandersetzung; das erfahren die Schülerinnen und Schüler durch praktische Übungen. Eine kriteriengeleitete Beurteilung der einzelnen Diskussionsleistungen erlaubt ein Beobachtungsbogen, mit dem sie sich gegenseitig ein Feedback geben können. Um eine Debatte auch im Nachhinein nachvollziehen zu können, wird an dieser Stelle das Verfassen eines Protokolls vertieft: Die Schülerinnen und Schüler protokollieren entweder den Verlauf (Verlaufsprotokoll) oder das Ergebnis (Ergebnisprotokoll) ihrer Debatten. Dabei lernen sie, wesentliche Gedanken kurz und prägnant zu erfassen und anderen zugänglich zu machen.

Weiteres Übungsmaterial zu diesem Kapitel

Übungsmaterial im „**Deutschbuch Arbeitsheft 9**"
– Protokollieren: S. 8
– Argumentieren: S. 9–19

2 Mode, ein tierisches Vergnügen? – Argumentieren und Erörtern

		Inhalte	**Kompetenzen**
S. 29	2.1	Jobben für Klamotten? – Diskutieren und Erörtern	Die Schülerinnen und Schüler können
S. 30		Was ich anziehe, bezahle ich selbst – Argumente in der Diskussion	– einen Text hinsichtlich der dargebotenen Argumente untersuchen; – in einer Diskussion konstruktiv argumentieren; – Argumente sinnvoll und logisch aufbauen; – Pro- und Kontra-Argumente reflektieren;
S. 30		Janis Vougioukas **Was hier geht, kommt**	– in verschiedenen Diskussionsformen diskutieren; – Diskussionsverhalten kriteriengeleitet bewerten;
S. 33		Kleiderordnung oder Modefreiheit? – Eine Streitfrage schriftlich erörtern	– Pro- und Kontra-Argumente abwägen; – eine eigene Position entwickeln; – zwei Formen der dialektischen Erörterung („Sanduhr-Prinzip" und „Pingpong-Prinzip") anwenden; – eine Gliederung für eine Erörterung entwickeln; – eine Erörterung verfassen; – Funktionen von Einleitung und Schluss benennen; – die Rolle von Konjunktionen, Überleitungen und bestimmten Satzarten in Argumentationen erkennen und diese anwenden; – ihre Erörterungen im Rahmen einer Schreibkonferenz untersuchen, beurteilen und überarbeiten; – lineare und dialektische Erörterung unterscheiden und die Unterschiede benennen.
S. 38	2.2	„Fellernte" für den Modemarkt – Eine Rede analysieren und textgebunden erörtern	Die Schülerinnen und Schüler können – den formalen und argumentativen Aufbau, den agitatorischen Charakter, Wortfelder und rhetorische Figuren einer Rede analysieren;
S. 38		Strategien sprachlicher Beeinflussung erkennen	– die Intention einer Rede erkennen; – die rhetorische Intention in Gestik, Mimik und Stimmführung umsetzen; – die Bedeutung der Redesituation erfassen;
S. 42		Positionen hinterfragen – Textgebunden erörtern	– den Aufbau einer textgebundenen Erörterung nachvollziehen; – den Standpunkt des Ausgangstextes reflektieren;
S. 45		„Eine einzige Aneinanderreihung von Lügen" – Textgebundenes Erörtern üben	– sich eine eigenständige Meinung zum Ausgangstext bilden und diese argumentativ belegen; – eine textgebundene Erörterung verfassen.
S. 47	2.3	Kein Grund für Gewissensbisse, oder doch? – Protokoll einer Debatte	Die Schülerinnen und Schüler können – Pro- und Kontra-Argumente aus einem Text filtern und nach ihrer Überzeugungskraft ordnen;
S. 49		Eine Debatte vorbereiten	– eine Debatte inhaltlich vorbereiten; – Perspektivwechsel vornehmen; – die Rolle des Moderators übernehmen; – ein kriteriengeleitetes Feedback geben;
S. 51		Eine Debatte protokollieren	– ein Ergebnis- und ein Verlaufsprotokoll verfassen.

2.1 Jobben für Klamotten? – Diskutieren und Erörtern

S. 29

1 a) Die japanischen Jugendlichen auf dem Foto tragen extravagante Kleidung und verwenden für ihr Outfit ungewöhnliche Materialien: u. a. Rüschenkleider, Anzüge, Zylinder, große Hüte, Schuhe mit Plateausohlen, Luftballons als Kopfschmuck, mehrere Schichten Tüll, künstliche Haare als Schmuck.

b) Sie möchten auffallen, den eigenen Geschmack und die eigene Kreativität betonen, unangepasst erscheinen, sich Konventionen und herkömmlichen Kleiderordnungen widersetzen, um einen eigenen Weg zu gehen, einen eigenen Stil zu entwickeln. Vielleicht möchten sie auch witzige Trends schaffen. Sie zeigen damit Verhaltensweisen eines Popstars. Mode kann auch als Kunstform, als Identität schaffend aufgefasst werden: eine Möglichkeit, sich selbst zu kreieren.

2 Definitionen der Begriffe:
- Outfit: (engl., Ausstattung) Kleidung, hier: die individuelle Wahl der Kleidung;
- Modekonsum: (von ital. consumo) Bedarf, Verbrauch an Kleidung und modischen Artikeln, hier: häufiges Neukaufen von Kleidung;
- Stilrichtung: eine bestimmte Ausrichtung, bei Kleidung z. B. elegant, sportlich oder Punk, Hip-Hop usw.;
- Modediktat: saisonal wechselnde Modetrends, die die Konsumenten dadurch „zwingen", neue Kleidung zu kaufen; so ist z. B. im Herbst eines Jahres die Farbe Braun modern, im nächsten Herbst schaffen die Designer Mode in Rot;
- in – out: (engl.) aktuell, modern, modisch – unmodern, altmodisch, veraltet;
- Haute Couture: (frz., hohe Schneiderkunst) vollendete Schneiderkunst, schöpferisches Modeschaffen (vor allem in Paris);
- Trendsetter: (engl.) eine Person oder Sache, die neue Trends anregt, (z. B. in der Mode) wegweisend wirkt, richtungsweisend für andere ist (z. B. mit der Art, sich zu kleiden).

3 Hier ist eine offene, nicht gelenkte Diskussion erwünscht, bei der die Schülerinnen und Schüler auch Querverbindungen zwischen eigenen Modetrends und denen anderer Länder ziehen können.

S. 30

Was ich anziehe, bezahle ich selbst – Argumente in der Diskussion

S. 30

Janis Vougioukas
Was hier geht, kommt

1 Einige Gründe und Motive für Ayana Matsuakis Modekonsum:
- Kirschblütenfest als Anlass für einen neuen Kauf (Z. 12 f.);
- Konsum als Freizeitbeschäftigung und „Kunst" bei jungen Japanern (Z. 21 ff.)
- die Straße als Laufsteg, auf dem sie mithalten möchte (Z. 34);
- Sehnsucht nach einem Leben, das freier, unangepasster ist als das ihrer Eltern (Z. 57 ff.);
- Wunsch nach dem Wechsel der Identität (Z. 59 ff.);
- Schaffung einer Traum- bzw. Wunschwelt (Z. 66 ff.).

2 / **3** *Vorschlag für ein Tafelbild:*

„Konsum ist Kunst"

Stimme der These zu (Pro)	*Stimme der These nicht zu (Kontra)*
– es geht nicht um den Konsum an sich, sondern um das Ausleben von Wünschen, Sehnsüchten, Träumen, um die Suche nach Identität	– Konsum als schnelles Kaufen und Verbrauchen von Konsumgütern ist keine Kunst
– Mode als Kunstform, z. B. sich als Fabelwesen o.Ä. kleiden: Man wird durch die Kleidung selbst zur Kunstfigur	– Konsum erfordert zunächst Geldverdienen, was wenig mit Kunst gemein hat
– Kunst: das künstlerische, fantasievolle Zusammenstellen von Kleidung	– Kaufen ist kein künstlerischer Vorgang, sondern ein wirtschaftlicher
– ein gemeinsames Bild abgeben	– …
– …	

3 c) *Vermutlich werden die Schülerinnen und Schüler folgende Unterschiede benennen:*
  Die reglementierte Diskussion bewirkt,
   – *dass die Schülerinnen und Schüler einander besser zuhören;*
   – *dass sie aufeinander eingehen, das heißt mit ihrer neuen Äußerung an die vorhergehende Äußerung anknüpfen;*
   – *dass es dadurch zu einem tatsächlichen Austausch kommt;*
   – *dass die Diskussion sachlicher und auch disziplinierter geführt wird.*

4 a) *Sortierung der Sprechblasen*
  Pro: Man sollte für Mode jobben:
   – *Es gibt nicht „die" Mode! Mode ist vielfältig und bedeutet Kreativität und Freude am Schönen.*
   – *Durch Kleidung kann ich meine Persönlichkeit ausdrücken. Dafür bin auch ich bereit, eine Gegenleistung zu erbringen.*
   – *Mode ist dann gut, wenn sie Platz lässt für den Mut, zum eigenen Geschmack zu stehen.*
   – *Das Leben ist langweilig genug, warum nicht experimentieren?*
   – *Wie uns das Beispiel von Ayana zeigt, schafft Mode eine Gegenwelt.*
  Kontra: Man sollte nicht für Mode jobben:
   – *In meinen Augen ist das bedenklich. Mode ist Manipulation. Dafür würde ich nie malochen.*
   – *Ich finde es lächerlich, mit welcher Hingabe sich junge Leute mit einem „modischen" Kleidungsstück identifizieren können. Das wäre mir keinen müden Cent wert.*
   – *Meiner Meinung nach sollten Ayanas Eltern ihr hier mehr entgegenkommen. Wenn sie schon keine Zeit für ihre Tochter haben, sollten sie ihr wenigstens Geld zum Shoppen geben.*

  b) *Mögliche weitere Argumente:*
  Pro: Man sollte für Mode jobben:
   – *Wenn man selber für die Klamotten jobbt, kann man auch deren Wert eher schätzen.*
   – *Die Eltern sind zwar dafür zuständig, die Kinder angemessen zu kleiden. Wer hierbei Luxus wünscht, sollte dafür aber selber arbeiten.*
  Kontra: Man sollte nicht für Mode jobben:
   – *Eltern sollten ihr Kind bei der Findung des eigenen Geschmacks auch finanziell unterstützen.*
   – *Es ist auch möglich, sich fantasievoll zu kleiden, ohne dafür viel Geld aufwenden zu müssen. Man muss einfach etwas kreativ sein.*

5 Ein Feedback-Bogen für eine vereinfachte Auswertung des Redeverhaltens (bezogen auf eine zu beobachtende Schülerin oder einen zu beobachtenden Schüler) könnte z. B. so aussehen:

Feedback-Bogen zur Auswertung des Redeverhaltens

Der Diskutant

☐ geht auf seinen Vorredner ein

☐ bezieht sich nicht auf andere, sagt nur, was er gerade im Kopf hat

☐ spricht sachlich

☐ redet emotional

☐ setzt Gestik und Mimik zur Unterstützung seiner Argumente ein

☐ verzichtet auf jegliche Gestik und Mimik

☐ lässt die anderen ausreden und hört zu

☐ ruft dazwischen und/oder kommentiert mimisch

Kleiderordnung oder Modefreiheit? – Eine Streitfrage schriftlich erörtern

2 Einige Beispiele für Argumente:

Für eine Kleiderordnung spricht:
- Klassenkameraden werden wegen „unangepasster" Kleidung nicht ausgegrenzt.
- Es gibt weniger Ablenkung durch optische Reize, sodass man sich besser auf das Lernen konzentrieren kann.
- Die Schule ist kein Laufsteg: Die Schüler sollten lernen, sich verschiedenen Lebenssituationen gemäß zu kleiden.
- …

Gegen eine Kleiderordnung spricht:
- Die eigene Freiheit wird eingeschränkt.
- Die Entwicklung von Trends und/oder eigenem Geschmack wird unterdrückt.
- Der eigene Geschmack entspricht nicht unbedingt der Kleiderordnung.
- …

3 a/b) Maja vertritt in ihrer Erörterung die Modefreiheit. Das ist an dem klaren Fazit erkennbar, aber auch an der Gliederung der Erörterung: Maja zeigt zunächst die Argumente der Gegenposition auf, um diese anschließend unter Punkt 2 zu entkräften (dialektische Erörterung nach dem „Sanduhr-Prinzip"). Die untergeordneten Überschriften korrespondieren miteinander, sodass die Argumente jeweils durch Gegenargumente aufgehoben werden, z. B. „1. Frei von Zwang zur Originalität" steht gegenüber „2. Selbstverwirklichung durch eigenen Stil", „1.1 Kein Druck, sich täglich neu zu kreieren" findet in „2.1 Anziehen, wozu man Lust hat" ein Gegenstück oder „1.4 Vorgegebene Kleiderordnung gibt klare Orientierung" in „2.4 Unabhängigkeit".

4 In die Gliederungen der Schülerinnen und Schüler könnten z. B. weitere Argumente pro und kontra Kleiderordnung aufgenommen werden, z. B.
Argumente für eine Kleiderordnung an den Schulen:
- weite Ausschnitte oder zu tief sitzende Hosen, bauchfreie Oberteile und kürzeste Miniröcke, die alle Beteiligten möglicherweise vom Unterricht ablenken könnten, werden vermieden;
- Fan-T-Shirts oder politische Aussagen würden nicht mehr offen in der Schule präsentiert, sodass eine Beeinflussung verhindert werden kann bzw. Meinungsbildung durch andere Wege der Auseinandersetzung entsteht.

Argumente gegen eine Kleiderordnung:
- es sollte den Schülern möglich sein, sich durch ihre Kleidung von den Erwachsenen abzugrenzen;
- es ist wichtig, in diesem Alter einen eigenen Geschmack oder Stil zu entwickeln: Dies geschieht nicht nur in Abgrenzung von Erwachsenen, sondern auch in Abgrenzung von oder in Anlehnung an Gleichaltrige; deshalb ist die Schule ein zentraler Austragungsort in diesem Prozess.

5 a/b/c) Vergleich der Bauprinzipien für den Hauptteil der dialektischen Erörterung:
Beim **„Sanduhr-Prinzip"** erfolgt die Anordnung der Thesen – bildlich gesehen – wie in einer Sanduhr: Man beginnt mit der Gegenposition und benennt zunächst deren stärkstes Argument. Die folgenden Argumente der Gegenposition werden immer schwächer, das heißt, die Argumente der Gegenposition werden nach dem fallenden Prinzip aufgebaut. Am Hals der Sanduhr angelangt, benennt man das erste und zugleich schwächste Argument der eigenen Position. Das zuletzt genannte eigene Argument sollte das stärkste sein, da man so seine eigene Position festigt. Die Anordnung der eigenen Argumente ist also steigend in ihrer Wichtigkeit.
Das **„Pingpong-Prinzip"** verfährt anders: Jedem genannten Argument wird ein Gegenargument entgegengestellt, wobei es darum geht, die eigene Position möglichst stark zu machen und die Gegenargumente mit eigenen Argumenten zu entkräften. Hierbei sollte eine Steigerung in der Gewichtung der Argumente vorgenommen werden. Es kommen abwechselnd beide Seiten zu Wort, sodass das Verfahren an ein Pingpong-Spiel erinnert, bei dem der Ball hin- und hergespielt wird.
Majas Gliederung des Hauptteils entspricht dem „Sanduhr-Prinzip".
Viele Schülerinnen und Schüler werden das „Sanduhr-Prinzip" als das einfachere empfinden und es bevorzugen, da sie hierbei jeweils eine Position geschlossen darstellen können. Deshalb sollten sie dazu angehalten werden, auch das „Pingpong-Prinzip" auszuprobieren (vgl. Aufgabe 6, S. 35 im Schülerband).

8 a) In der **Einleitung** sollte, wenn möglich, auf die Bedeutsamkeit oder auf die Problematik der Fragestellung hingewiesen werden. Es können auch schon die widersprüchlichen Grundauffassungen genannt werden, die im Hauptteil ausgeführt werden.
Im **Schlussteil** wird die eigene Meinung explizit formuliert, z. B. in Form eines Fazits. Die wichtigsten Argumente werden noch einmal komprimiert zusammengefasst, sodass die eigene Position deutlich wird (zusammenfassende abschließende Stellungnahme, in der auch ein Ausblick gegeben werden kann).

9 **Tipp:** Wenn die Schülerinnen und Schüler in Vierergruppen arbeiten, könnte jeder Schüler sein Augenmerk besonders auf einen Aspekt richten. So wird die Aufgabe etwas vereinfacht.

10 Weitere Formulierungsmöglichkeiten für Überleitungen in Argumentationen: „daraus folgt", „ein weiterer Gesichtspunkt ist", „das gilt auch", „des Weiteren", „darüber hinaus", „aus diesem Grund", „dies belegt", „das zeigt", „beispielsweise" usw.;

Wendungen für steigernde Argumentationen: „zunächst steht außer Frage", „hinzu kommt noch", „ein weiterer Aspekt ist", „besonders schwerwiegend ist" usw.
Wendungen, um mögliche Gegenargumente einzuleiten: „dem kann man entgegenhalten", „obwohl", „zwar", „allerdings" usw.

11 b) Für die sinnvolle Formulierung einer Fragestellung sollten die Schülerinnen und Schüler zunächst den Tipp-Kasten auf S. 37 im Schülerband gründlich durcharbeiten, da sie nur so zu einer Fragestellung gelangen, die der Form einer linearen oder einer dialektischen Erörterung entspricht. Auch könnte man die Aufgabe 12 auf S. 37 im Schülerband zur Vereinfachung vorziehen.

12 Folgende Fragestellungen entsprechen einer **linearen Erörterung**:
– Immer mehr Jugendliche verbringen ihre Freizeit vor dem Computer. Erkläre diesen Trend.
– Warum Kinder und Jugendliche viel lesen sollten.
Folgende Fragestellungen entsprechen einer **dialektischen Erörterung**:
– Der Jugend von heute geht es viel besser als früheren Generationen. Nimm kritisch Stellung.
– Esoterik – Modeerscheinung oder Bedürfnis?
– Sollten Jugendliche einen eigenen Fernseher besitzen? Diskutiere!
– Zensuren für Lehrer! Setze dich mit dieser Forderung auseinander!

13 Mögliche Beispiele:
Folgende Fragestellungen entsprechen einer **linearen Erörterung**:
– Warum Kinder und Jugendliche sich gut mit dem PC auskennen sollten.
– Was bedeutet Freundschaft für dich? Erkläre!
– Was verstehst du unter Unabhängigkeit? Begründe deine Position.
Folgende Fragestellungen entsprechen einer **dialektischen Erörterung**:
– Sollten Jugendliche bei Fastfoodketten zu Mittag essen?
– Popstars – Vorbilder oder Abschreckung für bestimmte Lebensstile?
– Erläutere das Für und Wider von Einwegverpackungen!

2.2 „Fellernte" für den Modemarkt – Eine Rede analysieren und textgebunden erörtern

Strategien sprachlicher Beeinflussung erkennen

S. 38

Volker Dunz

S. 38

„Fellernte" für den Modemarkt

1 Die Rede hat einen anschuldigenden und anklagenden Charakter, sie kann als polemische Agitation insbesondere gegen die Pelzindustrie, aber auch gegen jegliche andere Industrie, die mit tierischen Produkten handelt, verstanden werden.

2 a) Thema der Rede ist das sinnlose Quälen und Töten von Tieren durch die Fell- und Tierindustrie. Ein Ersetzen der tierischen Produkte durch nicht tierische Produkte wird gefordert.

b) Unterteilung in Sinnabschnitte mit passenden Überschriften:

Zeile	Überschrift
1–11	Die Weihnachtszeit als Leidenszeit für Tiere
12–21	„Fellernte" durch die Pelztierindustrie
22–28	Trotz Tierschutzgesetz und einer negativen Haltung in der Bevölkerung werden in Deutschland jährlich 300 000 Pelztiere getötet
28–44	Eine Vielzahl an Tieren wird in anderen Ländern unter grausamen Umständen durch die Tierindustrie getötet
45–66	Anklage all derer, die die Pelzindustrie betreiben, unterstützen oder tolerieren
67–103	Die Umsetzung der Tierschutz-Nutztierhaltungsverordnung in Deutschland im Vergleich zu anderen europäischen Ländern
104–115	Die EU als Weltmeister beim Pelzimport – Forderung, den Pelzhandel zu verbieten
116–150	Aufruf zum Boykott des weltweit größten Pelzexporteurs China
151–162	Aufruf, Tierwirtschaft und Tierhandel weltweit zu beenden sowie all jene zu ächten, die tierische Produkte verwenden

c) Hauptaussagen der Rede:
1. Die Pelztierhaltung für die Fellproduktion wird nicht tier- bzw. artgerecht durchgeführt.
2. Dieser Industriezweig sollte in Deutschland sowie in Europa und möglichst weltweit verboten werden.
3. Das deutsche Gesetz unterstützt die Wirtschaft und rettet nicht die Tiere.
4. Die Pelzproduktion in China erfolgt unter besonders grausamen Umständen für die Tiere, weshalb der Import von chinesischen Fellen unterbunden werden sollte.
5. Insgesamt wird dazu aufgerufen, keinerlei tierische Produkte zu erwerben und zu konsumieren sowie die „Tierproduktion" zu ächten.

2 Mode, ein tierisches Vergnügen? – Argumentieren und Erörtern

3 a) Intention der Rede ist ein Aufruf an die Zuhörer, die Pelz- und Tierindustrie zu boykottieren und einen „humanen" Umgang mit Tieren zu pflegen. Die Zuhörer sollten ihrerseits wiederum andere Menschen zu ähnlichem Verhalten bewegen. Jeder, der sich anders verhalte, sei ein schlechter Mensch.

b) Einige Beispiele für Stellen, an denen diese Absicht besonders deutlich wird:
- „unsere tierlichen Mitgeschöpfe" (Z. 3 f.);
- „barbarischer Mord" (Z. 20);
- „Krieg gegen unschuldige Tiere" (Z. 31);
- „Diese Menschen dürfen kein ruhiges Gewissen mehr haben" (Z. 48 f.);
- „Ein Importverbot auf EU-Ebene ist dringend erforderlich" (Z. 116 f.);
- „Dass dies dennoch in jedem Augenblick weltweit in unvorstellbaren Ausmaßen geschieht, ist die größte Schande der modernen Menschheit; machen wir endlich Schluss damit!" (Z. 155 ff.);
- „Frohe Weihnachten! Aber nicht für Tiermörder! Für die Befreiung der Tiere! Hier und in der ganzen Welt!" (Z. 160 ff.).

4 Einige Beispiele für den Argumentationsaufbau:
- Thesen (Behauptungen, Forderungen): Z. 22, 28–32, 45–48, 53–56, 61–66;
- Argumente (Begründungen): Z. 22–26;
- Beispiele zur Stützung der Argumente: Z. 26–28, 32–39;
- Gegenargumente: —
- Vorurteile, Scheinargumente, Beschimpfungen: Z. 6–10, 13–18, 20, 48–52.

5 Der Argumentationsaufbau der Rede ist linear, alle genannten Argumente, Scheinargumente und Beschimpfungen zielen auf das Fazit am Ende der Rede, eine Reflexion und Einbeziehung von Gegenargumenten findet nicht statt.

6 Einige Beispiele für positiv oder negativ konnotierte Formulierungen:
- „sehen [...] einem grausamen Ende entgegen" (Z. 5 f.): Vermenschlichung der Tiere, Kontextuierung von Qual und Unausweichlichkeit;
- „freudloses Leben" (Z. 8 f.): Vermenschlichung, betont die Verantwortung, die der Mensch gegenüber den Tieren hat;
- „Opferzahlen" (Z. 29), „Krieg gegen unschuldige Tiere" (Z. 31): Wortfeld Krieg.

7 a/b) Weihnachten gilt als Fest des Friedens, der Freude und der Menschlichkeit und ruft in den Menschen eine entsprechende Stimmung hervor. Die „Fellernte" wird nun kontrastiv in diesen Zusammenhang gestellt, sodass der Eindruck des besonders grausamen Umgangs mit den Tieren noch verstärkt wird. Dadurch werden die Zuhörer noch stärker emotional angesprochen. Hier einzuordnen sind auch die Neologismen „Fellernte" und „Tierqual-Erzeugnisse", die den Eindruck besonderer Grausamkeit verschärfen und die Rede zusätzlich emotionalisieren.

8 a) Vorschlag für ein Tafelbild:

rhetorische Figur	Beispiele/Zeilenangaben
Akkumulation	„vergast, ersäuft, erschlagen, erstochen oder mit Stromstößen getötet" (Z. 16 ff.) sowie Z. 35 ff., 130–133, 143 f., 153–155
Ausruf	„Frohe Weihnachten! Aber nicht für Tiermörder! Für die Befreiung der Tiere! Hier und in der ganzen Welt!" (Z. 160–162)

2.2 „Fellernte" für den Modemarkt – Eine Rede analysieren und textgebunden erörtern

Ellipse	„Leider nicht hier in Deutschland." (Z. 80 f.) sowie Z. 139 f.
Euphemismus	„Pelztier" (Z. 12 f.)
Hyperbel	„besonders abscheuliche Beispiele für diese Art Verbrechen am Mitgeschöpf" (Z. 41 f.) sowie Z. 5, 93 f., 142 f., 150, 155-158
Klimax	„barbarischer Mord, gesetzlich legitimiert, toleriert, geduldet" (Z. 20 f.)
Metapher	„Damit überschwemmt das Land" (Z. 126 f.)
Parallelismus	„Die Behörden lassen [...], der Gesetzgeber kommt [...]" (Z. 81 ff.)

Weitere rhetorische Figuren (vgl. S. 42 im Schülerband):
– rhetorische Frage: „Was diesen Tieren noch blüht" (Z. 10 f.) sowie Z. 6 ff.;
– Personifikation: „bei vollem Bewusstsein" (Z. 39).

b) Die Rede wirkt durch die verwendeten rhetorischen Figuren agitatorisch, sehr emotional und suggestiv; insbesondere durch die vielen Hyperbeln und Akkumulationen entsteht eine stark manipulative Wirkung. Auch die Verwendung der Klimax verstärkt diesen Eindruck. Schuldgefühle werden suggeriert. Das Abwägen der Argumente und die Wahrung von Objektivität fehlen hingegen.

9 Die Schülerinnen und Schüler können eventuell durch kleine pantomimische Übungen auf den Einsatz von Gestik und Mimik vorbereitet werden, sodass sich auch Schüler einer neunten Klasse freier fühlen und sich trauen, diese Mittel bei ihrem Vortrag in der Klasse einzusetzen.
Um auf die Wichtigkeit der Stimmführung hinzuweisen, könnte man den Schülern zunächst eine Rede als Tonbandaufnahme vorspielen und diese hinsichtlich der Stimmführung untersuchen und beurteilen lassen. Dann könnte es den Schülern leichterfallen, die Rede des Tierschützers umzusetzen.

Positionen hinterfragen – Textgebunden erörtern

S. 42

1 – 3 Vorschlag für ein Tafelbild:

„Fellernte" für den Modemarkt

Thema	Aufruf zum Boykott und Verbot der Tierpelzindustrie, aber auch der Nutzung von Tieren zu medizinischen Zwecken, zur Ernährung usw.
Argumente	– Das Tierschutzgesetz verbietet das Töten von Tieren ohne angemessenen Grund. – 70 % der Bevölkerung lehnen die Pelztierhaltung ab. – Die Brutalität der Tötungen sei unmenschlich und ethisch nicht verantwortbar. – Große Zahl an getöteten Tieren auf der ganzen Welt.

Vgl. im Detail die Hinweise zu dem Redetext ab S. 43 in diesem Handbuch.

4 Die Schülerin bezieht sich auf Z. 30 ff. der Rede (S. 38 im Schülerband). Hendrikes Kommentar zu dem Argument ist differenziert: Sie unterscheidet zwischen Tieren, die wild in der Natur leben, und Tieren, die in einer Zucht gehalten werden. Dabei erklärt sie allerdings nicht, warum sie das Leben in freier Wildbahn für wertvoller erachtet als das der Zuchttiere. Es wäre zu hinterfragen, ob diese ethische Wertung zulässig und ob sie begründbar ist (z. B. mit der möglicherweise drohenden Ausrottung wilder Tiere).

5 – 8 Diese Übungen ermöglichen es den Schülerinnen und Schülern, zu einer eigenen Stellungnahme zu dem Thema zu finden. Dazu ist es insbesondere wichtig, von vornherein zu erkennen, dass die Rede an vielen Stellen mit Scheinargumenten und Emotionen arbeitet. Diese Einsicht eröffnet den Schülern die Möglichkeit, eigene Argumente zu finden, die entweder die Ansicht von Volker Dunz untermauern oder aber ihr widersprechen. Zur Stützung der eigenen Argumente sollten die Schülerinnen und Schüler daran erinnert werden, mit Beispielen zu arbeiten. Diese können sie bei einer eigenen Recherche finden: Sie könnten aktuelle Zahlen und Statistiken zum Thema „Pelztierzucht" heraussuchen, um zu überprüfen, ob und inwieweit sich der Verfasser auf gesichertes Zahlenmaterial bezieht. Auch wären Überprüfungen, unter welchen Bedingungen Pelztierhaltung stattfindet, interessant, da die Rede stark emotional gefärbt ist.

9 / 10 Der folgende Gliederungsvorschlag könnte schwächeren Schülern als Hilfestellung gegeben werden, um eine eigene Stellungnahme zu formulieren:

Beispiel einer Stellungnahme für die Pelztierproduktion
1. **Argument:** Felle sind ein natürliches Produkt, sie halten im Winter sehr warm und gehören historisch zu den tradierten Kleidungsstücken der Menschen.
   Beispiel: Steinzeitmenschen trugen schon Felle, Eskimos tragen Felle zum Schutz gegen die Kälte.
2. **Argument:** Leder und Fell sind strapazierfähig und langlebig (nachhaltige Produkte).
   Beispiel: Schuhe werden aus Leder hergestellt, sie werden häufig stark beansprucht und halten lange.
3. **Argument:** Das Material fühlt sich gut an.
   Beispiel: Felle sind weich und kuschelig.
4. **Argument:** Tiere können auch unter angemessenen Bedingungen gehalten und getötet werden.
   Beispiel: Anschaffung größerer Käfige oder Gehege.
   etc.

S. 45

„Eine einzige Aneinanderreihung von Lügen" – Textgebundenes Erörtern üben

1 a) Das Thema des Textes „Pelzbranche wirft Tierschützern und Tierrechtlern Lügenkampagne vor" ist die Verteidigung der Pelzindustrie gegen Vorwürfe der Tierschützer, eine Rehabilitation der Pelzindustrie in der Gesellschaft, insbesondere mit der Funktion, das Weihnachtsgeschäft entgegen der Agitation der Tierschützer anzukurbeln.

2 b) Hauptthese und wichtigste Argumente:
Hauptthese: Das Deutsche Pelz-Institut wirft Tierschutz- und Tierrechtsorganisationen vor, die Pelzindustrie mit einer Vielzahl von Lügen zu verunglimpfen. (Z. 1–14)

2.2 „Fellernte" für den Modemarkt – Eine Rede analysieren und textgebunden erörtern

    1. Vorwurf/gegnerische These: Z. 18–19
    Gegenargument: Z. 19–23
    2. Vorwurf/gegnerische These: Z. 23–26
    Gegenargument: Z. 26–27
    3. Vorwurf/gegnerische These: Z. 28–30
    Gegenargument: –
    4. Vorwurf/gegnerische These: Z. 30–32
    Gegenargument: Z. 33–34
    5. Vorwurf/gegnerische These: Z. 35–38
    Gegenargument: Z. 43–54
    6. Vorwurf/gegnerische These: Z. 55–61
    Gegenargument: Z. 64–73

c) *Rhetorische Mittel:*
- *viele **negative Wertbegriffe**, die in Bezug auf die Tierschützer genannt werden, jedoch häufig ohne Begründung bleiben, z. B. „Unerträgliche Lügenkampagnen" (Z. 1 f.), „abenteuerliche Schauergeschichten" (Z. 4–5), „Lügen" (Z. 11), „lächerlich" (Z. 28), „Zerrbild" (Z. 40 f.), „Pamphlet" (Z. 58), „Verunglimpfung" (Z. 68);*
- ***Metaphern:** „in den Schmutz ziehen" (Z. 8), „gebetsmühlenartig" (Z. 59 f.);*
- ***Konjunktiv:** „So hieße es ..." (Z. 18 ff.);*
- ***Hyperbel:** „mit einer Vielzahl von Beispielen" (Z. 17), „selbstverständlich nicht mehr gehandelt" (Z. 22 f.);*
- ***Euphemismus:** „Naturmaterial Pelz" (Z. 8);*
- ***Akkumulation/Klimax:** „Grotesk, bösartig und völlig weltfremd" (Z. 38), „behördlich als gemeinnützig und besonders förderungswürdig anerkannt" (Z. 70–72).*

3 a) *Die Argumentationsstruktur ist dialektisch: Es wird zunächst ein Vorwurf der Tierschützer gegenüber der Pelztierzucht genannt, der daraufhin durch Argumente entkräftet wird (vgl. die Hinweise zu Aufgabe 2 b).*

c) *Weitere Argumente, die die vertretene Position stützen (beispielhaft):*
- *Es werden auch in der Pelzindustrie viele Felle verwendet, die ein Abfallprodukt der Fleischtierwirtschaft sind (Kaninchen).*
- *Es sterben auch viele Tiere, um andere menschliche Bedürfnisse zu bedienen: vgl. Fleischmarkt, Tierversuche in Medizin, Pharmazie, Kosmetikindustrie.*
- *Tradition des Kürschnerhandwerks in Deutschland, historische Tradition der Pelzmode.*

2.3 Kein Grund für Gewissensbisse, oder doch? – Protokoll einer Debatte

Eine Debatte vorbereiten

1 a/b) Die Auswertung der Materialien auf den Seiten 47–49 im Schülerband und die Ordnung der Argumente könnten z. B. so aussehen – Vorschlag für ein Tafelbild:

Argumente pro Pelztierzucht	Argumente kontra Pelztierzucht
Pelze und Pelzaccessoires unterstreichen die Individualität der Trägerin.	Pelztierzucht ist Tierquälerei, sie impliziert die nicht artgerechte Haltung von Tieren (vgl. auch Tierschutzgesetz).
Wer Leder (Schuhe, Jacken, Taschen etc.) trägt, kann auch Pelze tragen (beides sind Tierprodukte).	Pelze sind – anders als Leder – kein „Nebenprodukt" der Fleischtierzucht, das Fleisch der Pelztiere kann bestenfalls als Tiernahrung verwendet werden.
Pelze bieten guten Schutz vor Kälte (was historisch überliefert ist).	Moderne Textilien und Kunstpelze bieten ebenso guten Schutz gegen Kälte wie Nerz und Fuchs.
Pelz als Naturprodukt (Ökoprodukt)	Pelze werden mit Chemikalien behandelt.
Umweltverträglichkeit	Die Produktion von Pelzen kostet viel Energie.
Langlebigkeit des Materials (kein Wegwerfprodukt)	Unverhältnismäßigkeit: 50 Nerze müssen für einen Pelzmantel sterben.
Wiederverwendbarkeit des Materials	Kunstpelze sind billiger und strapazierfähiger.
nachwachsender Stoff	…
ökologische Entsorgbarkeit	
…	

3 Es sollte vor der Debatte festgelegt werden, welche Schülerin/welcher Schüler welchen Diskussionsteilnehmer beobachtet. So kann vermieden werden, dass alle einen Diskutanten beobachten bzw. jemand nicht beobachtet wird.

4 Bei einer Debatte sollte darauf geachtet werden, dass jede Seite ein Eingangsstatement abgibt, sodass die Gegenseite darauf Bezug nehmen kann. Im Eröffnungsstatement werden jedoch nur ein oder zwei Argumente genannt, sodass noch genügend „Material" für die Debatte bleibt.

Beispiel für ein Statement pro Pelztierzucht:

Pelz ist nicht nur ein Material, das bereits von den Steinzeitmenschen als wärmender Schutz genutzt wurde; es gilt auch seit Jahrhunderten als edel und vornehm. Felle wie z. B. Hermelin waren teuer; sie dienten als Schmuck der Könige und Kaiser. Ein Material, welches in historischer

Tradition steht und den Menschen seit jeher gute Dienste erweist, sollte weiterhin in der Modeindustrie Verwendung finden. Deshalb spreche ich mich eindeutig für die Pelztierzucht aus.

Beispiel für ein Statement kontra Pelztierzucht:

Bevor man über das Für und Wider der Pelztierzucht streitet, möchte ich zunächst einmal klären, was man unter Pelztierzucht versteht. Bei der Zucht von Pelztieren werden Tiere einzig und allein gezüchtet und gehalten, um sie zu töten und ihre Felle zu Pelzen zu verarbeiten, zum Beispiel als Mantel. Das Fleisch der Pelztiere, etwa der Nerze, wird vom Menschen nicht verwendet. Das bedeutet, dass der Kadaver des Tieres ein reines Abfallprodukt ist. Pelz als ein Material, welches insbesondere für Winterkleidung verwendet wird, könnte auch durch andere Materialien ersetzt werden, für die keine Tiere gehalten und getötet werden müssen. Deshalb spreche ich mich für wärmende Textilien als Alternative und gegen die Pelztierzucht aus.

Eine Debatte protokollieren

S. 51

1 b) Es ist sinnvoller, ein Ergebnisprotokoll einer Debatte zu erstellen, da man darin Argumente nach Pro und Kontra aufschlüsseln kann, sodass sich daraus ein guter Überblick auch für diejenigen ergibt, die bei der Debatte gefehlt haben.
Es kann aber auch der genaue Verlauf der Debatte wiedergegeben werden, dadurch wird deutlich, welche Seite stärker argumentiert hat.
Das Ergebnis der Debatte sollte notiert werden, z. B. falls die beiden Seiten einander überzeugt haben, ein Kompromiss ausgehandelt wurde oder die Positionen sich verfestigt haben.
Tipp: Es könnte auch ein Vorher-nacher-Meinungsbild der Klasse Teil des Protokolls sein (vgl. Aufgabe 3, S. 52 im Schülerband).

2 a) „Übersetzung" des Ratschlags: „Beim Protokollieren sollte man auf der Seite einen breiten Rand lassen, damit man eventuell Ergänzungen aus dem Gedächtnis vornehmen kann."

b) Abkürzungen vereinfachen das Protokollieren, schnelleres und genaueres Mitschreiben wird dadurch gewährleistet.
Die Schülerinnen und Schüler könnten auch jeweils zu zweit ein Protokoll übernehmen nach dem Motto: „Doppelter Boden hält besser!"

Lernerfolgskontrolle/ Themen für Klassenarbeiten

Vorschlag 1: Eine dialektische Erörterung verfassen

Sollten Schüler/innen in der Schule Schmuck tragen dürfen? Nimm kritisch Stellung.

    a) *Notiere in einer Tabelle Pro- und Kontra-Argumente zur Ausgangsfrage.*

    b) *Verfasse eine Erörterung zur Ausgangsfrage.*

Vorschlag 2: Eine dialektische Erörterung verfassen

Schönheitsoperation für Jugendliche – ja oder nein?

    a) *Notiere in einer Tabelle Pro- und Kontra-Argumente zur Ausgangsfrage.*

    b) *Verfasse eine Erörterung zur Ausgangsfrage.*

Vorschlag 3: Eine lineare Erörterung verfassen

Punk, Hip-Hop, Tussi – Warum die Schule kein Laufsteg sein sollte.
Begründe deinen Standpunkt.

Erwartungshorizont/Lösungshinweise

Vorschlag 1

    a) *Die Tabelle könnte z. B. so aussehen:*

Schüler/innen sollten in der Schule Schmuck tragen dürfen

Pro	Kontra
– unterstreicht die eigene Individualität	– kann man leicht in der Schule verlieren
– es muss kein auffälliger Schmuck sein, es könnte auch ein kleines Schmuckstück sein, wie z. B. Ohrringe	– könnte eventuell geklaut werden, z. B. wenn man den Schmuck beim Sportunterricht ablegt
– man möchte sich modisch kleiden, dazu gehört auch Schmuck	– Angeber/Snobs stellen sich durch teuren Schmuck dar (Zweiklassengesellschaft)
– es könnte ein Glücksbringer, ein Erinnerungs- oder Erbstück sein, das man gerne bei sich trägt	– Ablenkung vom Unterricht
– man benötigt eine Uhr, damit man sich z. B. bei einer Klassenarbeit die Zeit gut einteilen kann, den Bus zur Schule rechtzeitig erreicht etc.	– …
– …	

Vorschlag 2

a) Die Tabelle könnte z. B. so aussehen:

Schönheitsoperation für Jugendliche – ja oder nein?

Pro Schönheits-OP	Kontra Schönheits-OP
– erhöht die Zufriedenheit mit sich selbst, sorgt für persönliches Glück	– man sollte nicht in die Natur/das natürliche Aussehen eingreifen
– ist nicht gesundheitsschädlich	– man könnte seinen Geschmack ändern
– Schönheits-OPs sind bereits so normal wie Tattoos oder Piercings	– Silikonimplantate oder Botox können ein Gesundheitsrisiko darstellen
– …	– Spätfolgen sind z.T. nicht abschätzbar
	– Schönheits-OPs sind teuer
	– …

Vorschlag 3

a) Argumente, warum die Schule kein Laufsteg sein sollte:
- Persönliche Meinungsäußerungen gehören nicht am Körper getragen in die Schule, sie sollten verbal geäußert werden.
- Mitschüler und Lehrer werden durch auffällige Kleidung gestört oder abgelenkt.
- Modische/teure Kleidung befördert die Diskriminierung weniger vermögender Schüler.
- Träger auffälliger Kleidung werden möglicherweise ausgegrenzt.
- …

Vorschläge 1, 2, 3

b) Die Schülerin/der Schüler hält den Aufbau der Erörterung ein: Einleitung, Hauptteil, Schluss. Sie/er geht je nach Aufgabenstellung dialektisch (Vorschlag 1 und 2) oder linear (Vorschlag 3) vor. Es werden insgesamt mindestens fünf Argumente mit Stütze (Beispiel, Fakt, Expertenmeinung) genannt.
Die Schülerin/der Schüler stärkt ihre/seine eigene Meinung sinnvoll und logisch.

Vorschlag 4: Eine textgebundene Erörterung verfassen

Dr. med. Walter Schmidt

Tierversuche: Unbegreiflicher Massenmord

Rede anlässlich der Großdemonstration gegen Tierversuche in Freiburg

In einer Zeit gigantischer technischer Fortschritte, die es ermöglichen, von der Erde aus auf Knopfdruck ein kleines Mobil auf dem Mars in 55 Millionen Kilometern Entfernung Bohrungen ausführen zu lassen, ist es doch wohl nicht mehr nachvollziehbar, dass einige Wissenschaftler auf anderen Forschungsgebieten sich immer noch mittelalterlicher Methoden bedienen. Die Rede ist hier von Tierversuchen, deren Wurzeln wirklich im tiefsten Mittelalter liegen.

Schon Descartes, ein französischer Philosoph Ende des 16. Jahrhunderts, vertrat die Ansicht, dass die Schmerzensschreie gequälter Tiere nicht anders zu werten seien als das Quietschen einer Maschine. Und Claude Bernard, Mitte des 19. Jahrhunderts, ausgerechnet Arzt, schnitt bei seinen Experimenten den von ihm auf Bretter genagelten Tieren bei vollem Bewusstsein die Leiber auf und nahm sie zur Beobachtung nachts sogar noch mit in sein Schlafzimmer. Bis heute beschreitet die medizinische Wissenschaft unter Missachtung ethischer Aspekte – anstatt der Tierversuchspraktik in ihrer Sinnlosigkeit, Brutalität und vor allem ihrer Gefährlichkeit für den Menschen abzuschwören – immer noch den blutigen Weg des Tierexperimentes und lässt zusammen mit der mächtigen Pharmaindustrie viele Ärzte zu deren Erfüllungsgehilfen werden.
[...]

Weltweit sterben jedes Jahr 300 Millionen Tiere in Tierversuchen

Es gibt kaum einen Bereich der Forschung, in dem man sich nicht der Tiere als Versuchsobjekt bedient, angefangen von der Herstellung von Medikamenten bis hin zu Spülmitteln, Plastikgegenständen, Christbaumschmuck, Farben, Frostschutzmitteln, biologischen und chemischen Kampfstoffen sowie zur Erprobung mörderischer Foltermethoden in vielen Ländern dieser Erde.

Weltweit werden 300 Millionen Tiere in Versuchen getötet, das entspricht der Einwohnerzahl der gesamten USA und jetzigen Bundesrepublik zusammen und bedeutet eine Million Tiere pro Experimentiertag. Bereits in der medizinischen Ausbildung, für die bei uns 60 000 Tiere getötet werden, widersprechen Tierversuche den ethischen Prinzipien des Arztberufes. Wie sollen Studenten Verständnis für die Leiden späterer Patienten aufbringen, wenn sie gezwungen werden, durch grausame Tierexperimente abzustumpfen? Es gibt in der medizinischen Ausbildung hervorragende Alternativmethoden ohne Quälen und ohne Töten von Versuchstieren, aber einzelne unbelehrbare Professoren halten unbeirrbar an Tierexperimenten fest. Prof. Reich sagt hierzu: „Es kann doch niemand so dumm sein zu glauben, dass derselbe Arzt, welcher vormittags Tieren entsetzliche Qualen zufügt, nachmittags seine Mitmenschen mit Feingefühl behandeln wird." Es ist völlig ausgeschlossen, dass ein normal empfindender Mensch, sobald er selbst Tierversuche durchführt, anschließend immer noch normal empfinden kann. Es muss eine Wesensverhärtung in ihm vorgehen, wenn eine solche nicht anlagemäßig bei ihm bereits vorhanden war.
[...]

Kann ein Arzt, der Tiere quält, empfindsam zu Menschen sein?

Die meisten Tierexperimentatoren setzen sich über die Begriffe Ethik und Moral leichtfertig hinweg. Sie haben ihre eigene Zweckethik aufgebaut. Der Münchener Pharmakologe Prof. Forth sagte wörtlich: „Wir sind das Maß und meine Ethik, die mache ich mir selbst." Und

Prof. Singer vom Max-Planck-Institut hält uns entgegen: „In der Frage der Ethik muss es Kompromisse geben, da sie einem ständigen Wandel unterliegt." Das ist ein verhängnisvoller Irrtum! In der Frage der Ethik kann und darf es niemals Kompromisse geben, denn sonst könnte ja jeder Wissenschaftler Ethik nach seinen Bedürfnissen interpretieren!
[...]

Einheit von Körper, Seele und Geist

Körper, Geist und Seele sind eng miteinander verbunden und beeinflussen sich gegenseitig. Das ist der Grundgedanke einer ganzheitlichen Heilweise. Erst dann, wenn unsere Medizin nicht das künstlich krank gemachte Tier, sondern den ganzen Menschen in seiner Einheit von Körper, Geist und Seele und als Teil der Natur, der auch seine Endlichkeit akzeptiert, wieder in den Mittelpunkt ärztlicher Betrachtungsweise stellt, wird sie wieder zu einer Medizin der Mitmenschlichkeit werden und zu ihrer ureigensten Bedeutung zurückkehren, eine wahre Heilkunst zu sein.

(Quelle: www.freiheit-fuer-tiere.de/stoppttierversuche/tierversucheunbegreiflichermassenmord/index.html)

1 Untersuche den Text bezüglich:

   a) der genannten Thesen und Argumente;

   b) der verwendeten sprachlichen Mittel.

2 Nimm Stellung zu der Rede, indem du deutlich machst, ob du dem Redner zustimmst oder ob du seine Position ablehnst.

Erwartungshorizont/Lösungshinweise

1 / 2 *Die Schülerin/der Schüler hält den Aufbau der Erörterung ein: Einleitung, Hauptteil, Schluss.*
*Sie/er geht entsprechend der gewählten Position (Zustimmung **oder** Ablehnung) linear vor.*
Es werden insgesamt mindestens fünf Argumente mit Stütze (Beispiel, Fakt, Expertenmeinung) genannt.
Die Schülerin/der Schüler stärkt seine eigene Meinung sinnvoll und logisch.

Literaturhinweise

Becker-Mrotzek, Michael/Böttcher, Ingrid: Schreibkompetenz entwickeln und beurteilen. Cornelsen Verlag Scriptor, Berlin 2006

Duden. Schulgrammatik extra. Deutsch. 5. bis 10. Klasse. Duden Paetec Schulbuchverlag. Mannheim 2005

SPRECHEN · ZUHÖREN · SCHREIBEN

3 Fit für die Arbeitswelt – Berufe finden und sich bewerben

Konzeption des Gesamtkapitels

Die klassischen Formate des berufsbezogenen Schreibens – Bewerbung und Lebenslauf – werden in diesem Kapitel mit der Technik der Referaterstellung sowie dem literarischen Nachdenken über das Verhältnis von Arbeit und Leben kombiniert. Dadurch erhält der rein pragmatische Zugriff Erweiterungen sowohl im schreibdidaktischen Bereich (Referat, Portfolio) als auch im inhaltlichen (Breite der Berufsfelder, Wertfragen).

Das erste Teilkapitel („**Was willst du werden? – Informieren und Präsentieren**") stellt in einer aufbauenden Schrittfolge das Portfolio als Recherche- und Bearbeitungsprotokoll vor. Die Zielsetzung besteht in einem adressatenorientierten Referat über einen Beruf. Dazu werden Methoden und Techniken der Informationsbeschaffung (Bibliotheks- und Internetrecherche, Interviewtechnik), der Strukturierung relevanter Informationen und ihre Präsentation (Veranschaulichung und Vortragstechnik) angesprochen und geübt. Abschließend wird die Aufgabe der Zuschauer und Zuhörer thematisiert.

Im zweiten Teilkapitel („**Leben und Arbeit – Literarische Texte produktiv erschließen**") liegt der Schwerpunkt auf zwei literarischen Texten, in denen es um die Frage geht, inwieweit die Erwerbsarbeit das Leben des Einzelnen dominiert. Die kreative bzw. produktive Auseinandersetzung mit diesen Texten (szenisches Spiel, Diskussion, Textproduktion: Geschichte, Brief und Glosse) steht im Fokus, allerdings nicht ohne vorhergehenden analytischen Zugriff (Gesprächsanalyse, Stilanalyse).

Im abschließenden dritten Teilkapitel („**Start in die Berufswelt – Berufsbezogenes Sprechen und Schreiben**") stehen die Textsorten „Bewerbungsanschreiben" und „Lebenslauf" im Mittelpunkt. Der Portfolio-Gedanke aus Teilkapitel 1 kehrt in der Bewerbungs-„Mappe" wieder. Die Schülerinnen und Schüler sollen durch Überarbeitung eines defizitären Bewerbungsanschreibens bzw. durch Erstellen eines eigenen Lebenslaufs nach einem Muster ihren Blick für Fehler in diesen sensiblen Textsorten schärfen. Darüber hinaus wird das Verhalten in Bewerbungsgesprächen thematisiert, geübt und beobachtet. Den Abschluss bildet eine Anleitung für einen Praktikumsbericht (bzw. das Nachdenken über dessen Stil), der in vielen Schulen als Reflexionsinstrument für berufsbezogene Praktika dient.

Weiteres Übungsmaterial zu diesem Kapitel

Übungsmaterial im „**Deutschbuch Arbeitsheft 9**"
– Ein Portfolio anlegen – Beispiel: Berufsbild: S. 3–7
– Über Sachverhalte informieren: Der Praktikumsbericht: S. 20–24

Das „**Deutschbuch-Hörbuch 9/10**" enthält einen Text, der in diesem Kapitel behandelt wird.

3 Fit für die Arbeitswelt – Berufe finden und sich bewerben

	Inhalte	Kompetenzen
		Die Schülerinnen und Schüler können
S. 53	**3.1 Was willst du werden? – Informieren und Präsentieren**	– ein Berufsbild angemessen differenziert beschreiben;
S. 54	Was macht eigentlich ein Ergotherapeut? – Referat und Berufsportfolio erstellen	– ein Portfolio strukturiert anlegen; – die methodischen Schritte zur Erstellung eines Referats erklären und umsetzen;
S. 54	Schritt 1: Leitfragen formulieren	– sach- und adressatengerecht Leitfragen formulieren;
S. 55	Schritt 2: Informationen recherchieren	– Informationen über Berufe gezielt und kritisch recherchieren; – ein Interview reflektiert vorbereiten;
S. 57	Schritt 3: Informationen auswerten	– kontinuierliche und diskontinuierliche Informationsquellen vergleichend auswerten;
S. 60	Schritt 4: Das Referat gliedern	– recherchierte Informationen für das Referat sinnvoll ordnen und gliedern;
S. 61	Schritt 5: Moderationskarten und Folien erstellen	– den Einsatz von Medien (Moderationskarten, Folien) für den Vortrag angemessen planen;
S. 63	Schritt 6: Frei vortragen und gezielt zuhören	– zentrale Elemente der Vortragstechnik benennen und im eigenen Vortrag beachten; – einem Referat gezielt zuhören; – eigene Referate kritisch reflektieren.
S. 65	**3.2 Leben und Arbeit – Literarische Texte produktiv erschließen**	Die Schülerinnen und Schüler können – die Struktur der beiden literarischen Texte beschreiben und erläutern;
S. 65	Heinrich Böll **Anekdote zur Senkung der Arbeitsmoral**	– aus Sprache bzw. Schreibstil Rückschlüsse auf den Charakter bzw. die Einstellung der literarischen Figuren ziehen;
S. 67	Robert Walser **Das Stellengesuch**	– sich mit der Vorlage produktionsorientiert auseinandersetzen, indem sie sie szenisch umsetzen; – eigene Texte verfassen (Erzählung, Brief, Glosse); – über eine zentrale Aussage diskutieren.
S. 69	**3.3 Start in die Berufswelt – Berufsbezogenes Sprechen und Schreiben**	Die Schülerinnen und Schüler können – die Bestandteile einer Bewerbungsmappe benennen;
S. 69	Die Bewerbungsmappe	– ein Bewerbungsschreiben formulieren; – einen Lebenslauf korrekt erstellen;
S. 72	Das Bewerbungsgespräch – Rollenspiel und Videotraining	– die Anforderungen eines Bewerbungsgesprächs benennen; – ihr Verhalten in einer Bewerbungsgesprächssituation realistisch einschätzen;
S. 73	Der Praktikumsbericht	– einen Praktikumsbericht sinnvoll aufbauen und die Auswahl bestimmter Aspekte begründen.

3 Fit für die Arbeitswelt – Berufe finden und sich bewerben

3.1 Was willst du werden? – Informieren und Präsentieren

S. 53

1 / 2 *Die dargestellten Berufe dienen nur als Beispiel, zentrales Ziel ist die Einarbeitung in das Thema und in die Systematik einer Berufsbeschreibung.*
Zuordnung der Tätigkeiten, Materialien usw. zu den dargestellten Berufen (von rechts oben im Uhrzeigersinn):
- *Goldschmied/Goldschmiedin: gestalten/entwerfen bzw. herstellen/bearbeiten – Werkstatt – Glas/Edelsteine;*
- *Chemielaborant/Chemielaborantin: prüfen/untersuchen – Labor – Mess-/Prüfgeräte;*
- *Kfz-Mechatroniker/Kfz-Mechatronikerin: installieren/reparieren – Werkstatt – Werkzeuge;*
- *Bürokaufmann/Bürokauffrau: schreiben/verwalten bzw. verkaufen/beraten bzw. am Computer arbeiten – Büro – Büromaterialien.*

3 *Wahrscheinlich werden etliche Schülerinnen und Schüler noch nicht genau wissen, welchen Beruf sie anstreben, eventuell auch nur eine ungefähre Vorstellung ihres Wunschberufs haben. Diese Ergebnisse können motivierend für die weitere Unterrichtsreihe genutzt werden.*

S. 54

Was macht eigentlich ein Ergotherapeut? – Referat und Berufsportfolio erstellen

Zum Portfolio: Durch das gesamte erste Teilkapitel ziehen sich Aufgaben, die ein Portfolio der Schülerinnen und Schüler wachsen lassen, das einerseits Informationen zu einem selbst gewählten Beruf, andererseits die Methodik der Recherche dokumentiert und reflektiert. Der exemplarische Charakter dieser „Daueraufgabe" sollte den Schülerinnen und Schülern deutlich gemacht werden.

S. 54

Schritt 1: Was weiß das Publikum schon? Was verlangt das Thema? – Leitfragen formulieren

1 *Weitere mögliche Fragen wären z. B. die nach dem Verdienst, den Voraussetzungen für den Beruf (schulisch und körperlich), den Ausbildungsstätten usw.*

2 *Zur Wertigkeit der Fragen: Die Aufgabe zielt auf die Reflexion über die Adressaten. Ein Referent sollte stets beachten, zu wem er spricht. Daher sind unterschiedliche Lösungen denkbar. Beispiele für potenzielle Adressaten:*
- *Schülerinnen und Schüler, die vor der Berufswahl stehen und denen verschiedene Berufe vorgestellt werden;*
- *Patienten, denen die Abläufe in einer Klinik erläutert werden.*
Im ersten Fall interessieren die Voraussetzungen, die Verdienst- und Weiterbildungsmöglichkeiten sicher deutlich mehr als im zweiten Fall, in dem die konkrete Tätigkeit stärker im Vordergrund steht.

3.1 Was willst du werden? – Informieren und Präsentieren

3 Andererseits ist kein Thema völlig beliebig zu strukturieren. Die Vorstellung eines Berufs erfordert zum Beispiel auf jeden Fall eine Darstellung der Tätigkeiten.

4 Die Seite www.berufenet.de der Bundesagentur für Arbeit gibt eine vollständige und aktualisierte Übersicht über sämtliche Ausbildungs- und Studiengänge in Deutschland. Die Suche kann alphabetisch (Suche von A–Z) oder über verschiedene Filter („Gruppen", etwa: Ausbildungsberufe, Studiengänge) eingeengt werden. Alternativ bietet sich die Seite www.machs-richtig.de an, mit der die Bundesagentur für Arbeit vor allem Schulabgänger anspricht, die einen Ausbildungsberuf suchen.

5 Um mehr über den gewählten Beruf zu erfahren, könnte z. B. gefragt werden nach:
– Voraussetzungen
– Ausbildung
– Tätigkeiten
– Arbeitszeiten
– Zielsetzungen
– Weiterbildung
– Verdienst
– konkreten Einsatzbeispielen
– Zufriedenheit mit dem Beruf (Interviews)
– ...
Die Adressatengruppe – in der Regel die anderen Schülerinnen und Schüler – sollte nicht aus dem Blick geraten. Welches Vorwissen haben sie, welche Interessen (Suche nach Praktikumsplatz oder Ausbildungsstelle)?

6 **Portfolio:** Die Leitfragen eröffnen – nach dem Deckblatt – als selbst gewählte Arbeitsaufträge das Portfolio. Dem sollten die Schülerinnen und Schüler auch in formaler Hinsicht Rechnung tragen: Eine saubere Aufstellung ist der weiteren Arbeit sicher förderlicher als ein Notizblatt, auf dem die ersten Ideen notiert sind.

Schritt 2:
Wo erfahre ich Genaueres zu meinen Fragen? – Informationen recherchieren

S. 55

1 / 2 Die Informationen lassen sich dem Tipp-Kasten auf S. 55 im Schülerband entnehmen, die Fragen sind allerdings durch einen Besuch in der Stadt- oder Schulbibliothek sicher noch differenzierter zu beantworten. In vielen Bibliotheken stehen die „Blätter zur Berufskunde" (bzw. neu: „Berufskundliche Informationsmappen") der Bundesagentur für Arbeit, in größeren Städten gibt es die Berufsinformationszentren (BIZ) mit eigener berufsbezogener Bibliothek.
Sowohl über die lokalen Möglichkeiten der Recherche als auch über einschlägige Internetadressen sollte die ganze Klasse informiert werden.

3 Der Interview-Rösselsprung dient als Aufforderung, über die Hinweise zur Interviewtechnik intensiv nachzudenken. Alternativ ist natürlich auch die Ausgabe der Liste auf S. 58 in diesem Handbuch oder induktiv das eigene Sammeln von Verhaltensweisen denkbar.

Auflösung des Interview-Rösselsprungs:

Leitsätze für ein gutes Interview

1. Vorbereitung
- Sammle zunächst Hintergrundinformationen, um ernst genommen zu werden.
- Notiere dir Fragen in einer sinnvollen Ordnung, um einen roten Faden zu haben.
- Wähle den Termin sorgfältig, damit kein Zeitdruck entsteht.
- Überprüfe das Aufnahmegerät, um technische Probleme auszuschließen.

2. Durchführung
- Beginne mit einer leichten Frage, damit dein Gegenüber sich freisprechen kann.
- Höre unbedingt gut zu, dann kannst du besser anknüpfen.
- Leite das Gespräch, aber sei flexibel und passe dich dem Verlauf an.
- Stelle keine Doppelfragen, sonst verunsicherst du deinen Gesprächspartner.
- Stelle keine wertenden Fragen, sondern überlasse ihm/ihr die eigene Wertung.
- Stelle Fragen offen (W-Fragen), damit du nicht nur „ja" oder „nein" hörst.
- Stelle keine suggestiven Fragen („Sie meinen doch sicher auch …"), denn du willst doch echte Informationen, oder?

3. Nachbereitung
- Fasse das Gespräch sinnvoll zusammen, indem du die Aussagen nach Unterpunkten ordnest.
- Wähle einige Zitate aus, vielleicht sogar als „Originalton" für dein Referat.
- Lass dich zu weiteren Recherchen anregen durch Fachinformationen, die dir neu waren.

4 Die ergänzte Tabelle könnte z. B. folgende Frage-Alternativen in Form von W-Fragen aufführen:
- *Fragefehler Doppelfrage*, z. B.: „Spielt Teamarbeit an Ihrem Arbeitsplatz eine große Rolle und halten Sie das für sinnvoll?"
Besser: „Welche Rolle spielt Teamarbeit an Ihrem Arbeitsplatz?" […] „Was halten Sie von dieser Form der Arbeit?"
- *Fragefehler wertende Frage*, z. B.: „Ist die Nachtschicht in der Notaufnahme nicht fürchterlich?"
Besser: „Wie erleben Sie die Nachtschichten?" Oder: „Was halten Sie von Nachtschichten?"
- *Fragefehler zu enge Frage*, z. B.: „War Ihre Ausbildung gut?"
Besser: „Wie bewerten Sie die Qualität Ihrer Ausbildung?"
- *Fragefehler Suggestivfrage* (Frage, die eine Antwort schon mitliefert), z. B.: „Sie meinen doch sicher auch, dass die Auszubildenden nicht zum Kaffeekochen da sind?"
Besser: „Was können in Ihrem Betrieb Auszubildende schon selbstständig erledigen?"

5 Die Aufgabe dient dem Einüben der offenen Formulierung von Fragen. Als Anregung könnten dienen: Fragen nach der Zufriedenheit, dem Verdienst, nach interessanten Erlebnissen, nach Arbeitsplatzwechseln, nach Weiterqualifizierung.

6 **Portfolio:** Das Ergebnis dieser Portfolio-Aufgabe kann im Unterrichtsgespräch oder in einer Schreibkonferenz überprüft und verbessert werden, und zwar im Hinblick auf:
- Offenheit der Fragen (W-Fragen);
- sinnvolle Anordnung (von leichten, gesprächseröffnenden Fragen zu schwierigen, differenzierten, persönliche Wertungen betreffenden Fragen);
- Anknüpfungsmöglichkeiten (wie groß ist die Chance, etwas Neues zu erfahren?).

Schritt 3: Informationsflut? – Informationen auswerten

S. 57

1 Besonderheiten der Textsorten – Vorschlag für ein Tafelbild:

Material	Wortwahl	Adressatenbezug	Auswahl der Informationen
M1 „Diplom-Ergotherapeut/in" – gekürzter und leicht veränderter Auszug aus berufenet.de der Arbeitsagentur	- Nominalisierungen - verständliche Fachbegriffe - betont sachliche Wortwahl	- Studienplatzsuchende (FH) - Leser, die an sachlichen Informationen über den Beruf interessiert sind	- allgemeine Zielsetzung der Tätigkeit - Tätigkeit der Ergotherapeuten
M2 Diagramm	- Nominalisierung - sehr eingeschränkt	- statistisch Interessierte, die etwas über die Entwicklung dieses Berufs oder von Berufen allgemein wissen möchten	- sehr spezialisiert - Anzahl der Therapeuten und Therapeutinnen seit 1948 in Deutschland - Entwicklung des Berufs
M3 „Fit und beweglich" - erzählender Text	- alltagssprachlich, erzählend (Präsens), nur vereinzelt leicht verständliche Fachbegriffe („Handgruppe")	- keine direkte Ansprache einer Lesergruppe, Stil weist in Richtung allgemeine Information über einen noch recht unbekannten Beruf	- Tagesablauf einer Ergotherapeutin

2 Wahrscheinlich wird der am leichtesten zu lesende Text M3 hier der Favorit sein. Allerdings zeigt ein Vergleich mit Text M1, der auf weniger Raum mehr und genauere Informationen gibt, dass das Leserinteresse jeweils eine große Rolle für diese Beurteilung spielt. Der reportageartige Stil reizt sicher eher zum Weiterlesen, wohingegen der „trockene" Lexikoneintrag der konzentrierten Informationsvermittlung dient.

3 Dies ist eine Vorübung für Aufgabe 4, in der die Schülerinnen und Schüler ausführlichere Quellen recherchieren sollen. Die gängigen Textbearbeitungsmethoden könnten zu folgender Tabelle führen:

Leitfrage	Text M1	Diagramm M2	Text M3
Was tun Ergotherapeuten?	- Wiederherstellung der Handlungsfähigkeit kranker oder behinderter Menschen - Ausarbeitung von Behandlungsplänen - Arbeit mit den Patienten, z. B.: - körperliche Übungen - handwerkliches Arbeiten - Rollenspiele - Musiktherapie - Trainieren mit technischen Hilfsmitteln	-	- Sie arbeiten in speziellen Räumen mit Patienten, die ihre Fingerfertigkeit trainieren müssen. - Sie bauen persönlichen Kontakt zu den Patienten auf. - Sie machen mit Patienten Entspannungsübungen. - Sie machen Hausbesuche.
Wo arbeiten sie?	-	-	- in Ergotherapieräumen - beim Patienten zu Hause
Wie werden sie ausgebildet?	- an Fachhochschulen	-	-
Wie sieht ihr Tagesablauf aus?	-	-	- gegen neun Uhr morgens und am Mittag Teambesprechung - vormittags Arbeit mit Gruppen - nachmittags Arbeit mit Einzelpatienten
Wie hat sich der Beruf entwickelt?	-	- deutliches Wachstum seit 1963	-

Schritt 4:
Informationen übersichtlich ordnen – Das Referat gliedern

1 / 3 *Ungegliederte Referate, die das Interesse der Zuhörer nicht zu wecken vermögen, sind für Referenten und Zuhörer quälend. Insofern ist sowohl auf den Rahmen von Einleitung und Schluss als auch auf eine klare Gliederung Wert zu legen. Die Vielfalt der Einleitungsmöglichkeiten ist groß. Interesse kann oft durch ein überraschendes Detail oder eine Veranschaulichung geweckt werden. Allerdings ist dazu zuvor eine intensive Recherche notwendig, die die nötige Detailkenntnis erst ermöglicht. Variationen sollen in Aufgabe 1 erprobt werden.*
Der Schluss wirkt abgerundet, wenn er auf den einleitenden Gedanken Bezug nimmt.

Beispiele:

Einleitung: Ein Beruf, den es erst seit 1999 gibt ...
Schluss: Die Tatsache, dass die Bezeichnung eines Berufes geändert wird, wie es mit der Ergotherapie 1999 geschah, zeigt, wie ernst diese Tätigkeit genommen wird – „Beschäftigungstherapie" klingt doch eher abwertend. Und betrachtet man die Vielfalt und die Wichtigkeit der Tätigkeiten eines Ergotherapeuten, wie wir es gerade getan haben, so kann man sagen, dass diese Änderung zu Recht vorgenommen wurde.

Einleitung: Motorik-Defizit ...
Schluss: Einen Motor kann man austauschen, einen Menschen nicht. Im Gegensatz zu einem Fahrzeug kann der Mensch aber seine Bewegungsfähigkeit, seine Motorik, trainieren. Diese zu fördern oder wiederherzustellen, ist also das Ziel der ergotherapeutischen Behandlung.

2 *Die Ordnung der ausgewählten Informationen kann sachlogisch erfolgen wie in den Informationen der Bundesagentur für Arbeit. Auf deren Internetseite www.machs-richtig.de werden Berufe nach folgendem Schema vorgestellt:*
   1. *Zusammenfassende Kurzbeschreibung*
   2. *Was (tun sie)?*
   3. *Wo?*
   4. *Wann?*
   5. *Wie?*
   6. *Womit?*
   7. *Mit wem?*
   8. *Und später?*
   9. *Ausbildung*
   10. *Zugang (= Voraussetzungen)*
   11. *Vergütung*

Ein Gliederung kann aber auch aus der Sicht des Adressaten oder des Vortragenden vorgenommen werden, zum Beispiel könnte die Frage der Zugangsvoraussetzungen an den Anfang gestellt werden oder die Nähe zu anderen, bereits behandelten Berufen.

Schritt 5:
Medien stützen den Vortrag – Moderationskarten und Folien erstellen

1. Das Erstellen von Moderationskarten ist selbst bei computergestütztem Vortrag sinnvoll. Erstens sind sie technikunabhängig, sodass auch bei einem Ausfall der Technik eine Referatstütze vorhanden ist, zweitens enthalten diese Karten „Regieanweisungen" zum Beispiel über den Wechsel von Bildern oder Folien, die nicht allgemein sichtbar sein sollen. Die Erstellung von Moderationskarten ist zudem ein zentraler Schritt für die Referentin/den Referenten selbst: Da Informationen darauf nur in Kurzform notiert werden, wird das freie Sprechen notwendig, die Syntax wird erst im Moment des Vortrags vervollständigt.

2. Die Verwendung von Folien ist bezüglich des freien, lebendigen Vortrages eine Gratwanderung. Die linke der beiden im Schülerband abgedruckten Folien ist völlig überladen, bietet allerdings sehr differenzierte Informationen in syntaktischer und lexikalischer Genauigkeit. Die rechte Folie ist knapper und übersichtlicher, sie lässt Differenzierungen beiseite, verwendet weniger Fachbegriffe und ordnet den Text so an, dass die Informationen schnell zu erfassen sind. Allerdings verleitet auch sie dazu, den Referenten zum bloßen „Sprecher" werden zu lassen, der nur noch Folien abliest. Hier ist darauf hinzuweisen, dass ein Referat auch von Folien und Moderationskarten nicht einfach „abgelesen" werden darf, sondern dass freie Formulierungen, Beispiele, Zusatzinformationen durch den Referenten eingebracht werden müssen.

3. Präsentationsprogramme sind oft recht beliebt, da sie viele Animationsmöglichkeiten haben. Die Hinweise zur Arbeitstechnik (S. 62 im Schülerband) können als Checkliste für Beispielpräsentationen genutzt werden.

Schritt 6:
Klar und deutlich, bitte – Frei vortragen und gezielt zuhören

Bei Übungen zum freien Referatvortrag sollte die Rolle der Zuhörer stets mitreflektiert werden.

1. Die Übertragung der Checkliste in das eigene Portfolio dient der Vorbereitung auf den Vortrag des eigenen Referates. Differenzierungen sind an einigen Stellen noch möglich (z. B. beim Wortschatz: Fachbegriffe, beim Technikeinsatz: Übersichtlichkeit der Folien usw.), es sollte aber nicht zu weit differenziert werden, da die Beobachtung sonst kaum zu leisten ist.

2. Die kritische Würdigung der Vortragstechnik sollte nicht von der ganzen Klasse durchgeführt werden, da das Ziel der Inhaltsvermittlung nach wie vor besteht. Als Erfolg kann auch gewertet werden, wenn trotz verbesserungswürdigen Vortrags die Zuhörer zentrale Inhalte erfasst haben.

3. Konzentrierte Zuhörer und Zuhörerinnen erleichtern jedem Referenten den Vortrag. Aufmerksames Zuhören zeigt sich u. a. durch Blickkontakt, Aufmerksamkeitssignale (z. B. zustimmendes Nicken etc.), Nachfragen (je nach Möglichkeit während des Vortrags oder am Ende), Anfertigen von Notizen.

4. Für die Auswertung dieser Aufgabe sollte genügend Zeit eingeplant werden. Im Gespräch über die persönlichen Erkenntnisse kann deutlich werden, wo die Gruppe noch weitere Übungen benötigt (Recherche, Auswertung von Material, Gliederung, Präsentation).

3.2 Leben und Arbeit – Literarische Texte produktiv erschließen

Die produktive und kreative Auseinandersetzung mit den Texten von Heinrich Böll und Robert Walser dient sowohl der Texterfassung als auch ihrer Interpretation.

Heinrich Böll
Anekdote zur Senkung der Arbeitsmoral

S. 65

🎧 Das **„Deutschbuch-Hörbuch 9/10"** enthält die Erzählung „Anekdote zur Senkung der Arbeitsmoral" von Heinrich Böll, gelesen von Ulrike Kriener.

1 / 2 *Diese Aufgaben dienen der vorbereitenden Analyse. Sie führen zu einer Hypothesenformulierung mit textgestützter Argumentation. Im Gespräch darüber klärt sich ein erstes Verständnis der Böll'schen Erzählung. Denkbar wären:*
- *In dieser Erzählung treffen zwei grundverschiedene Lebenseinstellungen aufeinander.*
- *Die Auffassung von Arbeit und Leben, die der Tourist vertritt, wird satirisch bloßgestellt.*
- *Der Titel zeigt die Intention des Autors.*

2 *Die Tabelle könnte so aussehen:*

Die Phasen des Gesprächs

Zeile	Inhalt	Absicht	Art des Sprechens
25–35	der Tourist befragt den Fischer	vom Smalltalk zum echten, besorgten Nachfragen nach dem Grund für die Untätigkeit des Fischers	vom gönnerhaften, jovialen Spruch zum nervösen Nachhaken – einseitige verbale Kommunikation, Fischer nur nonverbal
36–59	Erklärung des Fischers, seine Lebenseinstellung	Beruhigung des Touristen	„prompt und knapp" (Z. 45 f.), selbstbewusst
60–101	Zukunftsvision des Touristen: wirtschaftlicher Aufschwung	Überzeugungsversuch und Appell an den Fischer, mehr zu arbeiten	sich steigernde Emphase, Anhäufung von Beispielen
101–105	Zielvorstellung des Touristen: beruhigtes, behagliches Sitzen am Hafen	Überzeugung vermitteln, dass das Ziel die Anstrengung wettmacht	still, selbstvergessen, schwärmerisch
105–108	Antwort des Fischers, dass er dieses Ziel bereits erreicht habe	Entkräften der Argumentation des Touristen, Aufwand lohnt sich nicht	belehrend, aber auch belustigt

3 Die Tabelle zeigt die Wendungen des Gespräches, vor allem die im Verhalten des Touristen. Im szenischen Spiel kann dessen „Belehrung" gut nachgespielt werden, seine (Selbst-)Begeisterung und sein abschließendes Erstaunen bzw. Erschrecken lassen sich nonverbal vielfältig ausdrücken (vielleicht auch verbal im Beiseitesprechen). Im Kontrast dazu wird der Fischer, der möglicherweise zunächst bedauernswert erscheinen kann, mehr und mehr zum verständnisvollen, aber nur wenig überzeugten Zuhörer, der die „Seifenblase" des Touristen mit einer kurzen Bemerkung platzen lässt und als solche enttarnt.

4 Geschichten, die diesem Schema folgen, zeigen das Aufeinanderprallen zweier Lebenseinstellungen, von denen die eine sich am Ende selbst in Frage stellt. Es bieten sich zum Beispiel Gespräche zwischen Erziehern (Eltern, Lehrern) und Kindern an.

5 Alternativ oder ergänzend kann in dieser Diskussion der Blick auf die Lebensentwürfe der Schülerinnen und Schüler gelenkt werden – durchaus auch im Sinne des Böll'schen Touristen, dessen Arbeitsmoral natürlich übertrieben wirkt. Allerdings relativiert sich dieser Eindruck, wenn in die Argumentation zum Beispiel die Absicherung und Zukunftsplanung einer Familie miteinbezogen wird.

S. 67

Robert Walser

Das Stellengesuch

Robert Walser hat in vielen Anstellungen das Leben eines Angestellten, eines Kommis, durchlebt und durchlitten. Der vorliegende Text ist um 1905 entstanden.

1 Die Bewerbung hat wohl kaum Aussicht auf Erfolg, da sie den gängigen Erwartungen des einsatzfreudigen, engagierten, sachkompetenten Mitarbeiters, der sich für seine Firma unumschränkt einsetzt, diametral entgegensteht (siehe unten Tabelle „Schwächen").

2 Vorschlag für ein Tafelbild:

Schwächen Wenzels	*Stärken Wenzels*
– will sich verstecken, benötigt einen Schlupfwinkel (Z. 11 f.)	– lässt sich gerne für einfache Aufgaben einsetzen (Z. 31 f. / 46 ff.)
– ist von Natur aus zart, ja kindlich (Z. 15 ff.)	– ist eifrig, treu, pünktlich und gewissenhaft im Kleinen (Z. 30 ff.)
– will sich wohlfühlen (Z. 22/50)	– kann sich gewählt ausdrücken / schreibt schön und flüssig (Z. 56)
– macht sich Illusionen, ist ein Träumer (Z. 26/38)	– besitzt klaren Verstand (Z. 58)
– kann keine großen Aufgaben und weitgehenden Pflichten erfüllen (Z. 33 f. / 59)	– ist redlich (Z. 61)
– ist nicht sonderlich klug und strengt sich nicht gerne an (Z. 36 ff.)	
– besitzt keinen Ehrgeiz (Z. 52 f.)	

3 a/b) Sprachstil des Textes:
– auf der Wortebene: altertümlich anmutender Sprachgebrauch: „Handelsbeflissener" (Z. 1 f.), „werte Firma" (Z. 6 f.), „Obliegenheiten" (Z. 32), „Vielerforderische" (Z. 48), „redlich" (Z. 61), „vorzügliche Ergebenheit" (Z. 66 f.);

- *Einbeziehung vieler Bilder und Vergleiche: „hübsches Plätzchen" (Z. 10), „warmes Versteck" (Z. 11), „Schlupfwinkel" (Z. 14 f.), Wesen eines Kindes (Z. 16), „Träumer" (Z. 38), „Null" (Z. 39), „Chinese" (Z. 45), „Afrika mit seinen Wüsten" (Z. 53), „führe [...] eine Feder" (Z. 55), „in Hochachtung [...] ertrinkend" (Z. 66);*
- *auf der Satzebene fallen vor allem die Aufzählungen, oft dreifach, ins Auge (Z. 1, 5, 7, 16 f., 23, 38 ff.). Einschübe treten hinzu (Z. 11, 12 f.) und verkomplizieren den hypotaktischen Satzbau zusätzlich. Eine Inversion schließt den Text ab (Z. 63 ff.).*

4 *Der Antwortbrief dient der Reflexion über das Ideal, das ein Personalchef (auch schon vor 100 Jahren) von seinen Angestellten haben muss. Besonderes Augenmerk verdient die Frage, wie das Verhältnis von Firmen- und Privatinteresse behandelt wird.*
Im Falle einer Zusage (alternative Möglichkeit) wäre zu prüfen, welche Stelle angeboten wird und wie der Personalchef die „Verwendbarkeit" Wenzels begründet.

5 *Die Glosse sollte die Notwendigkeit, sich gut „verkaufen" zu müssen, in den Blickpunkt nehmen. In satirischer Manier könnte hier mit Übertreibungen gearbeitet werden („Suche 20-Jährigen mit 30 Jahren Berufserfahrung" oder „Suche Zeitungsbote mit Abiturdurchschnitt von 1,6") oder mit unangemessenen Sprachstilen (z. B. Computerfachtermini im Bewerbungsgespräch, die zeigen sollen, wie sehr man in der Materie steckt: „canceln", „downloaden", „updaten", „tunen" etc.). Fragen nach der Wahrung von Individualität und Identität angesichts normierter Erwartungen, Fragen nach der Authentizität und nach der Selbstachtung können hier durchgespielt werden.*

3.3 Start in die Berufswelt – Berufsbezogenes Sprechen und Schreiben

Die Bewerbungsmappe

S. 69

Das Bewerbungsanschreiben

S. 69

1 *Das im Schülerband abgedruckte Anschreiben ist an vielen Stellen fehlerhaft. Eine Überarbeitung von Form und Inhalt sollte die Fehlerquellen deutlich machen.*
Die Bezugnahme auf die Anzeige besteht in den Hinweisen auf:
- *schulische Voraussetzungen: Fachoberschulreife;*
- *Anforderungsprofil Kommunikationsfähigkeit, Kontaktfähigkeit: Jugendrotkreuz, Radsportverein;*
- *Durchschnittsnote 2,0: harte Arbeit an der Deutschnote.*

2 *Eine verbesserte Variante des Bewerbungsanschreibens findet sich auf S. 67 in diesem Handbuch.*

Der Lebenslauf

S. 71

1 *Die Möglichkeit, einen Lebenslauf zu erfinden, sollte genutzt werden, um zielgerichtet auf eine Anzeige passende Praktika, Qualifikationen oder Hobbys einsetzen zu können.*

2 *Hier sollten Übersichtlichkeit, formale Korrektheit und Stimmigkeit (wie passen die Aussagen zusammen, welches Bild ergibt sich von der Bewerberin bzw. dem Bewerber?) geprüft werden.*

Weitere Informationen zu standardisierten und ungewöhnlichen Formen im Bereich Anschreiben und Lebenslauf finden sich insbesondere in dem Werk von Jürgen Hesse und Hans Christian Schrader „Die perfekte Bewerbungsmappe für Ausbildungsplatzsuchende" (vgl. S. 71 in diesem Handbuch).

Das Bewerbungsgespräch – Rollenspiel und Videotraining

1 *Hierzu können die Lebensläufe und eventuell vorhandene eigene Anschreiben verwendet werden. Man kann die selbst gewählten Berufsbilder aus Teilkapitel 1 zu Grunde legen, was den Vorteil hat, dass der „Bewerber" bzw. die „Bewerberin" sich auskennt und ein Gespräch annähernd authentisch wirkt (besonders, wenn die Rolle des Arbeitgebers ebenfalls mit einem „Fachkundigen" besetzt ist).*
Eine andere Möglichkeit bietet der Ausgang von Lehrstellenannoncen, auf die zunächst mit einem Bewerbungsschreiben und einem Lebenslauf reagiert wird und die schließlich in ein Bewerbungsgespräch münden. Im Internet veröffentlicht zum Beispiel das Portal „Rekruter Personal-Börse" (http://lehrstellen.rekruter.de) in Kooperation mit der Bundesagentur für Arbeit Ausbildungsstellen.

2 *Die Videoaufzeichnung hat unter anderem den großen Vorteil, dass die „Bewerber" ihr Verhalten selbst begutachten können; der Hauptakzent des Auswertungsbogens liegt auf Auftreten und Gesprächsführung, auf nonverbalen und paraverbalen Signalen, die während des Gesprächs selbst oft nicht wahrgenommen werden.*

Der Praktikumsbericht

Die Beispiele und Aufgaben sind als Anregung gedacht. Schulen, die ein Betriebspraktikum anbieten, legen zumeist eigene Muster von Praktikumsberichten vor.

1 *Ein Bericht nach dieser Gliederung ist sehr umfassend, er sieht vor, nach einer persönlichen Hinführung (1 „Mein Weg") ein möglichst umfassendes Bild des gesamten Betriebes zu zeichnen (2–4), blickt dann auf die persönliche Arbeitsumgebung des Praktikanten/der Praktikantin (5 und 6), um schließlich über die Reflexion der Folgen (7) zu einer begründeten Bewertung der Erfahrungen zu gelangen (8).*

3 *Für Schülerinnen und Schüler kann es wichtig sein, auch für diesen Teil des Praktikums authentische und gute Beispiele zu erhalten und sie kritisch zu würdigen.*
Die beiden Beispiele unterscheiden sich:
– Bericht 1 (Bäcker): sachlich berichtend, Fachvokabular, chronologisch geordnet;
– Bericht 2 (Buchhändlerin): Reflexion über das eigene Tun, ausgiebige Erläuterungen, kein chronologisches Berichten.

Thimo Werner
Am Broich 7 b
52391 Vettweiß
Tel.: 02754 12345
E-Mail: thimo.werner@pcl.de

Vettweiß, 25. 7. 2008

Sparkasse Mönchshof
Herr Burier
Fünfthofstraße 46
42549 Michenstadt

Ihre Anzeige vom 20.07.08 im Internetportal „Meine Stadt"
Bewerbung um einen Ausbildungsplatz als Bankkaufmann

Sehr geehrter Herr Burier,

mit großem Interesse habe ich Ihre Anzeige gelesen und möchte mich um einen Ausbildungsplatz zum Bankkaufmann bewerben.

In der Schule, die ich mit der Fachoberschulreife im Juni 2009 verlassen werde, war ich schon immer gut im Fach Mathematik. Daher interessiert mich ein Beruf, in den ich diese Fähigkeiten einbringen kann. Meine Tante hat Ihre Ausbildung ebenfalls bei der Sparkasse absolviert und mir Ihr Institut sehr empfohlen.

Neben der Schule engagiere ich mich im Jugendrotkreuz und in einem Radsportverein. Dabei habe ich gelernt, im Team mit anderen zusammenzuarbeiten. Zudem spiele ich Querflöte und singe im Jugendchor der Musikschule Daren.

Meine Leistungen im Fach Deutsch sind zurzeit leider nur befriedigend, an einer Verbesserung arbeite ich allerdings besonders intensiv.

Ich hoffe, Ihr Interesse geweckt zu haben, und würde mich über eine Einladung zu einem persönlichen Gespräch sehr freuen.

Mit freundlichen Grüßen
Thimo Werner

Anlagen
– Zeugniskopien
– Lebenslauf

Lernerfolgskontrolle/ Thema für eine Klassenarbeit

Einen informativen Text auf der Basis von Materialien verfassen

---

U. A. Meier
– Chemie weltweit –
Köln

Wir bilden aus: einen/eine
Fachinformatiker/in für Anwendungsentwicklung
Auf der Datenautobahn unterwegs – wo andere Bauklötze staunen, sind Sie voll in Ihrem Element!

Aufgaben und Tätigkeiten
- Datenbanken und Softwareprodukte erstellen und pflegen
- Kundenspezifische Programme und Benutzeroberflächen entwickeln sowie im Bedarfsfall anpassen
- Benutzer beraten, schulen und betreuen
- Systemstörungen mit Hilfe von Experten- und Diagnosewerkzeugen beheben
- Den Markt für IT-Technologien und -Systeme sowie Hard- und Softwareprodukte beobachten

Anforderungen
- Mittlere Reife, fachgebundene oder allgemeine Hochschulreife
- Neigung zu logischem und strukturiertem Denken sowie zum Beraten und Überzeugen
- Technisches Verständnis
- Interesse an mathematischen Verfahren und Lösungsalgorithmen
- Vorliebe für selbstständiges Arbeiten
- Spaß bei der Analyse von Problemen und an der Arbeit in Projektteams
- Klarheit darüber, dass sich eine Farbsehschwäche negativ auf Ihre Ausbildung auswirken könnte

Ausbildungsbeginn
- Ausbildungsbeginn ist jeweils der 1. September.

Dauer der Ausbildung
- Die Ausbildung dauert drei Jahre. Bei guten Leistungen kann die Abschlussprüfung um ein halbes Jahr vorgezogen werden.

Entwicklungsmöglichkeiten nach der Ausbildung
Aufstiegsorientierte Weiterbildungsmöglichkeiten nach entsprechender Berufspraxis sind zum Beispiel:
- Techniker/in
- Datenbankentwickler/in
- Softwareentwickler/in

Kontakt
Auf unserer Homepage www.meier-chemie-weltweit.de/ausbildung finden Sie ausführliche Informationen rund um das Thema Ausbildung und Bewerbung bei unserem Unternehmen. Kontaktieren Sie uns gerne auch telefonisch unter 0221-888 888 888 oder schicken Sie uns eine E-Mail an: personalabt@meier-chemie-weltweit.com. Wir freuen uns auf Ihre Bewerbung!

Noch ein Tipp!
Warten Sie mit Ihrer Bewerbung nicht zu lange, denn wir fangen mit der Auswahl geeigneter Auszubildender schon etwa ein Jahr vor Ausbildungsbeginn an. Am raschesten können Sie sich online bewerben!

ARU Reise-Center
Wir bieten Ihnen eine fundierte Ausbildung

Hier die wichtigsten Informationen rund um die Ausbildung als Reiseverkehrskaufmann/frau:

Ausbildungsbeginn: 1. August/1. September eines jeden Jahres

Ausbildungsorte: Überall da, wo es ein ARU-Reise-Center gibt.

Ausbildungsdauer: 3 Jahre

Verlauf der Ausbildung: Während der dreijährigen Ausbildung lernen Sie alle Dienstleistungsbereiche eines Reisebüros kennen. Dazu gehören die Bereiche:
- Touristik (Zielgebietsinformationen)
- Bahn und Fähren
- Flug
- Kreuzfahrten
- Versicherungen
- Marketing
- Back-Office

Zur umfassenden Ausbildung gehört natürlich auch die Vermittlung der theoretischen Kenntnisse in der Berufsschule und im innerbetrieblichen Unterricht.

Darüber hinaus nehmen Sie an Seminaren teil, um Aufgaben und Herausforderungen besser meistern zu können. Zudem werden Ihre Zielgebietskenntnisse durch unsere speziellen Azubi-Seminarreisen ergänzt.

Ihre Voraussetzungen:
- Sie haben das Abitur oder einen guten Realschulabschluss erreicht.
- Sie besitzen erste Erfahrungen mit dem Computer und wollen den Umgang damit optimieren.
- Sie haben bereits berufliche Erfahrung gesammelt (insbesondere im Verkauf).
- Sie möchten dem Kunden die schönste Zeit des Jahres bereiten.
- Sie haben gerne Kontakt mit Menschen.
- Sie wollen das Wort „Service" mit Leben füllen.
- Sie können sich voll für die Interessen anderer einsetzen.

Weitere Informationen: Die Bewerberauswahl findet zwischen November und Februar für den kommenden Sommer statt. Sie erfolgt nach Städten/Regionen und kann aus einem Test, Gruppen- oder Einzelgespräch bestehen.

Bitte bewerben Sie sich mit folgenden Unterlagen:
- Anschreiben mit Angabe der Motivation für Ihre Bewerbung
- Tabellarischer Lebenslauf
- Foto
- Kopie der letzten beiden Zeugnisse sowie des Abschlusszeugnisses
- Bescheinigungen für Praktika (sofern vorhanden)

Bitte nennen Sie uns unbedingt den Ort oder die Region, für den/die Ihre Bewerbung gelten soll. Wir teilen Ihnen dann gerne die Adresse des zuständigen regionalen Ausbilders mit.

Bewerbungen für 2009 (bundesweit) können bereits eingesandt werden.

Frau Ulla Feldmann
Personalabteilung
ARU Reisen GmbH
Bachstr. 17 (c/o Reisebüro Feldmann)
13198 Berlin

---

[1] *Entwirf eine Bewerbung und einen Lebenslauf einer ausgedachten Person deiner Wahl zu **einem** der beiden Ausbildungsplätze.*

[2] *Beschreibe und begründe die Auswahl der Informationen und die Gestaltung deiner Texte.*

Erwartungshorizont

Die Schülerinnen und Schüler sollten:
- *das Anforderungsprofil der Anzeige erkennen;*
- *eine Person fiktiv entwerfen, die zu diesem Anforderungsprofil passt;*
- *deren Lebenslauf formal korrekt gestalten;*
- *ein Anschreiben formal korrekt und inhaltlich ansprechend formulieren;*
- *ihre Entscheidungen begründen und in angemessenem Stil darlegen.*

Stellenanzeige 1: Fachinformatiker/in Anwendungsentwicklung

Anforderungsprofil:
- *mittlere Reife, Fachabitur oder Abitur;*
- *gute Leistungen im Fach Mathematik;*
- *technisches Verständnis;*
- *Kommunikationsfähigkeit, Kontaktfähigkeit, Teamfähigkeit;*
- *Einsatzfreude, Engagement, Ausdauer;*
- *gute Farbsehfähigkeit.*

Möglichkeiten für den Entwurf einer fiktiven Bewerberin/eines fiktiven Bewerbers:
- *mittlere Reife mit guten Noten in Mathematik, eventuell auch in Physik und Chemie;*
- *Teilnahme an Computer-AG bzw. Einsatz in computergestützten Bereichen, z. B. Tontechnik oder Video-AG;*
- *Erfahrungen mit einfachen Programmieraufgaben bzw. Datenbanken;*
- *Nachweis der Kommunikations- bzw. Teamfähigkeit durch Mitgliedschaft in einem Sportverein, eventuell auch durch Übernahme von besonderen Aufgaben (Kassierer, Spielersprecher etc.);*
- *Praktikum im Bereich Informationstechnologie.*

Stellenanzeige 2: Reiseverkehrskaufmann/frau

Anforderungsprofil:
- *gute mittlere Reife, Fachabitur oder Abitur;*
- *Kommunikationsfähigkeit, Kontaktfähigkeit;*
- *Einsatzfreude, Engagement für andere;*
- *grundlegende Computerkenntnisse;*
- *erste Erfahrungen im Servicebereich (Verkauf, Kundenkontakte);*
- *Höflichkeit und Interesse am Kunden;*
- *Reisefreudigkeit (Seminarreisen).*

Möglichkeiten für den Entwurf einer fiktiven Bewerberin/eines fiktiven Bewerbers:
- *mittlere Reife oder Abitur mit guten Noten in Deutsch, Erdkunde, Mathematik;*
- *eigene Erfahrungen mit Auslandsreisen;*
- *Praktika oder Jobs mit Kundenkontakt (inklusive Zeugnissen);*
- *Nachweis von Computerkenntnissen (Bürokommunikation);*
- *möglicherweise Übernahme von Aufgaben in einem Verein (Organisation von Gruppenfahrten etc.).*

Literaturhinweise

Brenner, Gerd: Fundgrube Methoden II. Für Deutsch und Fremdsprachen. Cornelsen Scriptor, Berlin 2007

Hesse, Jürgen/Schrader, Hans Christian: Die perfekte Bewerbungsmappe für Ausbildungsplatzsuchende. Der erfolgreiche Schritt von der Schule zum Beruf. Eichborn, Frankfurt/M. 2006

Keil, Joachim: Testtrainer für Ausbildungsplatzsuchende. Mosaik by Goldmann, Wilhelm Goldmann Verlag, München, [3]2003

Negrino, Tom: Präsentationen mit PowerPoint, Visual QuickProject Guide. Markt + Technik Verlag, München 2005

Pabst-Weinschenk, Marita: Reden im Studium. Ein Trainingsprogramm. Cornelsen Scriptor, Berlin 1995

Seifert, Josef W.: Visualisieren, Präsentieren, Moderieren. Gabal-Verlag, Offenbach, [22]2005

Seimert, Winfried: PowerPoint für Büro, Schule & Studium. Franzis Verlag, Poing 2005

SPRECHEN · ZUHÖREN · SCHREIBEN

4 Träume und Visionen – Kreatives Schreiben

Konzeption des Gesamtkapitels

Im Gegensatz zum oftmals rein vernunftgesteuerten Schreiben im Schulalltag bietet dieses fachübergreifend und produktionsorientiert angelegte Kapitel den Schülerinnen und Schülern die Möglichkeit des subjektiven Selbstausdrucks. Sie erleben in der kreativen Auseinandersetzung mit Kunst, Literatur und eigenen Texten Sprache als authentische Ausdrucksmöglichkeit ihrer selbst und entwickeln Lust am Schreiben. Im breit gefächerten Umgang mit dem Motiv des Traums können sie schreibend die Grenzen der Realität überschreiten und Vertrauen in die eigene Ausdrucksfähigkeit aufbauen. Subjektive Fantasien, sinnliche Wahrnehmungen und seelische Empfindungen werden dabei zum Thema kreativer Schreibprozesse. Die ausgewählten Bild- und Textimpulse sowie die Aufgabenstellungen setzen dabei der Freiheit Grenzen, in denen sich die Schülerinnen und Schüler orientieren können; die „Angst vor dem leeren Blatt" wird so eingedämmt. Die Aufmerksamkeit wird neben der Ausrichtung auf das eigene Ich auch auf die Sensibilisierung des Fremdverstehens, auf sprachliche Konventionen und die Ausbildung eines ästhetischen Urteilsvermögens gelenkt.

Das erste Teilkapitel (**„Fantasie und Wirklichkeit – Zu Bildern schreiben"**) bietet den Schülerinnen und Schülern vielfältige Anreize, zu Kunstwerken unterschiedlicher Epochen eigene Texte zu gestalten. Die Schwerpunkte liegen im Erzählen, Schildern und Beschreiben. Im Schreiben zu fantastischen Bildwelten intensivieren sie ihre Wahrnehmung, erleben ihre Imaginationskraft und werden für sprachliche Gestaltung – auch experimenteller Art – sensibilisiert. Dabei lernen sie ästhetische Qualitäten von Sprache kennen, wenn sie z. B. mit ungewohnten Wortfolgen und Zeilenumbrüchen experimentieren. Mit Hilfe konkreter Anleitungen zur Textüberarbeitung entfalten sie ihre Schreibkompetenz weiter.

Die „erdachten Welten" im zweiten Teilkapitel (**„Sich in erdachten Welten bewegen – Texte durch Schreiben verstehen"**) sind solche der Fiktion, stehen aber – ganz wie geträumte Welten – durchaus in Bezug zur Realität. Sie bieten damit Schreibanlässe, in denen das Schreiben – auch das experimentierende – heuristische Funktionen übernimmt. Das heißt, das eigene Schreiben dient dazu, die Fantasiewelt eines Autors zu erkunden, seine Einfälle, auch seine Formulierungsentscheidungen zu reflektieren, indem man sie gezielt ausgestaltet, imitiert, parodiert, konterkariert. Das Teilkapitel gehört daher auch in den Arbeitsbereich „Umgang mit Texten und Medien". Dabei soll ein doppeltes Ziel angestrebt werden: Die Schülerinnen und Schüler lernen wichtige Texte und bedeutende Autoren kennen, und sie lernen weitere produktive Formen zur Auseinandersetzung mit Literatur zu nutzen. Einen Text aus der Perspektive einer Nebenfigur beleuchten, einen Dialog zwischen Romanfiguren erfinden, eine alternative Konfliktlösung ausdenken – das sind Schreibweisen, in denen sich das Textverständnis spiegelt und konkretisiert. Als Beispiele dienen kurze Prosatexte, die alle das Thema „Träume" aufgreifen.

Im Projekt des dritten Teilkapitels (**„Träume in Bewegung – Bilder filmisch verlebendigen"**) setzen die Schülerinnen und Schüler ihre eigenen kreativen Texte ins Bild: Sie verlebendigen ausgewählte Bilder durch das Abfilmen mit der Videokamera und die Kombination mit Sprache. Den Film lernen sie dabei als Medium kennen, das beide Zeichensysteme, Bild und Sprache/Text, gleichberechtigt verknüpft.

4 Träume und Visionen – Kreatives Schreiben

	Inhalte	Kompetenzen
S. 75	**4.1 Fantasie und Wirklichkeit – Zu Bildern schreiben**	Die Schülerinnen und Schüler können – in kreativen Texten erzählen, schildern und beschreiben sowie mit (un)gewohnten Erzählstrukturen experimentieren;
S. 75	Traumerzählungen – Umkehrungen und Übergänge	– Sprache als ästhetisches Gestaltungsmittel einsetzen;
S. 79	Surreale Bildwelten – Zu Begriffen assoziieren	– Methoden kreativen Schreibens anwenden: Umkehrungen, Assoziieren, Collagieren, automatisches Schreiben sowie Rahmengeschichten erfinden, Bildfiguren und Gegenstände zum Sprechen bringen;
S. 80	Collagen – Widersprüchliches kombinieren	– wichtige Funktionen des Traums unterscheiden und gestalterisch umsetzen;
S. 81	Den Bildraum betreten – Gedichte verfassen	– Schreiben und Malen als einen wechselseitigen Prozess nutzen;
S. 82	Sich in Bildfiguren hineinversetzen – Rahmengeschichten entwickeln	– Bilder detailgetreu, geordnet und funktional beschreiben; – Methoden der Textüberarbeitung anwenden; – wichtige Vertreter des Surrealismus, deren Bildmotive und Gestaltungsprinzipien unterscheiden.
S. 83	**4.2 Sich in erdachten Welten bewegen – Texte durch Schreiben verstehen**	Die Schülerinnen und Schüler können – ein romantisches Märchen und einen romantischen Romananfang in Anlehnung an die literarische Vorlage weiterschreiben;
S. 83	Brüder Grimm **Jorinde und Joringel**	– Bilder auf mögliche Beziehungen zu den Texten hin ansehen und daraus Ideen für das eigene Weiterschreiben gewinnen;
S. 86	Novalis **Heinrich von Ofterdingen**	– eigene Texte vorstellen und in einer Schreibkonferenz überarbeiten;
S. 89	Franz Kafka **Der grüne Drache/ Das Riesenei**	– Textfragmente im Stil des Autors fortführen; – geträumte Alltagsszenen zu symbolisch zu deutenden (parabolischen) Texten ausbauen (narrative Textexpansion);
S. 91	Thomas Bernhard **Der Vorzugsschüler**	– in einem Erzählexperiment die Grenze zwischen Traum und fiktiver Wirklichkeit überschreiten.
S. 92	**4.3 Träume in Bewegung – Bilder filmisch verlebendigen**	Die Schülerinnen und Schüler können – die auf Bildern dargestellten Situationen durch die Entwicklung von Handlungsverläufen, durch Sprache, Geräusche und Musik verlebendigen;
S. 92	Salvador Dalí **Erscheinung von Gesicht und Obstschale an einem Strand**	– filmische Gestaltungsmittel gezielt einsetzen und in ihrer Wirkung reflektieren; – unterschiedliche Textsorten und Darstellungstechniken entwickeln; – im Team ein komplexes Projekt planen, organisieren, durchführen und präsentieren.

4.1 Fantasie und Wirklichkeit – Zu Bildern schreiben

Traumerzählungen – Umkehrungen und Übergänge

1 Die deutsche Künstlerin Katharina Fritsch (* 1956) arbeitet mit Bildern der Erinnerung und des Traums. In ihrer Polyesterplastik „Mann und Maus", die den Mann im Bett in Lebensgröße zeigt (Format insgesamt: 240 × 130 × 225 cm, K 21 Kunstsammlung NRW, Düsseldorf), greift sie mit dem Motiv des Bedrohtseins durch irrationale, animalische Kräfte eine Ursituation im unbewussten Erleben des Menschen auf. Damit steht sie in der Tradition berühmter Vorgänger (z. B. „Der Nachtmahr" von Heinrich Füssli, 1871, bei dem ein Alb eine Schlafende bedrückt).

Der Mann in der Plastik scheint allerdings nicht bedrückt zu sein, seine Gesichtszüge wirken entspannt. Seine geschlossenen Augen sind, an der Maus vorbei, nach oben gewandt. Das Tier hingegen sitzt in aufrechter, angespannter Hab-Acht-Stellung auf der Bettdecke, mit gespitzten Ohren und offenen Augen, die ebenfalls – aber in andere Richtung – geradeaus gerichtet sind. Obwohl die Maus den Schlafenden nicht anblickt und dieser die Bedrohung nicht bemerkt, wirkt die Situation äußerst beklemmend. Assoziationen zum Albtraum kommen auf. Die Maus steht hier als archaisches, mythisches Symbol für allgemeine Urängste des Menschen. Die Ideen der Schülerinnen und Schüler werden vermutlich in diese Richtung gehen.

2 / 3 a) Zu beachten ist, dass sich möglicherweise nicht alle Schülerinnen und Schüler an ihre Träume erinnern können. Nicht alle werden schon von Träumen erzählt haben, manchen könnte es schwerfallen, sich zu diesem recht intimen Thema zu äußern. Die Arbeit in der Kleingruppe kann aber Anlass sein, sich dem Thema zu öffnen.

Die Schülerinnen und Schüler werden neben vielen individuellen Bildern und Situationen Gemeinsamkeiten feststellen. Folgende sind denkbar:

Typische Merkmale von Träumen

Träume	Albträume
Aufhebung der Naturgesetze	Abstürzen
Verlebendigung von Gegenständen, Vermenschlichung von Tieren	(von Tieren) gejagt werden, verfolgt, verletzt, ermordet werden
unklare Raum- und Zeitverhältnisse	endlose Treppen hinauf- oder hinabsteigen
Ausschalten der Vernunft, Vorherrschen des Emotionalen	Zustand der Willenlosigkeit, Ohnmacht, Handlungsunfähigkeit, Kontrollverlust
Blick ins Unbewusste	sich nicht von der Stelle bewegen können
Widersprüchliches, Unverhofftes tritt auf	Schockmomente durch plötzliche Wendungen
Kombination nicht passender Dinge	Deformationen
verrätselte Bilderwelt, Befremdlichkeit des Vertrauten	
Symbolik	

3 b) Sorgen und Ängste, die uns plagen, oder unerfüllte Wünsche und Triebe entfalten sich im Schlaf ungehindert, in dem Moment, in dem das Bewusstsein ausgeschaltet ist. Unbewusste Konflikte und Angst erzeugende (traumatische) Vorstellungen werden durch die Traumarbeit entschärft, indem aus dem „gefährlichen" latenten Trauminhalt ein ungefährlicher manifester Trauminhalt erzeugt wird. Der Traum hütet so den Schlaf, denn ein unverschlüsselter Trauminhalt würde den Schlafenden sofort wecken und nicht mehr ruhen lassen.

4 a) Der Medienwechsel, die Zeichnung, kann die Imagination in Gang setzen, wenn die Ideen sich nicht so schnell in Worte umsetzen lassen.
Angeregt durch die vorherigen Aufgaben können die Schülerinnen und Schüler mit den Merkmalen des Traums arbeiten. Einen Anstoß kann man aber auch durch die Information geben, dass in Träumen so genannte „Tagesreste" verarbeitet werden. Dies sind Situationen, die man am Tag zuvor erlebt hat, Begegnungen mit Menschen oder Dinge, die man sinnlich wahrgenommen hat. Der schulische Alltag bietet da eine Fülle an Material, mit dem diejenigen Schülerinnen und Schüler, die sich schwertun, angeregt werden können. Denkbar sind z. B. eine zurückgegebene Klassenarbeit, ein Buch, ein Stück Kreide, Schulmobiliar, der Schulbus etc.

b) In der Aufgabe experimentieren die Schülerinnen und Schüler mit Umkehrungen, was eine besondere Schwierigkeit darstellen kann. Denn es gilt, das Bedrückende zu bezwingen, sodass es am Ende seine Bedrohlichkeit verliert, weil der/die Träumende die Herrschaft über das „Angstobjekt" erhält.
Um einen Anfang für die Traumerzählung zu finden, können die Schülerinnen und Schüler mit einer Situation beginnen, die noch im Alltag fußt: Sie legen sich schlafen und schließen die Augen. Der Traum kann mit einem Tageserlebnis ansetzen (z. B.: Es wird eine Klassenarbeit geschrieben), nun verwandeln sich die vertrauten Dinge langsam (z. B.: Der Blick durch das Klassenraumfenster zeigt plötzlich nicht mehr Tag, sondern Nacht; aus dem Füller fließt nicht mehr Tinte, sondern eine unsichtbare Flüssigkeit; der Lehrer setzt sich auf den Tisch und blickt mit teleskopartigen Augen konzentriert auf das Heft; das Klassenarbeitsheft wächst zu einer bedrohlichen Größe an und füllt den ganzen Raum etc.).
Die Umkehrung der Situation setzt voraus, dass der/die Träumende sich aus dem Zustand der Handlungsunfähigkeit löst und aktiv wird – wie es bisher vermutlich eher die Gegenstände und Figuren um ihn/sie herum waren. Vielleicht hat er/sie plötzlich ungewohnte Kräfte und Fähigkeiten, mit denen die bedrohlichen Dinge zurückgedrängt und bewältigt werden können.
Die Schülerinnen und Schüler können diese neue Situation auch in einer Zeichnung festhalten.

Hinweis: Es empfiehlt sich bei allen gestaltenden Schreibphasen, dass die Lehrerin/der Lehrer mitschreibt! Gerade bei den ersten kreativen Schreibversuchen könnten die Schülerinnen und Schüler unsicher sein, und es findet sich nicht sofort jemand, der bereit ist, seinen Text vorzulesen. Dann könnte die Lehrerin/der Lehrer beginnen.

5 Hieronymus Bosch gestaltet die Hoffnungen und Ängste der Menschen des ausgehenden Mittelalters. Beide Ausschnitte stammen aus dem Triptychon „Die Versuchung des heiligen Antonius" (Antoniusaltar, Museu Nacional de Arte Antiga, Lissabon), der erste Ausschnitt aus dem rechten Flügel, der zweite aus der Mitteltafel.

a) Die Beschreibungen bilden den Einstieg in die verrätselte Bildwelt Boschs. Das Beschreiben von Bildern wird funktional in die kreativen Prozesse integriert. Es dient der Verlangsamung der Wahrnehmung, die für das detailgenaue Schreiben sensibilisiert.
Besonders beim zweiten Bildausschnitt ist darauf zu achten, dass alle Details benannt werden. Während im ersten Ausschnitt relativ leicht Bezeichnungen für die Dinge gefunden werden können,

kann dies hier schwieriger werden, da Gegenstände angeschnitten sind (z. B. am rechten oberen Bildrand), im Dunkel verschwinden (Ratte im Kanalbogen) oder ungewöhnlich sind (z. B. schleierartiges Gebilde an dem linken Seil auf dem Panzer des Fisches). Bei der Beschreibung dieser Dinge helfen Vergleiche.

b) *Alltägliches und Traumhaftes/ Visionäres auf den Bildausschnitten:*
Alltägliches: z. B. Himmel, Wasser, Fische, menschliche Figuren, Geräte wie Schwert, Löffel, Netz, Tuch, Tätigkeiten wie reisen, angeln;
Traumhaftes: z. B. fliegender Fisch/ oberhalb der Wasseroberfläche schwimmender Fisch, Fische als Gefährt, Metamorphose des Fisches zum Boot am Körperende, florale Gebilde, die aus dem Boot wachsen, affenartige Figuren mit schwarzer Haut, Kleidung der Figuren und des Fisches (Rüstung), rätselhafte Konstruktion auf dem Panzer, angeschnittenes, knochenartiges Gebilde, riesiges mausartiges Tier unter der Brücke.

c) *Die Stimmung auf den Bildausschnitten:*
Erster Bildausschnitt: Trotz der Merkwürdigkeit der Situation und der möglichen Assoziation, dass der Fisch in der Luft leiden könnte, ist die Stimmung ruhig und entspannt. Die hellen, harmonischen Pastelltöne unterstreichen eine fast schon friedliche, fröhliche Atmosphäre. Die Figuren wirken recht zufrieden; man denkt an einen Ausflug und spürt die Wärme, die durch die Fackel unterstrichen wird.
Zweiter Bildausschnitt: Dunkle, schwarz getrübte Farben beherrschen den Raum, in dem das kräftige Rot Alarmwirkung hat. Auch wenn der Fisch hier einen ähnlichen Ausdruck hat wie der andere auf dem ersten Bildausschnitt, wirkt er eher wie eine gequälte Kreatur. Menschen sind nicht mehr zu sehen, stattdessen Tiere oder tierähnliche Figuren, die im trüben, unbewegten Wasser hausen. Die Panzerung erinnert an Kampf und unterstreicht die bedrohliche Atmosphäre des gesamten Bildausschnitts. Der Fisch wird zum Komplizen derjenigen, die seinesgleichen fangen – ein unguter Kreislauf.

6 Aufgabe 5 dient als Vorarbeit zu Aufgabe 6, in der die Schülerinnen und Schüler nun kreativ schreiben. Aufgabe 7 sollten sie schon im Blick haben, da hier Kriterien für die Gestaltung genannt werden, die es nachher zu bewerten gilt.
Je nachdem, ob die eher positive oder die negative Welt am Ende stehen soll, beginnen die Schülerinnen und Schüler mit dem einen oder dem anderen Bildausschnitt. Der Fisch ist dabei das verbindende Element, das im Übergang von der einen in die andere Welt bei wechselnden Figuren und Szenerien beibehalten wird.
Die Schülerinnen und Schüler beginnen nicht mit einer Situation im Alltag als möglicher Rahmenhandlung (wie in Aufgabe 4b, S. 76 im Schülerband, s.o.), sondern mit der Schilderung der visionären Welt. Beispiele für Erzählanfänge, die man den Schülerinnen und Schülern unter Umständen als Starthilfe vorlesen könnte:

Der Himmel wölbte sich blassgrün über uns. Wie ein Tuch trübte er das Sonnenlicht, dessen Wärme wir trotzdem auf der Haut spüren konnten. Der gelblich graue Fisch, auf dessen Rücken wir Platz genommen hatten, glitt geschmeidig durch die Luft, als schwebe er im Wasser. Anfangs hatten mein merkwürdiger Begleiter und ich guten Halt auf dem glitschig weichen Untergrund ...

Sollte so die Welt aussehen, in der ich meine letzten Tage verbringen würde? Nur leises Plätschern war in regelmäßigen Abständen zu hören, ansonsten Totenstille. Ein faulig-modriger Geruch drang in meine Nase. Aus der Finsternis konnte ich anfangs nur hier und da schemenhafte Umrisse erkennen. Langsam wich die Dunkelheit, sodass sich einzelne Lichtflecke auf dem pechschwarzen Wasser spiegelten. Etwas kam näher; ich erkannte rote, graue, gelblich braune Farben. Ein Boot steuerte auf mich zu ...

4.1 Fantasie und Wirklichkeit – Zu Bildern schreiben

7 Beim Überarbeiten ist Distanz zum Text notwendig, denn Stärken und Schwächen sind oft erst aus der Leserperspektive erkennbar. Die Schülerinnen und Schüler werden nicht alle mit ihren Texten oder Passagen daraus zufrieden sein. Andererseits gibt es aber sicher auch Stellen mit ungewöhnlichen Ideen und gelungenen Formulierungen. Die ersten Entwürfe können als Material für neue Texte genutzt werden. Sollte das Verfahren der Schreibkonferenz in der Klasse noch nicht trainiert sein, kann folgende Arbeitstechnik helfen:

Überarbeitung kreativer Texte

1. Jede/Jeder markiert durch Kreise und Ziffern im fremden Text, wozu sie/er etwas bemerken möchte.
   - Unterstreicht zunächst Wörter oder Wortgruppen (Schlüsselwörter), die euch wichtig sind.
   - Streicht Unwesentliches oder Entbehrliches, damit sich die Gedanken verdichten.
   - Am Rand oder auf einem anderen Blatt werden nun zur entsprechenden Stelle unter den Ziffern Fragen, Ergänzungen, Kommentare geschrieben.
2. Anschließend erhält jede/jeder die Notizen der anderen zum eigenen Text und kann auswählen, welche Vorschläge sie/er bei der Überarbeitung berücksichtigt.
   - Arbeitet jetzt nach Möglichkeit am Computer oder auf neuem Papier an eurem eigenen Text:
   - Schreibt zu euren Schlüsselwörtern zusätzliche Sätze oder stellt Satzteile um; fügt einzelne neue Wörter ein (alternative Wörter könnt ihr z. B. im Synonymlexikon finden oder indem ihr Wortfelder bildet).
   - Setzt Absätze, wenn ein neuer Gedanke folgt.
   - Experimentiert durch Umstellen mit der Reihenfolge der Abschnitte. Formuliert Verbindungssätze für die Übergänge.
   - Findet eine Überschrift.
   - Die Rechtschreibung solltet ihr am Schluss korrigieren.

Das Beispiel einer Textüberarbeitung (S. 78 im Schülerband, zu Aufgabe 7a, S. 77) bleibt ohne weiteren Arbeitsauftrag. Es dient als Anschauungsmaterial in zweierlei Hinsicht: Einerseits können die Schülerinnen und Schüler hier sehen, wie markiert und kommentiert sowie überarbeitet werden kann; andererseits lesen sie ein Textbeispiel für die vielleicht schwierige Passage, in welcher der Übergang von der einen in die andere Bildwelt geschildert wird.

9 Die Schülerinnen und Schüler sollten hier ausdrücklich nicht nur – wie häufig gewohnt – im Internet suchen, da die Bilder Boschs von kleinen, bizarren Details wimmeln, die sich auf den oftmals schlechten Abbildungen im Internet kaum erkennen lassen.
Das Blättern in Kunstbänden regt außerdem dazu an, weitere Bilder auch anderer Künstler kennen zu lernen.

4 Träume und Visionen – Kreatives Schreiben

S. 79

Surreale Bildwelten – Zu Begriffen assoziieren

Der Surrealismus entstand in den frühen 20er Jahren des 20. Jahrhunderts. Viele Vertreter des Dada schlossen sich dieser Bewegung in Kunst und Literatur an, deren Ziel es war, die künstliche Trennung von Innenwelt (Unbewusstes, Traum, Gefühlsleben, Fantasie) und Außenwelt (Vernunft, Logik, Kontrolle durch das Bewusstsein) aufzuheben. Angeregt durch die Studien Sigmund Freuds sollten das Unbewusste und die Traumwelt Einzug in die vernunftgesteuerte Realität halten: Die sichtbare, rational erfahrbare Wirklichkeit tritt im künstlerischen Schaffensprozess der Surrealisten hinter die, wenn auch nicht sichtbare, so doch ebenso reale Dimension des Unbewussten zurück. So entsteht eine neue Wirklichkeit, die Über-Wirklichkeit (Sur-Realismus). Den Surrealisten gelang es, die bewusste und damit kontrollierende Verstandestätigkeit durch besondere Methoden auszuschalten. Sie entwickelten Verfahren, die Zufall, Intuition, Assoziation und Spontaneität provozieren (automatisches Schreiben und Zeichnen, Hypnose, Halluzination durch Drogen, Frottage, Decalcomanie etc.). In der Bildwelt der Surrealisten werden die Gesetze von Vernunft und Natur aufgehoben; verschiedene Wirklichkeiten durchdringen sich. Mensch, Tier, Pflanze und Dingwelt gehen nahtlos ineinander über, in visionären Bildräumen finden sich vertraute und fantastische Gegenstände in sonderbarer Zusammenstellung, Inneres und Äußeres vermischen sich. Das Motiv des Traums (schlafende, abwesende, verhüllte, kopflose Figuren) ist ein zentraler Gegenstand surrealistischer Kunst.

1 *Der Titel des Bildes wird absichtlich nicht genannt, da er zu viel verrät: Max Ernst: „Die heilige Cäcilie – Das unsichtbare Klavier" (1923). In Aufgabe 4 recherchieren die Schülerinnen und Schüler selbst den Titel.*

  a) *Bildelemente aus der Realität und aus dem Traum:*
  Realität: *Frau, Vogel, Materialien wie Holz und Stein, Himmel.*
  Traum: *bizarrer Apparat, in den die Frau eingemauert scheint; Verdecken des Gesichts; Pose des Klavierspielens, ohne dass ein Klavier vorhanden wäre; vertikal fliegender Vogel; Schnüre mit Knöpfen, von denen eine in der Luft schwebt; tief liegender Horizont, der die Betrachter in eine niedrige Position zwingt; grelle Beleuchtung bei recht trübem Himmel.*

  b) *Inzwischen müssten die Schülerinnen und Schüler so mit dem Thema vertraut sein, dass ihnen das mündliche Erzählen von Träumen nicht mehr schwerfallen dürfte.*
  Es soll noch einmal ein wesentliches Merkmal des Traums deutlich werden: die Kombination aus Alltagsrealität und Irrealem. Dies unterscheidet auch die Traumerzählung von reinen Fantasy-Erzählungen, in denen die irreale Welt jenseits unseres Alltags Vorrang hat (z. B. andere Zeiten wie ferne Vergangenheit oder Zukunft, andere Räume wie ferne Welten, Planeten). Träume fußen immer in der Alltagsrealität.

2 a) *Die Auflistung ist individuell; hier kann es keine Vorgaben geben.*

  b) *Mögliche Assoziationen – für die es allerdings ebenfalls keine Vorgaben gibt:*
  Musik → Harmonie → Entspannung → Ruhe ↔ Lärm
  Mauer → Versteinerung → Fossilien → Steinzeit ↔ Jetztzeit
  Frau → Puppe → Spielzeug → Kinder ↔ Alte
  Blindheit → Dunkelheit → Nacht → Mond ↔ Sonne
  Vogel → fliegen → Freiheit → Ferien ↔ Arbeit
  Himmel → Weite → Meer → Wasser ↔ Feuer
  Klavier → Konzert → Oper → Vergnügen ↔ Qual

4.1 Fantasie und Wirklichkeit – Zu Bildern schreiben

c) Die gebildeten Gegenbegriffe werden vermutlich sehr heterogen sein. Sie bilden eine Reizwortkette, die für die Traumerzählung genutzt wird.

3 Das Bild ergänzt die Traumerzählung und kann Dinge visuell erklären, die unter Umständen nicht verbalisiert werden können.
Die Schülerinnen und Schüler werden angeregt, Schreiben und Malen als einen wechselseitigen Prozess zu erleben, in dem die beiden Ausdrucksformen einander bedingen. Hier bietet es sich an, die Kunstlehrerin/den Kunstlehrer der Klasse zur Mitarbeit anzuregen. Bei frühzeitiger Absprache lässt sich eventuell ein gemeinsames Projekt der Fächer Deutsch und Kunst durchführen. Vielleicht sind sogar einige der Abbildungen im Deutschbuch (von bekannteren Künstlern wie Ernst, Dalí, Magritte) als größere Kunstdrucke in der Kunstsammlung der Schule vorhanden.
Sollte eine Zusammenarbeit mit dem Kunstunterricht nicht möglich sein, bietet es sich aus zeitökonomischen Gründen an, die Malaufgaben über einen längeren Zeitraum hinweg als Hausarbeit aufzugeben.

Mögliche Zusatzaufgabe
Die Schülerinnen und Schüler können auch zu dem Bild von Max Ernst (S. 79 im Schülerband) eine Erzählung schreiben.

4 Mit dem Titel werden das unsichtbare Klavier und die Frauenfigur benannt.
Folgende Informationen zum Gemälde und der heiligen Cäcilie stammen aus der Staatsgalerie Stuttgart, in der das Bild hängt:

Max Ernst
„Heilige Cäcilie –
Das unsichtbare Klavier"

Das von surrealistischer Kombinationslust geprägte Gemälde greift die Legende der heiligen Cäcilie auf, die im 5. Jahrhundert in Rom nach einem grausamen Martyrium starb. Da während ihres Leidens eine himmlische Orgel gespielt haben soll, galt sie später als Schutzpatronin der Kirchenmusik. Die bedrängende Ummauerung, mit der Max Ernst die Heilige umschließt, stellt das seltene Motiv des Caldariums dar, des Ofens, in dem sie ersticken oder verbrennen sollte. Doch sie überlebte, und die Geste der blütenförmigen, nach dem unsichtbaren Klavier tastenden Hände erinnert an eine Cäcilien-Darstellung des Barockmalers Carlo Dolci, die der Vater des Künstlers kopiert hatte.
Diese Reminiszenz vereint sich mit einer anderen Bildquelle: einem Stich von Pierre Jean Mariette aus dem 18. Jahrhundert, der den Aufbau der Ummantelung bei der Herstellung des Bronzegusses von Bouchardons Reiterstandbild Ludwig XV. zeigt. Durch das von dem Stich angeregte Herausragen der Gliedmaßen und durch die augenartigen Ösen auf den Bausteinen ließ sich die steinerweichende Glaubenskraft der Märtyrerin veranschaulichen.

(Quelle: www.staatsgalerie.de/gemaeldeundskulpturen/
klamod_rundg.php?id=12)

4 Träume und Visionen – Kreatives Schreiben

Collagen –
Widersprüchliches kombinieren

1 Max Ernst publizierte drei Collagenromane, in denen er Materialien aus alten Stichen und antiquarischen Zeitschriften des 19. Jahrhunderts zu fantastischen Szenerien kombinierte. (Die Collagen sind u. a. im Max Ernst Museum Brühl zu sehen.)
Bereiche, aus denen die Bildelemente stammen können:
– Krimi (fliehende Männer in heruntergekommener Gegend);
– Tierwelt (Vögel, rüsselartiges Gebilde);
– Haushalt (Frauenhand mit Pinzette/Messer);
– Schifffahrt (Segelschiff und wellenartige Himmels-/Wasserfläche im Hintergrund, Holzkisten im Vordergrund – zum Abtransport per Schiff?).

2 a–c) Mögliche Assoziationen:
– Krimi: Verbrechen, jagen, Verfolgung, Flucht, Raub, Mord, …
– Vögel: Tiere, Wildnis, Federn, Schnabel, fliegen, …
– Rüssel: Elefant, Reptilien, Schlange, kriechen, Dschungel, …
– Hand mit Messer: schneiden, Waffe, Bedrohung, Küche, Gemüse, …
– Schiff: Piraten, Seenot, Sturm, segeln, Meer, Seeungeheuer, …

d) Hier sollten die Schülerinnen und Schüler auf das Phänomen der Synästhesie aufmerksam gemacht werden. Auch können sie unbelebte Gegenstände personifizieren.
Mögliche Wortkombinationen aus den Beispielwörtern oben:
– friedliches Verbrechen, blaues Jagen, flüssige Verfolgung, stehende Flucht, plaudernder Raub, lebendiger Mord;
– menschliche Tiere, gezüchtete Wildnis, steinerne Federn, rauchiger Schnabel, erdrückendes Fliegen;
– weicher Elefant, saure Reptilien, singende Schlange, duftend kriechen, bitterer Dschungel;
– klingend schneiden, reumütige Waffe, zuvorkommende Bedrohung, tauchende Küche, betrunkenes Gemüse;
– gekochte Piraten, gestreifte Seenot, hölzerner Sturm, gefrorenes Segeln, samtenes Meer, adrettes Seeungeheuer.

e) Die Wortkombinationen werden vermutlich starke Ausdruckskraft haben, sodass die Texte sehr kurz gehalten werden können. Aus der Fülle an Wortmaterial muss sorgsam ausgewählt werden. Drei bis vier bizarre Kombinationen in Verbindung mit realistischen, alltäglichen Ereignissen können genügen, um eine fantastische Wirkung entstehen zu lassen.

3 / 4 In den beiden Aufgaben wiederholen die Schülerinnen und Schüler den Arbeitsprozess mit neuem Material. Auch hier gelten Beschränkung und Kürze, um eine prägnante Wirkung zu erzielen.

Den Bildraum betreten –
Gedichte verfassen

1 / 2 *René Magritte erzeugt durch die naturgetreue Abbildung von einfachsten Alltagsdingen in absurden Situationen eine traumartige Atmosphäre in seinen Bildern.*
An dem Bild lassen sich typische **Gestaltungsprinzipien René Magrittes** *aufzeigen: die Aufhebung der Naturgesetze (Größenverhältnisse der Dinge zueinander), die unerwartete Konfrontation von aus verschiedenen Bereichen stammenden Dingen (Kombination von Gegenständen der Hygiene wie Seife, Kamm und Rasierpinsel mit Streichholz und Glas in einem Schlafzimmer), die Vertauschung der Perspektiven (durch den Himmel im Innenraum werden die Unterschiede zwischen Innen und Außen unklar) und Spiegelungen. Magritte stellt in seinen Bildern Zustände dar, welche die Spannung der Ungewissheit aufrechterhalten, wie es zu diesen merkwürdigen Situationen gekommen sein mag. Die irritierende Zusammenkunft der überdimensionalen Gegenstände in dem Raum zu „erklären", ist Aufgabe des „Träumenden".*
Die Schülerinnen und Schüler nutzen die Methode des **automatischen Schreibens** *(écriture automatique), damit die Gedanken störungsfrei fließen. Die Surrealisten haben diese Methode, ohne Unterbrechung Gedanken aufzuschreiben, genutzt, um die eigene Vernunft, die das Formulieren von Gedanken beim Schreiben kontrolliert, auszuschalten. So hofften sie, an Unbewusstes zu gelangen. Ihr Ziel war, nicht nur das Denken ins Fantastische zu steigern, sondern auch durch ungewöhnliche Kombinationen den Blick auf die Dinge zu erweitern. Der Autor/Künstler wird dabei zum automatischen Berichterstatter seines Unbewussten. Es empfiehlt sich – wie in allen kreativen Schreibphasen –, dass die Lehrerin/der Lehrer mitschreibt.*
Das Ausschalten des Rationalen und die **Aufwertung des Irrationalen** *durch die Methode steigern bei den Schülerinnen und Schülern das Vertrauen in den Wert ihrer subjektiven Äußerungen. Nicht nach traditionellen Wertmaßstäben Perfektes schaffen zu müssen, sondern die Freiheit zu haben, ohne Rücksicht auf Inhalte und formale Richtigkeit (Rechtschreibung und grammatische Konstruktionen) schreiben zu dürfen, ist ein für das Schreiben in der Schule ungewohntes Gefühl und stellt eine große Motivation dar. Erfahrungsgemäß können die meisten Schülerinnen und Schüler nach zehn Minuten kaum noch aufhören zu schreiben.*
Nach der Schreibphase sollten die Schülerinnen und Schüler genügend Zeit bekommen, ihre Texte zu lesen und zu prüfen, welche Passagen sie der Gruppe anvertrauen möchten. Je nach Lerngruppe findet sich nicht sofort jemand, der bereit ist, seine assoziativen Gedanken zum Bild vorzulesen. Beginnt dann die Lehrerin/der Lehrer, so erleben die Schülerinnen und Schüler möglicherweise, dass auch die erfahrene Lehrperson einen ähnlich absurden und sprachlich ungewöhnlichen Text wie sie selbst verfasst hat. Sie werden ermutigt, ihre eigenen Texte vorzutragen. Die Lehrerin/der Lehrer sollte darauf verweisen, dass große Unterschiede in den Ergebnissen zu erwarten sind. Denn einige mögen vielleicht auch zögern, weil vorangegangene Texte vom eigenen sehr verschieden sind.

3 / 4 *Ähnlich wie in der letzten Schreibaufgabe (Collage) gilt hier das Prinzip der Reduktion. Sukzessive wird das Wortmaterial verknappt. In der Verknappung und im Zeilenumbruch erleben die Schülerinnen und Schüler ungewohnte sprachliche Möglichkeiten. Im Streichen überflüssigen Sprachmaterials, also im Verdichten der Sprache, ergeben sich häufig schon lyrische Qualitäten. Mit dem Umbrechen der Zeilen, der besonderen Betonung ausgewählter Worte wird die lyrische Form schließlich abgerundet.*
Durch das Experimentieren mit den sprachlichen Proben ergeben sich weitere Möglichkeiten, mit dem Sprachmaterial kreativ zu arbeiten. Im gesamten Schreib- und Überarbeitungsprozess lernen die Schülerinnen und Schüler ungewohnte Ausdrucksqualitäten der Sprache kennen.

Sich in Bildfiguren hineinversetzen – Rahmengeschichten entwickeln

1 *Der US-amerikanische Fotograf Gregory Crewdson (* 1962) inszeniert seine intensiven, atmosphärisch dichten Fotos mit hohem Aufwand. Die beklemmenden Situationen wirken wie Stills aus einer Filmhandlung und erzählen von Verlorenheit und Bedrohung; im Alltag, in der heimischen Idylle lauert das Unheimliche und Fremde. Den Betrachtern bleibt in diesen Inszenierungen viel Deutungsfreiraum, den sie mit eigenen – traumartigen – Gedanken füllen können.*

Auf diesem Bild sehen wir zwei typische Alltagssituationen, die allerdings durch ihre Kombination und ihre ästhetische Gestaltung etwas Befremdliches erhalten: In einem am linken Bildrand angeschnittenen, einfachen Einfamilienhaus sitzen bei abendlicher Beleuchtung zwei Familienmitglieder (Mutter und Tochter?) gemütlich beim Fernsehen. Dies ist anzunehmen, da sie nicht einander zugewandt sind, sondern beide in dieselbe Richtung schauen. Die Tür des einstöckigen Gebäudes ist geöffnet. Am rechten Bildrand parkt ein amerikanischer Schulbus; der Fahrer steht auffordernd wartend in der geöffneten Tür und hält eine Leuchte in der Hand. Im Zentrum des Bildes – als Bindeglied zwischen den beiden Bildbereichen – steht ein junges Mädchen im Schlafanzug. Sie hat das Haus gerade verlassen und befindet sich auf der Mitte des Weges zum Schulbus, wo sie nachdenklich verharrt. Ihr Blick scheint auf den Busfahrer gerichtet zu sein, könnte aber auch knapp an ihm vorbei in die Ferne schweifen. Vieles erinnert an eine Schlafwandlerin.

Merkwürdig ist die Kombination der an sich normalen Alltagssituationen. Auf der einen Seite ist es Abend (gemütliches Fernsehen), auf der anderen Seite aber früher Morgen (der Schulbus wartet); die trübe und dennoch intensive Blaufärbung des Himmels sorgt für Dämmerstimmung, verrät aber keine eindeutige Tageszeit. Das junge Mädchen hingegen scheint der Nacht anzugehören, sie schlafwandelt/träumt. Während ihre Familie keinerlei Notiz von ihr nimmt, obwohl auffallen müsste, was draußen geschieht (offene Tür, großes, freies Fenster), ist der Busfahrer höchst aufmerksam. Ihm in den Bus zu folgen, könnte allerdings bedrohlich werden, zumal sich dort keine Schüler befinden und die Fahrt kaum zur Schule gehen würde.

Die Szenerie wirkt verrätselt und traumhaft, sie steht in Kontrast zu ihrer glasklaren Inszenierung. Alle Dinge sind genau zu sehen, bedeutungsvoll ausgeleuchtet und in wirkungsvollen Kontrasten voneinander abgesetzt. Und dennoch findet der Betrachter keine Klarheit.

Das Wahrnehmen von Kontrasten und Gegensätzen schärft die Sensibilität und verhindert einfache und oberflächliche Beobachtungen.

Mögliche Stichworte zu
- *Farben: leuchtendes Orange und dunkles Blau, leuchtendes Rot und dunkles Grün (Komplementärkontraste);*
- *Licht und Schatten: intensiv schimmernder, aber dunkler Himmel, tiefschwarze Schattenzonen, in denen sich das Grün der Bäume und der Rasenflächen sukzessive verläuft, schwarze Baumkonturen, intensives Leuchten in Orange- und Rottönen, Lichtpunkte (Lampen und angestrahlte Flächen); Helldunkel-Kontraste;*
- *Stille und Geräusche: nächtliche Stille, vielleicht vereinzelte Töne aus dem Wald (Tierlaute), entfernte Fernsehgeräusche aus dem Haus, der laufende Motor des Busses;*
- *Kälte und Wärme: kühle Sommernacht, nackte Füße auf Steinboden, kühler Himmel und Wald, behagliche Wärme im Innenraum, Wärme der Lampen, warme Rottöne; intensive Kalt-warm-Kontraste;*
- *Stillstand und Bewegung: eingefrorene Haltung des Mädchens, zurückgelegter und noch zu bewältigender Weg, ruhiges Warten des Fahrers, stehender Bus, scharfe Baumkonturen deuten auf Windstille, nur erahnbare Bewegung im Fernseher.*

2 a) *Mögliche Gedanken des Mädchens:*
   – „Zu Hause kümmert sich keiner um mich. Niemandem fällt auf, dass ich weg bin. Sie interessieren sich mehr für die Probleme ihrer Fernsehfamilie als für mich ..."
   – „Ich will weg von hier. Mit dem Bus davonfliegen, aber nicht in die Schule, sondern in eine andere Welt ..."
   – „Ich weiß nicht, wohin. Wohin gehöre ich? Ich kann nicht vor und nicht zurück. Soll ich von Zuhause fort? Gibt es einen anderen Platz für mich auf der Welt ...?"

b) *Argumente dafür, dass das Mädchen träumt bzw. schlafwandelt:*
   – **träumen:** *Das Absurde der Szenerie, die verschiedene Tageszeiten vereint, deutet auf einen Traum des Mädchens hin, in dem die Naturgesetze aufgehoben sind und die Zeit keine Orientierung mehr bietet. Das Verhalten der anderen erscheint nicht normal (die Familie bemerkt nichts, ist wie in einer anderen Welt; der Busfahrer steht im leeren Bus und hält eine Lampe).*
   – **schlafwandeln:** *Die sichtbare Situation, in der ein Mädchen im Schlafanzug das Haus verlassen hat, deutet auf das Schlafwandeln. Die Haltung des Mädchens und ihr – zwar nicht sichtbarer, aber naheliegender – Blick, der stierend in die Ferne geht, sind typisch für das scheinbar wache, aber zugleich abwesende Verhalten von Schlafwandlern.*

3 *Nun fügen die Schülerinnen und Schüler die Gedanken der anderen Bildfiguren ein, welche die des Mädchens ergänzen, bestätigen oder im Kontrast dazu stehen können. Interessant wird es – und darauf sollte man die Schülerinnen und Schüler verstärkt hinweisen –, wenn auch die unbelebten Dinge zu Wort kommen (das Haus, der Bus, der Rasen, die Lampen etc.).*

4 *Die Aufgabe ist recht anspruchsvoll, auch wenn sie nur als Skizze ausgeführt wird (geübte Schüler können selbstverständlich ein farbiges Bild im selben Format wie die Vorlage zeichnen oder malen). Die Schülerinnen und Schüler müssen das Geschehen nun wie ein Filmstill betrachten und sich Vorgeschichte und Fortgang ausdenken. Wichtig ist dabei nicht die zeichnerische Ausführung, sondern das Festhalten der Handlungsidee, mit der das Bild zu einem Handlungselement aus einem zeitlichen (unter Umständen auch räumlichen) Zusammenhang wird.*

5 a) *Die Schülerinnen und Schüler haben sich in den vorbereitenden Aufgaben sehr intensiv mit dem Bild, seinen Figuren, seiner Gestaltung und seiner möglichen Deutung auseinandergesetzt. Nun geht es darum, die Beobachtungen zusammenzuführen.*

b) *In der Gruppe kommen entweder die Sichtweisen verschiedener Figuren zusammen oder unterschiedliche Sichtweisen einer einzelnen Figur. In der Kombination der Schülertexte entsteht ein komplexer Text, in dem die vielfältigen Facetten der Szene zur Sprache kommen.*

Zusatzmaterial

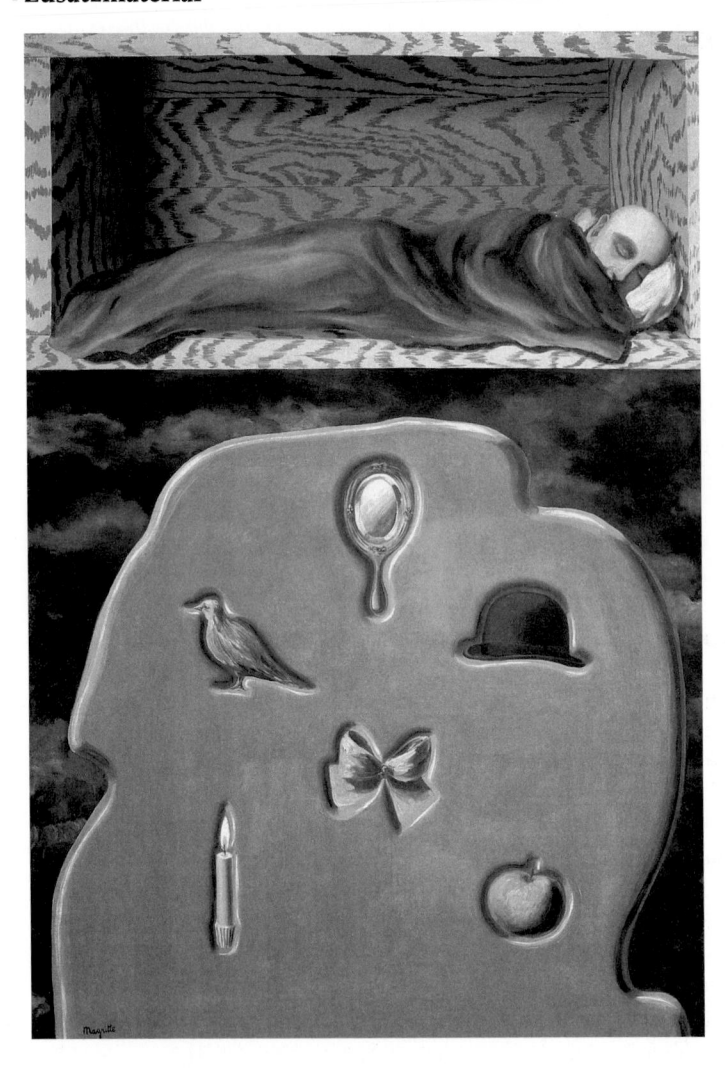

René Magritte: Der tollkühne Schläfer, 1927, Öl auf Leinwand
(© VG Bild-Kunst, Bonn 2008)

1 a) Lest euch in das Bild von Magritte hinein. Nehmt euch Zeit, alle Einzelheiten genau zu erfassen.

b) Legt einen Bogen Transparentpapier so über das Bild, dass es nicht verrutschen kann. Bezeichnet nun alle Elemente des Bildes an der Stelle, an der sie durchscheinen, mit einem Kommentar: Schreibt für jeden Gegenstand in Stichworten mögliche zurückliegende oder noch bevorstehende Ereignisse auf, die ihn in eine Verbindung mit der Figur bringen.

2 a) Betrachtet euer Wortmaterial unabhängig vom Bild und entwickelt mindestens fünf Sätze zu jedem Ereignisbereich.

b) Denkt euch eine Verknüpfung der Ereignisse aus, die sie zu einer Handlung verbindet.

c) Experimentiert mit überraschenden Abfolgen der Ereignisse, indem ihr die Reihenfolge ändert.

3 Erzählt nun den Traum des „tollkühnen Schläfers".

4.2 Sich in erdachten Welten bewegen – Texte durch Schreiben verstehen

Das Teilkapitel hat – von seinen Materialien her gesehen – zwei Schwerpunkte: Der eine liegt in der Romantik, der andere in der klassischen Moderne. Den methodischen Schwerpunkt bildet das heuristische Schreiben. Dieses geht von der Annahme aus, dass Imitation einen Weg zum Verstehen bietet. Wer ein Fragment Kafkas in Kafka'scher Manier weiterschreibt, muss etwas von der Imagination und etwas von der Schreibweise Kafkas verstanden haben, möglicherweise ohne exakt angeben zu können, worin genau das Spezifische dieser Imagination und dieses Schreibens liegt. Durch Experimentieren mit unterschiedlichen Formulierungsvarianten, durch das Ausprobieren und Vergleichen kommt der Schreibende zu Einsichten in die spezifische Struktur seiner Vorlage.

Traumwelt Romantik – Texte weiterschreiben

S. 83

Brüder Grimm
Jorinde und Joringel

S. 83

In Johann Heinrich Jung-Stillings Autobiografie wird das Märchen von Jorinde und Joringel von einem Mädchen erzählt. Es beeindruckt den späteren Aufzeichner, ganz so wie die mündlich erzählten Märchen die Brüder Grimm beeindruckten, sodass sie sie bearbeiteten und sammelten.

1 *Das Bild des Surrealisten Max Ernst stilisiert den Wald als eine fremde, ungastliche Welt. Es könnte ein fremder Planet, es könnte die Erde nach einer planetarischen Katastrophe sein, die hier gemalt wurden. Die Kulissen zum Film „Der Herr der Ringe" scheinen von Bildern wie diesem inspiriert zu sein. Man könnte, um den Schülerinnen und Schülern eine Kontrasterfahrung zu ermöglichen, Caspar David Friedrichs Bild „Uttewalder Grund" (um 1825) dagegenhalten (vgl. „Deutschbuch Neue Ausgabe 6", S. 220). Friedrich hat das Thema „Wald" romantisch und eher im Sinne des ersten Abschnitts des Grimm'schen Märchens gemalt. Max Ernsts Bild aber zeigt deutlich die Stimmung, die „Wald" und „Zauber" und die Angst, gefangen, gebraten und gefressen zu werden, zusammenschließt. Eine in diese Szenerie passende „Erzzauberin" findet sich im Märchen von Hänsel und Gretel. Auch sie fängt und frisst Kinder. Die psychologische Bedeutung dieser Frauenfigur, die das Mädchen (das „Vöglein") keineswegs frisst, sondern einsperrt und später an den jungen Mann wieder herausgeben muss, macht darauf aufmerksam, dass die „Inszenierung" der Zauberin als „alt", „hässlich" (gelb, mager, rote Augen, krumme Nase, spitzes Kinn) eher die Bewertung ihrer Rolle durch die bestürzten jungen Leute spiegelt als das, was sie wirklich tut.*

2 *a/b) Die Belege für die „Mündlichkeit" des Märchentextes, wie ihn die Grimms aus Jung-Stillings Lebensbericht in ihre Sammlung aufgenommen haben, finden sich im abgedruckten ersten Teil in fast jedem Satz. Die Schülerinnen und Schüler müssen lediglich im Sinne der ihnen geläufigen Schriftlichkeitsnormen umformulieren, um diese Beobachtung machen zu können, z. B.:*
– *„In einem tiefen Wald wohnte eine alte Frau ganz allein. Diese Frau war eine Zauberin." (Zu Z. 1)*
– *„Nahe bei dem Wald wohnte eine Jungfrau, die war schöner als alle andern Mädchen." (Zu Z. 19)*

Oder:
- *„In einem alten Schloss, mitten in einem dichten Wald, lebte eine Zauberin."*
- *„Jorinde, ein schönes Mädchen, wohnte unweit dieses Schlosses."*

c) *Die Verse erinnern an Zauberverse oder -formeln. Man kann die Bedeutung nur ahnen, aber die Assoziationen, die sich an einzelne Wörter knüpfen (Turteltaube, Liebesleid, Tod, Anrufung eines Geistes (Zachiel)), reichen aus, um aus dem nicht zu Verstehenden etwas Bedrohliches herauszulesen.*

d) *Weitere märchenhafte Handlungen sind die symbolisch zu verstehenden Tätigkeiten wie das „Berühren mit der besonderen Blume" als symbolische Lossprechung. Solche Handlungen sind oft Bestandteil von Ritualen. In diesem Märchen ist die gesamte Interaktion zwischen der Zauberin und den jungen Leuten als ein Ritual zu denken.*

3 a) *Der Abend wird zuerst durchaus idyllisch beschrieben: „Es war ein schöner Abend, die Sonne schien zwischen den Stämmen der Bäume hell ins dunkle Grün des Waldes" (Z. 28 ff.). Das „Klagen" des Paares steht in Korrespondenz zu dem „kläglichen" Gesang der Turteltauben, die ihrerseits die Vögel der Venus sind. Auch der Gesang der Nachtigall steht in Verbindung mit Liebe. Es geht also in dem Märchengeschehen um Liebesleid. Das kann in dem dörflichen Kontext nur der (nicht näher erwähnte) Einspruch der Eltern gegen die Verbindung der beiden sein.*
Die alten Mauern des Schlosses, die den Jungen „todbang" (Z. 42) werden lassen, können ebenfalls als auffällige, also symbolisch zu verstehende Requisiten gedeutet werden. Das Schloss ist nicht nur der Wohnsitz der Zauberin, sondern auch das Gefängnis der Jungfrauen. Ein unheimlicher Ort. Unheimlich ist auch die Nachteule, die Jorinde dreimal umfliegt, sodass Joringel „wie ein Stein" (Z. 52) stehen bleiben muss. Verschließen, versteinern, verwandeln – all dies deutet drauf hin, dass in der Geschichte eine mit Angst besetzte Entwicklung durchlaufen werden muss.

b) *Nacht, Dunkelheit und Nachtvögel (Nachtigall, Nachteule) verweisen alle auf die Angst vor Wandel, Wechsel und Verwandlung. Jugend und Alter sind darin eingeschlossen. Von daher ist eine Deutung des Märchens als Bild des Wandels der Lebensalter möglich.*

4 *Die von den Grimms selbst mitgeteilte Variante des Märchens enthält nicht nur die vertauschten Rollen (die Verwandlung erfährt der Junge, die Erlösung erfolgt durch das Mädchen), sondern auch eine weitere Verwandlung (der alten Frau in einen Raben und zurück), während in der Version Jung-Stillings die „Erzzauberin" nach der Erlösung der Jungfrau einfach nicht mehr wichtig ist und nicht mehr erwähnt wird.*
Das ist für Schüler eine Anregung, das eigene Weiterschreiben gegen ein einfaches Nacherzählen des bekannten und leicht zugänglichen Märchens abzusetzen. Eine Gefahr besteht in der Adaptation von Mustern aus der Jugendliteratur (Zauber, Gegenzauber, Harry Potter als Hexenmeister) – daher der Hinweis, „im Stil der Brüder Grimm" weiterzuerzählen, das heißt, dass der naiv-narrative Stil (also der Verzicht auf alle Erklärungen auch seltsam anmutender Handlungen) beibehalten werden sollte. Und die Handlung sollte natürlich „märchenhaft", mit einem guten Ausgang für die beiden Liebenden, enden.

5 *Ein Vergleich wird erbringen, dass das Originalmärchen eine ganze Reihe von Dingen ungeklärt lässt. Nicht nur die Frage „Was geschieht mit der Zauberin?" bleibt offen, es wird auch nicht erzählt, dass Gute belohnt, Böse bestraft werden. Die Geschehensethik ist befriedigt, wenn man erfährt, dass Jorinde kein Vöglein mehr ist. Es ist zu erwarten, dass Ansätze der psychologischen Deutung in den Textexpansionen wieder vorkommen. Die Erzählsituation im Werk Jung-Stillings – ein junger Mann bittet ein Mädchen, es möge ihm „die Historie von Jorinde und Joringel" „noch einmal" erzählen – kann dafür als Bestätigung* gelten. Von Heinrich Stilling heißt es: „Heinrich saß wie versteinert, seine Augen starrten geradeaus, und der Mund war halb offen." In einer Weiter- und Umerzählung kann das Märchen mit denen, die es erzählen oder die zuhören, in Verbindung gebracht werden.

6 Eine Ausgestaltung von Joringels Traum könnte eine Traumwanderung sein, eine Art Abenteuersuche nach der roten Blume. Natürlich liegt es nahe, die gesuchte Blume und die gesuchte (verwandelte) Frau dann miteinander zu identifizieren. Die „Queste" (ein schon im mittelalterlichen Roman und dann in den Volksmärchen in vielen Varianten gepflegtes Muster des Aufbruchs, um Bewährungsproben zu bestehen) bietet ein Erzählschema, in das die Schülerinnen und Schüler ihre persönliche Sicht von Trennung, Suche, Wiederfinden einbauen können. Der Endpunkt der Suche liegt von vornherein fest: Das Gesuchte wird gefunden. Der Suchende wird damit belohnt. Auf Entbehrung und Verzicht folgt (märchenhaft) Erfüllung. Es ist durchaus denkbar, dass kreative Schülerinnen und Schüler dieses Muster erkennen und es umdrehen oder sonst wie außer Kraft setzen. Diese Erzählungen enden dann bei modernen Antimärchen über einen glücklosen Helden, dessen Suche nicht abbricht oder der findet, was er nicht suchte.

7 a) Fantasy-Romane, in denen der Held oder die Heldin das Geschehen träumend vorwegnehmen, sind zahlreich. Auch in der Literatur, die den Deutschunterricht beschäftigt, sind solche Träume zu finden: Emilia Galotti träumt von Perlen (Tränen), und das Käthchen von Heilbronn träumt, wie ihr der Geliebte von einem Engel als Bräutigam zugeführt wird. Vor allem romantische Texte lassen in den Träumen der Helden das zukünftige Geschehen aufscheinen. Tiecks, Novalis', Kleists, E. T. A. Hoffmanns und Eichendorffs Helden wissen im Traum um ihr Schicksal.

b) Vorausdeutende Träume haben literarische Muster, deswegen sind sie in der Regel auch leicht zu verstehen und über Analogiebildungen mit dem erzählten Geschehen zu verknüpfen. Ein solcher „literarischer" Traum ist auch der des Pharao von den sieben fetten und den sieben mageren Kühen, die aus dem Nil steigen. Träume dieser Art sind künstlich gesetzte Orakel. Sie deuten an, aber verrätseln zugleich das, was sie sagen sollen.

Zum Merkkasten: Mit Literatur produktiv umgehen
Der Text des Merkkastens soll die Tätigkeit der Schülerinnen und Schüler (eben das Weiter- und Umerzählen von gelesenen Texten) an eine Besonderheit des kulturellen Lebens heranführen. Auch Autoren „erfinden" ihre Erzählungen, Romane, Theaterstücke nicht von Grund auf neu. Sie nehmen Texte ihrer eigenen Lektüre als Anregung auf, verwandeln sie und beziehen sie in die eigenen ein. Diese Intertextualität beobachten die Schülerinnen und Schüler zwischen dem Märchen von Jorinde und Joringel und dem ersten Teil von Friedrich von Hardenbergs (Novalis') Romanfragment „Heinrich von Ofterdingen": „Die Erwartung".

Friedrich von Hardenberg (Novalis)
Heinrich von Ofterdingen. Erster Teil: Die Erwartung

S. 86

Von Novalis' Romanfragment heißt es, dass es auf die „poetische Darstellung des ganzen geistigen Lebens eines genialischen Individuums" (Schlegel) abziele. Das Kapitel „Die Erwartung" ist der Beginn eines Bildungs- und Entwicklungsprozesses, der aus einem jungen, seiner selbst noch nicht bewussten Mann den legendären mittelalterlichen Sänger Heinrich von Ofterdingen entstehen lässt. Es spielt in einem fiktiven hohen Mittelalter und schildert die erste Begegnung Heinrichs mit der fremden Welt außerhalb seiner thüringischen Heimatstadt Eisenach. Diese

„Welterfahrung" ist durch und durch märchenhaft. Ein alter Mann erzählt dem Zwanzigjährigen von Schätzen, auch von einer „blauen Blume". Diese Blume wird für Heinrich zum Symbol seiner Sehnsucht. Er weiß nicht, ob es die Sehnsucht nach Erkenntnis ist, nach Liebe, nach der Weite der Welt. Das Motiv der Metamorphose spielt eine wichtige Rolle. In der Blume erscheint ein Gesicht. Heinrichs Fantasie umkreist dieses Gesicht. Man reist nach Augsburg, der Herkunftsstadt der Mutter, um Heinrichs Melancholie zu heilen. Die Begegnungen auf der Reise machen Heinrich bekannt mit der Welt der Erze unter der Erde, mit der Historie (Kreuzzüge und die Welt des Orients), der eigenen Vor- und Nachgeschichte (in dem geheimnisvollen Buch des Grafen von Hohenzollern).

Marc Chagalls Bild „Der Traum" enthält ebenfalls eine Vision. Es ist nicht klar, ob es der Traum von Liebe und Zärtlichkeit, eine fromme Ikone oder der Traum eines Malers von einem Künstler ist, der diese Ikone schafft.

1 a) *Die ersten beiden Sätze, berichtet von einem auktorialen Erzähler, führen in den Alltag von Heinrichs Zuhause in Eisenach. Der dann folgende Bericht über die Begegnung mit dem geheimnisvollen Fremden ist ganz aus Heinrichs Perspektive gesehen. Er erinnert sich und durchsetzt die Erinnerung mit seinen aktuellen Gedanken (Z. 7 ff.). Aus diesen Gedanken gleitet er in den Schlaf, den Traum (Z. 22). Der erste Traum, der die Fülle eines durch alle Höhen und Tiefen führenden Lebens zeigt, ist im Schülerband weggelassen.*

b) *Im zweiten (dem im Schülerband abgedruckten) Traum erlebt Heinrich eine durch und durch fantastische unterirdische Welt. Der Träumer ist seiner selbst nur halb bewusst, er sucht nicht seinen Weg, sondern er lässt sich treiben: „Es kam ihm vor, als ginge er ..." (Z. 26) Er registriert mit schlafwandlerischer Wachheit die Bilder, die er durchschreitet: den dunklen Wald, den Anstieg auf einen Berg entlang eines Felsenquells, den Gang in den Berg hinein. Nichts, was ihm begegnet, scheint ihn zu beunruhigen, alles entzückt und begeistert ihn. Wie ein Märchenheld stellt er sich nie die Frage, wohin er sich in dieser Fantasiewelt bewegt.*
Es gelingt ihm dann gar, in dieser Traumwelt erneut einzuschlafen. In dem dann folgenden Traum im Traum wird er zum ersten Mal die blaue Blume entdecken.

c) *Von Joringel berichtet der Märchenerzähler lediglich, dass er im Traum jene Blume sieht, die er dann neun Tage lang sucht. Im Falle von Heinrich wird ausführlich dessen psychischer Zustand dargelegt. Der Erzähler des Romans rückt den Leser viel näher an den Helden heran, lässt ihn sein Erstaunen und seine Entzückungen, aber auch seine Zweifel miterleben.*

d) *Die Kapitelüberschrift „Die Erwartung" ist doppeldeutig. Sie erfasst einmal die Erwartungen, die der Autor für den Leser aufbaut: Was wird den jungen Mann, der hier vorgestellt wird – ein Träumer und nachdenklicher Mensch –, in der Welt erwarten? Sie umfasst aber auch den Traum als eine zweite Welt, in der die Regeln der Zeit, der Kausalität außer Kraft gesetzt sind, in der gerade dadurch aber Andeutungen, Vorausschau und Grenzüberschreitungen möglich sind, sodass unbewusste Erwartungen zur Sprache kommen, auf deren Erfüllung man gespannt sein kann.*

2 *Zur Bearbeitung dieser Aufgabe wäre es sinnvoll, den ungekürzten Kapitelanfang (bis zur Begegnung mit der blauen Blume und dem Erwachen aus dem Traum) zu lesen. Dann werden die Traumstationen als bildhaft zu verstehende Entwicklungsschritte sichtbar. Der erste Traum bietet die Fülle des Lebens, Höhen und Tiefen, Wiederkehr und Neuanfang. Der zweite bietet den Weg bergan und dann ins Innere der Erde. Das Eintauchen ins Wasser ist wie eine rituelle Waschung, eine Taufe zu verstehen, das unter-*

irdische Licht kann den Eingang in eine innere Welt bedeuten. In dieser wiederum führt ein neuer Traum auf jene Blumenwiese, auf der Heinrich dann die blaue Blume sehen wird. „Die Erwartung" endet mit einer (vorläufigen und im Traum angekündigten) Erfüllung.

3 *In einem Dialog mit den Eltern wird der junge Erzähler nicht alle Details erwähnen, er wird die erotischen Empfindungen beim Schwimmen in dem unterirdischen Becken weglassen. Dafür werden die Eltern nachfragen, nach einer Bedeutung des Geträumten suchen. Im weiteren Verlauf des ersten Kapitels erzählt der Vater tatsächlich, dass auch er in seiner Jugend ähnliche Träume hatte, an die er sich erinnert. Damit wird klar, dass das Gespräch auf eine Deutung des Traums als Vorausschau auf das Leben hinauslaufen wird.*

4 *Die Fortsetzung des Traums wird sich entlang der im Gespräch mit den Eltern (Aufgabe 3) gezeigten Entwicklungslinie bewegen. Irgendwann wird Heinrich dem Fremden wieder begegnen und irgendwann wird er das zu der blauen Blume passende weibliche Gesicht finden. Der Entwicklungsroman ist so eng mit dem Biografieschema verbunden, dass die Schülerinnen und Schüler in ihren eigenen Texten wesentliche Teile des Romanprojekts von Novalis erahnen können.*

5 *Zu dieser Aufgabe gibt es den Kasten „Arbeitstechnik: Fragengeleitete Überarbeitung in einer Schreibkonferenz" (S. 88 im Schülerband). Da der Roman ein lineares Entwicklungsschema zu verfolgen scheint, ist auch in der Konferenz nach den „Stationen" zu fragen, die die Entwicklung des Helden bestimmen. „Die Erwartung" nimmt als Traumgeschehen bildlich vorweg, was sich im Roman dann als Fiktion entfalten sollte. Die Frage nach den handelnden Figuren kann präzisiert werden. Alle haben eine Bedeutung für die Entwicklung des Helden. Der Roman schildert nicht die ganze Welt, sondern ordnet alle Teile der Erzählwelt auf den Helden hin. Der „Fremde" ist ein Lehrer, weitere Lehrer werden folgen. Die „blaue Blume" ist die erträumte Partnerin. Sie wird am Ende der Reise auf den Helden warten. Dadurch entsteht eine Handlungsführung, die Reiseverlauf und Lebenslauf einander zuordnet. Das Thema eines solchen Romans ist weniger ein psychischer Prozess (wie verarbeitet ein Mensch seine Lebenserfahrungen), eher ein symbolischer Prozess (wie spiegelt sich in der Entwicklung dieses einzelnen Menschen eine typische Entwicklung zu einem Charakter, zu einem Künstler).*

Geträumte Geschichten – Erzählfragmente verstehen und ausgestalten

S. 88

Kafkas Tagebücher sind voll von Erzählanfängen, die nach wenigen Zeilen, nach einigen Absätzen, manchmal auch erst nach zwei Seiten abbrechen. Sie sind häufig – zumindest im ersten Entwicklungsstadium – geträumte Geschichten. Es handelt sich oft um seltsame Begegnungen, befremdliche Reden. Kafka spricht selbst von seinem Schreiben als „Darstellung meines traumhaften inneren Lebens". Märchen und Legenden liefern die traumnahen Erzählmuster. Insgesamt aber sind diese Traumbegegnungen weniger konzeptionell durchstrukturiert als bei Novalis. Man weiß nicht, ob hinter diesen Fragmenten von Begegnungen ein „Plan" steht, der den Helden einen Weg führt, dessen Ziel der Autor erzählend erkunden möchte.

Franz Kafka
Der grüne Drache/Das Riesenei

1 *Das Fragment über den „grünen Drachen" ist auch bei Kafka nicht weitergeführt. Der letzte Satz „Gerne komme ich, gerne biete ich mich dir an" erlaubt indes, eine Fortsetzung zu entwerfen. Der Drache bietet sich als Helferfigur an. Man kennt solche Figuren aus dem Märchen. Sie könnten (in einem modernen Märchen) aber auch problematische Helfer sein, die nicht Führer, sondern Verführer sind. Das „Image" des Drachen in Märchen, Legenden und Sagen legt eine solche Deutung nahe. Es gibt allerdings auch chinesische Märchen, in denen Drachen lebensrettende und den Menschen fördernde Rollen übernehmen. Hier könnte eine Rechercheaufgabe die Erzählfantasie anregen. Zum Beispiel gibt es das Märchen vom Drachen, der sich als Bücherwurm in das Buch eines Gelehrten eingräbt, dort entdeckt und von dem vorausschauenden Gelehrten geehrt und gefüttert wird, bis er groß und mächtig ist und seinem Helfer als dienstbarer Geist zur Verfügung steht. Max Ernsts Bild mit dem ironischen Titel „Der Hausengel" ist geeignet, die Fantasie der Weitererzähler auf ein ambivalentes Bild des Drachen hinzulenken. Dieser Drache tanzt, er scheint nicht zu bändigen, scheint alles andere zu sein als ein „Haustier" oder gar ein weibliches Wesen, das man mit der Metapher „Hausengel" bezeichnen könnte.*

Das Fragment über das Riesenei (über dessen Herkunft man ebenso wenig erfährt wie über die des Drachen) ist von Kafka noch weitergeführt. Das Entscheidende ist die Vermischung der Sphären. „Riesenvogel" gehört in die Märchen- oder Traumwelt der „Unendlichen Geschichte" oder des Nils Holgersson, „Abfassen eines Vertrages" hingegen in die Lebenswelt von Juristen oder Geschäftsleuten. Auch eine Anspielung auf den Pakt zwischen Faust und Mephisto kann man erkennen. Das Entscheidende ist, dass durch diesen Erzählbaustein die heutige Lebenswelt des Helden mit dem Märchen nach dem gleichen Muster vermischt wird, wie es ursprünglich in den Volksmärchen der Fall war: Der Märchenheld lebt einerseits in seiner ländlichen Wirklichkeit mit Eltern, Freunden, Geschwistern, er erlebt dann die Märchenwelt der Zwerge, Drachen, Feen – und beide Welten kommen im Verlauf der Erzählung in Kontakt miteinander. Die Frage ist: Wie verträgt sich dieses Muster mit der heutigen Lebenswelt? Kafkas erzählerisch entfaltete Antwort ist eine Art Satire. Der Mensch, der hier von seinem Vogel berichtet, ist kein Märchenheld, er ist berechnend und naiv zugleich. Der Flug in den Süden soll ihn nichts kosten, er will ein billiges Geschäft machen – und muss sein ganzes Leben umstellen, um seinem Traum vom Fliegen mit Hilfe des Riesenvogels näher zu kommen. Ob dieser moderne Vogel Greif allerdings seine Vertragsbedingungen einhält, wenn die Vorleistungen erbracht sind, ist durchaus fraglich.

2 *Die fantasielenkende Vorgabe für das Weiterschreiben ist: Der Drache oder der Riesenvogel soll nicht einfach eine Helferfigur sein, sondern – ähnlich wie im Zusammenspiel von Faust und Mephisto – einen eigenen Plan bei der Kooperation mit einem Menschen verfolgen. Dieses Konzept soll sich dann in der Weitererzählung schrittweise zeigen. Es könnte sein, dass der Drache sich dem Erzähler anbietet, weil er seinerseits die Beziehung zu dem Menschen in seiner Drachenwelt nutzen möchte. Der Riesenvogel hat vielleicht, sobald er wirklich fliegen kann, keine Lust mehr, bei seiner „Mutter" zu bleiben, und möchte nach eigenem Plan, mit eigenem Ziel fort.*

Die Schülerinnen und Schüler haben auf diese Weise mehrere konkrete Optionen, zwischen Erzähler und Helfertier eine interessante, weil nicht mehr einseitige Beziehung zu entfalten.

Zusatzmaterial: Kafkas Fortsetzung des Fragments

Franz Kafka
Das Riesenei

[...]
Längst schon verlangt es mich, dorthin zu reisen, und nur mangels Storchflügel habe ich es bisher unterlassen. Sofort holte ich Papier und Tinte, tauchte des Vogels Schnabel ein und schrieb, ohne dass mir vom Vogel irgendein Widerstand entgegengesetzt worden wäre, Folgendes: „Ich, storchartiger Vogel, verpflichte mich für den Fall, dass du mich mit Fischen, Fröschen und Würmern (diese zwei letzten Lebensmittel fügte ich der Billigkeit halber hinzu) bis zum Flüggewerden nährst, dich auf meinem Rücken in die südlichen Länder zu tragen." Dann wischte ich den Schnabel rein und hielt dem Vogel nochmals das Papier vor Augen, ehe ich es zusammenfaltete und in meine Brieftasche legte. Dann aber lief ich gleich um Fische; diesmal musste ich sie teuer bezahlen, doch versprach mir der Händler, nächstens immer verdorbene Fische und reichlich Würmer für billigen Preis bereitzustellen. Vielleicht würde die südliche Fahrt nicht gar zu teuer werden. Und es freute mich zu sehn, wie das Mitgebrachte dem Vogel schmeckte. Glucksend wurden die Fische hinabgeschluckt und füllten das rötliche Bäuchlein. Tag für Tag, unvergleichlich mit Menschenkindern, machte der Vogel Fortschritte in seiner Entwicklung. Zwar verließ der unerträgliche Gestank der faulen Fische nicht mehr mein Zimmer und nicht leicht war es, den Unrat des Vogels immer aufzufinden und zu beseitigen, auch verbot die Winterkälte und die Kohlenteuerung die außerordentlich nötige Lüftung – was tat es, kam das Frühjahr, schwamm ich in leichten Lüften dem strahlenden Süden zu. Die Flügel wuchsen, bedeckten sich mit Federn, die Muskeln erstarkten, es war Zeit, mit den Flugübungen zu beginnen. Leider war keine Storchmutter da, wäre der Vogel nicht so willig gewesen, mein Unterricht hätte wohl nicht genügt. Aber offenbar sah er ein, dass er durch peinliche Aufmerksamkeit und größte Anstrengung die Mängel meiner Lehrbefähigung ausgleichen müsse. Wir begannen mit dem Segelflug. Ich stieg hinauf, er folgte, ich sprang mit ausgebreiteten Armen hinab, er flatterte hinterher. Später gingen wir zum Tisch über und zuletzt zum Schrank, immer aber wurden alle Flüge systematisch vielmal wiederholt.

(Aus: Franz Kafka: Hochzeitsvorbereitungen
auf dem Lande. Das sechste Oktavheft.
Fischer, Frankfurt/M. 1976, S. 106)

Der Traum und das Leben – Einen Paralleltext schreiben

Thomas Bernhard
Der Vorzugsschüler

1 Thomas Bernhard benutzt die österreichischen Ausdrücke für „Musterschüler" und „Hausmeister".

2 a) Der Traum erzählt von Versagensängsten des Jungen. Er steht unter hohem Leistungsdruck und leidet darunter, dass er keine Freunde hat. Die Stichwörter könnten sein: Erwartungsdruck, Missverstehen, Unterstellung, Mobbing, Angst, Panik. Das mangelnde Vertrauen zeigt sich in seinem Verhalten nach dem Erwachen: Er läuft zu seinen Eltern, erzählt aber nichts. Die Szenerie, die Bernhard erzählt, ist „typisch", die Schülerinnen und Schüler werden von ähnlichen Situationen erzählen können.
Das Bild von Sandro Chia ist durch das Motiv des Ins-Wasser-Springens mit dem Traum zu verbinden. Das neoexpressionistische Bild des Italieners passt auch zu Heinrich von Ofterdingens Traum von dem unterirdischen Wasserbecken und dem „leuchtenden Strom", dem der Schwimmer folgt.

b) Es sind nur Hypothesen möglich: Vielleicht schämt sich der Junge, den Eltern zu erzählen, dass er im Traum bei der Aufgabe versagt hat – und sie dann fragen könnten, ob er auch fürchtet, „in Wirklichkeit" zu versagen. Vielleicht hat er auch Angst, dass ihn die Eltern mit guten Ratschlägen nerven. In jedem Fall zeugt das Verhalten von der irritierenden Wirkung, die der Traum auf ihn hat.

3 a) Adjektive und Attribute kommen nicht häufig vor, die relativ wenigen charakterisieren die bedrohliche, albtraumhafte Situation, in der sich der Vorzugsschüler in seinem Traum befindet:
– „Die Mitschüler sind <u>voll Schadenfreude</u>" (Z. 9 f.);
– „Vorzugsschüler, <u>der körperlich ein Schwächling ist</u>" (Z. 11);
– „Kanal, aus dem er sich <u>nur mit äußerster Anstrengung</u> befreien kann" (Z. 12);
– „er stürzt <u>schwitzend und halbnackt</u>" (Z. 21 f.);
– „<u>so tief und mit welchen Mittel sie auch in ihn dringen</u>" (Z. 23 f.).
Die anfangs komplexen Satzkonstruktionen werden einfacher und kürzer. Das kann als ein stilistisches Mittel zur Steigerung der Spannung gelten.

b) Der erzählte Traum ist das „Thema" des ganzen Textes. Das Verhalten des Schülers nach dem Aufwachen steht noch unter dem Eindruck des Traums.

4 Ein Beispiel (Stilkopie der Schachtelsätze des Originals):

Eine Schülergruppe, die den Film „Wenn die Gondeln Trauer tragen" als Vorbereitung auf eine Klassenfahrt nach Venedig angesehen hat, sitzt bereits im Eurocity von München nach Venedig, als einer aus der Gruppe, von der Reise und vom Kartenspielen ermüdet, zurücksinkt und in einen schweren Traum fällt. Er ist mit den anderen schon auf einem Traghetto, fährt über die Lagune, in den Canale Grande, dann in kleinere Kanäle, wobei der Lehrer, ständig mit seltsam verstellter Stimme mit dem gemieteten Führer redend und immer wieder mit großen Gesten auf berühmte Bauwerke verweisend, sich zusehends in einen Fremden mit faulen Zähnen verwandelt. Der Schüler, im Alltag ein eher zurückhaltender und unauffälliger Junge, drückt sich nach hinten, um Abstand von dem Lehrer zu gewinnen, aber der rückt ihm immer wieder nach. Endlich steht der Schüler an der Reling und der ihm nun vollkommen fremde Lehrer kommt auf ihn zu. Die anderen Schüler sind zurückgetreten und beobachten feixend die Annäherung. [...]

4.3 Träume in Bewegung – Bilder filmisch verlebendigen

Salvador Dalí
Erscheinung von Gesicht und Obstschale an einem Strand

S. 92

1 Das Gemälde „Erscheinung von Gesicht und Obstschale an einem Strand" von Salvador Dalí ist ein Bildrätsel, ein so genanntes Vexierbild – ein Gebilde, das je nach Betrachtung in die eine oder andere Figur kippt. So verschränken sich auf der Bildfläche mehrere unterschiedliche Figuren: ein Hund, eine Obstschale auf einem Tisch, ein Gesicht, eine Landschaft mit weiblicher Rückenfigur. In diesem Spiel mit verschiedenen Wirklichkeiten greifen gleichwertige Realitäten deckungsgleich ineinander, ohne dass sie sich gegenseitig zerstören. Die gleichzeitige Existenz mehrerer Sichtweisen verweist auf mehrere Seinsmöglichkeiten, die verschieden, aber gleichberechtigt sein können (wie z. B. reale Alltagswelt und irrationale Traumwelt). Das Phänomen, dass man beim Betrachten eines Vexierbildes immer nur eine Ebene wahrnehmen kann und niemals beide zugleich, erschwert Verständnis und Erkenntnis, macht das Bild aber auch spannend.

Ein solch verrätseltes Bild eignet sich für die filmische Umgestaltung insofern, als ein und derselbe Bildbereich mehrfach gezeigt und durch den zugehörigen Ton jeweils mit einer anderen Bedeutung versehen werden kann: das Gesicht („Mein Traumgesicht") – die Schale („eine Schale mit Birnen") – die weibliche Rückenfigur („eine alte Frau").

Spannung entsteht vor allem dadurch, dass die Auflösung des Rätsels am Ende steht, wenn man das gesamte Bild zu sehen bekommt. Auch der gesprochene Text, der durch Assoziieren, Collagieren und Zeilenumbruch entstanden ist, ist nicht erklärend, sondern unterstreicht die rätselhafte, traumartige Atmosphäre.

2 – 4 *Überlegungen zur Verknüpfung von Bild und Sprache im Medium Film*
Im Medium Film liegt die Chance, eine echte fachübergreifende Synthese zu schaffen, in der beide Anteile – Bild und Text – zwar zusammenwirken, aber auch Eigenständigkeit besitzen.
Assoziative Texte zum Bild sollten nicht nur den Einstieg in die Bildinterpretation erleichtern, sondern die Textproduktion zum Bild sollte – eventuell nach einer kritischen Überarbeitung – eigenständigen kreativen Wert gegenüber dem Bild besitzen. Im Ergebnis wirken beide Elemente gleichwertig miteinander. Sprache und Bild sind so gleichermaßen am Entstehen wahrnehmender Deutung beteiligt.
Im Blick durch die Kamera auf das Bild muss man sich auf einzelne Ausschnitte konzentrieren, man muss einschränken, auswählen, heranholen, wiederholen, bewegen, rhythmisieren. Das Arbeiten am Bild führt zu einem – für Schülerinnen und Schüler oftmals ungewohnten – Verweilen im Bild.
Das Gemälde wird verlebendigt, indem einerseits der Blick intensiviert wird, andererseits aber auch filmische Geschichten, Anekdoten, Zusammenhänge und eine zeitliche Ausdehnung an das räumliche Gefüge Bild herangetragen werden. Subjektive Wirklichkeiten, die sich in Kamerabewegung, Einstellungsgröße, Schnittfolge und Sprache äußern, werden wortwörtlich ins Bild gesetzt.
Durch die Mehrdimensionalität der filmischen Bildinformation wird die Wahrnehmung vielschichtiger.

Lernerfolgskontrolle/ Themen für Klassenarbeiten

Erfahrungsgemäß sind viele Lehrerinnen und Lehrer, aber auch Schülerinnen und Schüler zunächst von der Vorstellung verunsichert, in einer Klassenarbeit produktiv-gestaltend zu schreiben, da sich die Qualität subjektiver, experimenteller Schreibversuche den gewohnten Bewertungskriterien zu entziehen scheint. Es zeigt sich jedoch auch, dass nicht nur selbstbewusste, leistungs- und ausdrucksstarke, sondern gerade ansonsten stille und sprachlich eher ungeschickte Schülerinnen und Schüler es beim produktiv-gestaltenden Schreiben zu erstaunlichen sprachlichen Leistungen bringen.

Auch wenn der Spielraum des kreativen Schreibens zunächst die größte Motivation darstellt, nämlich zu schreiben, was in den Sinn kommt, Gefühle einbringen zu können und vor allem Schreibregeln erst einmal in den Hintergrund treten zu lassen, ist den Schülerinnen und Schülern dennoch an einer Objektivierung des persönlichen Ausdrucks gelegen. In der *Überarbeitung* spontan geschriebener Texte lernen sie, eine innere Konsequenz und eine angemessene äußere Form zu beachten, die konkreten Kriterien und damit Beurteilungsmaßstäben gehorchen: Semantische Dichte, Einfallsreichtum, Anschaulichkeit und Differenziertheit des psychologischen Verstehens sollen formal in stilistischer Konsequenz, Variabilität der Ausdrucksmittel und letztlich in grammatischer und orthografischer Verbindlichkeit angemessene Gestaltung finden. Wichtig ist, dass der *Schreibprozess* in die Bewertung einbezogen wird.

So besteht z. B. auch die Möglichkeit, den Schwerpunkt einer Klassenarbeit auf die Überarbeitung einer bereits geschriebenen Skizze zu legen. Dabei wird in der vorhergehenden Stunde zu einem Bild automatisch geschrieben. Das Arbeitsmaterial bleibt in Verwahrung und wird zur Klassenarbeit für eine Überarbeitung wieder ausgeteilt.

Erwartungshorizont/Lösungshinweise zu Vorschlag 1

Erwartungen an konkret zu erfüllende Aspekte zu formulieren, fällt hier schwer, da die Schülertexte höchst individuell sein können, sowohl inhaltlich als auch in der sprachlichen Gestaltung.

Stattdessen finden sich hier Beurteilungskriterien für kreative Texte. Diese mit den Schülerinnen und Schülern vor der Klassenarbeit als Gestaltungskriterien zu besprechen, dient der Transparenz (Gestaltungskriterien = Bewertungskriterien).

Der Vorschlag orientiert sich unmittelbar an Bildauswahl und Schreibaufgaben aus dem Unterricht (vgl. Schülerband S. 80, Max Ernst: Collage aus „Eine weiße Woche").

Bewertet werden:
- *die Auseinandersetzung mit der Aufgabenstellung (in welcher Qualität und Ausführlichkeit werden die angeführten Arbeitsschritte des Schreibprozesses durchgeführt? Bleibt der Bezug zum Bildimpuls sichtbar/nachvollziehbar?);*
- *Originalität, Kreativität, Idee (hier wird die Imaginationskraft bewertet: Wie groß ist der gedankliche Raum, in dem der/die Schreibende agiert? Wie einfallsreich, außergewöhnlich, unverwechselbar, eigenständig sind die Bilder, die entwickelt werden?);*
- *Schlüssigkeit der Gedankenführung, Logik (hier gelten Kriterien, die auch ans analytische Schreiben gestellt werden: Auch kreative Texte müssen adressatenorientiert, gegliedert, verständlich sein!);*
- *Sprache/Stil, Detailgenauigkeit, Wortwahl, Vielfalt, Variabilität, bildhafte Sprache;*
- *poetische Gestaltung (über den Rahmen der stilistischen Qualitäten hinaus werden hier auch die sprachliche Experimentierfreude und die Anwendung des Gelernten bewertet, z. B. Collagieren, Assoziieren, Zeilenumbruch);*
- *schließlich die sprachliche Richtigkeit.*

Lernerfolgskontrolle/Themen für Klassenarbeiten

Vorschlag 1:
Produktiv-gestaltend zu Bildern schreiben und über die eingesetzten Mittel reflektieren

Max Ernst: Collage aus „Eine weiße Woche", 1933 (© VG Bild-Kunst, Bonn 2008)

1. Schreibe eine Traumerzählung zur Collage von Max Ernst.
   Bereite deinen Text durch folgende Arbeitsschritte vor:

   a) Entwickle zu jedem Herkunftsbereich der Bildelemente Assoziationen, die du als Gedankenketten aufschreibst.

   b) Wähle aus dem Wortmaterial einzelne Begriffe aus und experimentiere durch Verschieben und Kombinieren mit verschiedenen Wortfolgen und ihrer Wirkung.

   c) Ergänze ausgewählte Nomen durch Adjektive, die eine widersprüchliche Aussage enthalten oder einen anderen Sinn ansprechen.

   Nutze nun das Wortmaterial für einen kurzen fantastischen Text zu dem Bild.

2. Erläutere in einem Kommentar zu deinem Text deine Vorgehensweise und die Wirkung der von dir eingesetzten gestalterischen Mittel.

Vorschlag 2:
Produktiv-gestaltend zu Texten schreiben und über die eingesetzten Mittel reflektieren

Thomas Bernhard
Der Geldbriefträger

DER GELDBRIEFTRÄGER flüchtet mit seiner gefüllten Ledertasche über die Grenze. Er durchschwimmt den Fluss und rettet sich auf einen aus dem Dickicht hervorstehenden Aststumpf. Er zieht seine Schuhe aus und streunt barfuß durch den Wald. Je weiter er sich von seinem Dorf entfernt, desto düsterer wird die Landschaft. Schließlich ist er der Finsternis ausgeliefert. Er muss über Moosflächen kriechen und reißt sich die Knie auf. Nach seiner Zeitrechnung müsste es längst wieder Tag geworden sein. Aber die Finsternis verändert sich nicht. Selbst Schreie, die er, auf einem gefällten Baumstamm sitzend, hervorstößt, haben kein Echo. Dann entdeckt er plötzlich: Ich darf nicht schreien! Er sieht ein Licht, die Umrisse eines Bauernhauses. Er nähert sich, zieht die Geldtasche hinter sich her. Er klappt die Tasche auf und zu und schleppt sich wieder fort. Er denkt: Ich darf nicht hingehen! Der Hunger beginnt seine Arbeit und wirft ihn schließlich fiebernd in einen Graben. Vor dem Aufprall erwacht er und stellt fest, dass alles nur ein Traum war, von dem nichts übrig geblieben ist als sein fiebriger Körper. Er steht auf und geht hinaus. Er macht einen Spaziergang und legt sich erst um vier Uhr früh wieder schlafen. Trotzdem gibt er am darauffolgenden Tag die Stelle als Geldbriefträger auf und lässt sich versetzen. Seiner Frau sagt er, dass er lieber in der Stadt leben möchte, unter vielen Menschen, die Finsternis wäre dort nicht so groß.

(Aus: Thomas Bernhard. An der Baumgrenze. Erzählungen. Residenz-Verlag, Salzburg 1969. Zitiert nach der Ausgabe in der Sonderreihe dtv, München o. J. [1971], S. 59f.)

[1] *Untersuche Thomas Bernhards Text. Erläutere dabei die zweigliedrige Gestaltung und hebe hervor, welche besondere Bedeutung der Traum für das weitere Leben des Geldbriefträgers hat.*

[2] *Gestalte selbst einen Traumtext mit seiner Nachgeschichte. Berücksichtige folgende Aspekte:*
– *Wähle einen besonderen Beruf für deine Figur;*
– *verwende die Er-/Sie-Perspektive;*
– *erzähle auch die Reaktion der/des Träumenden nach dem Erwachen: „... er/sie erwacht und stellt fest..."*

[3] *Erläutere kurz deine Gestaltungsweise, z. B.:*
– *Welche Aspekte der Vorlage hast du aufgegriffen?*
– *Was hast du verändert?*

Erwartungshorizont

1 *Textanalyse und Bedeutung des Traums für das spätere Leben des Geldbriefträgers:*
Zu Beginn des Textes macht der Erzähler nicht klar, dass es sich um einen erzählten Traum des Geldbriefträgers handelt. So hat der Leser den Eindruck, es handle sich um eine Erlebniserzählung oder um die Inhaltsangabe eines Films. Alle Einzelheiten der Flucht über die (grüne) Grenze erinnern an oft gesehene Filmszenen. Erst der Satz „Schließlich ist er der Finsternis ausgeliefert" verlässt die Ebene realistischer Schilderung, denn er macht aus der Dunkelheit eine unheimliche Größe, die man nicht einschätzen kann. Die Verwirrung nimmt zu, das Zeitgefühl versagt, Gedanken drängen sich in die Beobachtungen der Wirklichkeit. Überhaupt verwandelt sich der Geldbriefträger schrittweise aus einem Täter (vermutlich flüchtet er mit der gefüllten Geldtasche) in ein Opfer (der Hunger wirft ihn in einen Graben).
In diesem Augenblick erwacht er, stellt fest, dass alles ein Fiebertraum war. Der Traum hat ihn jedoch „getroffen". Der Erzähler erklärt nicht, warum er diesen Traum so ernst nimmt, er berichtet nur dessen Folgen, nämlich dass der Geldbriefträger seine Stelle aufgibt und sich versetzen lässt. Es ist offensichtlich das Erlebnis der umfassenden Finsternis, das ihn bewogen hat, sich so zu verhalten. Er spricht mit niemandem, er erklärt nichts, der Leser ist auf Spekulationen angewiesen.
So könnte eine symbolische Deutung erfolgen: Durch den Traum ist dem Geldbriefträger klar geworden, dass er selbst unbewusst den Plan verfolgt oder den Wunsch hegt, die Tasche zu rauben, dass er dann aber auf der Flucht Erfahrungen machen muss, mit denen er nicht umgehen kann, sodass er sich entschließt, lieber gleich „Schluss" zu machen und seiner Umgebung (seiner Frau) eine Erklärung aufzutischen, die mit den wahren Beweggründen nur indirekt zu tun hat: Unter vielen Menschen sei die Finsternis nicht so groß wie in der Einsamkeit des Waldes – jenes Waldes, durch den der Flüchtling sich zu retten suchte.

2 *Eigener Traumtext mit Nachgeschichte – ein Beispiel zur Erläuterung:*
Die Schülerinnen und Schüler sollten einen besonderen Beruf für ihre Figur wählen – beispielsweise den des Richters, der mit folgenreichen Entscheidungen zu tun hat: Urteile fällen, Fehlurteile riskieren, Recht oder Unrecht tun.

Ein Beispieltext könnte etwa so aussehen:

DER RICHTER träumt in der Nacht vor dem Prozess, in dem er einen ihm bislang völlig unbekannten, im Übrigen geständigen Tankstellenräuber zu verurteilen hat, dass er selbst in einen Kriminalfall, wie er vor dem Schlafengehen noch einen im Fernsehen angesehen hat, verwickelt ist: Er will im Kiosk der Tankstelle seine Tankrechnung bezahlen, als er plötzlich merkt, dass er kein Geld im Portemonnaie hat. Stattdessen hält er eine Pistole in der Hand. Er ist jugendlich gekleidet, vielleicht ist er noch Student. Wild fuchtelt er mit der Pistole, schreit, dies sei ein Überfall und der Kassierer solle sich sofort auf den Boden werfen, wenn er nicht schießen solle. Er fürchtet sich, schießen zu müssen, wenn der Kassierer dem Befehl nicht Folge leistet. In der Tat, der Kassierer nimmt ihn nicht ernst, er schießt tatsächlich, zuerst in die Luft und, da der Mann sich immer noch nicht auf den Boden legt, auf ihn, verletzt ihn am Arm. Plötzlich ist da ein Komplize. Der rafft das Geld zusammen, sie fliehen. Während einer Autofahrt versucht er, auf den anderen einzureden. Der aber ist verstockt und verspottet ihn. Es sei doch alles gut gelaufen.
Der Wagen wird von der Polizei verfolgt, gestellt. Der Komplize will den Richter zwingen, mit ihm zu Fuß weiter zu fliehen. Als er sich weigert, bedroht er ihn mit einer Pistole. Der Richter fühlt sich hilflos – und erwacht. ...

Der Traum sollte eine dramatische Erweiterung erfahren: Wichtig ist, dass innerhalb der Handlung ein innerer Konflikt entsteht, aus dem zu ersehen ist, dass der Richter sich in die Rolle des Räubers geträumt hat.

Am nächsten Tag führt der Richter die Verhandlung. Die Polizei macht Aussagen, der Staatsanwalt fordert eine exemplarische und abschreckende Strafe, der Verteidiger weist auf die verkorkste Jugend des Angeklagten hin. Immer wieder aber geistert während der Verhandlung dem Richter die Traumerinnerung durch den Kopf. Er spürt, wie unkonzentriert er ist, und vertagt die Verhandlung.

Vor der nächsten Verhandlung überdenkt er den Fall noch einmal. Er hat seiner Meinung nach nicht genügend berücksichtigt, dass auch der erwachsene Täter einmal ein Jugendlicher war, der auf die schiefe Bahn geraten ist, keine Bleibe hat und Geld braucht. Vielleicht, denkt er dann, ist dieser Angeklagte aber auch der miese Komplize, der mich in das alles hineingezogen hat. Und er verschärft das Strafmaß.

3 Bezug zum Original:
Der Traum hat in beiden Fällen etwas mit dem Beruf des Träumenden zu tun, und zwar mit einer „Versuchung", die auf einer einfachen Assoziation beruht: Der Geldbriefträger veruntreut Geld, der Richter begeht eine Straftat.

In beiden Fällen haben die Träume Nachwirkungen im Alltagsleben der Träumer: Der Geldbriefträger kündigt, der Richter revidiert sein Urteil, kehrt dann aber zu seinem ursprünglichen Urteil zurück. Ähnlichkeiten zum Original bestehen auch in der Haltung des distanzierten und unbetroffenen Erzählers, der in dem Geldbriefträger und dem Richter nur Fälle von Traumerlebnissen erkennt, und in den schwerfälligen, mit Inhalten vollgestopften Sätzen.

Verändert hat sich das Verhältnis des Träumers zu seiner Tat. Im Traum tut er etwas, was er sich selbst nicht zutraut, er „tauscht die Rollen" mit dem Angeklagten. Das hat zur Folge, dass er sich besser in diesen einfühlen kann. Aber er sucht (und findet) eine Möglichkeit, sich diesem Gefühl wieder zu entziehen. Das ist bei dem Geldbriefträger nicht der Fall.

Literaturhinweise

Becker-Mrotzek, Michael/Böttcher, Ingrid: Schreiben im Museum. In: Schreibkompetenz entwickeln und beurteilen. Cornelsen Scriptor, Berlin 2006, S. 141–171

Bilder und Texte. Deutschunterricht (Westermann) Heft 4/2006

Braukmann, Werner: Freies Schreiben. Praxishandbuch für die Sekundarstufe I und II. Cornelsen Scriptor, Berlin 2003

Brenner, Gerd: Kreative Schreibverfahren/Kreatives Schreiben. In: Fundgrube Methoden II für Deutsch und Fremdsprachen. Cornelsen Scriptor, Berlin 2007, S. 122 ff./S. 168 ff.

Bundesverband Museumspädagogik (Hg.): Standbein – Spielbein: Kreatives Schreiben und die Folgen. Museumspädagogik aktuell, Heft 73/2005

Deutschbuch. Ideen für den Unterricht. Kopiervorlagen 9/10. Hg. von Ute Fenske u. a. Cornelsen, Berlin 2003

Leis, Mario: Kreatives Schreiben und Textverstehen. Cornelsen, Berlin 2000

Schurf, Bernd: Bewertung produktiver Schülerarbeiten. In: Deutschunterricht (Berlin) 48/1995, S. 338 ff.

Spinner, Kaspar H.: Kreativer Deutschunterricht. Identität – Imagination – Kognition. Kallmeyer, Seelze 2001, S. 108–125

Wangerin, Wolfgang (Hg.): Musik und Bildende Kunst im Deutschunterricht. Diskussionsforum Deutsch, Band 21/2006

NACHDENKEN ÜBER SPRACHE

5 Ehre und Abenteuer – Begriffe untersuchen

Konzeption des Gesamtkapitels

Die Arbeit an Begriffen hat die Schülerinnen und Schüler bereits in den vorausgegangenen Jahrgangsstufen beschäftigt. Sie haben in der Klasse 6 Ober- und Unterbegriffe als Ordnungssystem kennen und in der Klasse 8 Denotation und Konnotationen anhand von Wertbegriffen zu unterscheiden gelernt. Nun soll die emotionale Besetzung von Begriffen näher untersucht werden. Formen des poetischen, des privaten und des öffentlichen Sprachgebrauchs werden zur Diskussion gestellt.

Im ersten Teilkapitel (**„Stolz und Ehre – Begriffen Bedeutungen zuordnen"**) geht es zunächst um unterschiedliche Modellierungen eines Wertbegriffs in unterschiedlichen Situationen. Als Beispiel dient der Begriff der „Ehre". Drei Kontexte spielen eine Rolle: Ehre im Kontext „Nation", im Kontext „Person", im Kontext „Sport". Dann wird ein Blick auf die Leistung von Nachschlagewerken für die Klärung von Wortbedeutungen geworfen und ein Wörterbuch aus der Aufklärungszeit mit dem heute maßgeblichen Bedeutungswörterbuch (aus dem zehnbändigen „Duden") verglichen. Das Lexikon ist außerdem Basis für eine Wortschatzerweiterung im Feld des Archilexems „Ehre". Der dritte Arbeitsschritt bezieht sich auf den aktuellen Wandel des Wert- und Affektbegriffs „Ehre" beim Übergang aus geschlossenen in offene Gesellschaften. Damit ist der Anschluss an die aktuelle Diskussion um Unterschiede in der kulturellen Kodierung sozialer Anerkennung zwischen den meisten deutschen und vielen Migrantenfamilien gewonnen. Ein literarisches Beispiel (aus Orhan Pamuks Roman „Schnee") zeigt am Fall einer auch in der Presse viel diskutierten staatlichen Intervention in private Entscheidungen, wie Begriffsstrategien in ihrer psychologischen wie sozialen Dimension wirksam werden.

Im zweiten Teilkapitel (**„Gefahr, Ruhm, Abenteuer – Begriffe in Literatur und Sachtexten untersuchen"**) wird ein neuer Begriff – „Abenteuer" – eingeführt, der in vielfältiger Weise mit dem Ehrbegriff in Beziehung gesetzt wird, woraus sich für beide Begriffe weitere interessante Bedeutungsfacetten ergeben. In den drei Abschnitten des Teilkapitels geht es zum einen um die Reflexion von Medienerfahrungen und den Aufbau von Genrekenntnissen, zum zweiten um eine sprachgeschichtliche Fundierung und zum dritten um eine sprachkritische Auseinandersetzung. Ausgangspunkt dafür sind zwei literarische und zwei nicht fiktionale Texte, an denen die Texterschließungskompetenz mittels verschiedener Verfahren weiterentwickelt wird.

Das dritte Teilkapitel (**„Selbstdarstellung im Interview"**) bietet die Möglichkeit, sprachliche Besonderheiten bei der Verwendung von Wertbegriffen in der „Gefühlssprache" Jugendlicher zu untersuchen.

5 Ehre und Abenteuer – Begriffe untersuchen

		Inhalte	Kompetenzen
S. 95	5.1	Stolz und Ehre – Begriffen Bedeutungen zuordnen	Die Schülerinnen und Schüler können – die Bedeutung eines Wortes in unterschiedlichen Verwendungskontexten bestimmen;
S. 96		Die Ehre der Nation, die Ehre der Person – Klärung eines Begriffs aus dem Kontext	– am interkulturell strittigen Begriff „Ehre" Denotation und Konnotation(en) eines Begriffs feststellen und beschreiben; – implizite Wertungen des Sprechers/Schreibers am Begriffsgebrauch erkennen;
S. 98		Die Klärung der Begriffe im Lexikon – Konnotation, Denotation	– Unterschiede in der semantischen Bestimmung eines Wertbegriffs in einem Wörterbuch aus der Zeit der Aufklärung und in einem der Gegenwart feststellen;
S. 100		Mit dem Lexikon den Wortschatz erweitern – Bestimmungswort und Grundwort	– die im Lexikon alphabetisch geordneten Ableitungen aus dem Wort „Ehre" nach Wortbildungsmustern neu ordnen;
S. 101		Cool bleiben, Ehre wahren – Gefühlsbegriffe sind Normbegriffe	– zu den Begriffsdefinitionen und Wertbegriffen anderer Jugendlicher Stellung nehmen; – einen einschlägigen Informationsartikel auswerten;
S. 102		„Familienehre" – Ein Wertbegriff im Wandel	– literarische Texte, die Konventionen und Normen zur Diskussion stellen, verstehen und die zur Sprache gebrachten Kommunikationsprobleme angemessen thematisieren.
S. 103		Orhan Pamuk Schnee	
S. 106	5.2	Gefahr, Ruhm, Abenteuer – Begriffe in Literatur und Sachtexten untersuchen	Die Schülerinnen und Schüler können – inhaltliche und strukturelle Merkmale eines abenteuerlichen Erzähltextes beschreiben;
S. 106		J. R. R. Tolkien Der Herr der Ringe	– eigene Medienerfahrungen zum Begriff „Abenteuer" formulieren und in Beziehung setzen zu verschiedenen, auch etymologischen Begriffsdefinitionen;
S. 108		Wolfram von Eschenbach Das Abenteuer von Schastel marveile	– den mittelhochdeutschen Begriff der „âventiure" im Kontext des französischen Spracheinflusses erläutern;
S. 111		„Shopping Adventure" und andere „Abenteuerlein" – Inflation eines Hochwertwortes	– sich kritisch mit der gegenwärtigen Entwicklung bei der Verwendung des Begriffs „Abenteuer" auseinandersetzen; – Mittel der Kritik und der Ironie in einem Sachtext zum Thema „Abenteuer" beschreiben.
S. 113	5.3	Projekt: Selbstdarstellung im Interview	Die Schülerinnen und Schüler können – die Verwendung von Wertbegriffen in jugendspezifischer Sprache und jugendspezifischen Texten analysieren.
S. 113		Was ist für dich Stolz, was Ehre?	

101

5 Ehre und Abenteuer – Begriffe untersuchen

5.1 Stolz und Ehre – Begriffen Bedeutungen zuordnen

Begriffe ändern ihren Bedeutungsumfang und Bedeutungsinhalt nach Maßgabe der Kontexte, in denen sie gebraucht werden. Wenn aus Anlass großer sportlicher Wettkämpfe von „Ehre" die Rede ist, so ist manchmal die nationale Ehre gemeint (etwa, wenn gelungene Spiele die ausrichtende Nation positiv herausheben), manchmal die sportliche Ehre (dann, wenn eine Mannschaft über Erwarten gut abschneidet), manchmal auch die persönliche Ehre (zum Beispiel dann, wenn etwa Vorwürfe gegen einen Spieler oder Schiedsrichter erhoben werden).

S. 95

1 *Das Foto gibt eine Stimmung ausgelassener Fröhlichkeit wieder; „Siegesstimmung" wird demonstrativ gezeigt (alle blicken nach links vorn, vielleicht in eine Fernsehkamera). Zudem präsentieren die Spieler Teamgeist (sie haben die Arme umeinandergelegt). Insgesamt sind sie die „Helden der Nation".*

2 *„Siegerehrung" ist die „Antwort" der Zuschauer, Fans und Veranstalter auf die Leistung der Sportler. Denen steht oft noch die Anstrengung des Wettkampfs ins Gesicht geschrieben. Sie sind auch bewegt, manchmal gibt es Freudentränen. Bei der Siegerehrung wird sichtbar, wie viel Anstrengung und Entbehrung nötig waren, um den Sieg zu erringen.*

3 *Das Vorzeigen der Medaillen bedeutet: Schaut her – Kamera, Fernsehen, alle Zuschauer an den Bildschirmen –, wir haben mehr erreicht, als ihr uns zugetraut habt.*

S. 96

Die Ehre der Nation, die Ehre der Person – Klärung eines Begriffs aus dem Kontext

Große internationale Sportereignisse werfen in der Sportpresse ihre Schatten voraus. Nicht einmal in der Politik wird der Gedanke des nationalen Wettbewerbs so hoch gehalten wie im Sport. Wenn Sportler gegeneinander antreten, so „vertreten" sie jeweils ihre Nation. Die Medaillen werden nach Nationen gezählt und ausgewertet. Das Thema „nationale Ehre" behandeln die Journalisten bereits im Vorfeld: Alte Rechnungen werden aufgemacht, historische Rückblicke eröffnet, einzelne Ereignisse herausgegriffen und auf „nationale" Ebene gebracht, stereotype Urteile der Nationen über sich selbst und über die anderen in Erinnerung gerufen.

1 *Vorschlag für ein Tafelbild:*

Zeitungstext	verwendeter Ehrbegriff: Zitate, Umschreibungen, Synonyme	dessen Bedeutung
„Squadra Azzurra ..."	„die nationale Fußball-Ehre"	Sportlerehre als Spiegel des nationalen Selbstbewusstseins
„Stolz auf die eigene Geschichte"	„sie konkurrieren", „der Stolz auf die eigene Geschichte", „die Ehre der ‚grande nation' [...] hochhalten"	nationale Ehre; „Ehre" ist relativ, das nationale Selbstbewusstsein wächst durch (ab)wertende Vergleiche mit anderen Nationen

„Bisou"	„der coolste Mann der Welt", der „ewig währende Ruhm"	persönliche Ehre; die öffentliche Verehrung, die er bislang genoss
	„Gesetz des Ghettos"	seine persönliche Ehre als Franzose arabischer Herkunft, die er verteidigen wollte
„Der Beleidigte hat gesprochen"	Ehrbegriff der Banlieue, „sich nie auf den Füßen herumtreten zu lassen", „Trotz und Stolz und verletzte Ehre"	persönliche Ehre; Ehre heißt, sich nichts gefallen lassen, Abwertungen und Diskriminierungen massiv entgegentreten

2 „Ehre" bedeutet vielerlei (auch wenn wir nicht immer das Wort selbst im Munde führen).

Vorschlag für ein Tafelbild:

Ehre, bezogen auf die eigene Nation:
Ich bin stolz auf unsere Nationalmannschaft.
Ich habe eine Deutschlandfahne am Fahrrad angebracht.
Ich denke, deutsche Jugendliche sind aufrichtig und schmeicheln nicht.
(Weitere nationale Auto-Stereotype werden genannt werden.)

Ehre, bezogen auf mich selbst:
Ich bin aufrichtig,
ich will niemandem schaden,
ich bin verlässlich,
ich lüge nicht,
ich trinke nicht,
ich unterdrücke
und ärgere nicht die Schwächeren.
(Weitere Verhaltensnormen
werden genannt werden.)

Ehre, bezogen auf die eigene Familie:
Die Familienmitglieder achten einander.
Sie treten füreinander ein,
sie stehen zusammen,
wenn einer
von ihnen
schlecht behandelt wird.
(Weitere Verhaltensnormen
werden genannt werden.)

Ehre

Ehre spielt eine Rolle zwischen Jungen und Mädchen:
Ein Junge wird nie
ein Mädchen körperlich
angreifen.
Ein Mädchen wird Streit zwischen
Jungen zu schlichten versuchen.

Ehre im Sport, bei Wettkämpfen, in Prüfungen:
fair sein,
nicht mogeln,
sich keine Vorteile verschaffen,
anderen den Sieg gönnen,
wenn sie besser waren,
nach dem Wettkampf dem Gegner
die Hand geben

Stolz und Ansehen – Innere und äußere Ehre

3 *Situationsbeispiele, in denen „äußere Ehre" und „innere Ehre" eine Rolle spielen, mit Kurzkommentierungen, die Synonyme und Antonyme enthalten:*

„Äußere Ehre":
- Die Mannschaft hat nach dem Motto „Dabeisein ist alles" in Ehren verloren.
  Synonym für „in Ehren verloren": Die Mannschaft hat alles gegeben, aber unverdientes Pech gehabt.
  Antonym: Die Mannschaft hat verloren, zudem haben sich einige Spieler unwürdig benommen, indem sie eine Prügelei anfingen.
- Die siegreiche Mannschaft lief eine Ehrenrunde, begleitet von den Sprechchören des Publikums.
  Synonym: Die Mannschaft lief nach dem Sieg vor dem begeisterten Publikum um das Stadion, hielt dabei den Pokal/die Fahne hoch.
  Antonym: Buhrufe und wütende Pfeifkonzerte begleiteten die Aktionen der fremden Mannschaft.
- Der Gründer der Bürgerinitiative „Rettet das Bottwartal" wurde vom Bürgermeister mit der Ehrenmedaille der Stadt ausgezeichnet.
  Synonym: öffentlich geehrt; er erhielt eine Auszeichnung aus der Hand des Bürgermeisters.
  Antonym: Bei seinem ersten öffentlichen Auftritt wurde der Vertreter der Bürgerinitiative von den Anwesenden mit Schmährufen empfangen. Man warf ihm vor, er verkaufe die Interessen der örtlichen …

Beispiele für „innere Ehre":
- Seine Ehre als Unparteiischer verbietet es dem Schiedsrichter, eine Mannschaft zu bevorzugen.
  Synonym für „Ehre des Unparteiischen": Berufsehre/Berufsethos.
  Antonym: ein bestechlicher Schiedsrichter, der durch sein Verhalten auch seine Kollegen in Misskredit gebracht hat.
- Der Spieler XYZ fühlt sich in seiner Ehre als erfolgreichster Torjäger verletzt, als er vom Trainer aus dem Spiel genommen wird.
  Synonym: sich ungerecht behandelt fühlen;
  Antonym: kurz vor Schluss eingewechselt werden, ein Tor schießen und Genugtuung erfahren, wenn der Präsident auf den Platz läuft und den Spieler umarmt.
- Die Vorsitzende des Elternbeirats wehrte sich gegen den Vorwurf, sie habe die betroffenen Eltern nicht vollständig informiert. Sie fühle sich in ihrer persönlichen Ehre angegriffen, wenn man behaupte, ihr Rundbrief sei zu spät verschickt worden.
  Synonym: sie fühle sich persönlich beleidigt, wenn behauptet würde …
  Antonym: Die Vorsitzende wurde dafür gelobt, dass sie …; erhielt viel Zustimmung dafür, dass sie …

Zu dem Info-Kasten „Arbeitstechnik: Die Bedeutung eines Wortes aus dem Textzusammenhang heraus verstehen" (S. 98 im Schülerband)

Ein Begriff erhält seine Bedeutung im Gebrauch. Daher die Wichtigkeit des Kontextes. Wenn Zidane vor Journalisten sein Verhalten auf dem Platz rechtfertigt und von „Ehre" spricht und davon, dass er seine Kinder lehrt, sich nichts gefallen zu lassen, so bedeutet „Ehre" eine Haltung, die mit sportlichem Verhalten (das ebenfalls als „ehrenhaft" gilt und mit „faires Verhalten" umschrieben werden kann) nichts zu tun hat. Das „Gesetz der Banlieue" und das System „sportlicher Wettkampf" sind die unterschiedlichen Kontexte.

Ähnliches gilt für die „Ehre" zwischen Mann und Frau in Bezug auf den Unterschied zwischen einem patriarchalischen (geschlossenen) System und einem demokratischen (offenen) System. Im ersteren besteht die „Ehre" des Mannes im Gewähren von Schutz und im Ausüben von Herrschaft, im zweiten in Toleranz und dem Gewähren gleicher Rechte für Mann und Frau.

5.1 Stolz und Ehre – Begriffen Bedeutungen zuordnen

Die Klärung der Begriffe im Lexikon – Konnotation, Denotation

S. 98

Beide Wörterbücher – Adelungs „Grammatisch-kritisches Wörterbuch der Hochdeutschen Mundart" von 1793 wie auch das Bedeutungswörterbuch aus dem zehnbändigen „Duden" von 1999 – tun sich schwer, den nuancenreichen Gebrauch des Begriffs „Ehre" in Kategorien zu fassen und typische Kontexte der Begriffsverwendung anzugeben.

1 *Für beide Lexika gilt: „Ehre" ist Ansehen bei anderen, Wertschätzung durch andere Menschen (das, was zuvor als „äußere" Ehre bezeichnet wurde). Die Belegbeispiele spiegeln den zeitlichen Abstand: „Dem Frauenzimmer die Ehre lassen" würde heute heißen „den Frauen Achtung entgegenbringen", „höflich sein". Auch Ausdrücke wie „zu Ehren erhoben werden" zeigen, dass es von den Zeitumständen abhängig ist, worin sich die Wertschätzung eines Menschen durch die anderen manifestiert. Die in Adelungs Wörterbuch unter den Punkten 4 bis 6 genannten Bedeutungen sind nicht mehr gebräuchlich: Sie sind eng an das herrschende Frauen- und Männerbild der Zeit (also an soziale Rollen) gebunden. Die wie Unterbegriffe eingesetzten Synonyme (Ansehen, Würde, Hochschätzung, Hochachtung) hingegen sind geblieben. Wichtig ist noch, dass der zusammengesetzte Begriff „Ehrgefühl" im heutigen Lexikon vorkommt, dazu zwei Beispiele („etwas geht mir gegen die Ehre" und „seine Ehre dareinsetzen"), welche die subjektive Dimension der Ehre (also die „innere Ehre") anführen. Offensichtlich hat die begriffliche Unterscheidung von äußerer und innerer Ehre im Laufe der Zeit an Bedeutsamkeit gewonnen.*

2 *Weitere Wendungen und Begriffe, in denen das Wort „Ehre" eine Rolle spielt, zeigen, dass „Ehre" heute in unterschiedlichen ethnischen Gruppen verschieden gebraucht wird. Zu allen Wendungen und Begriffen gibt es zahlreiche Einträge in Internet-Suchmaschinen, z. B.:*
- *etwas in Ehren halten: sorgsam aufbewahren;*
- *zu Ehren kommen: beruflich aufsteigen;*
- *etwas ist „eine Frage der Ehre": Das Empfinden vom Wert der eigenen Person, verbunden mit dem Willen, ihn zu erhalten und zu mehren, wird eingesetzt (z. B., um etwas zu erreichen oder jemanden zu motivieren, etwas zu tun oder zu lassen); Beispiel Blogger-Kodex: eine Frage der Ehre – keine Schmähungen, keine Morddrohungen, kein Online-Stalking im Web;*
- *jemandem die Ehre geben, die Ehre verschaffen: jemanden öffentlich herausstellen;*
- *jemand „gibt sich die Ehre": alte Formel für ehrenvolle Einladungen – zu einem Fest einladen;*
- *verlorene Ehre: Diskriminierung, Mobbing, Herabsetzung einer Person werden als soziales Fehlverhalten erfahren;*
- *„Ehrenmord" („Tatmotiv Ehre"): ein Mord, der um der vermeintlichen Ehre willen begangen wird, oftmals an einer Frau, die angeblich die „Ehre der Familie" verletzt hat;*
- *„Mannesehre" besitzen, verteidigen, unter Beweis stellen: um der Ehre willen kämpfen, sich herausgefordert fühlen;*
- *ein „dunkler Ehrenmann": jemand, der in dunkle Geschäfte verwickelt ist, ein Mafioso;*
- *Schieds- und Ehrengericht: schützt die Regeln, die von den Mitgliedern eines Berufsstandes eingehalten werden sollen;*
- *Ehrenhandel: Streit, Auseinandersetzung, um der vermeintlichen Ehre willen; Duelle waren ritualisierte „Ehrenhändel".*

105

3 a) *Beispiel für den Rahmen eines Mini-Dialogs:*

Tatmotiv Ehre – ihre Freiheit, seine Ehre
Ein Streit zwischen Vater und Tochter in einer türkischen Familie. Der Vater hat der Tochter untersagt, an der Klassenfahrt teilzunehmen. Die Tochter verlangt für sich die Möglichkeit, selbst zu entscheiden, ob sie mitfahren will oder nicht. Der Vater verhängt Hausarrest. Der Lehrer der Klasse versucht, dem Vater klarzumachen, dass seine „Ehre" darin besteht, seiner Tochter ihre Freiheit zu geben/ zu lassen. Für den Vater ist „Ehre" an seine Familienrolle gebunden, für den Lehrer ein subjektiver Wert (Selbstachtung).

b) *Konnotationen (Assoziationen, Empfindungen), die mit dem Wort „Ehre" in diesem Beispiel verbunden sind:*
   Für den Vater, den Bruder, männliche Familienmitglieder, oft auch für die Mutter:
   – *die „Ehre" stabilisiert die innerfamiliäre Ordnung;*
   – *der Zusammenhalt der Familie ist bedroht, wenn man gegen die „Familienehre" verstößt;*
   – *die soziale Rollenverteilung gerät durcheinander;*
   – *der Mann, der den Frauen „Freiheiten" zugesteht, ist schwach, er versagt.*
   Für die Tochter, den Lehrer, evtl. den Freund der Tochter:
   – *Ehre ist etwas Persönliches, jeder ist selbst für sich und damit auch für seine Ehre verantwortlich;*
   – *was andere über mich sagen, soll mich schon interessieren, aber nicht mein Handeln bestimmen;*
   – *dem anderen Freiheiten zugestehen, heißt auch, ihm zu zeigen, dass man ihm zutraut, selbst „Ehre" zu besitzen und sich entsprechend zu verhalten;*
   – *für einen modernen Menschen ist „Freiheit" ebenso ein Wert wie „Ehre".*

Mit dem Lexikon den Wortschatz erweitern – Bestimmungswort und Grundwort

1 *Wortzusammensetzungen zeigen etwas von der sozialen Geschichte der Sprachteilnehmer. Eine „Ehrenurkunde" gibt es heute noch – eine „Ehrendame" nicht mehr, eine „Ehrenrunde drehen" wird zumeist ironisch (für „sitzenbleiben", nicht in die nächsthöhere Klasse versetzt werden) verwendet usw.*
Um einen Überblick über das Funktionieren des Wortschatzes bei der Erweiterung zu erlangen, systematisieren die Schülerinnen und Schüler die Verknüpfungen zwischen dem Bestimmungswort „Ehre" und verschiedenen Grundwörtern.
Vorschlag für ein Tafelbild:

Bestimmungswort	Semantische Kategorien der Grundwörter	Beispiele Bestimmungswort + Grundwort
Ehren-	Orte/Zeitpunkte, an denen die Ehrung stattfindet	Ehren(fried)hof, Ehrenplatz, Ehrensitz, Ehrenloge, Ehrensaal, Ehrenteppich, Ehrenzimmer, Ehrentisch, Ehrentag
	Zeichen (der Ehrung)	Ehrenbecher, Ehrenbankett, Ehrennadel, Ehrenurkunde, Ehrendenkmal, Ehrenkranz, Ehrenkrone, Ehrenring, Ehrenkleid, Ehrenpalme, Ehrenstaffel, Ehreneskorte, Ehrenspalier, Ehrenfackel, Ehrenfahne, Ehrentempel, Ehrenschmuck, Ehrenrock

	Personen (an der Ehrung beteiligt, auf die sich die Ehrung bezieht)	Ehrendame, Ehrenbürger, Ehrenmann, Ehrenmitglied, Ehrenname	
	Aufgaben (um der Ehre willen übernommen)	Ehrenarbeit, Ehrenamt, Ehrenstelle, Ehrendienst, Ehrenposten, Ehrenschulden, Ehrentod	
	Institutionen/Tätigkeiten, die sich mit dem Thema Ehre befassen, sich auf Ehre beziehen	Ehrenausschuss, Ehrengericht, Ehrenrat, Ehrenerklärung, Ehrenrettung, Ehrenwort, Ehrenrede, Ehrengesetz	
	respektvolle Zuneigung	Ehrenpflicht, Ehrenbezeigung, Ehrenbesuch	
	Feierlichkeiten, Ereignisse zu Ehren von …	Ehrenfest, Ehrentafel, Ehrengeleit, Ehrengastmahl, Ehrenbegräbnis	
	etwas, das eine Auszeichnung bedeutet (Ämter, Titel, Privilegien)	Ehrenspielführer, Ehrenvorsitzender, Ehrenkonsul, Ehrenpromotion, Ehrendoktor, Ehrenmitglied, Ehrenpension, Ehrenrunde	
	die Ehre betreffende Streitigkeiten, Erklärungen, Regeln	Ehrenerklärung, Ehrenfrage, Ehrensache, Ehrenduell, Ehrenhandel, Ehrenkodex, Ehrenmord, Ehrenrache, Ehrentor, Ehrentreffer, Ehrenwächter	
	Angriff auf, Beschädigung der Ehre	Ehrenbeleidigung, Ehrendieb, Ehrenschänder, Ehrenräuber, Ehrenkränkung	
Ehr -	Verhaltensweisen, Haltungen, die sich mit Ehre verbinden (Ehre erstreben)	Ehrgeiz Ehrfurcht Ehrgefühl Ehrsucht Ehrverletzung Ehrverlust Ehrerbietung Ehrliebe Ehrbegriff	ehrgeizig ehrfürchtig ehrbewusst ehrverletzend – ehrempfindlich –

2 Einige Beispiele:
- „eine Ehrenerklärung abgeben": durch eine öffentliche Erklärung eine Übereinkunft, ein verpflichtendes Verhalten festlegen und einen Angriff/eine Beleidigung zurückweisen. Beispiel: die öffentliche Ehrenerklärung des Weltradsportverbandes, keine Dopingmittel zuzulassen. Ehrenerklärungen werden oft abgegeben, nachdem die Ehre – ebenfalls öffentlich – in Zweifel gezogen wurde.
- „Ehrenausschuss": ein Sanktionsausschuss (er kann Berufsverbote erteilen), der prüft, ob jemand aus dem Berufsstand gegen elementare Regeln der Berufsausübung verstoßen hat. Der Ehrenausschuss leitet ein Ehrenverfahren ein, an dessen Ende ein Schuldspruch oder ein Freispruch steht. Die Anwaltskammern haben Ehrenausschüsse.
- „Ehrenzeichen": äußere Zeichen öffentlicher Ehrungen, die man an der Kleidung oder an einem Band um den Hals tragen kann: Ehrennadeln, Orden, Bundesverdienstkreuz usw.

3 Vorschlag für ein Tafelbild:

Das Verb „ehren"

Bedeutung	Beispiele
jemandem Respekt entgegenbringen	Vater und Mutter ehren das Alter ehren
jemanden oder etwas in seinem Wert würdigen	das Andenken des Verstorbenen ehren
jemanden beschenken	mit einem Blumenstrauß geehrt
jemanden öffentlich auszeichnen	jemandem einen Orden verleihen, ein Denkmal setzen, eine Veranstaltung zu Ehren von jemandem durchführen
jemanden förmlich anreden	sehr geehrter Herr ..., verehrte Frau ... es ist mir eine Ehre, Sie begrüßen zu dürfen ...
jemandes Gefühle achten	ich ehre deinen Schmerz

S. 101

Cool bleiben, Ehre wahren – Gefühlsbegriffe sind Normbegriffe

1 „Cool bleiben" ist eine Verhaltensnorm, die vor allem von Jugendlichen angestrebt wird. Sie wird in dem Wikipedia-Artikel umschrieben, als besonders gelassene, lässige, souveräne und kontrollierte Geisteshaltung oder Stimmung. Sich auf Provokationen nicht einzulassen, ist „cool", ein Problem mit einer einzigen Geste zu lösen, ist „cool". Auf dem Weg zu einem allgemeinen Hochwertwort erfasst „cool" inzwischen jedes allgemein geschätzte und bewunderte Verhalten. Dadurch verliert es natürlich auch an Kontur. Ist es „cool", sich mit Freunden die Kante zu geben – oder ist es „cool", das Wetttrinken abzulehnen? Was „cool" eigentlich ist, wird von Fall zu Fall und von Person zu Person anders empfunden und festgelegt. Daher kommt es, dass „cool" auch einfach als Formel der Zustimmung verwendet werden kann: „Cool, wie du das hingekriegt hast." Spiele, Bilder, Clips können „cool" sein. Auch zur Bewertung von Personen wird der Begriff herangezogen (Lehrer können cool sein).

„Ehre wahren" bedeutet Haltung bewahren, darauf achten, dass das öffentliche Ansehen keinen Schaden nimmt. Im System der „Ehre" bedeutet die Meinung der anderen viel. Arthur Schopenhauers Feststellung, dass die Furcht vor der Meinung der anderen die subjektive Seite der öffentlichen Reputation sei, stimmt insofern, als das Image, das jemand in der Öffentlichkeit hat, für diesen ein hohes Gut darstellt, das er mit allen Mitteln verteidigt. Ist die Ehre (Selbstachtung) verloren (siehe Schiller: „Verbrecher aus verlorener Ehre"), ist auch das soziale Abdriften in Verbrechen oder Drogenszene möglich.

2 Die Statements der Umfrage sind so ausgewählt, dass unterschiedliche, aber typische Meinungen über die persönliche Ehre erfasst werden:
– Miri und Annabell: „Ehre" als Familienehre geht eher die Eltern an. Für die Jugendlichen zählt mehr die persönliche Ehre, die Achtung für die eigene Person (die von anderen nicht „gebrochen" werden darf).

- *Deborah: ein nicht genau zu beschreibendes Bewusstsein für Würde, Stolz – wohl eher ein Gefühl als eine genaue Vorstellung.*
- *Mehmet: Ehre als subjektives Selbstwertbewusstsein; Verbrechen um der „Ehre" willen lehnt er ab.*
- *Kerim: Ehre ist etwas unter Männern; der Vater sagt, wie sich der Sohn verhalten soll, dass er nicht angreifen, sich aber auch nichts gefallen lassen soll. Diese Verhaltensnorm verbindet der Sohn mit „Ehre und Stolz und Würde".*

Familienehre – Ein Wertbegriff im Wandel

S. 102

1 a/b) *Die Darstellung des Begriffs „Familienehre" in dem Bericht der Bundeszentrale für politische Bildung über die Regeln muslimischer Familien: Verantwortlich für die „Ehre der Familie" sind in muslimischen Migrantenfamilien in erster Linie die Männer. Sie sorgen für die Familie, schützen sie gegen Angriffe von außen. Als Ehre der Frau werden die Keuschheit vor der Ehe und später die eheliche Treue betrachtet. Die Kinder, die in Deutschland aufgewachsen sind, stehen zwischen dem Ehrsystem ihrer Familien und den Vorstellungen personaler Verantwortung, die für ihre Freunde und Altersgenossen von Bedeutung sind. Das gewaltsame Austragen von Konflikten führt zu neuen Konflikten (zwischen Familie und Umwelt). Es gibt auch einen Wandel in der Ehrauffassung: Nicht mehr alle Türken denken so, wie es die Normen einer anatolischen Familie vorschreiben.*

Orhan Pamuk

S. 103

Schnee

Der türkische Autor Orhan Pamuk dreht die Schwarz-Weiß-Zeichnung, wie sie sich in der Migrantenliteratur häufig findet, um. Nicht der Kampf der modern eingestellten jungen Menschen gegen die Ordnung der Väter und Männer sowie das Leiden daran werden gezeigt, sondern die Auseinandersetzung mit Traditionalisten, die ihren Glauben, ihre Lebensweise, ihre überkommene Ordnung gegenüber den Werten der westlichen Welt verteidigen. Das ist in der Türkei seit Atatürks radikaler Reform der türkischen Gesellschaft ein Tabuthema. Denn offiziell gilt der Staatsgründer als normgebende Instanz. In seinem Namen wird mit Gewalt eine „Reform von oben" durchgesetzt, gegen die einzelne Menschen oder Gruppen sich zur Wehr setzen. So entsteht eine politische Polarisierung. Beide Seiten sind mit den Mitteln zur Durchsetzung ihrer Ziele nicht eben zimperlich.

1 *In dem Textauszug sprechen miteinander der bekannte Autor Ka, der nach Kompromissen zwischen den Fronten sucht und dazu seine Fähigkeit, zu argumentieren und mit Worten zu überzeugen, einsetzt, und Kadife, eine Gesinnungstäterin, die unter Druck gerät, weil sie einen tragisch zu nennenden Konflikt austragen muss: ihren Freund zu retten und ihre Gesinnung (zumindest zum Schein) zu verraten – oder an ihren (religiösen) Prinzipien, an ihrer Gesinnung festzuhalten. Kas Plan ist, dass sich Kadife zum Schein auf die Bedingungen des Polizeipräsidenten einlässt und das Kopftuch abnimmt, dadurch die Verschleppung des Freundes verhindert, später aber die eigene Überzeugung wieder öffentlich macht. Dazu muss er taktieren. Denn er muss die Rollenverteilung zwischen Freund und Freundin berücksichtigen. Der Freund kann (um der Ehre willen) nicht akzeptieren, dass Scheingeschäfte oder Scheinverhandlungen mit den „Unterdrückern" eingegangen werden. In dem Gespräch kommen Unterstellungen vor: Kadife ist der Meinung, dass der „westlich" eingestellte Journalist die anatolischen Fundamentalisten für „primitiv, unmoralisch und minderwertig" hält.*

5 Ehre und Abenteuer – Begriffe untersuchen

2 *Die Diskussion wird offen bleiben. „Starke" Argumente, die die Gesprächspartner vorbringen (solche, die schwer zu widerlegen sind), können in einem Tafelbild gesammelt werden:*

Starke Argumente Kas	Starke Argumente Kadifes
Du kannst deine Haare nur zum Schein entblößen (eine Perücke tragen), das heißt auf die Bedingungen nur zum Schein eingehen.	Solche Verhaltensweisen werden häufig geübt, aber sie entsprechen nicht der Gesinnung. Die wird trotzdem verleugnet.
Der Freund muss ebenfalls nicht annehmen, dass du die Haare um seiner Rettung willen zeigst, denn niemand weiß von eurem Verhältnis.	Der Mensch braucht einen Halt, den bieten ihm der Glaube, die Prinzipien, nach denen er sein Leben einrichtet.
Das Leben ist das höchste Gut, man muss schon dumm sein, wenn man in Kauf nimmt, das Leben für eine Gesinnung zu opfern.	In einem armen Land ist der Glaube ein Halt, der unter keinen Umständen in Frage gestellt werden darf, auch nicht zum Schein und um eines Vorteils willen.
Was wird der Freund Lapislazuli denken? Er wird eine Lösung akzeptieren, die die Ehre wahrt und die Rettung ermöglicht. Er hat eine „praktische Vorstellung von Ehre".	Lapislazuli hat, wie ich selbst auch, keine taktische Vorstellung von Ehre. Das ist typisch für die „Westler". Und ich taktiere nicht. Die Haltung der Westler ist unmoralisch.

3 *Vorschlag für ein Tafelbild:*

Kas Rede von „Ehre"	Klärende Umformulierungen
„Jetzt geht es nicht darum, an der Tür zur Universität deine Ehre zu retten" (Z. 9 f.)	eine Demonstration deiner Haltung zu bieten
„Es befleckt Lapislazulis Ehre nicht, wenn du dein Haar zeigst, denn niemad weiß über euer Verhältnis Bescheid." (Z. 14 ff.)	Lapislazuli muss sich nicht in seiner Ehre angegriffen fühlen, weil er noch nicht öffentlich für dich verantwortlich ist.
„Er wird sich selbst sofort davon überzeugen, dass du deine Ehre rettest und dass dies eine Lösung ist." (Z. 117 ff.)	Er wird zufrieden sein, dass der „Trick" funktioniert: Kadife wird sich nur zum Schein entblößen.
„dein Ehrbegriff, der keine Tricks akzeptiert" (Z. 121 f.)	Deine Gesinnung erlaubt keine Tricks, keine Kompromisse.
„und seine praktische Vorstellung von Ehre" vertragen sich nicht (Z. 122 ff.)	Die „praktische" Sicht auf Ehre konzentriert sich auf den äußeren Schein. Damit wird Lapislazuli zufrieden sein.

4 Zusammenfassung des Dialogs zwischen Ka und Kadife:

Kadife: Ich darf über das Dilemma nicht nachdenken, sonst akzeptiere ich den Vorschlag.
Ka: Das kannst du ruhig tun. Es ist ja nur zum Schein.
Kadife: Dann würde ich mich verhalten wie viele andere, mit denen ich nicht gleichgesetzt werden möchte.
Ka: Es geht nicht um Kleinigkeiten, sondern um das Leben Lapislazulis.
Kadife: Wird Lapislazuli auf diese Weise gerettet werden wollen?
Ka: Das Leben ist ein hohes Gut. Dafür muss man Kompromisse eingehen.
Kadife: Wenn die Kompromisse die Überzeugungen schädigen, ist das nicht gut.
Ka: Aber das Leben ist wichtiger. Es ist eine Dummheit, sein Leben für seinen Glauben zu opfern.
Kadife: Arme Menschen haben nichts als ihren Glauben.
Usw.

5 Kadife erkennt, dass Ka wie ein „Versucher" redet: vernünftig, die Vorteile abwägend, Ratschläge erteilend. Es sind taktisch sinnvolle, aber gesinnungsfeindliche Ratschläge. Deswegen beschuldigt sie den westlich gesinnten Schriftsteller der Kooperation mit den „Unterdrückern". Was sie nicht sieht (oder nicht sehen kann), ist, dass gerade das System, für das sie eintritt (das des Glaubens und der strengen Regeln), selbst ein autoritäres Unterdrückungssystem ist, das keineswegs Andersdenkenden ihre Freiheit des Denkens belässt.

6 Ka wird sich auch nach dem Gespräch so verhalten wie in demselben, nämlich taktisch. Er wird auf Kooperation mit den Unterdrückern setzen, um das Schlimmste zu verhüten. Er kann nicht einsehen, dass man den Gesinnungskonflikt um das Tragen des Kopftuchs so eskalieren lässt, dass es am Ende Todesopfer gibt.

5.2 Gefahr, Ruhm, Abenteuer – Begriffe in Literatur und Sachtexten untersuchen

Tolkien & Co – Abenteuerinszenierungen

J. R. R. Tolkien
Der Herr der Ringe

1 Gerade für diejenigen Schülerinnen und Schüler, die den Roman „Der Herr der Ringe" nicht kennen, ist es wichtig, dass eine Verständigung über den Inhalt stattfindet. Die in der Aufgabenstellung nahegelegte Übung einer schriftlichen Inhaltsangabe nach „strenger" Form sollte aber den spontanen und emotionalen Umgang mit dem Text und den Einstieg in das Unterrichtsvorhaben durch ein Gespräch auf keinen Fall behindern oder unterbinden. Deshalb eignet sich diese Aufgabe in ihrer schriftlichen Form eher als Hausaufgabe. Dies schließt eine mündliche „Vorform" der Inhaltsangabe im Unterricht nicht aus.

2 a) Vorschlag für ein Tafelbild:

Tolkien: „Der Herr der Ringe" – Gestaltung eines Abenteuers

Handlungsaufbau: Aufbau der Spannungssituation (Z. 1–24) – Gegenübertreten der beiden Kontrahenten (Z. 25–34) – Eröffnung des Kräftemessens (Z. 35–52) – Kampf (Z. 53–75) – Ende des Kampfes mit beiderseitiger Niederlage (Spannungshöhepunkt) (Z. 76–88) – Letzter Befehl, Reaktion der Übriggebliebenen und Übergang zur weiteren Handlung (Z. 88–99).
Handlungsmotive: Macht, Vernichtungswille vs. Rettung, Sicherung eines humanen und freien Lebens.
Figuren: zwei feindliche Gruppen: Orks und Balrog gegen Gandalf, Boromir, Aragorn und die übrige „Gemeinschaft".
Gegenstände: Stab und „Glamdring" (das Zauberschwert) in der Hand von Gandalf – Peitsche und rotes Schwert in der Hand des Balrogs.
Naturphänomene: Höhle – Abgrund – Felsbrücke; Feuer – Dunkelheit/Finsternis; Schreien – Echo.

b) Eine „Herausforderung" ist nicht selten Auslöser und Impuls für ein Abenteuer. Dabei kann der Begriff im Spektrum von rational bis irrational unterschiedliche Bedeutungsnuancen haben: Herausforderung z. B. im Sinne einer Provokation, die affektives Handeln bewirkt, oder Herausforderung in dem Sinn, dass ein (sportlicher, intellektueller etc.) Ehrgeiz geweckt wird und leistungsorientiertes Handeln bewirkt.
„Befehle" können direkt oder indirekt in Abenteuer führen: indem entweder mit ihrem Befolgen das Abenteuer beginnt – oder gerade die Verweigerung des Befehls ein Abenteuer auslöst.

3 Die Aufgabe sollte zunächst reflektiert werden: Lässt die dargestellte Situation, in der das Handeln im Vordergrund steht, den beiden fraglichen Figuren überhaupt Raum für Gedanken/Nachdenken? An welchen Stellen des Textes ist es schlüssig, innere Monologe einzufügen? Welche sprachliche Form ist angemessen für einen inneren Monolog in solch einer Situation?

5.2 Gefahr, Ruhm, Abenteuer – Begriffe in Literatur und Sachtexten untersuchen

4 a) *Durch die Verfilmungen ist die Popularität des „Herrn der Ringe" in den letzten Jahren stark gestiegen; deshalb kann man davon ausgehen, dass die Handlung zumindest einigen Schülerinnen und Schülern geläufig ist, sodass das Geschehen in groben Zügen eventuell auch ganz ohne Hilfen zu rekonstruieren ist. Auch kann hier gut das mündliche Erzählen geübt werden, indem einzelne spannende Etappen der Handlung ausführlicher vorgestellt werden.*

b) *Bei dieser Aufgabe ist es ebenfalls hilfreich, wenn die Lerngruppe auf Grund weiter reichender Kenntnisse des Romans oder der Filme das Verhalten der einzelnen Figuren auch in anderen Phasen der Handlung miteinbeziehen kann.*
Weitere bedenkenswerte Motive, warum sich die Helden immer neuen Abenteuern stellen, sind – neben der Ehre – z. B. Verantwortung, Freundschaft, Belohnung, Sinnsuche, Verzweiflung und andere mehr.

5 a) **Zur Wandzeitung:** *Diese Präsentationsform wird mit Aufgabe 7 auf S. 108 und mit Aufgabe 5 auf S. 110 im Schülerband explizit weiterverfolgt. Darüber hinaus sind auch folgende Aufgaben für die Darstellung in diesem Medium gut geeignet: Aufgabe 6a, S. 108 und Aufgabe 1, S. 112 im Schülerband.*
Das Format der Wandzeitung bietet sich hier besonders an, da es zum einen die großflächige Darstellung auch von Bildmaterial ermöglicht und zum anderen die Vielfältigkeit des Abenteuerbegriffs während der gesamten Unterrichtssequenz im Bewusstsein hält.

b) *Medien, die sinnvoll untersucht werden können: Abenteuerromane (für Jugendliche), Abenteuerfilme, Abenteuerserien, Reality-Formate im Fernsehen, Adventure Games.*
Typische Strukturen sind z. B.:
– *Lösung einer Aufgabe, Erreichen eines Ziels als Ausgangs- und Endpunkt für Abenteuer;*
– *Auftauchen unerwarteter Schwierigkeiten und Gefahren als Auslöser für Abenteuer;*
– *Reihung von mehreren Abenteuern zu einer Kette; häufig Steigerung im „Schwierigkeitsgrad", damit Steigerung der Spannung;*
– *Spannungshöhepunkt meist ganz am Schluss.*
Weitere typische Merkmale können anhand folgender Impulse entwickelt werden:
– *Rolle der Gefahr in Abenteuern;*
– *Möglichkeiten der Identifikation für den Rezipienten;*
– *Gut-Böse-Schemata;*
– *Rolle von Natur und Technik zur Gestaltung von Abenteuern;*
– *Einsatz von Gewalt in Abenteuern.*

6 a) *Die Mind-Map kann alternativ auch als Einstieg in das Unterrichtsvorhaben eingesetzt werden. Allerdings ist zu erwarten, dass die Assoziationen vielfältiger ausfallen, wenn – wie hier vorgesehen – bereits auf einer konkreten Textgrundlage gearbeitet wurde.*

b) *Diese Aufgabe dient der Auffrischung und Vertiefung der Erzählkompetenz, die häufig in den höheren Jahrgangsstufen zu kurz kommt. Eine mögliche Variation besteht darin, nur einen Erzählplan schriftlich erarbeiten und auf dieser Basis dann mündlich möglichst wirkungsvoll erzählen zu lassen. Die Möglichkeiten spontanen und geplanten Erzählens können dabei verglichen werden.*

7 a/b) *Vgl. hierzu auch den Text und Aufgabe 5 auf S. 110 des Schülerbandes. Der Recherche kann auch ein eigener Definitionsversuch vorangestellt werden.*

5 Ehre und Abenteuer – Begriffe untersuchen

S. 108

„Ach, Ihr seid es, Frau Aventüre!" – Lehnwörter aus Frankreich

S. 108

Wolfram von Eschenbach
Das Abenteuer von Schastel marveile

1 a) *Klärung der Begriffe:*
- *Terre marveile: das wundersame (verzauberte) Land;*
- *Lit marveile: das wundersame (verzauberte) Bett;*
- *Schastel marveile: das wundersame (verzauberte) Schloss.*

b) *Da der sehr kurze Textauszug keinerlei Hinweise auf die zu bestehenden Herausforderungen gibt, sind die Schülerinnen und Schüler ganz auf ihre Fantasie angewiesen, die wahrscheinlich Anleihen bei diversen Medienerfahrungen machen wird. Bei der Beurteilung der Handlungsskizzen können ggf. Vorkenntnisse über das Mittelalter und seine Literatur miteinbezogen werden.*
Im mittelalterlichen Original sind es folgende Schrecken, die Gawan überstehen muss:
- *das wild gewordene Bett;*
- *500 Stockschleudern, aus denen Gawan mit Kieselsteinen beschossen wird;*
- *500 Armbrüste, aus denen Pfeile auf Gawan geschossen werden;*
- *ein Schrecken erregender, kraftstrotzender Kerl, der mit einer riesigen Keule bewaffnet ist;*
- *ein gewaltiger Löwe, groß wie ein Pferd.*
Gawans Abenteuer auf Schastel marveile findet man in Wolframs „Parzival" im elften Buch.

2 *Das erfolgreiche Bestehen eines gefährlichen Abenteuers ist Quelle für Ruhm und Ehre (Z. 17 f.), die letztlich aber nicht (nur) der eigenen Leistung, sondern Gott zu verdanken sind (Z. 18). Freude und Stolz werden als angemessene Empfindungen dem erfolgreichen Abenteurer zugeordnet (Z. 18 f.). Ruhm und Ehre materialisieren sich in Besitz und Herrschaft sowie in der Bewunderung, vor allem durch das weibliche Geschlecht.*
Das Abenteuer dient nicht als Freizeitvergnügen oder persönliche Bestätigung, sondern hat eine gesellschaftliche Funktion, z. B. das Abwenden von Gefahr, Bedrohung oder Unterdrückung. Sowohl die Gesellschaft als auch der mittelalterliche Held profitieren vom erfolgreichen Ausgang eines Abenteuers.
(Vgl. den Text und Aufgabe 5 auf S. 110 im Schülerband; s. S. 115 in diesem Handbuch.)

3 a) *Heute noch gebräuchliche deutsche Wörter, die auf die altfranzösischen Begriffe zurückgehen:*
- *rime – Reim*
- *tournelle – Turm*
- *torneir – Turnier*
- *prix – Preis*
- *lance – Lanze*
- *danse – Tanz*
- *fable – Fabel*
- *flaüte – Flöte*
- *harnais – Harnisch*
- *joel – Juwel*

b) *Alle diese Begriffe stammen aus dem Bereich der höfischen Kultur: Der französische Spracheinfluss vollzog sich auf dieser Sprachstufe – im Mittelalter – ausschließlich im Bereich der ritterlichen Standessprache.*

5.2 Gefahr, Ruhm, Abenteuer – Begriffe in Literatur und Sachtexten untersuchen

4 *Ordnung nach Spracheinflüssen:*
- Ableitung der Endungen „-ie" (bzw. „-ei") und „-ieren": loschieren (sich oder jmd. beherbergen) – jegerie (Jägerei) – parlieren (reden) – prophezie (Prophezeiung) – regnieren (regieren);
- „-lei" aus „loi": mancherlei, allerlei;
- Prägung wichtiger höfischer Standeswörter: hövesch (höfisch), ritter (Ritter).

5 a/b) *Die Grafik könnte so aussehen:*

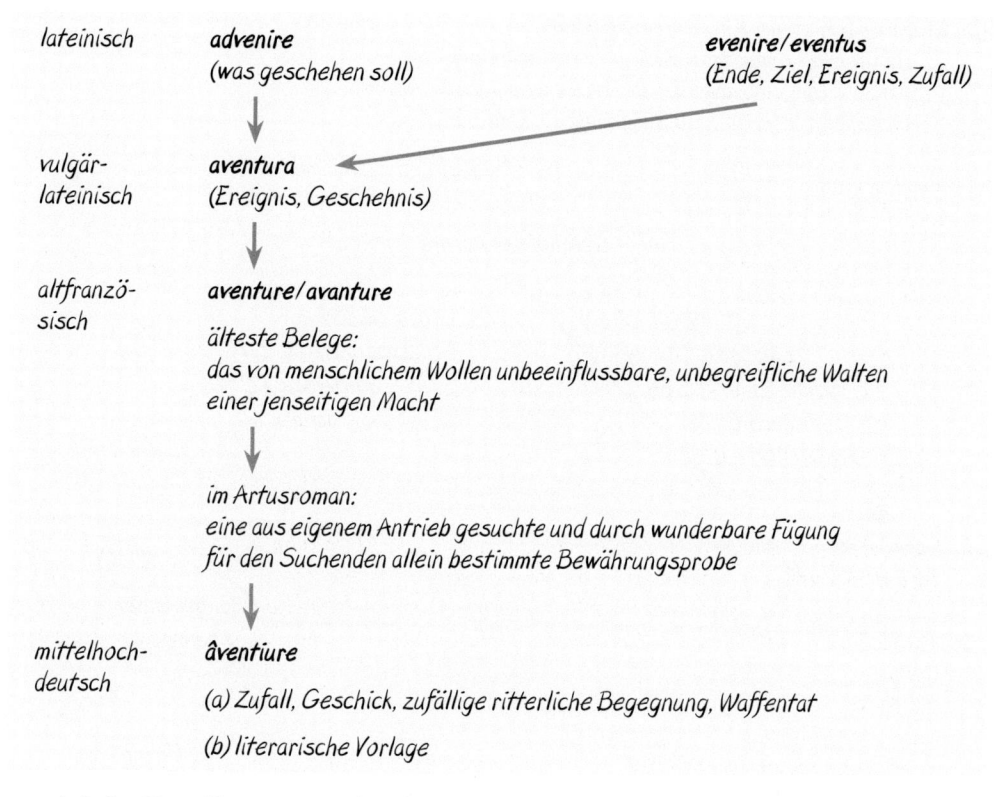

lateinisch	**advenire** (was geschehen soll)	**evenire/eventus** (Ende, Ziel, Ereignis, Zufall)
vulgär-lateinisch	**aventura** (Ereignis, Geschehnis) ←	
altfranzösisch	**aventure/avanture** älteste Belege: das von menschlichem Wollen unbeeinflussbare, unbegreifliche Walten einer jenseitigen Macht	
	im Artusroman: eine aus eigenem Antrieb gesuchte und durch wunderbare Fügung für den Suchenden allein bestimmte Bewährungsprobe	
mittelhochdeutsch	**âventiure** (a) Zufall, Geschick, zufällige ritterliche Begegnung, Waffentat (b) literarische Vorlage	

c) In dem Text „Abenteuer von Schastel marveile" steht beim Begriff „Abenteuer" die Bedeutung einer gefährlichen ritterlichen Bewährungsprobe im Vordergrund, bei der sich der Ritter im Kampf behaupten muss. Die scheinbare Unmöglichkeit, das Abenteuer zu bestehen, verweist auf die göttliche Fügung: Erst wenn der Richtige kommt, kann das Abenteuer bestanden und kann der Zauber, der über Terre marveile liegt, aufgehoben werden.
In der Zwischenüberschrift „Ach, Ihr seid es, Frau Aventüre!" wird übrigens die mittelhochdeutsche Sonderbedeutung des Begriffs deutlich: Die literarische Quelle, die Vorlage tritt in personifizierter Form auf.

6 *Diese Aufgabe schließt an Aufgabe 5 auf S. 108 im Schülerband (vgl. S. 113 in diesem Handbuch) an, fokussiert nun speziell die literarischen Abenteuer, die spezifiziert und kategorisiert werden können. Dabei sollte die Genrezuordnung unbedingt problembewusst erfolgen: Es kann keine klare Abgrenzungen geben, in der Regel gibt es Überschneidungen bzw. Mischformen zwischen den verschiedenen Gattungen (z. B. sind die im Begriffsstern genannten Genres häufig zugleich Reiseromane).*
Im Sinne einer Lese(motivations)förderung sollte der Einbezug eigener Leseerfahrungen auch für Leseempfehlungen und Leseanregungen genutzt werden.

5 Ehre und Abenteuer – Begriffe untersuchen

S. 111

„Shopping Adventure" und andere „Abenteuerlein" – Inflation eines Hochwertwortes

S. 111

Andreas Altmann
Jeder Furz ein Abenteuer

1 *Kritisierte Formen der Abenteuerinszenierung:*
- *Abenteuer als Kontext für Mode- oder Autowerbung;*
- *harmlose, teure und abgesicherte Freizeitvergnügen als Abenteuer;*
- *Abenteuerinszenierung zur Steigerung des Konsums.*

2 *Mögliche Grafik:*

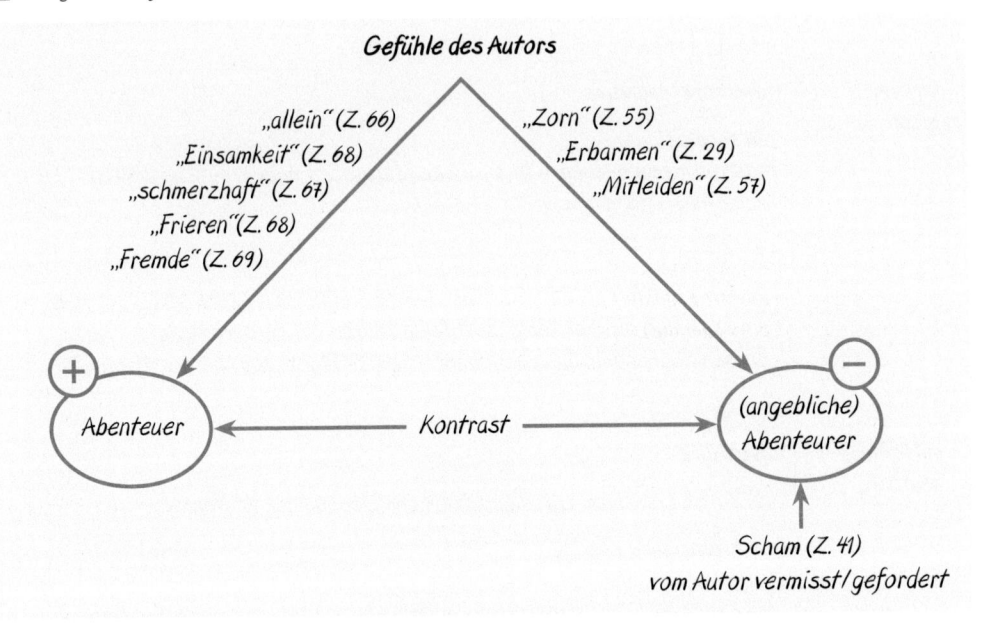

```
                    Gefühle des Autors
                           /\
                          /  \
       „allein" (Z. 66)           „Zorn" (Z. 55)
       „Einsamkeit" (Z. 68)       „Erbarmen" (Z. 29)
       „schmerzhaft" (Z. 67)      „Mitleiden" (Z. 57)
       „Frieren" (Z. 68)
       „Fremde" (Z. 69)

       (+)                              (-)
    Abenteuer   ←——— Kontrast ———→   (angebliche)
                                      Abenteurer

                                      Scham (Z. 41)
                              vom Autor vermisst / gefordert
```

3 a) *Der Autor ist für*
- *Abenteuer im Sinne seiner eigenen Definition (vgl. Z. 66–72);*
- *eine respektvolle und begrenzte Nutzung des Begriffs „Abenteuer";*

er ist gegen
- *eine Deklaration harmloser (aber meist kostspieliger) Freizeit- oder Modeerlebnisse als „Abenteuer";*
- *den Missbrauch des Wortes „Abenteuer" im Sinne einer Verharmlosung, Entwertung.*

b) *Variationen zur Umsetzung der Aufgabe:*
- *Als Übung für eine schriftliche Erörterung im Anschluss an eine Textvorlage kann diese Aufgabe schriftlich bearbeitet werden. Die Schreibprodukte können in einer Schreibkonferenz hauptsächlich auf ihre argumentative Stichhaltigkeit hin überprüft werden.*
- *Sammlung von Argumenten an der Tafel:*
  Die Kritik des Autors am Umgang mit dem Begriff „Abenteuer" ist berechtigt, weil ...
  Die Kritik des Autors am Umgang mit dem Begriff „Abenteuer" ist nicht berechtigt, weil ...

5.2 Gefahr, Ruhm, Abenteuer – Begriffe in Literatur und Sachtexten untersuchen

- Sammlung von unterschiedlichen Formulierungsmöglichkeiten: Ich finde die Kritik des Autors berechtigt, übertrieben, nachvollziehbar, schlüssig, unbegründet, albern, bösartig, unterhaltsam, bedenkenswert etc.

4 a) Es empfiehlt sich, zwischen ironisch verwendeten und unverhohlen kritischen Ausdrücken zu unterscheiden:
- ironisch: „echte Männer" (Z. 8 f.), „Helden" (Z. 22), „richtiger Kerl" (Z. 24 f. und Z. 28), „Eroberer" (Z. 27);
- kritisch: „Maulhelden" (Z. 29), „Sonntagsausflügler" (Z. 44), „Out-of-Africa-Verschnitt" (Z. 51).

b) Neben der Akkumulation von Adjektiven im Einleitungssatz fällt insbesondere die Anhäufung von Adjektiven aus dem Bereich der Mode im Abschnitt Z. 11–20 auf: „liebevoll frisiert", „geschmackvoll abgestimmt", „handgebügelt", „tailliert", „schneeweiß", „zart", „raffiniert geschnitten". In Verbindung mit der Nennung zahlreicher Namen bekannter Modedesigner entlarven diese Adjektive hier die völlig unangemessene, unrealistische Verbindung von Naturabenteuern mit Designermode und geben dieses Werbekonzept der Lächerlichkeit preis.
Adjektive, die die Wertung des Autors unmissverständlich artikulieren, sind: „aberwitzig" (Z. 6), „peinlich" (Z. 30 f.), „schamlos" (Z. 41 f.), „läppisch" (Z. 43), „billig" (Z. 46) und dazu im positiven Gegensatz: „schön", „dunkel", „muskulös" (Z. 1 f.) sowie „einmalig" (Z. 64). Ironisch gebraucht sind dagegen folgende Adjektive: „echte Männer" (Z. 8 f.), „starkes Stück Text" (Z. 26), „richtige Kerle" (Z. 28). Besondere Effekte werden außerdem durch die Kontrastierung von „knallhart und peinlich" (Z. 30 f.) sowie „dünne Realität" und „fett gedruckte Worte" (Z. 31 f.) erreicht.
Die Weglassprobe kann zu folgender Unterscheidung führen:
- Aussagen, die ihre Bedeutung durch das Weglassen der Adjektive vollständig verlieren (z. B. der Einleitungssatz oder die Ellipse in Z. 26);
- Aussagen, die durch das Weglassen der Adjektive einen Teil ihrer Wirkung einbüßen (z. B. Z. 11–20).

c) Vorschlag für ein Tafelbild:

Textstelle	sprachliche Mittel, um eine besonders intensive Wirkung zu erreichen
„das schönste, das dunkelste, das muskulöseste Wort" (Z. 1-2)	- Anhäufung von Attributen - Superlative - ungewöhnliche Begriffskombinationen
„das Frieren, die Fremde, das Fremde" (Z. 68-69)	- Alliteration - Substantivierung - Bedeutungsnuancierung durch unterschiedliches grammatisches Geschlecht bei gleichem Wort
„First-class-Bettchen" (Z. 37) „Abenteuerlein" (Z. 40)	- Verkleinerungs-/Verniedlichungsform

5 a) Die Begriffskombination „Abenteuer Lesen" kann z. B. durch die Identifikation des Lesers bzw. der Leserin mit den Helden und Heldinnen von Abenteuergeschichten erklärt werden. „Abenteuer Wissenschaft" kann beispielsweise auf den offenen Ausgang von (manchmal auch gefährlichen) Experimenten bezogen werden; eine Brücke kann auch der Begriff „Entdeckung" bilden.

b) Die Aufforderung zur Diskussion kann in unterschiedlicher Weise realisiert werden: Einerseits ist zu entscheiden, ob nur eine These ausgewählt wird oder mehrere bzw. alle in den Blick genommen werden sollen. Andererseits sind die Diskussionsform und in Abhängigkeit davon das konkrete unterrichtliche Vorgehen genauer zu bestimmen, z. B. Plenumsdiskussion, Diskussion in Kleingruppen, Podiumsdiskussion oder Fishbowl-Diskussion; Vertreten der eigenen Position oder Übernahme einer Rolle etc.

Die beiden Aussagen „Abenteuer sind ehrenhaft" und „Abenteuer sind cool" rekurrieren auf die begriffliche Differenzierung im ersten Teilkapitel (vgl. S. 101 im Schülerband), ermöglichen also eine Vertiefung und Anwendung der dort gewonnenen Einsichten.

Die These „Abenteuer sind Männersache" soll eine Auseinandersetzung mit geschlechtsbezogenen Rollenklischees provozieren, die in dem Unterrichtsvorhaben bis hierhin möglicherweise nur unbewusst eine Rolle gespielt haben.

Als Komplementärthese zur vierten Aussage kann man auch folgende Formulierung anbieten: „Das Beste an Abenteuern ist, dass man sie mit einem Buch oder einem Film auch ganz ohne eigene Gefährdung erleben kann."

Die letzte Aussage kann in zweierlei Weise verstanden werden: Zum einen kann sie sich auf „Liebesabenteuer" beziehen, im Sinne von „(heimlich) Beziehungen zu mehreren Partnern gleichzeitig unterhalten", zum anderen kann sie sich auf Abenteuer allgemein beziehen, die durch ihre Gefährlichkeit und die häufig mit ihnen verbundene Abwesenheit eine Beziehung belasten, zumindest wenn die Abenteuer nicht von beiden Partnern gemeinsam erlebt werden.

5.3 Projekt: Selbstdarstellung im Interview

Was ist für dich Stolz, was Ehre? – Antworten aus einer internationalen Klasse

S. 113

1 *Unterschiedliche Bedeutungen, die die Schülerinnen und Schüler „Stolz" und „Ehre" einräumen:*
Stolz und Ehre eher als „Gefühl":
- Mirjam: Man benötigt Stolz und Ehre, sonst bekommt man Minderwertigkeitskomplexe. Kollektivstolz ist gefährlich, denn man kann ohne Grund überheblich werden.
- Luciana: Man empfindet „Ehre", wenn man etwas getan hat, worauf man stolz sein kann, oder wenn man sich irgendwo zugehörig fühlen kann.
- Linn: Zur „Familie" passt das Gefühl der Liebe, nicht „Ehre und Stolz".

Stolz und Ehre als moralischer oder sozialer Wert:
- Leon: Stolz kann man sein, wenn man aus eigener Leistung etwas Gutes getan hat. Ehre beruht ebenfalls auf eigener Leistung, ist aber etwas „viel Größeres" als Stolz, das – anders als Stolz – nicht die Gefahr der Arroganz birgt.
- Laura: Es macht mich stolz, meiner Familie anzugehören; die Familie gibt mir ein Selbstwertgefühl, das man nicht selbst erwerben kann.
- Yanisa: Ehre ist der Respekt, den mir andere entgegenbringen. Darauf basiert mein Stolz.

Stolz und Ehre bestimmen das Verhalten:
- Emma: Respekt muss man „ehrlich verdienen". Ich würde mich nie verstellen, um Anerkennung zu erlangen.
- Adrienne: Stolz sein und dennoch die eigenen Fehler sehen, sich selbst realistisch einschätzen – das hält Ehre und Stolz zusammen.

2 *Mögliche Interviewfragen zu „Stolz, Ehre, Achtung, Respekt":*
- Dilemmafrage: „Stell dir vor, jemand spricht schlecht von deinem Vater, deiner Mutter, deiner Schwester – was wirst du tun?" Oder: „Stell dir vor, du entdeckst, dass dich dein Freund/deine Freundin betrügt. Wie reagierst du?"
- Entscheidungsfrage: „Würdest du lieber deine Ehre verteidigen oder dein Leben?"
- Definitionsfrage: „Was ist für dich ein Fall von ‚Ehrverletzung'?"
- Problemlösungsfrage: „Welche Möglichkeiten siehst du, ehrenvoll aus folgendem Konflikt herauszukommen? (...)"

4 *Ein Beispiel für ein Kurzinterview zum Thema „Ehre" und dessen Auswertung finden sich auf S. 120.*

Zusatzmaterial

Alexander oder eine persönliche Vorstellung von Ehre

Frage: Was ist für dich „Ehre"?
EHRE ist für mich nichts, was man von seiner Familie vererbt bekommt. Ehre muss man erwerben. Ehre sind Anerkennung und Respekt, die man für ehrenvolles Verhalten von den anderen bekommt.
Frage: Woran erkennst du, was ehrenvolles Verhalten ist?
Natürlich gibt es unterschiedliche Auffassungen, was ehrenvoll ist. Ich persönlich bewerte das Verhalten nach bestimmten Grundsätzen. Die gelten bei allen in meiner Familie:
– Sei loyal gegenüber deiner Familie und deinen Freunden, es sei denn, die verstoßen selbst gegen die Ehre;
– kämpfe gegen das Unrecht;
– verteidige die Schwachen.
Frage: Hast du dich auch selbst immer so verhalten? Was hast du für Erfahrungen gemacht?
Ich persönlich bin bisher damit klargekommen. Und es hat mir auch geholfen, bestimmte Verhaltensweisen als EHRLOS zu erkennen:
– in Gruppen Schwächere bedrohen und einschüchtern;
– „Kameraden" rechtfertigen, decken, hinter ihnen stehen, obwohl man weiß, dass sie einen zusammengeschlagen haben oder z. B. einen Bruch begangen haben;
– in der Dikso Leute aufmischen, sie provozieren, damit man sie dann „abklatschen" kann;
– einen Freund in eine „Falle" laufen lassen;
– aus Angst vor Strafe mit Feinden der Freunde zusammenarbeiten.
Frage: Glaubst du, dass viele so denken wie du?
Das ist erst einmal nur meine persönliche Meinung. Bin aber sehr an eurer Meinung dazu interessiert.

(Gruppenarbeit aus einer Schulklasse, in der sieben Nationalitäten vertreten sind)

Auswertung:
1. Alexander hat seine Überzeugungen (was Ehre anbetrifft) von seiner Familie übernommen, betont aber, dass man sie nicht „ererbt", sondern erwirbt. Die Grundsätze haben ihn persönlich überzeugt und er versucht erfolgreich, sein Leben danach einzurichten.
2. Über ehrenvolles Verhalten hat Alexander sehr konkrete Vorstellungen: Schwachen helfen, gegen Unrecht kämpfen, zur Familie und zu Freunden stehen.
3. Diese Auffassungen sind so artikuliert, dass kaum jemand widersprechen wird. Sie haben allgemeine Gültigkeit. Sie verhindern aber nicht, dass man in Konflikte gerät. Wie ist es, wenn man Schwachen helfen will, aber nicht weiß, wie? Wenn die das gar nicht wollen? Wenn sie nicht nur schwach, sondern auch gemein sind?
4. Es fällt Alexander leichter, Ehrverletzungen (also das Gegenteil von Ehre) zu beschreiben. Er hat da offensichtlich konkrete Beispiele aus seiner Clique im Hinterkopf: Freunde verpfeifen, einen Freund auflaufen lassen ...
5. Alexander weiß, dass andere in Dingen der Ehre anders denken als er. Offensichtlich denkt er dabei an Leute, die viel von „Ehre" reden, aber nicht ehrenvoll handeln (sondern Leute zusammenschlagen, dumpf hinter ihren „Freunden" stehen, Streit suchen, provozieren).

Lernerfolgskontrolle/ Thema für eine Klassenarbeit

Durch Fragen geleitet aus einem Text Informationen ermitteln, Informationen vergleichen, Textaussagen deuten und abschließend reflektieren und bewerten

Feridun Zaimoglu
Ich spiel in der Liga der Verdammten

Der Schriftsteller Feridun Zaimoglu gibt in seinem Buch „Kanak Sprak" eine Analyse der Verhaltensmuster, die sich zwischen Deutschen und in Deutschland lebenden Türken herausgebildet haben. Er schreibt:

Die „besseren Deutschen" feiern Türken als Inbegriff für „Gefühl", den „Kanaken" schiebt man Sitten und Riten zu wie einen Schwarzen Peter, „spezifische Eigenarten", an denen man sie zu erkennen glaubt. Längst haben sie einen Untergrund-Kodex entwickelt und sprechen einen eigenen Jargon: die „Kanak Sprak". Ihr Reden ist dem Free-Style-Sermon im Rap verwandt, dort wie hier spricht man aus einer Pose heraus. Man gibt eine ganz und gar private Vorstellung in Worten.

Der Kanake spricht seine Muttersprache nur fehlerhaft, auch das „Alemannisch" ist ihm nur bedingt geläufig. Sein Sprachschatz setzt sich aus verkauderwelschten Vokabeln und Redewendungen zusammen, die so in keiner der beiden Sprachen vorkommen. In seinen Stegreif-Bildern und -Gleichnissen lässt er Anleihen vom Hochtürkisch bis zum dialektalen Argot anatolischer Dörfer einfließen. Er unterstreicht und begleitet seinen freien Vortrag mimisch und gestisch. Die reiche Gebärdensprache des Kanaken geht dabei von einer Grundpose aus, der so genannten „Ankerstellung": die weit ausholenden Arme, das geerdete linke Standbein und das mit der Schuhspitze scharrende rechte Spielbein bedeuten dem Gegenüber, dass der Kanake in diesem Augenblick auf eine rege Unterhaltung großen Wert legt. [...]

Ich spiel in der Liga der Verdammten (Hakan, 22, Kfz-Geselle)

Das weiß ich wohl: ich spiel in der liga der verdammten, so verdammt und zugenagelt wie der ochsige alemanne kann ich aber bei gott nicht sein. So tief rutscht bei mir die würde nicht in die hose, dass ich mit blondem busch auf'm schädel und nullmannesstolz talent im leib ein hundeleben führ wie das des alemannen, der die zucht bei ner dominavettel holt, und sonst ordnung kläfft, wenn so'n kanake wie ich fremden rasengrund betritt. Holt doch die alemannenbrut der gehörnte, dort ist das olle pack als höllenholz in bester gesellschaft und kann so richtig wie nie zuvor im scheißdampf vergehen. Ich bin keiner, der die ichverstell-mich-dass's-deutsche-aas-mich-auch-echt-gern-hat-pennernummer bringt, ich fang die miesen stöße nicht ab, oder duck mich schwer unterm blonden fluch. Was soll überhaupt dies pomadenschiss von deutsch-ist-nummer-eins-was-gibt, die schön's proletenmaul aus'm gelenk kippen und über-alles-in-der-welt jaulen, wo jeder klarsieht, dass auch der niedrigste und sperrigste aus asiatenreich mehr manieren und memoiren hat. Schau dir doch dies ariervölkchen an: die haben von ihresgleichen die schnauze gestrichen voll, und reisen weit weg, wo sie sich, und das ist auch'n fettes kapitel für sich, wie kaputte gullivers im zwergenstaat aufführen, dass einem als sehender die scham die kalotte presst. Die gehen in ihrer blöden heimat in feinfesche lokale, zum spanier, zum portugiesen, zum chinesen und auch zu uns, und lassen sich einen salatnassen döner in alu wickeln. [...]

Ich sag dir, bruder, hab das mit diesen verkümmelten augen gesehen, da latschen die lümmel in so tretern wie's die oberschissigen glatzen da man haben, und's paar kostet heidenscheine, mann, die legen's taschengeld von mutti hin, und in der warmen bleibe scheuern die mit stahlwolle die kappen stiemig, und's hemd in flanell wird vier gänge in der trommel farblos gekocht. Dann isser man orntlich in und doggy hype, dann isser so recht prolet eben, kann er wie'n rocker anecken, und's ihm seinen eltern echt obertoll geben. Mannomann, was soll das? [...] schreib das man wie ne wichtige eintragung da in dein kalender man auf: der zustand is, wie's dem zustand gefällt, und wer nich die wölfe aus'm schneewald anlocken will, wo die man echt scharf sind, dir's blut vonnem kopp abzuzocken, und deshalb ohren spitzen und augen richten, wenn du's hinkriegen magst, diesen wölfischen zingel-zangel abzutun, halt das maß ein: weder über'm maß noch unter der forderung. Deshalb, bruder, zeig ich wohlstand wie's nottut, dass mir die völker nicht anfangen, die blassen rippen zu zählen ..."

*(Aus: Feridun Zaimoglu: Kanak Sprak.
24 Misstöne vom Rande der Gesellschaft.
Rotbuch-Verlag, Berlin 1995)*

1 *Charakterisiere die „Kanak Sprak". Suche für jede Feststellung Belege im Text.*

2 *Überlege, welche Bedeutung nationale Vorurteile für die Bestimmung von „Alemanne" und „Türke" haben. Finde weitere Beispiele.*

3 *Der „Kanake" spricht von seiner „würde" und ist der Meinung, dass „Alemannen" „nullmannesstolz" haben. Erkläre, was damit gemeint ist, und nimm kurz Stellung dazu.*

4 *Wähle einige Ausdrücke aus, die etwas über die Gefühle und die Werturteile des Sprechers aussagen, und kommentiere sie, z. B.:*
 – *„verdammt und zugenagelt wie der ochsige alemanne" (Z. 34 f.);*
 – *die Würde rutscht in die Hose (vgl. Z. 36 f.);*
 – *ein Hundeleben führen (vgl. Z. 39).*

Erwartungshorizont

1 Die „Kanak Sprak" ist eine **mündliche Sprache,** sie arbeitet mit **Verkürzungen, Sprachformeln, veränderten Redewendungen, Schimpfwörtern,** die in der von Feridun Zaimoglu aufgeschriebenen Form befremden, die aber auch – z. B. in den Abwandlungen der Redensarten – eine gewisse Kreativität verraten. Ihr Sprecher ist nicht auf den Mund gefallen.
Man kann diese Kreativität erkennen, wenn man die Redeweise des Gesellen Hakan in deutsche Alltagsrede zurückübersetzt, z. B.:

Hakans Rede	*Alltagsrede*
in der Liga der Verdammten spielen	zu den Unterprivilegierten gehören
„verdammt und zugenagelt wie der ochsige alemanne" (ist er nicht)	„Verdammt und zugenäht" + „vernagelt sein" steht für „so beschränkt wie die dumpfen Deutschen" (ist er selbst nicht)
die Würde rutscht in die Hose	das „Herz rutscht in die Hose" als Redensart für Mutlosigkeit

2 Hakan ist der Meinung, dass er als Türke Stolz und Selbstachtung besitzt, die die deutschen Jugendlichen seines Alters nicht haben, sodass sie ein „Hundeleben" führen. Insbesondere kritisiert er rechtsradikale jugendliche Deutsche (ihre Kleidung und wie sie dazu gekommen sind). Sein Ziel: Aufwertung der eigenen Gruppe, Abwertung der konkurrierenden deutschen Gruppe.

3 Gefühle sind vor allem in den abwertenden Schimpfwörtern zu erkennen. Hakan ist frustriert und lässt diesen Frust sprachlich in Abwertungen heraus, z. B.:

Schimpfrede	Bedeutung
Ordnung „kläffen" (wie Hunde)	nach Ordnung rufen / Ordnung für etwas besonders Deutsches halten
„über-alles-in-der-Welt jaulen"	das Deutschlandlied absingen ...

Literaturhinweise

Eisenberg, Peter/Linke, Ursula (Hg.): Wörter. Praxis Deutsch 139/1996

Elspaß, Stephan (Hg.): Neue Sprachgeschichte(n). Der Deutschunterricht 3/2007

Fritz, Gerd: Historische Semantik. Metzler, Stuttgart/Weimar 1998

Jost, Roland/Knapp, Werner/Metz, Kerstin (Hg.): Arbeit an Begriffen. Fachwissenschaftliche und fachdidaktische Aspekte. Schneider Verlag, Baltmannsweiler 2007

Ulrich, Winfried: Basisbeitrag zu: Wortschatz erweitern und vertiefen. In: Deutschunterricht (Westermann) 2/2007, S. 4–10

6 Zwischen Dialekt, Denglisch und PC – Sprache und Sprachkritik

Konzeption des Gesamtkapitels

Gegenstand dieses Kapitels sind Tendenzen der deutsche Gegenwartssprache sowie Sprachvarietäten und der kritische Umgang mit ihnen – ein Umgang, in dem der Sprachgebrauch thematisiert, kritisiert und glossiert wird. Dabei wird vorrangig eine Problemorientierung verfolgt, die sich aus der öffentlichen Diskussion um die (deutsche) Sprache in den Medien ableiten lässt. Leserbriefe, Forenbeiträge und Stellungnahmen in den Medien lassen erkennen, dass sich die Bürgerinnen und Bürger für die Sprache interessieren und Entwicklungen beobachten. Fachliches Anliegen des Kapitels ist eine Stärkung dieser Sprachbewusstheit und Sprachaufmerksamkeit.

So geht es im ersten Teilkapitel (**"Kids" und "Pänz" – Sprachvarietäten**) um explizite Sprachreflexion. Zum einen wird der Bezug der Menschen zur Sprache in ihrer Region, zum Dialekt oder Regiolekt thematisiert. Es zeigt sich schon länger, dass angesichts der Globalisierung und der Erweiterung der europäischen Union die Verwurzelung in der Region, im Lokalen, in der Heimat den Menschen wichtiger geworden ist. Insbesondere bei der Brauchtumspflege (etwa im Karneval, bei der Fastnacht) werden Dialekte öffentlich wahrgenommen. Zum anderen wird die Veränderung der deutschen Sprache durch Aufnahme von Anglizismen untersucht – ein viel diskutiertes Phänomen, das sowohl Verunsicherung und Ablehnung mit sich bringt, wenn Deutsche sich „überfremdet" fühlen, wie auch Zustimmung, wenn die Menschen durch den Gebrauch von Anglizismen als fachkundig, weltoffen und modern gelten möchten.

Das zweite Teilkapitel (**"Männersprache, Frauensprache – Schreiben mit Witz und Verstand"**) stellt anhand von Formen eher unterhaltenden Schreibens (Glosse, Satire) die Auseinandersetzung mit der Sprache aus der Gender-Perspektive in den Mittelpunkt – die Frage nach der Gleichberechtigung in der Sprache. Dabei werden die noch heute gültigen Forderungen, die seit den 1970er Jahren vorliegen, erneut zur Debatte gestellt, mit der Sprachpraxis verglichen und spielerisch erprobt. Es ergeben sich unmittelbar Berührungspunkte zum folgenden Teilkapitel.

Das dritte Teilkapitel (**"'Political Correctness' – Umsichtiger Sprachgebrauch"**) geht zur Übung sprachkritischen Denkens auf Formen der Sprachlenkung durch die manifesten oder latenten Forderungen der politisch korrekten Sprache ein. Am Beispiel der Bezeichnung von Personengruppen und Minderheiten sollen die Schülerinnen und Schüler einschätzen lernen, wann unbedachter Sprachgebrauch Diskriminierung mit sich bringt.

6 Zwischen Dialekt, Denglisch und PC – Sprache und Sprachkritik

		Inhalte	**Kompetenzen**
S. 115	6.1	„Kids" und „Pänz" – Sprachvarietäten	Die Schülerinnen und Schüler können – dialektale Begriffe zu Karnevalsbräuchen zusammenstellen und dabei Unterschiede in den Traditionen ausmachen;
S. 116		„Kölle un die Kids der Welt" – Brauchtum oder Globalisierung?	– in einer öffentlichen Debatte Argumente für die Bedeutung des Dialekts und gegen eine Anglisierung des regionalen Brauchtums erkennen;
S. 118		Pänz, Chindre, Stumpa, Bobbala ... statt Kids – Dialekte	– an dialektalen Varianten Abweichungen voneinander und vom Hochdeutschen beschreiben; – mit Klangproben experimentieren; – die Rolle von Dialekt in der Schule erörtern;
S. 120		Call-center – Call Center – Callcenter – Call-Center – Anglizismen	– in einer Sachtextanalyse eine Position, die Anglizismen weitgehend ablehnt, erarbeiten; – an einem weiteren Sachtext eine eher vermittelnde Position in ihrer Argumentation verfolgen; – ihre Sprachumgebung auf Anglizismen sichten.
S. 124	6.2	Männersprache, Frauensprache – Schreiben mit Witz und Verstand	Die Schülerinnen und Schüler können – den Fokuswechsel von einer ernsten Sprachkritik zu einem lockeren Umgang mit sprachkritischen Gedanken vollziehen;
S. 124		Kenneth A. Maple **Maple & Schrobinski**	– die pointierte Stoßrichtung eines Sitcom-Dialogs zum Geschlechterverhalten erklären und selbst Texte und Bilder gestalten;
S. 125		**Liebe FrauInnen, liebe Brüder und Brüderinnen**	– aus Sachtexten und Glossen Formmerkmale der Glosse ableiten und als Schreibanleitung nutzen;
S. 125		Renate Doppler **Ober oder Oberin?**	– aus dem satirischen Umgang mit Personenbezeichnungen das Problem des generischen Maskulinums ableiten;
S. 126		Dagmar Lorenz **Die neue Frauensprache**	– das Infragestellen des politisch (feministisch) korrekten Gebrauchs u. a. von Doppelformen als Beitrag zur Sprachentwicklung verstehen;
S. 127		Mark Twain **Die schreckliche deutsche Sprache**	– das für Deutschlerner schwierige Problem der Genus-Bezeichnung in satirischer Überspitzung nachvollziehen;
S. 129		**Geschlechtsneutrale Formulierungen**	– selbst Glossen zum Gender-Thema schreiben; – eigene Sachtexte gendergerecht verfassen;
S. 130		Gerd Brantenberg **Die Töchter Egalias**	– den Perspektiv- und Rollenwechsel von Mann und Frau untersuchen und als Schreibanlass nutzen.
S. 132	6.3	„Political Correctness" – Umsichtiger Sprachgebrauch	Die Schülerinnen und Schüler können – „Political Correctness" (PC) als ein sprachkritisches und oft verpflichtendes Konzept erkennen; – das Problem der Diskriminierung durch Bezeichnungen von Minderheiten erarbeiten; – sprachkritische Untersuchungen anstellen.

6.1 „Kids" und „Pänz" – Sprachvarietäten

Der Schwerpunkt des ersten Abschnitts von Teilkapitel 6.1 gilt dem Dialekt. In einer Untersuchung des Instituts für Deutsche Sprache (IDS, Mannheim 1999) zur Einstellung gegenüber der regionalen Sprachvarianz findet sich, dass (nach Selbsteinschätzung) 16,8% der Befragten Dialekt sehr gut sprechen, 15,6 % gut, 15,8 % ein wenig und 51,7 % überhaupt nicht. Hinzu kommt ein Verlust des Dialekts in den jüngeren Altersgruppen. Dem steht die positive Bewertung gegenüber, dass dialektal beeinflusstes Sprechen 60% der Befragten eigentlich nie stört, 35% manchmal, 4,5 % eigentlich immer. „Dass fast zwei Drittel der Befragten, also gut 60%, regional geprägten Sprachgebrauch uneingeschränkt akzeptieren und nur 4,5% ihn prinzipiell ablehnen, [kann man] für eine deutliche Bestätigung der Toleranz und Offenheit der meisten Deutschen gegenüber regionalen Varietäten ihrer eigenen Sprache" halten (Mitteilungen des Deutschen Germanistenverbandes 2–3/2000, S. 204).

Nach diesem Befund soll in einem regionenübergreifenden Lehrwerk der Zugriff auf einzelne Dialekte weniger fachkundlich-germanistisch sein als vielmehr erfahrungsbezogen: Weniger der Lautbestand, die Grammatik oder die Verbreitung eines Dialekts sind Gegenstand, sondern die Nutzung von Dialekten überhaupt. Dabei kann im Verlauf der Erarbeitung dieser Unterrichtseinheit an gegebener Stelle ein vertiefender Exkurs in den lokalen Dialekt geboten sein (vgl. Aufgabe 2, S. 118 im Schülerband).

„Kids" und „Pänz" – Sprachvarietäten

1 *Dialekt wird hier im Zusammenhang des Brauchtums „Karneval" thematisiert. Die Bilder vermitteln Karneval, Fasnet, Fasching und Fasteleer.*
Die Bezeichnungen differieren je nach Region:
- **Fastnacht**: *in Hessen, Rheinhessen, Franken, in der Pfalz, am Mittelrhein, in Baden, Schwaben, im Saarland, in Luxemburg, in der Schweiz und in westlichen Landesteilen Österreichs (Alpenraum); Sonderformen: „Fas(s)enacht" in Mainz; „Fasnacht" in der Schweiz; „Fasnet" in Baden und Schwaben (regional auch „F(a)asent"); „Fuesend" in Luxemburg; „Fastelabend" in und um Hamburg oder „Faslam" auf Plattdeutsch; „Fastelov(v)end" oder „Fasteleer" im Großraum Köln in der kölschen Mundart.*
- **Fasching**: *in Bayern, Österreich, zum Teil in Franken, zum Teil auch in Sachsen und Brandenburg.*
- **Karneval**: *in erster Linie für den rheinischen Karneval: Kölner Karneval, Düsseldorfer Karneval, Eschweiler Karneval, Aachener Karneval; auch nördlich der Linie Bonn – Erfurt fast ausschließlich. (Vgl. http://de.wikipedia.org/wiki/Karneval)*

Hintergrundinformation/Zusatzmaterial

Fastnacht [mhd. *vastnaht*, „Abend vor Beginn der Fastenzeit"] *Fasnet, Fastelabend, Fasching, Karneval* – ursprünglich (seit Beginn des 13. Jahrhunderts) der Abend vor Aschermittwoch, zwischen 1450 und 1582 die drei Tage vor Aschermittwoch, seit dem 19. Jahrhundert die gesamte Zeit vor Beginn der kirchlichen vorösterlichen Fastenzeit, die i. w. S. an Dreikönig (6. 1.) oder am 11. 11. beginnt.

Früheste Belege stammen vom Anfang des 13. Jahrhunderts, ein heidnischer oder germanischer Ursprung des Festes ist nicht auszumachen. In Vorbereitung auf die Fastenzeit wurde eine letzte Zeit des Sich-Auslebens erlaubt, in der sinnliche Genüsse und gewisse Ausschweifungen zugelassen waren. Grundgedanke der Fastnacht ist die „Umkehrung der natürlichen Ordnung" wie sie im Ausrufen von Fastnachtskönigen, -prinzen oder in der Weiberfastnacht noch heute zum Ausdruck kommt. [...] Im norddeutsch-protestantischen Raum wurde die Fastnacht durch Reformation und Aufklärung weitgehend zurückgedrängt.

Die heutigen Erscheinungsformen der Fastnacht sind relativ jung. Die älteste unter ihnen ist der rheinische Karneval, der in seiner Kostümierung auf die Stadtgarden der Napoleonischen Zeit zurückgeht. Der bayrisch-österreichische **Fasching** (von mhd. *vast schanc*, „Ausschank des Fastentrunks") hat eine besonders großstädtische Prägung erfahren (z. B. in München mit dem Tanz der Marktweiber oder in Wien mit einer charakteristischen Ballkultur); die schwäbisch-alemannische Fastnacht etablierte sich als volkskundliche Wiederbelebung von regionalem Brauchtum am Ende des 19. Jahrhunderts. Die regionalen Ausprägungen der Fastnacht sind vielfältig, besonders bekannt sind u. a. der Rottweiler Narrensprung, die Basler Fastnacht (dauert bis zum Montag nach Aschermittwoch und endet mit dem so genannten Morgenstraich), das Schellenrühren in Garmisch-Partenkirchen, der Jülicher Lazarus.

Karneval [vermutlich von mlat. *carnelevare*, „Wegnehmen des Fleisches"] – in Deutschland besonders die rheinische und rheinhessische Form der Fastnacht. Seit 1699 als Festbezeichnung nachweisbar, wurde der Karneval 1823 von der Kölner Bürgerschaft als eigenständige Form neu begründet. Seine besonderen Ausprägungen sind der Beginn am 11. 11., der Rosenmontag, die Karnevalssitzungen mit Büttenrede (als Fortsetzung des Rügebrauchs). Elemente wie Uniformen, Garden oder Funkenmariechen entstanden in Anlehnung an die städtischen Garden der Napoleonischen Zeit. Zentren des Karnevals sind Köln, Düsseldorf und Mainz, aber auch das thüringische Wasungen. Berühmte internationale Formen des Karnevals gibt es in Venedig, Rio de Janeiro oder in New Orleans (Mardi Gras).

(Quelle: www.wissen.de)

In Ergänzung zum regionalen Karneval in den verschiedenen Landschaften Deutschlands hat sich aktuell in einzelnen Städten (z. B. in Berlin, Hamburg, Bielefeld) der Karneval der Kulturen entwickelt als eine international verbindende Form, ein Begegnungsfestival der Kulturen. Vgl. dazu:
- www.karneval-kulturen-hamburg.de/frontend/www/index.php (seit 2003, im September)
- www.karneval-berlin.de (seit 1996, im Mai)

2 *Ein kleines „Glossary" findet sich unter: http://german.about.com/library/blfastnvoc.htm*
Zum Brauchtum vergleiche:
- *www.karnevaldeutschland.de/cont/archiv.htm*
- *www.fasching-fastnacht-karneval.de*
- *www.dw-world.de/dw/article/0,2144,1119009,00.html*

Zum Kölner Karneval:
- *www.karneval.de (mit Einführungen in den kölschen Dialekt)*

Zur alemannischen Fasnet:
- *www.wildweb.de/pfalz/carnival/alemannischefasnet.htm*

Ein Schulprojekt des Goethe-Instituts zum Brauchtum in Deutschland am Beispiel des Karnevals:
- *www.goethe.de/ins/ie/prj/scl/thm/bdt/de253501.htm*
- *www.goethe.de/z/jetzt/dejzus29/link29.htm*

3 *Das Kölner Karnevalsmotto auf Hochdeutsch: „Köln und die Kids/ die Kinder der Welt feiern nicht nur Karneval."*
Unterschiede zwischen beiden Versionen bestehen in der Lexik, der Mischung aus Mundart und Anglizismus, der Wortflexion, der falschen Kommasetzung im Dialekt-Motto.

„Kölle un die Kids der Welt" – Brauchtum oder Globalisierung?

1 Die wichtigsten kölschen Vokabeln in dem ersten Leserbrief:
- Driss/Dreß/et Jedresse: Mist, Kot, Scheiße;
- knüselich/knüselig: schmutzig, schmierig, unordentlich, ungepflegt;
- blameere/blamiere: blamieren.

Übersetzung der kölschen Zeilen in dem ersten Leserbrief:
- „Nein, was ein Mist! Wie konnte er denn auf solch eine Idee kommen? Mit solch einem unmöglichen Spruch blamiert ihr uns nur (tut ihr uns nur blamieren)."

Kölsch-Online-Wörterbücher:
- www.koeln-altstadt.de/koelsch/koelschsprechen/koelscheslexikon/index.html
- www.muenic.de/koeln/sproch.html
- http://interjeck.de/lexikon.php
- www.magicvillage.de/~reinhard_kaaden/k-d.html
- http://koelschakademie.finbot.com/index.php3?seite=26

2 Auswertung der Presse-Echos:
- engeres Problem: „Kids" passt als Anglizismus nicht in den dialektgebundenen Kontext;
- grundsätzlicheres Problem: Man kann/sollte lokales Brauchtum nicht globalisieren.

Vorschlag für ein Tafelbild:

Argumente für und gegen die Verwendung des Begriffs „Kids"

Pro	Kontra
- Karneval international attraktiv machen	- gerade die lokale Mentalität wirkt attraktiv
- „Pänz" wird nur von Kölnern verstanden	- Mundart verbindet gesellschaftliche Schichten
	- Brauchtum ist regional verwurzelt
	- globalisierte Sprache bedeutet Anbiederung
	- als Wort grässlich

4 / 5 Eine ausführliche englischsprachige Darstellung zu den unterschiedlichen Bedeutungsebenen von „kid" findet sich – bei Eingabe des Suchbegriffs „kid" – unter http://poets.notredame.ac.jp/cgi-bin/wn.
Entwicklung zum heutigen Gebrauch des Begriffs „kids":
kid als Jungtier → kid als Kind → kid als kids (Kinder/Jugendliche/junge Menschen).
Nach dem „Duden" wird das Wort umgangssprachlich und eher im Plural gebraucht, es ist ein in Werbung und Medien eingebürgerter Begriff.
„Kid" umfasst also weitere Konnotationen als „Kind" (vgl. den Beitrag von D. E. Zimmer, S. 122, Z. 53 ff. im Schülerband) – demgegenüber gilt „Pänz" in der kölschen Mundart als Begriff für Kinder.

6 Es geht bei dieser Arbeitsanregung um eine **Rollendebatte**, für die die Schülerinnen und Schüler auf Rollenkarten die Position und Argumentation einer bestimmten Interessengruppe vorbereitend festlegen können.
Ziel der Methode: Im Gegensatz zur oft akademischen und sachlogisch ansetzenden Pro-und-Kontra-Debatte oder zur dialektischen Erörterung können die Schülerinnen und Schüler hier stärker die gesellschaftliche Praxis des Argumentierens erproben; denn in der Regel wird ein Problem aus spezifischen Gruppeninteressen heraus behandelt und entsprechend argumentieren Interessenvertreter zum eigenen Vorteil (im

Beispiel etwa der Hersteller von Karnevalsartikeln, der Karnevalsvereinsvorsitzende und ggf. Schülerinnen und Schüler) – oder es wird mit dem Versuch der Objektivierung, aber auch der persönlichen Einstellung erörtert (z. B. von Journalist, Redakteurin, Zeitungsleser/in, ggf. Schülerinnen und Schülern).

Pänz, Chindre, Stumpa, Bobbala ... statt Kids – Dialekte

S. 118

Die Titelseiten der Asterix-Hefte zeigen dialektale Varianten von „Sohn", „Kind", „Kleinkind": schwäbisch „Butzawaggele", kölsch „Jung", ruhrdeutsch „Ullige", plattdeutsch „Söhn", pfälzisch „Bobbelsche".
Synonyme für „Kind" in der hochdeutschen Standardsprache: Abkömmling, Erbe, Kleinkind, Nachfahr, Nachkomme, Nachwuchs, Schoßkind, Spross, Sprössling, Säugling, Baby, Dreikäsehoch, Hüpfer, Kleine/r, Kleinkind, Knirps, Spatz, Wicht, Hüpfer, Brut, Schössling, Zwerg, Puppe, Jugendlicher; Göre (abfällig); Balg (abfällig); Sohn, Tochter, Enkel, Neffe, Nichte ...
Synonyme im schwäbischen Dialekt: „Butzele" (= kleines Kind, Baby); „Pfätschâkendle" (= kleines Kind; etwas abschätzig); „Borst, Quast, Kegel, Stumpa, Niedrich'r" (= Kind); „Grodd" (= freches Kind); „Burschd" (= Kinder).
Synonyme im bayerischen Dialekt: „Bamsn" (= freche, ungehorsame Kinder; Gesamtbayern); „Bförbfl" (= kleiner Mensch, kleines Kind; Franken); „Bobbala" (= hübsches Kleinkind; Gesamtbayern); „Budziwaggerl" (= Kosename für ein Kleinkind; Altbayern).

1 *Auf den hochdeutschen Textanfang aus dem Asterix-Band „Der Sohn des Asterix" folgen die Versionen*
   – in Plattdeutsch (ostfriesisch „Platt"), einem niederdeutschen Dialekt, hier spezifisch der Dialekt aus dem Rheiderland: ein Landstrich in Deutschland und den Niederlanden zwischen Ems und Dollart. Der deutsche Teil des Rheiderlandes liegt in Ostfriesland, westlich der Ems (Landkreis Leer). Zum Niederdeutschen, das sich durch das Fehlen der hochdeutschen Lautverschiebung auszeichnet vgl. http://de.wikipedia.org/wiki/Niederdeutsche_Sprache.
   – und in Kölsch, dem rheinischen Dialekt, der eine Variante des Ripuarischen ist. Kölsch wird in und in der Gegend um Köln gesprochen, es ist nah mit den niederrheinischen und moselfränkischen Dialekten verwandt und stellt ein Bindeglied zwischen diesen dar. Das Kölsche ist südlich der maken/machen-Linie (Benrather Linie) angesiedelt, aber beispielsweise nördlich der das/dat-Linie. (Vgl. http://de.wikipedia.org/wiki/K%C3%B6lsch_%28Sprache%29)

3 *Abweichungen vom Hochdeutschen, exemplarisch in Lautung und Schreibung:*
Plattdeutsch/Niederdeutsch:
Konsonanten:
   – Die niederdeutsche Sprache hat die zweite oder hochdeutsche Lautverschiebung nicht oder nur zu einem sehr geringen Teil mitgemacht.
Vorschlag für ein Tafelbild:

niederdeutsch	→	hochdeutsch	niederdeutsch	→	hochdeutsch	niederdeutsch	→	hochdeutsch
p	→	f	t	→	s	k	→	ch
slapen	→	schlafen	dat	→	das	maken	→	machen
			wat	→	was			
			eten	→	essen			

nieder-deutsch	→	hoch-deutsch	nieder-deutsch	→	hoch-deutsch	nieder-deutsch	→	hoch-deutsch
p	→	pf	t	→	z			
Peper	→	Pfeffer	Tied	→	Zeit			
			tt	→	tz			
			sitten	→	sitzen			
			Textbei-spiele:					
			faten	→	fassen			
			torügg	→	zurück	versöken	→	versuchen
			alltied	→	allzeit	ok	→	auch
			besett	→	besetzt			

Vokale:
- „*Landstreek*": „*ee*" statt „*i*";
- „*een*": „*ee*" statt „*ei*";

Weitere Besonderheiten:
- „*nömt*" = „*genannt*": Das Präfix „*ge-*" für die Charakterisierung des Partizips Perfekt ist entfallen (vgl. nordniedersächsisch [nnds.] „*kööpt*", ostfriesisch [ostfr.] „*ekofft*" → „*gekauft*"; nnds. „*slapen*", ostfr. „*es-lapen*" → „*geschlafen*");
- „*hör*" = „*ihr*": Possessivpronomina; vgl. Singular: „*mien/mijn*", „*dien/dijn*", „*sien*", „*hör/ehr/har*" → „*mein*", „*dein*", „*sein*", „*ihr*");
- „*Loog*" = Dorf

Kölsch:

Vokale:
- „*schrieven*" („*schreiben*"): Das Kölsche hat die neuhochdeutsche Diphthongierung der mittelhochdeutschen Langvokale „*ī*", „*ū*", „*iu* [ü]" nicht vollzogen: in Wörtern wie mhd. „*wīn*" → nhd. „*Wein*" – Kölsch „*Wing*"; mhd. „*hūs*" → nhd. „*Haus*" – Kölsch „*Huus*"; mhd. „*hiute*" → nhd. „*heute*" – Kölsch „*hück*". Die Diphthonge „*ei*", „*au*", „*eu*" bleiben im Kölschen deshalb zu einem Einzelvokal zusammengezogen (Beispiele: „*íes*" – „*Eis*", „*us*" – „*aus*", „*Lück*" – „*Leute*", „*fiere*" – „*feiern*");
- „*singe*" („*sein*", vgl. das Cover): „*-ein*" erscheint oft zu „*-ing*" umgebildet (z. B. „*Rhein*" – „*Rhing*", „*mein*" – „*ming*" usw.);
- „*Johr*" („*Jahr*"): Die Lautfärbung im Vergleich zum Standarddeutschen wechselt mitunter, beispielsweise vom „*u*" zum geschlossenen, kurzen „*o*" („*Lust*" – „*Loss*"), vom „*a*" zum offenen, langen „*o*" („*Schlaf*" – „*Schlof*") oder vom langen „*e*" zum etwa 100 % längeren „*ä*" („*Weg*" – „*Wääsch*").

Konsonanten:
- „*schrieven*", „*leeve*" („*leben*"): Intervokalisches oder auslautendes „*b*" des Hochdeutschen ist in der Regel beim niederdeutschen „*v*" geblieben: „*geben*" – „*gevve*" („*jevve*", geschlossenes „*e*"), „*bleibt*" – „*bliev*" („*blief*", „*bliif*"), „*ab*" – „*av*" („*aff*"), „*ob*" – „*ov*" („*off*", offenes kurzes „*o*");
- „*janz*", „*Jallie*" („*ganz*", „*Gallien*"): Anlautendes „*g*" wird immer wie „*j*" gesprochen, vgl. „*Gold*" – „*Jold*" ([jolt], mit geschlossenem „*o*"), auch vor Konsonanten: „*Glück*" – „*Glöck*" ([jlök], mit geschlossenem „*ö*"), „*Gruß*" – „*Groß*" ([jroos], mit langem offenen „*o*"), ebenso am Silbenanfang nach hellen

Vokalen sowie „l" und „r": „fliegen" – „fleege" [fleeje], „Morgen" – „Morge" ([morje], mit geschlossenem „o"), „Galgen" – „Galge" [jalje]. Nach dunklen Vokalen wird es in der Regel wie „r" ausgesprochen: „Magen" – „Mage" [maare];
– besonders typisch: Das wie in „ich" ausgesprochene „ch" scheint zu „sch" zu werden: „isch", „wischtisch", „Bööscher". Die häufiger zu beobachtende Tatsache, dass Kölner im Hochdeutschen statt eines „sch" ein „ch" sprechen („Tich" statt „Tisch", „Fich" statt „Fisch" usw.), ist jedoch kein Ausdruck des Unterschieds zwischen kölschem Ich-Laut und hochdeutschem „sch", sondern eher als Hyperkorrektismus zu werten und wird als „rheinische sch-Phobie" bezeichnet (s.o. den Wiki-Link).

4 *Dialekt-Hörbeispiele finden sich im Internet unter:*
– *www.dhm.de/lemo/suche/audios.html (> Dialekte)*
– *www.kaleidos.de/alltag/meinung/dial03_0.htm*
– *http://web.uni-marburg.de/sprache-in-hessen/sprachlandschaften_dt.html*

6 *Argumente pro Dialekt als Schulfach (aus dem Text auf S. 119 im Schülerband):*
– *gegen Stigmatisierung von Dialektsprechern;*
– *Förderung der Ausdrucksfähigkeit;*
– *Dialekt als „Heimsprache";*
– *Verhinderung von Blockaden, die durch Dialektverbot aufkommen;*
– *Dialekt als eigenständiges Kommunikationsmittel;*
– *wichtig für die Identitätsentwicklung der Kinder.*
Mögliche Argumente kontra Dialekt als Schulfach:
– *Sprachverwirrung, Unverständlichkeit für Nicht-Dialektsprecher (vgl. auch die Asterix-Texte auf S. 118 im Schülerband);*
– *Standardsprache verhindert Kommunikationsprobleme;*
– *in einer Klasse sind heute Schülerinnen und Schüler aus verschiedensten Regionen und Ländern, die vielfach keinen Bezug zum lokalen/regionalen Dialekt haben;*
– *Gefahr: Dialektsprecher erlernen die Standardsprache nicht richtig;*
– *...*

7 *Zum „Dönerdeutsch", dem oft parodierten Slang (nicht nur) türkischstämmiger Migranten, vgl. Jannis Androutsopoulos: Ultra koregt Alder! Zur medialen Stilisierung und Popularisierung von Türkendeutsch. In: Deutsche Sprache 4/2001.*

Call-center – Call Center – Callcenter – Call-Center – Anglizismen

S. 120

Der zweite Abschnitt von Teilkapitel 6.1 setzt seinen Schwerunkt auf Anglizismen. Im Zentrum stehen zwei Sachtexte, die unterschiedliche Positionen zum so genannten „Denglisch" einnehmen und die in einer Sachtextanalyse zu erarbeiten sind. Die mit „Denglisch" gemeinte neuere Tendenz des Deutschen, die quasi schon als Sprachvarietät mit eigener Lexik und Syntax sowie neuen Redewendungen daherkommt, wird zur Diskussion gestellt. Dabei werden die Schülerinnen und Schüler motiviert, eigene Sprachbeobachtungen einzubeziehen.
Die in der Abschnittsüberschrift aufgeführten, in den Medien vorkommenden Varianten zu „Callcenter" zeigen die Unsicherheit bzw. die Übergangssituation bei der Schreibung von Begriffen aus dem „Denglisch".

6 Zwischen Dialekt, Denglisch und PC – Sprache und Sprachkritik

S. 120

Verein Deutsche Sprache
Faltblatt, Prospekt, Flugblatt, „Flyer" ...

Zum Verein Deutsche Sprache und seinen Intentionen vgl. www.vds-ev.de.
Der im Schülerband abgedruckte Text findet sich unter: www.vds-ev.de/verein.
Zur Vertiefung kann die Gründungserklärung des Wissenschaftlichen Beirats des Vereins Deutsche Sprache (VDS) herangezogen werden, zu finden unter: http://vds-ev.de/verein/wissenschaftlicher_beirat_grundsatz.php.

1 a) *Das Faltblatt des Vereins gibt sich informativ und ist dennoch von Textsorte und Sprachgestus her appellativ, es will eine Haltung gegen Anglizismen erzeugen und Werbung für den Verein machen.*

b) *Dies zeigt sich sprachlich an den vielen Wertungen (Z. 2, 17, 20, 32 ff., 51, 55) und ironischen Stellen (Z. 4, 14) sowie an den anaphorischen Selbstherausstellungen: „wir wollen" (Z. 37, 40).*
Argumentation:

These: Unnötige Anglizismen in der deutschen Sprache (Z. 1-3)
　　　Beispiele aus verschiedenen Lebensbereichen (Z. 3-14)
Argument zu „unnötig": Wertung durch Bevölkerung: Kontrast „manche" – „die Mehrheit"
Argument: Ursachenbestimmung für das Sprachgemisch „Denglisch" (Z. 24-36)
　　　　　a)　*Amerikanisierung der Lebensformen*
　　　　　b)　*Anbiederung der Deutschen*

Zielangabe:　　a)　*gegen Anglisierung (Z. 37 f.)*
　　　　　　　　b)　*für Wert der Muttersprache (Z. 38-44)*
　　　　　　　　　　b1) *bewahren*
　　　　　　　　　　b2) *weiterentwickeln*

Abwehrargument: gegen Vorwürfe gegenüber dem Verein (Z. 45-57)
　　　　　a)　*engstirnig-nationalistisch*
　　　　　b)　*sprachpflegerische Saubermänner*
　　　　　　　Beispiele für Akzeptanz von eingedeutschten Fremdwörtern
　　　　　　　Ablehnung von „Prahlwörtern", Imponiergehabe
　　　　　　　　Argument: gegen Ausgrenzung von Mitbürgern

Beispiele für Aktivitäten (Z. 58-66)
　　　　　a)　*Ablehnung*
　　　　　　　a1) *Protestbriefe an „Sprachhunzer"*
　　　　　　　a2) *Wahl der „Sprachpanscher"*
　　　　　b)　*Unterstützung: Kulturpreis Deutsche Sprache*

Dieter E. Zimmer

„Das Deutsche ist nie ein reines Deutsch gewesen"

1 Weitere Beispiele für sprachliche Formen, die die grammatischen Strukturen der deutschen Sprache verändern:
- nachgestellte unflektierte Adjektive (Textbezug: Z. 86–101): „Bergsteigen extrem", „Kochen perfekt" usw.
- unflektiert attributiv gebrauchte Substantive (Textbezug Z. 101–110): „ein monster Blockbuster", „ein schau Erfolg", „ein action Wochenende", „ein langeweile Buch"...

2 Argumentation:

These: 30 Jahre Sprachwandel als Internationalisierung der deutschen Sprache (Z. 1-14)
    Beispiel: Angleichung von Wortschatz und Begriffsschatz ans Englische
    Beispiel: Import von Redensarten (Z. 19-42)
        a) die englisch bleiben
        b) die deutsch erscheinen – Beispiele früher und heute
        c) krasse, verkappte Anglizismen

Wertung (Z. 43-55): a) *positive Ich-Aussage* (lax)
        b) *Abwertung der Sprachkritiker*
            b1) *Beispiel:* Eindeutschungen beim Verein Deutsche Sprache
            Argument: Bedeutungsunterschiede – **Beispiel** „kid"

Schlussfolgerung: Bereicherung der deutschen Sprache durch Importe aus Fremdsprachen (Z. 55-58)
        Argument: Immer schon Sprachimporte – heute nur Beschleunigung (Z. 58-76)
        Gegenargument: Irritation

Wertung/Warnung (Z. 77-114): Eingriffe der Sprachimporte ins deutsche Sprachsystem
    Beispiel a) im Wortschatz geringes Problem (Z. 81-86)
    Beispiel b) in Syntax ein ernsthaftes Problem (Z. 86-114)
        Beispiel b1) nachgestellte unflektierte Adjektive
        Beispiel b2) unflektiert attributiv gebrauchte vorangestellte Substantive
            Schlussfolgerung: Verlust der sprachlichen Sicherheit (Z. 110-114)

3 Einige Beispiele für die Präsenz fremdsprachlicher Wörter aus anderen Sprachen als dem Englischen:
- aus dem Lateinischen: Medizin, Maschine, Monitor, Observatorium, Satellit usw.
- aus dem Griechischen: Akademie, Analyse, Dialog, Museum, Philosophie, Theater usw.
- aus dem Italienischen: Bank, Bankrott, Bilanz, Konto, Million, Rabatt usw.
- aus dem Französischen: amüsant, Büro, Frisur, Hotel, Konversation, Kotelett, Marmelade, Mode usw.

Mit dem Schwinden französischer Einflüsse im Deutschen in Folge des zunehmenden Gebrauchs von Anglizismen beschäftigt sich die folgende Glosse – eine Textsorte, die im nächsten Teilkapitel eingehender behandelt wird.

Zusatzmaterial

Karin Welter
Deine Sprache verrät dich ...

Ja, Sprache kann verräterisch sein ...
Besonders in ihrem Wortgebrauch. Sie kann sogar „Verrat am Nachbarn" signalisieren, in unserem Fall am französischen.
Der Bankier nennt sich nun Banker. Er ist der Boss in seinem Office, nicht länger der Chef im Büro.
Der Playboy war früher der Bonvivant mit dem Savoir-vivre, und nun hat er den American Way of Life entdeckt.
Die Hautevolee nennt sich entweder Jetset oder High Society, sie gibt keine Diners oder Feten mehr, sondern lädt zum Dinner oder zur Party.
Flirts sind die Amouren von gestern und man hat inzwischen ein Date und kein Rendezvous.
Das Varieté wird zur Show, der Conférencier zum Entertainer. Alles wird gedoubelt, und sogar das Double ist ein Stuntman.
Die Mode heißt Fashion, vorgeführt von Models, die einmal Mannequins waren. Und wer will schließlich noch Haute Couture tragen, wenn er Designerklamotten kaufen kann?
Verrat am Nachbarn! Trotz FranceMobile: Der welsche Jargon ist längst passé, oder, wie wir jetzt sagen: einfach out! Der Slang bestimmt das Niveau – pardon, vielmehr sorry! ... den Level.

(Aus: Profil. Mitgliederzeitschrift des Philologenverbandes Nordrhein-Westfalen 1/2, 2006, S. 15)

5 a) *Zuordnung der Begriffe zu den einzelnen Bereichen (wobei Doppelnennungen möglich sind):*
– *Computer/Internet:* E-Cash, E-Commerce, E-Mail, Homepage, Internetadresse, Onlinebanking (weitere Beispiele: Chatroom, chatten, downloaden, Freeware, Hacker, online, updaten usw.);
– *Medien:* Blockbuster, Multiplexkino (Soap, Sitcom usw.)
– *Sport:* Indoorsport, inlineskaten, Walking (Champion, Coach, Doping, Keeper, mountainbiken, snowboarden usw.);
– *Wirtschaft:* Einkaufsmall, outsourcen (Barcode, Callcenter, Global Player, Start-up-Unternehmen usw.)
– *Bank-/Finanzwesen:* Direktbanking, E-Cash, E-Commerce, Onlinebanking
– *Freizeit/Unterhaltung:* auschillen, Blockbuster, Infotainment, Multiplexkino, Raver, Late-Night-Show (Techno, Hip-Hop)
– *Telekommunikation:* Call-by-Call, E-Mail, Internetadresse, Prepaidkarte, SMS
– *Mode:* Baseballcap, Highheels, Outdoorjacke (Cargo-Hose, Catwalk, Fashion, in/out, Model, Outfit, Shirt, shoppen, Sneakers, Top usw.).

6.2 Männersprache, Frauensprache – Schreiben mit Witz und Verstand

Das Teilkapitel thematisiert „Männersprache" und „Frauensprache". Die feministische Sprachkritik des Deutschen als Männersprache führte seit Mitte der 1970er Jahre zu weit reichenden Forderungen nach Änderungen im Sprachgebrauch, die auch gesetzlich, z. B. durch die Innenministerien von Bund und Ländern, unterstützt wurden und auf eine Gleichstellung von Mann und Frau in Sprache, Beruf und Gesellschaft sowie im Bewusstsein der Menschen abzielten. Auch das Allgemeine Gleichbehandlungsgesetz von 2006 beinhaltet diesen Aspekt (vgl. S. 132 im Schülerband). Eine faktische Gleichstellung, z. B. in Löhnen und Gehältern bei gleicher Tätigkeit, bei Beförderungen auf gehobene Positionen etc., durch das linguistisch eingreifende Programm ist dennoch nicht recht eingetroffen, obwohl Frauen inzwischen vermehrt höhere Bildungsabschlüsse erreichen und auch in traditionell männliche Berufe vordringen konnten. Die grundsätzliche Frage, inwieweit ein verändertes sprachliches Verhalten auf die gesellschaftliche Gleichstellung der Frauen zurückwirkt, wird hier jedoch nicht weiter verfolgt.

In den 1990er Jahren stellte sich eine Gegenkritik ein, die von „Verschleuderung politischer Energien am falschen Objekt" und vom „Kampf auf einem Nebenschauplatz" sprach (A. Linke/G. Voigt: Gleichberechtigung in der Sprache, S. 54; vgl. S. 149 in diesem Handbuch). Im Zeichen der Genderforschung wurde die Sprachkritik dann mit internationalem Impetus vorangetrieben und auf weitere Bereiche von Interaktion, Kommunikation und Medienpräsenz bezogen. Die Breitenwirkung ist schlecht einzuschätzen, Dauerwirkung haben immerhin die Forderungskataloge gezeigt, wie an weiterhin veröffentlichten Beiträgen in den Medien abzulesen ist (vgl. S. 129 im Schülerband). Dabei wird eine deutliche Veränderung im Ton erkennbar: War anfangs die Kritik vorrangig ernsthaft bis verabsolutierend und riss Gräben auf, so ist heute ein leichterer, lockerer Umgang mit dem Problem eine Form, das Thema wachzuhalten. Dem folgt auch dieses Teilkapitel, das eher dem Bereich „Schreiben" zuzuordnen ist und in dem die Form der sprachlichen Glosse (S. 125 im Schülerband) mit Sitcom (S. 124 im Schülerband) und Satire (S. 127 und 130 im Schülerband) als ihren Verwandten ins Zentrum gerückt wird. Sachtexte stehen im Kontrast dazu (S. 126 und 129 im Schülerband).

Kenneth A. Maple

Maple & Schrobinski

S. 124

„Maple & Schrobinski" ist eine Sitcom-Serie in Berlin Hitradio, SR1, Skyradio etc.: Die beiden verrückten Typen aus der Chefetage eines Radiosenders, zwei Verwaltungsangestellte, sind im Charakter stets gleich: Maple, der Ordnung liebende Chef, schlägt den tollpatschigen Schrobinski regelmäßig mit dem Lineal (vgl. www.radiositcom.de/index.php).
Weitere 1055 Sitcom-Sendungen von 2002–2005 zum Herunterladen (mp3) finden sich unter: http://104.6rtl.com/cms/index.cfm?catid=BB1FC88C-BF03-2348-D3B32B7BEA4299D0&uuid=F01C01DB025FDAFB2755148601020196&frame=middle
Aktuelle Radiocomedy: http://104.rtl.com

1 *Pointen finden sich zahlreich in Schrobis Redeschwall und in seiner Argumentation (Z. 1–17), z. B.:*
   – *Verstoß gegen konventionelle Rollenerwartungen: Eine Frau kauft einen Rasenmäher.*
   – *Viel mehr noch: Eine junge Mutter kauft einen Rasenmäher; mit der Mutterrolle hat das Gartengerät zwar nichts zu tun, aber der Kontrast wirkt als Pointe.*

- *Sie baut den Rasenmäher zusammen – was völlig unrealistisch ist, denn anders als Möbel o. Ä. werden Rasenmäher eigentlich komplett verkauft.*
- *Das Zusammenbauen des Rasenmähers als Zeichen der Unabhängigkeit – während es ja auch als eines der Abhängigkeit gesehen werden könnte: von der Wirtschaft, die Geräte nicht betriebsbereit liefert.*
- *Sprachlicher Gag: „die Katja hat ja".*
- *„Dreifachbelastung": Das Zusammenbauen des Rasenmähers als „dritte Belastung" – neben der Doppelbelastung durch Haushalt/Familie und Beruf – zu bezeichnen, ist völlig unverhältnismäßig und zeigt, dass Schrobinski von der tatsächlichen Doppelbelastung Katjas keine Ahnung hat.*
- *Usw.*

Zum Vergleich kann die Glosse „Jajaja, papperlapapp" (S. 138 in diesem Handbuch) herangezogen werden.

Liebe FrauInnen, liebe Brüder und Brüderinnen – Binnen-I oder Doppelformen?

Man kann die Texte A bis C einzeln nacheinander behandeln oder sofort mit Aufgabe 1 (S. 127 im Schülerband) alle drei in den Blick nehmen, um in breiterem Zugriff auf die Unterscheidung von Sachtext, Glosse und Satire zuzusteuern.

1 *Position der Autorin bzw. des Autors sowie zentrale Thesen in den Texten:*
- **Renate Doppler: „Ober oder Oberin?"**
  Die Verfasserin begrüßt einleitend (scheinbar) weibliche sprachliche Formen; indirekt ist aber aus der Glosse zu erschließen, dass es Probleme mit den weiblichen Formen bei gendergerechtem Formulieren geben kann. Sie greift – charakteristisch für die Textsorte Glosse – zum Mittel der Ironie (z. B. Z. 9 f., 38 f.), weshalb ihre Position nicht eindeutig zu erkennen ist.
- **Dagmar Lorenz: „Die neue Frauensprache"**
  Im Sachtext ist die Position der Verfasserin direkt zu ermitteln: Die feministische Version der Berufsgruppenbezeichnung ist fragwürdig (Z. 24–48). Die Geschlechtszuhörigkeit spielt beim grammatischen Geschlecht keine Rolle (Z. 51–53). Lorenz hebt die „-er"-Bezeichnungen (generisches Maskulinum wie „Lehrer") als generalisierendes Neutrum hervor (Z. 59–62).
- **Mark Twain: „Die schreckliche deutsche Sprache"**
  In der Satire/Glosse ist die Position des Autors nur indirekt zu erschließen: Im Deutschen ist bei den Nomen die Zuordnung von grammatischem Geschlecht und natürlichem Geschlecht willkürlich. Vor allem durch zeitweiliges Gleichsetzen von natürlichem und grammatischem Geschlecht wird das Phänomen in diesem Text satirisch überspitzt (vgl. z. B. Z. 8).

Die Schülerinnen und Schüler erkennen, dass es bei Sachtexten leichtfällt, die Position des Autors zu ermitteln, dass diese hingegen bei Glossen oft weniger eindeutig ist. Die Arbeitsanregung wird in Aufgabe 6 fortgeführt.

2 *Die Schülerinnen und Schüler können hier aus ihrer je eigenen Erfahrung berichten, als Grundlage für das Erörtern. Dabei wäre darauf zu achten, dass sie dies möglichst in anonymer Form tun! Pädagogisch gesehen, kämen hier die „Self-fulfilling prophecy", der „Hof- oder Halo-Effekt", der Einfluss von Sympathie und Geschlecht etc. ins Spiel.*

6.2 Männersprache, Frauensprache – Schreiben mit Witz und Verstand

6 *Vorschlag für ein Tafelbild:*

Sachtext	Glosse
sachlich-fachliches Thema	aktuelle Nachricht oder grundsätzliches Thema
informierend, zum Teil argumentierend	kommentierend, meinungsäußernd, unterhaltend und reflektierend
darlegende, erklärende Sprache, sachlicher Stil	Einsatz rhetorischer Mittel, z. B. Übertreibungen, bildliche Sprache, witzige Wendungen, Ironie, Parodie
Position und Thesen werden direkt vorgetragen	Position ist manchmal nur indirekt zu erschließen

Zur Glosse vgl. auch den Info-Kasten „Arbeitstechnik: Glossen schreiben" auf S. 128 im Schülerband.

Als weiterer Übungstext kann vor dem eigenen Schreiben zur Vertiefung der Merkmale einer Glosse der Text auf S. 138 in diesem Handbuch bearbeitet werden.

„Alle sind verantwortlich" – Geschlechtsneutrale Formulierungen

S. 129

1/2 *Der Text „Möglichkeiten zum gendergerechten Sprachgebrauch" auf S. 129 im Schülerband stammt aus einer gegenwartsnahen Gewerkschaftszeitung in Österreich und belegt die auch heute noch vorhandenen Anstrengungen.*

Gerd Brantenberg
Die Töchter Egalias

S. 130

1 *Zur Kommentierung der Pressestimmen können u. a. folgende Textbeobachtungen über Egalia, die egalitäre Gesellschaft (Z. 17 f.), in der die Männer Kinder bekommen, herangezogen werden: Es gibt Abweichungen/Umkehrungen im Rollenverhalten und den Rollenerwartungen (z.T. nach gängigen Rollenklischees): Die Ehefrau ist Direktorin, liest die Zeitung beim Frühstück, der Ehemann trägt Wickler und sorgt für Kaffee ...; „Seefrauen" sind Berufsvorbild für den Sohn Petronius, der damit einen für Jungen offensichtlich ungewöhnlichen Berufswunsch hegt; die Tochter ärgert den Sohn und macht sich lustig über den „PH"...*

2 *Auch sprachlich wird die völlige Rollenumkehr umgesetzt (vgl. Z. 45: Widersinn schon in Wörtern!): „Befrauschung" (Z. 6) – Beherrschung, „Seefrau" (Z. 9) – Seemann, „Wibschen" (Z. 19, 47) – Menschen, „dam" (Z. 22) – man, „Jünglingsroman" (Z. 33 f.) – Mädchenroman, „männliche Seefrau" (Z. 46) – weiblicher Seemann, „Göttin" (Z. 52) – Gott, „PH" (Z. 62, Penishalter) – BH, „Direktorinnengatte" (Z. 65 f.) – Direktorengattin.*

Zusatzmaterial

Susanne Mayer

**Jajaja, papperlapapp –
Frauen quasseln, Männer schweigen.
Na und?**

Hat mir glatt die Sprache verschlagen. Ich steh' da harmlos in der Küche, morgens kurz nach sechs, und bin in absolut allerbester Laune, weil es ist ja jetzt schon so superhell morgens, die Kinder schnurcheln noch, Muttis ruhiges Stündchen, sag' ich nur, der Tee zieht, darf ja nur ein winziges Minütchen, dieser grüne, weil er so gesund ist, der bringt das Cholesterin runter, sagt Peter, stand doch neulich sogar im *Abendblatt*, na ja, wer glaubt's, also Peter trinkt den nur noch, literweise, und abgenommen hat er, aber hallo. Ach, da könnt' ich mich doch glatt wieder. Na ja, was soll's. Ich gieß' mir mein Tässchen ein, neeneenee, sag ich jetzt lieber nicht, wie Paula findet, wie grüner Tee aussieht, der sieht doch aus wie Pipi! sagt Paula, ich schlag' also die Zeitung auf, und was steht da, steht da schwarz auf weiß? „Frauen haben ein Plapper-Gen." Die Frechheit! „Eine Studie der englischen Soziologin Dianne Hales hat das Sprachverhalten der Geschlechter untersucht und herausgefunden, dass Frauen 23 000 Wörter am Tag sprechen und Männer nur 1 200 Wörter." Blablaba. Na und?! Die Wahrheit ist doch, die können nicht, die Typen. Die sind total gehemmt! „Wie fandest du den Film, Schatz?" – „Gut." – „War der Benigni nicht total süß?" – „Jooa." – „Gehen wir noch ins Eisenstein?" – „Mmmh." Ein Gespräch? Schaffen sie nicht. Zungenlähmung. Die Kerle brauchen Viagra, und zwar nicht nur für unten. Weil das eben genetisch ist. Hat mir Doro gesagt. Ich sag' zu Doro, Doro sag' ich, wieso sind die so, und sie sagt, das liegt an den Chromosomen. Ich sag', genau, so wird ein Schuh draus. Von wegen Plapper-Gen bei Frauen, bei denen ist was genetisch. Ein Y ist ein abgeknicktes X, sagt Doro, weil dem Y fehlt was, und zwar ein kleines Stückchen X, sagt Doro, das ist der Unterschied. Schon im Uterus, sag' ich, kriegen die angeblich den Mund nicht so gut auf wie die Mädchen, und Doro sagt, deshalb wird das auch nichts mit den Friedensgesprächen. „Wir schlagen vor, dass eine internationale Schutztruppe die Verantwortung übernimmt." – „Mmmmh." – So läuft das nicht, sagt Doro, und da sagt Peter doch, ob wir jetzt endlich mal Schluss machen können mit dem Telefonieren, weil wir doch gerade mitten beim Essen sind. So ist das. Neidisch sind sie. Verbreiten ständig eine Stimmung, dass einem jedes Wort im Munde steckenbleibt. Im Stile von Deine-Freundin-redet-jetzt-schon-eine-Stunde-durch. Ja, solche Freunde haben die eben nicht. Das schmerzt, glaub' ich gerne. Nichts gegen Männerfreundschaft, aber sich immer nur anschweigen, da brauchen sie dann ein *outlet*. „Lasst die Motoren sprechen" und so'n Quatsch. Ja, warum sind Männer denn so scharf auf Frauen? Weil ...? Ha? Genau so ist es. Sag' ich doch!

(Aus: Die Zeit, Nr. 18/1999)

1. Ermittelt an dem Text Merkmale einer Glosse. Berücksichtigt dabei die Arbeitstechnik „Glossen schreiben" auf S. 128 im Schülerband.

2. Wandelt den Text in einen Sitcom-Dialog um (vgl. S. 124 im Schülerband).

6.3 „Political Correctness" – Umsichtiger Sprachgebrauch

„Politisch korrektes Verhalten" wird von Menschen angestrebt, um nicht anzustoßen, nicht aufzufallen, um den Normen und Rollenerwartungen einer Gesellschaft zu entsprechen. „Political Correctness" (PC) meint auch ein entsprechendes Sprachverhalten. Es wird von Interessengruppen und Parteien gesteuert und wirkt bis in die Gesetzgebung hinein, mit der die Diskriminierung von Minderheiten vermieden werden soll. Je nach historischer Tradition eines Landes sind verschiedene Begriffe und Formulierungen politisch unkorrekt. So werden heute in Deutschland, wenn z. B. jemand bei modernen ästhetischen Formen von „entarteter Kunst" spricht, Bezüge zur nationalsozialistischen Ächtung moderner, insbesondere impressionistischer und expressionistischer Kunst hergestellt, da die Nazis sie als „entartet" bezeichnet haben. Das Konzept der PC wird andererseits von manchen als eine explizite Form der Sprachsteuerung und somit als Manipulation eingestuft, mit der sich die gut gemeinten Absichten letztlich selbst beschädigen, da Sprachsteuerung ein Element totalitärer Herrschaft ist.

1 Als Beispiel für politisch korrekte Sprache werden hier Bezeichnungen für Minderheiten herangezogen. Die Schülerinnen und Schüler verarbeiten zunächst den Gedankengang der Textvorlage; zentral für die Lösung von Aufgabe 1 sind in dem Text „Eigenbezeichnungen haben Vorrang" die Aussagen in Z. 29–31 und Z. 40–42.

S. 132

Zusatzinformation

Mit dem Begriff „Zigeuner" wird im deutschen Sprachraum einerseits die Gesamtheit der Volksgruppen der Sinti, Roma, Lovara, Kalderasch, Lalleri, Manouche, Jerli, Jenischen sowie weiterer entsprechender Ethnien und andererseits ein Angehöriger dieser Volksgruppen bezeichnet. In allererster Linie ist „Zigeuner" als Sammelbezeichnung ein polizeilicher Ordnungsbegriff aus dem 18. und 19. Jahrhundert. Er ist eine Fremdbezeichnung, welche wegen ihrer teilweise diskriminierenden Bedeutungsverschiebung umstritten ist und im öffentlichen Sprachgebrauch größtenteils durch Hilfskonstruktionen umgangen wird.
Der Zentralrat Deutscher Sinti und Roma sieht „Zigeuner" im deutschen Sprachgebrauch als Schimpfwort, während es die Sinti-Allianz Deutschland als neutrale Bezeichnung aller ziganischen Völker sieht und auch als Selbstbezeichnung verwendet.

(Quelle: http://de.wikipedia.org/wiki/Zigeuner)

2 Der deutsche Sprachgebrauch des Wortes „Zigeuner" im Vergleich mit dem sonstigen europäischen zeigt die oben genannte Abhängigkeit von der nationalen Geschichte. Dass auch politisch korrekter Sprachgebrauch widersprüchlich bis umstritten sein kann, verdeutlicht das Zusatzmaterial auf S. 140 oben.

5 Zentral sind in dem Text „Tote Wörter" von Rudolf Großkopff die Thesen vom Tugenddruck (Z. 17) und Tugendterror (23) sowie vom möglichen Missbrauch der Forderung nach politischer Korrektheit (Z. 30, 35); dies alles allerdings ohne Beispiele und Belege.
Seine These, dass es in Deutschland schon vor Übernahme des US-amerikanischen Konzepts der PC Bestrebungen gab, niemand durch anrüchige Bezeichnungen zu diffamieren, belegt der Verfasser mit den Beispielen „Azubi" statt „Lehrling" und „Sinti/Roma" statt „Zigeuner". Das Beispiel „Berufsverbot"/„Radikalenerlass" nutzt er zum Beleg, dass durch eine bestimmte Wortwahl Meinungen (ablehnend/zustimmend) zum Ausdruck gebracht werden können.

Zusatzmaterial

Sibylle Quenett

Worte

"Gut gemeint" langt nicht. Der Beschluss zum Bau eines Denkmals für die von den Nationalsozialisten ermordeten Sinti und Roma ist vor Jahren gefallen, ein Entwurf liegt vor, und das Geld kann jederzeit abgerufen werden. Und doch nimmt der Streit um das Mahnmal immer heftigere und groteskere Züge an. Fast schon verzweifelt blickt Kulturstaatsministerin Christina Weiss drein, wenn sie erklären soll, warum es so schwierig ist, sich über die zentrale Inschrift des Denkmals zu einigen. Es ist ein Zwist um die richtigen Worte: "Sinti und Roma" oder "Zigeuner". Welcher Begriff soll letztlich in Stein gehauen an dem Mahnmal zu lesen sein? Der Zentralrat der deutschen Sinti und Roma besteht darauf, dass nur der heutige Sprachgebrauch akzeptabel sei. "Zigeuner" stehe hingegen für eine Vergangenheit, die seiner Volksgruppe die Würde habe nehmen wollen. Aber nicht alle Opfervertreter sind damit einverstanden. Mit Blick auf Opfer aus elf Ländern heißt es in der "Sinti-Allianz", "Sinti und Roma" würde andere Gruppen ausschließen. Der Begriff "Zigeuner" sei europaweit akzeptiert. [...]

(Aus: Kölner Stadt-Anzeiger, 1.3.2005)

7 b) *Material bietet auch der Schülerband, S. 11–15. Zur Problematik des öffentlichen Sprachgebrauchs im Umgang mit dem Wort „Asylanten" in bürokratischem, politischem oder medialem Kontext können die folgenden Zusatzmaterialien herangezogen werden.*
Bei Text C – einem jugendnahen Beispiel – könnte nun spezifischer vom Problem des Gebrauchs politisch korrekter Sprache auf das Problem der explizit rassistisch diskriminierenden Sprache, die nicht mehr nur „unkorrekt" ist, fokussiert werden.

Zusatzmaterial

Text A

Asylant – Karriere eines „Unworts"

Kritiker sehen einen sprachlichen Pogromausdruck

Bonn – Burkhard Hirsch erteilte Nachhilfe. Das Wort „Asylant", beschied der FDP-Abgeordnete seine Kollegen im Bundestag, sei ein „politischer Kampfbegriff", Ausdruck der „Entmenschlichung". Doch er fällt heute in jeder Asyl-Debatte, ist Politikern so geläufig wie Journalisten oder Stammtischbrüdern.
Sein Ursprung ist ebenso unklar wie seine genaue Bedeutung. Dass es ein Negativbegriff ist, darüber sind sich Sprachforscher und Flüchtlingsexperten aber einig, die das Wort aus der „Sprache des Unmenschen" (FDP-Politiker Gerhardt Baum) am liebsten aus dem deutschen Wortschatz streichen würden.
Aber das ist nicht so einfach. Herbert Leuninger, Sprecher der Flüchtlingsorganisation „Pro Asyl", kommt sich schon vor wie Don Quichotte, wenn er darauf beharrt, Flüchtlinge Flüchtlinge oder Asylbewerber zu nennen: „Das ist ein Kampf gegen Windmühlen." Auch bei Amnesty International spricht man nicht von „Asylanten": „Das hat etwas Abwertendes."
Unterstützung erhalten die Helfer von denen, die von Amts wegen über das Schicksal von Zufluchtsuchenden entscheiden. „Das Wort kommt bei uns nicht vor – hoffentlich", sagt Wolfgang Weickardt vom Bundesamt für die

Anerkennung von Flüchtlingen in Zirndorf: „Asylanten gibt es nicht, nur Antragsteller und Asylberechtigte."
Aber auch Helmut Kohl spricht von „Asylanten, die zu uns kommen". Wie der Kanzler verstehen die einen unter „Asylant" einen Asylbewerber, andere die Bezeichnung für einen anerkannten politischen Flüchtling. [...]

(Aus: Kölner Stadt-Anzeiger, 5.10.1991)

Text B

Grundgesetz Artikel 16a (Asylrecht)

(1) Politisch Verfolgte genießen Asylrecht.
(2) Auf Absatz 1 kann sich nicht berufen, wer aus einem Mitgliedstaat der Europäischen Gemeinschaften oder aus einem anderen Drittstaat einreist, in dem die Anwendung des Abkommens über die Rechtsstellung der Flüchtlinge und der Konvention zum Schutze der Menschenrechte und Grundfreiheiten sichergestellt ist. Die Staaten außerhalb der Europäischen Gemeinschaften, auf die die Voraussetzungen des Satzes 1 zutreffen, werden durch Gesetz, das der Zustimmung des Bundesrates bedarf, bestimmt. In den Fällen des Satzes 1 können aufenthaltsbeendende Maßnahmen unabhängig von einem hiergegen eingelegten Rechtsbehelf vollzogen werden.

Text C

Ermittlungen gegen Aachen und Gladbach

DFB fordert Stellungnahme nach rassistischen Ausfällen beim West-Derby

Frankfurt/Main – Nach rassistischen Schmährufen beim Bundesligaspiel Alemannia Aachen gegen Borussia Mönchengladbach hat der Deutsche Fußball-Bund (DFB) Ermittlungen gegen beide Vereine eingeleitet. [...] Bei der Partie in Aachen hatten Zuschauer aus dem Fanblock der Gastgeber den Brasilianer Kahe als „Asylant" beleidigt. Schiedsrichter Michael Weiner drohte deshalb mit einer Spielunterbrechung und fertigte nach der Partie einen Sonderbericht für den DFB an. In der vergangenen Woche hatten sich die DFB-Referees darauf geeinigt, künftig sofort auf rassistische Schmähungen zu reagieren und im Wiederholungsfall beide Mannschaften vom Platz zu führen oder das Spiel abzubrechen.

Der DFB berichtete am Montag, auch der aus Sambia stammende Aachener Abwehrspieler Sichone sei beim West-Derby beschimpft worden. Die Rufe seien aus dem Gladbacher Fanblock gekommen. Der Verband forderte „zeitnahe Stellungnahmen" von beiden Vereinen an. [...] Der jüngste DFB-Bundestag hatte beschlossen, entsprechend der Fifa-Richtlinien künftig „diskriminierenden und menschenverachtenden Verhaltensweisen" stärker entgegenzutreten. Spielern und Offiziellen drohen Sperren und Geldstrafen, Vereine können für Fehlverhalten ihrer Fans mit Punktabzug und sogar Ausschluss aus dem Wettbewerb bestraft werden. [...]

(dpa, zitiert nach: Kölner Stadt-Anzeiger, 18.9.2006)

Lernerfolgskontrolle/ Themen für Klassenarbeiten

Die folgenden Vorschläge entsprechen den Kompetenzanforderungen: „Intentionen und Wirkungsweisen, Sprache und Stil von Texten erkennen, Regulierungen in unterschiedlichen Ausdrucksweisen verstehen, Formen und Funktionen der sprachlichen Mittel kennen, Zusammenhänge zwischen Sprachen erkennen". Sie zielen mit Texten und Aufgaben auf „sprachliche Formen und Strukturen in ihrer Funktion" und folgen den Aufgabentypen „einen vorgegebenen Text überarbeiten" sowie „einen Sachtext, medialen Text oder literarischen Text mit Hilfe von Fragen auf Wirkungen und Intentionen untersuchen und bewerten".
Die Beispiele können als kombinierbare Module für eine Klassenarbeit zusammengestellt werden, je nach Stand der Klasse.

Vorschlag 1:
Einen Sachtext mit Hilfe von Fragen analysieren und bewerten

Gregor Taxacher
Wer die Sprache hat

Der Verein Deutsche Sprache fordert: Deutsch sprechen! – Eine Glosse

Die Sprache ist das Haus des Seins, sagte Martin Heidegger. Deshalb fühlt sich gleich zu Hause, wer im Urlaub vor der Wirtschaft das Schild „Man spricht Deutsch" entdeckt. Recht
5 so, meint der Verein Deutsche Sprache. Englisch mag eh keiner.
Reisen – das bedeutete einmal Wagnis und Abenteuer. Heute ist das längst vorbei – dank der Urlaubstipps. Pünktlich zu Ferienbeginn
10 erfahren wir alles, was wir als Touristen wissen wollen, und noch viel mehr: Ab welchem Sonnenschutzfaktor wir auch betrunken Sonnenbaden dürfen, wie viel der Euro in Albanien wert ist und ab welchem Kinderlärm-Pegel
15 im Club man auf Schadenersatz klagen kann. Und jetzt auch noch: wie man im Urlaub sprechen soll. Die Antwort gibt der Verein Deutsche Sprache (VDS). Sie lautet kurz: deutsch.

Parla ...?

20 Unsere Eltern fuhren gern nach Tirol und ins Engadin, weil sie meinten, man spreche dort Deutsch. Spätestens auf der Alm mussten sie ihren Irrtum erkennen. Immerhin: Man *verstand* dort Deutsch. Später, durch viele Urlaubstipps gestählt, fuhren sie gern nach Italien 25 und liebten es, „due cappuccini, per favore" zu rufen oder „birra" zu sagen, auch wenn dort jeder „Bier" verstanden hätte. „Birra" gehörte einfach zum Urlaubsfeeling. (Der VDS entschuldige den denglischen Ausdruck. Sorry.) 30
Auch die Sprachschützer empfehlen, „ein paar Worte in der jeweiligen Landessprache zu lernen" – allerdings zu dem Zweck, „im Idealfall dann zu Deutsch zu wechseln". Also bitte nicht mehr „biglietti" lernen oder „gelati", sondern 35 die immer gleiche Frage: „Parla tedesco?", „Parlez-vous allemand?", „Do you speak German?", „Habla alemán?"
Das funktioniert, glaubt der VDS, denn jeder dritte EU-Bürger spreche Deutsch. Vermutlich 40 wurden für diese Statistik auch alle Schilder mitgezählt, die auf Mallorca oder an der Costa del Sol „Man spricht Deutsch" verheißen. Deshalb könne man auch „zunächst auf Deutsch versuchen herauszufinden, in welcher Spra- 45 che man sich verständigen kann". Welch schöne Anregung zur Kommunikation: Ob im Bus, am Strand oder in der Disko – sprechen wir über die Sprache!

Ein-Mann-Goethe-Institute

Der Deutsche im Urlaub ist ein Sprachbotschafter, er steht „im Dienst an der eigenen Kultur", sagt der VDS. Jeder Banause am Ballermann ein Ein-Mann-Goethe-Institut – wenn das keine Herausforderung ist! Wem die Kultur jedoch eher fernliegt, der denke wenigstens an die Wirtschaft. Deutsch sprechen dient laut VDS auch „der exportabhängigen deutschen Wirtschaft". Schon im Mittelalter habe es bei den Hansekaufleuten den Spruch gegeben: „Wer die Sprache hat, hat den Handel." Ja – wer sie hat! Nun liegt dem Urlauber die Wirtschaft meist sowieso am Herzen, und so hört man vom Nebentisch gern ein beherztes „Ober, noch'n Bier" oder auch „Espresso, flott bitte". Manchmal hat einer die Sprache so sehr, dass es anderen dieselbe glatt verschlägt.

Bitte kein Englisch!

Das ganze schwere Geschütz des VDS hat natürlich einen Gegner: das Englische. Dessen Speaker haben die Hanseregel erfolgreich befolgt und durch Kolonialismus und Export die Welt erobert. Während die neue Landesregierung von NRW davor längst kapituliert hat und Englisch schon in der ersten Klasse einführen will, bläst der VDS zum Widerstand. Man wolle nicht, dass im Urlaub „jeder sofort gedankenlos anfängt, Englisch zu sprechen." Wahrscheinlich würde sich auch eine Statistik darüber lohnen, wie viel Prozent der deutschen Urlauber in der Lage sind, „sofort" und „gedankenlos" Englisch zu sprechen. Die sollten jedenfalls Obacht geben auf die Warnung des VDS-Vorsitzenden Walter Krämer: Englisch sei vielerorts eine „unbeliebte Fremdsprache". Woran mag Professor Krämer denken? Da er wohl nicht zum Urlaub im Irak rät, meint er vielleicht die Niederländer, die ja nun wirklich alle Deutsch können und die sich von uns gern belehren lassen, dass ihre Landessprache ja eigentlich nur ein deutscher Dialekt ist, eine Art Niederdeutsch eben. Noch wahrscheinlicher hat Krämer an die Franzosen gedacht und an ihre erfolgreiche Sprachschutzpolitik gegen die englische Überfremdung. Dabei fällt mir dann jene Frau im Elsass ein (auch eine Region, in der man überall Deutsch spricht), die meine Frage, ob sie Deutsch spreche, „sofort" und „gedankenlos" auf Deutsch beantworten konnte: „Nein!"

(Quelle: www.wdr.de/themen/kultur/2/vds/index.jhtml)

[1] *Erläutere, was diese Glosse anprangert: Wogegen will sie vorgehen?*

[2] *Untersuche den Text auf die typischen Gestaltungsmittel einer Glosse hin und erläutere ihre Art und Wirkung.*

[3] *Schreibe einen kurzen Kommentar, in dem du deine Meinung zum Ausdruck bringst: Sollte man auf Urlaubsreisen ins Ausland möglichst überall erst einmal Deutsch sprechen?*

Vorschlag 2:
Produktiv-gestaltend zu einem Bild schreiben

[Bild: Bäckerei "BACK-FACTORY" mit Sprechblasen – Kunde: „Ich hätte gern drei Brötchen!", Verkäufer: „Moana Sie Semmln?"; Schild: „ofenfrisch & preiswert"]

[1] *Erläutere den Bildwitz, indem du näher auf die erkennbaren Sprachvarianten eingehst.*

[2] *Schreibe zur Situation im Bild eine Glosse. Achte dabei auf die Merkmale dieser Textsorte.*

Vorschlag 3:
Einen vorgegebenen Text überarbeiten

Zukunftsbranche Spedition/Logistik

Willkommen im Team von D-Logostic. Bei uns sorgen Sie mit über 1 000 Kollegen dafür, dass jährlich über 1 Million Sendungen von A nach B gelangen. Was das für Sie als Bewerber bedeutet? Ein neues berufliches Zuhause, in dem jeder mit seinem Können maßgeblich dazu beiträgt, unseren jeweiligen Auftraggeber zufrieden zu stellen.

Wir wünschen uns einen engagierten Bewerber an unserem Standort Köln so bald wie möglich als

Sachbearbeiter für Seefracht

Ihr exzellenter Service ist unseren Kunden ein sicherer Hafen. – Als Mitarbeiter im zentralen Sekretariat steuern Sie die Seefrachtaufträge unserer Kunden vom Büro aus mittels EDV durch sämtliche Weltmeere und koordinieren alle Abläufe bis zur abschließenden Rechnungsprüfung. So kommen Sie beim Kunden gut an.

Sie sind ein verantwortungsbewusster Angestellter, der sehr selbstständig zu arbeiten gewohnt ist? – Willkommen im Team! Vor allem wenn Sie als Speditionskaufmann über eine schnelle Auffassungsgabe verfügen und die englische Sprache sicher beherrschen. Sie sind außerdem ein erfahrener Anwender der spezifischen Fracht-Software, der auch mit Logostik-Soft umgehen kann? Übrigens: Wir lassen Sie auch als Berufsanfänger ans Steuer und bieten Ihnen ein attraktives Einstiegsgehalt.

Interessiert? Dann schicken Sie Ihre Bewerbungsunterlagen an:

D-Logostic-Gesellschaft mbH
Manderscheider Str. 77
52793 Köln

Grundsätze

Arbeitgeberfalle:
Die nicht geschlechtsneutrale Stellenanzeige

Gibt der Arbeitgeber eine Stellenanzeige unzulässig nur für ein Geschlecht formuliert auf, kann grundsätzlich jeder abgelehnte Stellenbewerber, der persönlich und fachlich geeignet war, eine Entschädigung verlangen. Dies folgt aus § 611a BGB. Hiernach darf ein Arbeitgeber einen Arbeitnehmer im Einstellungsverfahren nicht wegen seines Geschlechts benachteiligen. Verstößt der Arbeitgeber gegen dieses Benachteiligungsverbot, kann jeder hierdurch benachteiligte Bewerber eine angemessene Entschädigung in Geld verlangen; ein Anspruch auf Begründung eines Arbeitsverhältnisses besteht nicht.

(Rechtsanwälte: www.anderfuhr-buschmann.de/arbeitsrecht/einstellung/stellenanzeige.htm)

---

1 *Prüfe nach Lektüre der Grundsätze die vorgelegte Stellenanzeige und unterstreiche die zu überarbeitenden Textstellen.*

2 *Formuliere den Text geschlechtsneutral um.*

Vorschlag 4:
Durch Fragen geleitet aus Sachtexten Informationen ermitteln, die Informationen vergleichen, deuten und abschließend reflektieren und bewerten

Text 1

Eva Schweitzer

Von N-Wörtern und F-Wörtern

NEW YORK – Es gibt Wörter in Amerika, die sind tabu. Eines davon ist das N-Wort. Das N-Wort ist so tabu, dass es, anders als das F-Wort („Fuck!"), überhaupt nicht gebraucht werden
5 darf. Auch nicht von Schwarzen. Deshalb hat der Stadtrat von New York nun das N-Wort gebannt, in der U-Bahn, auf der Straße, in der Schule und im Fernsehen sowieso. Das N-Wort lautet „Nigger".
10 „Nigger" ist eine beleidigende Version von „Negro". Selbst „Negro" ist, genauso wie das in den Südstaaten gebräuchlichere „Colored", heute tabu. „Schwarz" geht noch so gerade, aber die politisch korrekte Bezeichnung ist „African
15 American". [...] Was das N-Wort angeht, sind Amerikaner so empfindlich, dass einmal ein Stadtkämmerer gefeuert wurde, der das Wort „niggardly" verwendete, eine altenglische Bezeichnung für knauserig. „Nigger" jedenfalls,
20 ist nun verboten in New York, wie Rauchen, Füße in der U-Bahn hochlegen und Kaugummi ausspucken. Allerdings ist N-Wort-Sagen, anders als Rauchen oder Hupen, nicht mit einer Strafe belegt.
25 Nun sind es aber vor allem junge Schwarze, die einander „Nigger" nennen: „Boa, ej, Nigga, guck ma, der Nigga da drüben, echt voll geil, ej!", in voller Lautstärke, meist auf dem Sportplatz [...]. Auch schwarze Rap-Stars nennen einander so, vornehmlich auf dem Kabelkanal 30 „Black Entertainment TV". Das stört vor allem Mittelklasse-Schwarze, wie eben den New Yorker Stadtrat Leroy Comrie, auf dessen Initiative der Beschluss zurückgeht. Denn das zeige, dass sich diese Jugendlichen den Mittelklasse- 35 Werten, wie einer guten Erziehung, verweigerten. „Da ärgern sich viele drüber", meint Comrie. „Jetzt muss Schluss sein."
Aber widerspricht das nicht dem Recht auf freie Rede? Und wo führt das hin? Es gibt eine 40 Initiative, das N-Wort aus Lexika zu streichen. Und dann? Aus Büchern? Wird Mark Twain aus Bibliotheken gebannt? Philip Roth? Joseph Conrad? Gestern war ich in „King Hedley II", ein Theaterstück des schwarzen Autors Au- 45 gust Wilson, da ging es um Schwarze im Ghetto von Philadelphia. Sie nannten einander auf offener Bühne – „Nigger". Noch.

(Aus: Berliner Zeitung, 2. 3. 2007)

Text 2

Der braune Mob e.V.[1]

Wie ist die politisch korrekte und diskriminierungsfreie Bezeichnung für Schwarze (oder Schwarze Deutsche)

Ganz einfach: „Schwarze (Deutsche)". – Meistens gibt es aber gar keinen Grund, dazuzusagen, ob jemand schwarz oder weiß ist. Es ist höflicher, Menschen danach zu bezeichnen, wer oder was sie sind, nicht, wie sie pigmentiert sind. Im persönlichen Gespräch mit Einzelnen ergibt sich vielleicht, dass jemand lieber einen bestimmten abweichenden Ausdruck bevorzugt, wie z. B. „afrodeutsch". Da man grundsätzlich respektieren sollte, wie jemand sich selbst bezeichnet, ist es eine Frage der Manieren, dies auch zu befolgen, „politisch" korrekt ist allerdings „Schwarze Deutsche". Schwarz und weiß werden oft großgeschrieben, um zu verdeutlichen, dass es sich um konstruierte Zuordnungsmuster handelt, wie auch in den USA und Großbritannien „Black" und „White".

Andere Länder, wie z. B. die USA, blicken auf eine eigene Geschichte Schwarzer Bürgerrechtsbewegungen zurück. Letztere sind bereits aufgeklärter, was das Selbstbenennungsrecht ihrer Minderheiten angeht. Im Laufe der Jahre haben Schwarze Gruppierungen in den USA den Namen für die politisch korrekte Bezeichnung Schwarzer Menschen mehrmals geändert (ganz früher z. B. „Negro", dann „Coloured", dann „Afro-American", heute „African American" oder „Black"). Dass diese Begriffe jeweils von der übrigen Öffentlichkeit übernommen wurden und werden, ist ein gutes Zeichen dafür, dass diese sich dem Lern- und Fortschrittsprozess sowie dem Lauf der Zeit nicht verweigert.

Während in Deutschland die Forderung, selbst gewählte Bezeichnungen für ethnische Minderheiten zu benutzen, von der Mehrheitsgesellschaft bisweilen noch als Zumutung aufgefasst wird, versteht man dies in vielen anderen Ländern bereits als notwendige Aufarbeitung, Forschungsarbeit und Heilung der Sprache einer ganzen Nation.

(Quelle: www.derbraunemob.de)

[1] Der braune Mob e.V.: Schwarzer deutscher media-watch-Verein (gegründet von Schwarzen Menschen, die in den deutschen Medien und/oder der Öffentlichkeit tätig sind). Die Großschreibung im Text folgt den Vorschlägen des Vereins

1. *Erläutere zunächst allgemein die Ziele und Probleme der Political Correctness.*

2. *Stelle aus Text 1 zum Fall in diesem Zeitungsbericht Argumente für politisch korrektes (Sprach)Verhalten in den USA zusammen.*

3. *Erörtere und begründe: Für welche Variante der Bezeichnung würdest du dich nach der Lektüre beider Texte entscheiden? Unterscheide dabei das Sprechen über Einzelpersonen oder Gruppen.*

Erwartungshorizont/Lösungshinweise

Vorschlag 1

1 Die Glosse „Wer die Sprache hat" verfolgt drei Stoßrichtungen:
- gegen den Verein Deutsche Sprache, der gegen die Nutzung des Englischen und für den Gebrauch des Deutschen im Urlaubsland eintritt;
- gegen die typische Verhaltensweise im Massentourismus, gleich überallhin in die Fremde die deutsche Heimat mitzunehmen;
- gegen Touristen, die in der Fremde als Mitglied einer Wirtschaftmacht arrogant mit fremdsprachlichen Brocken umgehen.

2 Typische, darin verwendete Gestaltungsmittel der Glosse (vgl. Arbeitstechnik, S. 128 im Schülerband):
- Übertreibungen (Z. 12 ff.);
- bildliche Ausdrücke (Z. 1, 69);
- witzige Wendungen (Z. 29 f., 66 f.);
- satirische, ironische und polemische Formulierungen (Z. 9 ff., 20 ff., 29 f., 40 ff., 51 ff., 76 ff.);
- bissige Kommentare (Z. 8 f., 53 f., 66 f., 73 ff.);
- überraschende Pointen (Z. 31 ff., 46 ff., 87 ff., 100);
- parodistische Stellen (Z. 58 f.).

Vorschlag 2

1 Sprachvarianten des Bildwitzes: Hochdeutsch, Dialekt (Bayerisch) und Denglisch: Ausgerechnet in einer „Back-Factory" antwortet auf die hochdeutsche Kundenfrage eine bayerisch nachfragende Person.

Vorschlag 3

1 Auf jeden Fall müssen geändert und geschlechtsneutral umformuliert werden:
- Kollegen – Bewerber (zweimal) – Sachbearbeiter – Mitarbeiter – verantwortungsbewusster Angestellter, der – Speditionskaufmann – Anwender [...], der – Berufsanfänger.

Wenn man streng neutral sein will, sollte man darüber hinaus ggf. umformulieren:
- jeder mit seinem Können – unseren jeweiligen Auftraggeber – unseren Kunden – unserer Kunden – beim Kunden.

2 Geschlechtsneutrale Umformulierungen bieten die Varianten auf S. 129 f. im Schülerband oder zur Ergänzung die in Stellenanzeigen typischen Varianten: Sachbearbeiter (m/w), Speditionskaufmann/ kauffrau, Berufsanfänger/in. Schwierig sind vor allem die Relativanschlüsse (Angestellter, der ...; Anwender ..., der ...) und die Pronomina (jeder ... mit seinem).

Vorschlag 4

1 Zu Zielen und Problemen der Political Correctness vgl. die Texte S. 132 und 133 im Schülerband.

2 Argumente für PC zu dem im Zeitungsbericht dargestellten Fall: Z. 10 ff.; auffällig ist die Abstufung der Varianten; im Kontrast dazu Z. 25 ff.; wiederum dazu das Gegenargument in Z. 34 f. Schließlich die grundsätzliche Infragestellung der PC durch die Autorin (Z. 39 ff.).

3 Nahegelegt wird: für Einzelpersonen nur allgemeine Bezeichnungen, z. B. „ein Mann", „der Fahrer", ohne ethnischen Hinweis; für Gruppen allgemein: „Schwarze Deutsche" oder eine von diesen selbst gewählte Bezeichnung.

Literaturhinweise

Böke, Karin/ Jung, Matthias/ Wengeler, Martin (Hg.): Öffentlicher Sprachgebrauch. Praktische, theoretische und historische Perspektiven. Westdeutscher Verlag, Opladen/Wiesbaden 1996

Erfurt, Jürgen: „Multispresch": Migration und Hybridisierung und ihre Folgen für die Sprachwissenschaft. In: OBST 65

Erhebung des IDS (Instituts für deutsche Sprache) 1999. In: Stickel, Gerhard: Sprachbefindlichkeit. Dolmetschen und Durchwurschteln. In: Mitteilungen des Deutschen Germanistenverbandes 2–3/2000

Hark, Sabine/Kerner, Ina: Weder Opfer noch Ego. In: Freitag 44, 2. 11. 2007 (www.freitag.de/2007/44/07441701.php)

Jäger, Siegfried: Sprachliche Gewalt gegenüber Minderheiten. In: Der Deutschunterricht 5/2007

Kilian, Jörg: Sprachpolitik im Alltag: „Political Correctness". Der Deutschunterricht (Friedrich) 2/2003, S. 52–63

Linke, Angelika/Voigt, Gerhard: Gleichberechtigung in der Sprache. Praxis Deutsch 132/1995, S. 53–65

Schmidt, Claudia/Lutjeharms, Madeline: Sprachliche Diskriminierung der Frau – Gibt es das noch? Der Deutschunterricht (Friedrich) 5/2006, S. 64–73

Sprachbewusstsein. Der Deutschunterricht 3/2002

Sprachkritik. Der Deutschunterricht (Friedrich) 5/2006

Stötzel, Georg/ Wengeler, Martin: Kontroverse Begriffe. Geschichte des öffentlichen Sprachgebrauchs in der Bundesrepublik Deutschland. De Gruyter, Berlin 1995

Zimmer, Dieter E.: Sprache in Zeiten ihrer Unverbesserlichkeit. Hoffmann und Campe, Hamburg 2005

Nützliche Internetadressen

www.webgerman.com/german/dialects (Deutsche Dialekte)

www.people.ex.ac.uk/pjoyce/dialects

www.br-online.de/land-und-leute/thema/dialekte/sendungen.xml

7 Das „schwarze Schaf" im „Stillen Ozean" – Richtig schreiben

Konzeption des Gesamtkapitels

Nachdem die Schülerinnen und Schüler in den vorangegangenen acht Jahren das Rechtschreibcurriculum im Wesentlichen durchlaufen haben, sollen in diesem Kapitel für die neunte Klasse das sprachliche Bewusstsein im Umgang mit orthografischen Fragen auf einer kritisch-distanzierten Ebene geschärft sowie verbliebene Fehlerschwerpunkte angegangen werden.

Das erste Teilkapitel (**„Vom Wörterbuch zur Ratgeberliteratur – Rechtschreibproblemen begegnen"**) greift den Trend aktueller Ratgeberliteratur in Sachen Rechtschreibung auf, um den Schülerinnen und Schülern deutlich zu machen, dass Fragen des richtigen Sprachgebrauchs nicht nur ein Thema im Deutschunterricht sind, sondern beachtliches öffentliches Interesse finden und in diesem Rahmen meist mit dem Anspruch der Unterhaltsamkeit verbunden werden. Anhand von Texten aus entsprechenden Veröffentlichungen (u. a. von Bastian Sick) werden drei Bereiche behandelt, nämlich: Getrennt- und Zusammenschreibung mit den Schwerpunkten Nomen und Verben, die Groß- und Kleinschreibung, vor allem bezogen auf Nominalisierungen sowie mehrteilige Eigennamen und andere Wortgruppen, und Fremdwörter (in orthografischer und grammatischer Perspektive). Die kritische Beurteilung populärer wie auch digitaler Hilfen zu orthografischen und grammatischen Fragen wird durch den Vergleich mit den amtlichen Regeln und den darauf basierenden Nachschlagewerken gefördert.

Das zweite Teilkapitel (**„Kommagefühl und Kommaregeln – Satzzeichen thematisieren"**) ist zunächst dem Bereich der Rechtschreibung gewidmet, der auch noch bei erwachsenen Schreibern die häufigste Fehlerquelle darstellt: der Kommasetzung. Dieser Gegenstand wird hier mit dem Textverständnis in Beziehung gebracht: zum einen, indem er selbst zum Thema einer Glosse wird, zum anderen, indem die Wichtigkeit der Kommasetzung für die eindeutige Verständlichkeit und die Wirkung von Texten verdeutlicht wird. Beim Umgang mit Texten spielen außerdem Zitate eine wichtige Rolle, weshalb in diesem Teilkapitel die Zeichensetzung bei Textzitaten ebenfalls thematisiert wird. Die Sprachreflexion wird mit Übungen zur Vertiefung der Regelkenntnis, des Regelverständnisses und der Anwendungskompetenz verbunden.

Das dritte Teilkapitel (**„Die eigene Rechtschreibbiografie bedenken – Texte überarbeiten"**) regt die Schüler dazu an, einen Blick zurück auf die Entwicklung ihrer Rechtschreibkompetenz zu werfen. Diese Reflexion kann einerseits das Selbstbewusstsein stärken, einen ganz enormen Fortschritt gemacht zu haben, andererseits noch einmal das Bewusstsein für die übrig gebliebenen eigenen Schwachpunkte schärfen. Für die Weiterentwicklung der Textüberarbeitungskompetenz wird ein nach unterschiedlichen Textebenen (Inhalt – Ausdruck – sprachliche Richtigkeit) differenziertes System von sprachlichen Proben angeboten, das in Schreibkonferenzen zu den Rechtschreibbiografien erprobt und eingeübt werden kann.

Weiteres Übungsmaterial zu diesem Kapitel

Übungsmaterial im **„Deutschbuch Arbeitsheft 9"**
– Grammatik: S. 25–47   – Rechtschreibung: S. 48–63

Weitere Übungsmaterialien unter **www.cornelsen.de/deutschbuch-gymnasium**

7 Das „schwarze Schaf" im „Stillen Ozean" – Richtig schreiben

		Inhalte	Kompetenzen
S. 135	7.1	**Vom Wörterbuch zur Ratgeberliteratur – Rechtschreibproblemen begegnen**	Die Schülerinnen und Schüler können – die Intention und den Nutzen von Ratgeberliteratur zum Thema Rechtschreibung beurteilen; – die Reichweite und Zuverlässigkeit von digitalen Rechtschreibhilfen einschätzen; – Regeln zur Getrennt- und Zusammenschreibung bei Substantiven und Verben benennen und anwenden;
S. 136		Getrennt- und Zusammenschreibung	
S. 136		Bastian Sick **Dem Wahn Sinn eine Lücke**	
S. 139		**Besonderheiten der Groß- und Kleinschreibung** Texte von Horst Haider Munske und Klaus Mackowiak	– Vor- und Nachteile der Großschreibung gegeneinander abwägen; – Kriterien zur Großschreibung benennen und kritisch anwenden; – Wörterbücher umfassend nutzen;
S. 142		**Schreibweisen von Fremdwörtern** Texte von Horst Haider Munske und Bastian Sick	– den Umgang mit Fremdwörtern in verschiedenen Sprachen vergleichen; – den orthografischen und grammatischen Umgang mit Fremdwörtern im Deutschen an Beispielen beschreiben; – Fremdwörter im Deutschen flektieren.
S. 145	7.2	**Kommagefühl und Kommaregeln – Satzzeichen thematisieren**	Die Schülerinnen und Schüler können – Merkmale der Textsorten „Kolumne" und „Glosse" benennen und an einem Text nachweisen; – individuelle Probleme und Vorgehensweisen bei der Kommasetzung beschreiben; – wichtige Kommaregeln benennen und sicher anwenden;
S. 145		**Das Komma im Satzgefüge**	
S. 145		Bastian Sick **Das gefühlte Komma**	– Kommaregeln in einem Nachschlagewerk (Wörterbuch) gezielt auffinden und für die Lösung eines Problems nutzen; – unterschiedliche Nachschlage- und Ratgeberwerke in ihrem Gebrauchswert beurteilen; – die Funktionalität der Kommasetzung für das Textverständnis und die Textwirkung beschreiben.
S. 148		**Zeichensetzung bei Zitaten**	
S. 150		**Mit Satzzeichen besondere Wirkungen erzielen**	
S. 151	7.3	**Die eigene Rechtschreibbiografie bedenken – Texte überarbeiten**	Die Schülerinnen und Schüler können – wichtige Entwicklungsstationen oder Erfahrungen in der eigenen Rechtschreibbiografie darstellen; – einen Text mit Hilfe verschiedener Proben auf unterschiedlichen Ebenen überarbeiten.

7 Das „schwarze Schaf" im „Stillen Ozean" – Richtig schreiben

7.1 Vom Wörterbuch zur Ratgeberliteratur – Rechtschreibproblemen begegnen

S. 135

1 *Die im Schülerband abgebildeten verschiedenen Buchtitel decken inhaltlich die Bereiche Rechtschreibung – Grammatik – Sprachentwicklung ab. Während die beiden Bände von Sick und Mackowiak ihren Ratgebercharakter im Untertitel markieren („Wegweiser", „wie man sie vermeidet"), scheint Munske mehr auf eine grundsätzliche Neugierde, auf bislang nur unbefriedigend beantwortete Fragen (nämlich das „Warum" in Sachen Rechtschreibung) zu setzen. Garbe schlägt sich mit dem Titel seines Buches tendenziell auf die Seite derer, die über den Sprachverfall in unserer heutigen Zeit lamentieren, und bezieht in seinen kritischen Ansatz mit den Schildern sowohl Fragen der (neuen) Rechtschreibung („belämmert", „Uschi's Suppen-Topf") als auch Wortbildungsentwicklungen („unkaputtbar") und Anglizismen („Denglisch") mit ein. Die Kombination aus Titel, Untertitel und Lay-out lässt in allen vier Fällen erwarten, dass es hier nicht um trockene Orthografie- oder Grammatiklektionen gehen soll, sondern um vergnüglich lesbare Wissensvermittlung.*

2 *Insgesamt lassen die hohen Verkaufszahlen und immer neuen Veröffentlichungen vermuten, dass tatsächlich ein allgemeines Interesse an Sprache (vor allem an Sprachrichtigkeit und Sprachentwicklung) und eine hohe Bereitschaft, sich auf unterhaltsame Art belehren zu lassen, bestehen. Bei den einen mag es sich mehr um ein an Nützlichkeit orientiertes Interesse handeln, um den Wunsch, die eigene Sprachkompetenz zu verbessern; bei anderen können auch reiner „Wissensdurst" oder ein sprachkritisches Bewusstsein, das Bestätigung sucht, Antrieb für den Kauf entsprechender Bücher sein.*

3 *a/b) Diese Aufgaben sollen das Bewusstsein dafür schärfen, dass Nachschlagewerke und sonstige Hilfen in Sachen Rechtschreibung unter Aspekten wie Richtigkeit, Zuverlässigkeit, Aktualität, Nützlichkeit, Brauchbarkeit, Lesbarkeit, Verständlichkeit etc. durchaus unterschiedlich zu bewerten sind. Solche Kriterien können aus der Beschäftigung mit verschiedenen Medien zunächst abgeleitet und dann noch einmal systematisch auf alle von den Schülerinnen und Schülern verwendeten Hilfsmittel angewendet werden. Die Frage der Aktualität sollte dabei wegen der verbindlichen Neuregelung der Rechtschreibung ab 1. August 2006 eine besonders große Rolle spielen. Außerdem wäre die von Schülerinnen und Schülern gerne formulierte These, die Rechtschreibung zu beherrschen, sei in Zeiten von automatischen Rechtschreibprüfprogrammen nicht mehr so wichtig, an dieser Stelle zu diskutieren (vgl. dazu auch die Frage nach dem Zusammenhang zwischen Grammatik und Rechtschreibung, z. B. in Aufgabe 2, S. 152 im Schülerband).*

S. 136

Zum Kaffeetrinken ins Stehcafé – Getrennt- und Zusammenschreibung

S. 136

Bastian Sick
Dem Wahn Sinn eine Lücke

1 *Ein solcher Beobachtungsauftrag kann auch schon eine Weile vor der Besprechung des Textes gegeben werden, eventuell auch in allgemeinerer Form:
Sammelt auf Geschäftsschildern, Autobeschriftungen, Plakatsäulen und anderen öffentlichen „Textträgern" auffällige (von der herkömmlichen Orthografie abweichende) Schreibweisen (z. B. von Getrennt- und Zusammenschreibung, Groß- und Kleinschreibung, Verwendung von Apostroph usw.).*

2 a) Die Überschrift demonstriert das, was der Autor im Weiteren ausdrücken will: Das Aufeinanderfolgen von zwei Substantiven – „Wahn" und „Sinn" – ohne erkennbare aufeinander bezogene syntaktische Struktur macht es eigentlich unmöglich, die Aussage zu paraphrasieren; man könnte die Intention der Überschrift aber doch so umschreiben: Durch das willkürliche Setzen von Wortgrenzen wird der Weg frei gemacht für irrationalen, unsinnigen Sprachgebrauch.

b) Vorschlag für ein Tafelbild:

Unterhaltsame Präsentation des Themas Rechtschreibung durch folgende Mittel:

- *Übertreibung (z. B. „gähnende Leere", Z. 5 f.; „gepflastert mit", Z. 24 f.)*
- *Einbringen eigener Erfahrung („Da stehe ich nun", Z.1), persönlicher Reaktionen („betroffen", Z. 3; „Ich habe versucht, mir einzureden", Z. 6 f.) und markanter subjektiver Wertungen („Thank God!", Z. 38; „der unsägliche Trend", Z. 46)*
- *Einnehmen einer fremden Perspektive (Z. 27–31)*
- *untergründiger Spott, Scherz auf Kosten der „Nichtkönner" (z. B. „Tassekaffee", Z. 19 – wer schreibt das denn schon so falsch!)*
- *scherzhafter/ironischer Umgang mit der Textform „Wörterbucheintrag" (Z. 50 f.)*

3 a) „Duden" und „Wahrig" schreiben:
Stehcafé, Milchkaffee, Kosmetiksalon (nur Duden, entsprechend zu „Kosmetik Studio"), Servicezentrum (Duden)/Servicepoint (Wahrig) (entsprechend zu „service center). Kein Eintrag findet sich zu „Back Shop".
Die Grundregel zu der hinter diesen Beispielen stehenden Frage der Zusammenschreibung von Substantiven lautet in der amtlichen Regelung:

„§ 37   Substantive, Adjektive, Verbstämme, Pronomen oder Partikeln können mit Substantiven Zusammensetzungen bilden. Man schreibt sie ebenso wie mehrteilige Substantivierungen zusammen."

Begrenzte Fälle von (teils möglicher, teils notwendiger) Getrenntschreibung ergeben sich aus E4 zu § 37:

„Aus dem Englischen stammende Bildungen aus Adjektiv + Substantiv können zusammengeschrieben werden, wenn der Hauptakzent auf dem ersten Bestandteil liegt, also H̲otdog oder H̲ot Dog, S̲oftdrink oder S̲oft Drink, aber nur High Soci̲ety, Electronic B̲anking oder New Eco̲nomy."

b) Mit dieser Aufgabe soll das bereits oben bei den Hinweisen zu Aufgabe 3 (S. 136 im Schülerband, S. 152 in diesem Handbuch) angesprochene kritische Bewusstsein gegenüber Rechtschreibsoftware und Korrekturprogrammen weiter verschärft werden. Vgl. in diesem Sinne auch Aufgabe 2b auf S. 139 und Aufgabe 4b auf S. 143 im Schülerband.

4 Sick macht die „Sehnsucht nach internationalem Flair" (Z. 39) für den von ihm beschriebenen Trend zur Getrenntschreibung bei Nomen verantwortlich.
Weitere mögliche Gründe:
– genereller Trend zu Anglizismen, auch auf der Ebene der Wortbildung;
– bessere Übersichtlichkeit von (eigentlich) längeren Wörtern;
– stärkere Betonung beider Wortbestandteile;
– größere Auffälligkeit der Wörterkette;
– sprachliche Inkompetenz.

7 Das „schwarze Schaf" im „Stillen Ozean" – Richtig schreiben

5 a–c) *Hier der Text in der korrekten Schreibweise; die Nummern der Regeln von S. 138 im Schülerband stehen hinter den Verben in Klammern.*

Gegenüber von unserer Schule ist ein Stehcafé, da kann man prima nach Schulschluss noch <u>Kaffee trinken</u> (1) und <u>Leute treffen</u> (1). Letztens hat meine Freundin Lisa dort einen süßen Typen <u>kennen gelernt/kennengelernt</u> (7). Mit dem hat sie erst eine Stunde <u>zusammengehockt</u> (2) und <u>herumgealbert</u> (2), und dann sind sie auch noch <u>spazieren gegangen</u> (6). Als Lisa <u>heimgekommen</u> (nicht 1, sondern 2! Vgl. amtliche Regelung § 34 1.3 E4) ist, war das Essen natürlich <u>kalt geworden</u> (3) und ihre Mutter musste alles wieder <u>warm machen/warmmachen</u> (5) und hat sie gleich <u>zusammengestaucht</u> (2): Wenn Lisa sich nachmittags so lange <u>herumtreibe</u> (2) und ihre Hausaufgaben immer <u>liegen blieben/liegenblieben</u> (7), wäre ja schon abzusehen, dass sie im Sommer <u>sitzen bleibe/sitzenbleibe</u> (7). Lisa hat dann gleich <u>Hausaufgaben gemacht</u> (1) und sogar ihr Zimmer <u>Staub gesaugt/gestaubsaugt</u> (Abweichung (Einzelfälle) von Regel 2: vgl. amtliche Regelung § 33 (1) E), weil sie den Typen doch am nächsten Tag <u>wiedersehen</u> (2) wollte. Aber der hat sie dann einfach <u>sitzen (ge)lassen/sitzen(ge)lassen</u> (7), beim <u>Kaffeetrinken</u> (Nominalisierung!), im Stehcafé.

6 a) *Es gibt sehr viele verschiedene Kombinationsmöglichkeiten der angebotenen Wörter – man kann aus der Aufgabe deshalb auch einen kleinen Wettbewerb machen.*
Beispiele: klein schneiden/kleinschneiden, rückwärtsfahren, zusammensitzen, krank stellen, Rad fahren, Tee kochen, weitermachen, bleiben lassen/bleibenlassen, kalt stellen/kaltstellen, schwer fallen (die Treppe hinunter)/schwerfallen (sich zu entschuldigen).

b) *Dass bei der Entscheidung „getrennt oder zusammen" nicht zuletzt der Verbakzent eine Rolle spielt („Er ist schwér gefállen" vs. „Das ist mir schwérgefallen"), kann bei den Glossen thematisiert und besonders durch die mündliche Präsentation der Texte verdeutlicht werden.*

7 *Ein Text, in dem die Verbzusammensetzungen ersetzt wurden, könnte z. B. so lauten:*

Gesprächsfetzen im Schülercafé

„Da haben sie uns in der Englischklausur ja ganz schön <u>schwierige Dinge abverlangt!</u>" – „Ja, wenn die nächste Arbeit auch noch so wird, werde ich wohl <u>nicht versetzt werden</u>." – „Ach, Unsinn, du solltest dich auf keinen Fall jetzt schon <u>aufgeben</u>!" – „Ja, aber sich die Lage <u>nicht realistisch vor Augen zu führen</u>, hat auch keinen Sinn. Und es ist nun mal so, dass ich schon <u>nervös werde</u>, wenn im ersten Satz vom Text gleich drei mir völlig unbekannte Vokabeln vorkommen." – „Trotzdem solltest du nicht gleich <u>aufgeben</u>, sondern dir lieber erst den ganzen Text und die Aufgaben anschauen." – „Ja, du hast ja Recht, so würde ich sicher <u>erfolgreicher sein können</u>. Aber jetzt genug davon, lass uns noch was trinken, und dann müssen wir uns <u>auf den Weg machen</u>, um nicht zu spät zum Sport zu kommen."

Die mittlere Reife für das Fleißige Lieschen? – Besonderheiten der Groß- und Kleinschreibung

S. 139

1 a) *Vorschlag für ein Tafelbild (auf der Textgrundlage):*

Großschreibung?

Pro

- Eigentümlichkeit unserer Sprache mit langer Tradition (Luther, klassische Literatur)
- hervorgehobene Substantive machen das Lesen leichter
- …

Kontra

- schwer erlernbar
- stellenweise willkürlich
- …

b) Während die Großschreibung am Satzanfang und die Großschreibung der Nomen in den höheren Jahrgangsstufen meist keine Schwierigkeiten mehr bereiten, treten in Bereichen wie der Nominalisierung von Verben und Adjektiven, bei Fremdwörtern, bei Wochen- und Tageszeiten und Ähnlichem nach wie vor Probleme auf.
Die individuellen Fehleranalysen können zu einem Gesamt-Klassenüberblick summiert werden, um in der Lerngruppe verbreitete Fehlerschwerpunkte herauszukristallisieren, zu denen dann gezielte Übungen – auch über das auf den Seiten 140 f. im Schülerband angebotene Programm hinaus – bearbeitet werden können (vgl. dazu z. B. das „Deutschbuch Arbeitsheft 9").

2 a) *Mögliche Beispiele:*

Nominalisierung von

Verben	Partizipien	Adjektiven	Pronomen	Präpositionen
- das Soll und Haben - das nackte Sein - das eigene Wollen - beim Lesen und Schreiben	- die Ausgestoßenen - das Gesagte - der Verurteilte - die Betroffene	- das Blau des Himmels - das Weiße im Auge - alles Gute - etwas Ernstes	- das traurige Ich - das Meine und das Deine - das Du anbieten	- das Für und Wider - das Pro und Kontra - das Auf und Ab

Klaus Mackowiak

Groß- oder Kleinschreibung bei mehrteiligen Eigennamen und anderen Wortgruppen

1 a) Das „Highlander"-Kriterium verweist auf die Titelfigur des bekannten Actionfilms, dessen Untertitel wie im Text lautet: „Es kann nur einen geben." Schwarze Schafe gibt es bekanntlich viele, sodass dieses Kriterium hier nicht zutrifft, die „Goldenen Zwanziger" dagegen gab es nur einmal, nämlich im 20. Jahrhundert, während der Begriff für die übrigen Jahrhunderte nicht verwendet wird.
Ein „Baptisterium" ist ein Taufbecken oder eine Taufkapelle. Bei diesem Kriterium gilt es zu entscheiden, ob etwas ein Name oder nur eine Eigenschaft bzw. ein Prädikat ist. So können zunächst verschiedene Städte mit dem Attribut „ewig" verbunden werden zu „ewigen Städten", für die Stadt Rom aber hat sich die Bezeichnung „Ewige Stadt" als Name eingebürgert und wird deshalb in dieser Bedeutung großgeschrieben.

b) Vorschlag für ein Tafelbild:

	Highlander-Kriterium	Baptisterium	Wörterbuch
das s/Schwarze Schaf	–	–	das schwarze Schaf
die g/Goldenen Zwanziger	+	+	die Goldenen Zwanziger
das h/Heilige r/Römische Reich d/Deutscher Nation	+	+	das Heilige Römische Reich Deutscher Nation
die e/Ewige Stadt	+	+	die Ewige Stadt = Rom
Albrecht der e/Entartete	+	+	Albrecht der Entartete
Die m/Mittlere Reife	–	+	die mittlere Reife

2 a) In allen im Schülerband genannten Fällen sind beide Schreibungen möglich, je nachdem, ob es sich um die Bezeichnung für eine ganz bestimmte einzelne Person (bzw. Einrichtung, Erscheinung bzw. einen Titel) handelt oder um eine Attribuierung, die verschiedenen Personen (Einrichtungen etc.) zukommen kann, z. B.: der Heilige Vater = der Papst; der heilige Vater = ein Vater (familiär oder Ordensangehöriger), der heilig gesprochen ist oder von jemandem als heilig angesehen wird.

b) Beispiele für Merksprüche und ihre Gültigkeit:
– „Wer nämlich mit ‚h' schreibt, ist dämlich!"
– „Nach ‚l', ‚n', ‚r', das merke ja, steht nie ‚tz' und nie ‚ck'!"
Eine bekannte Eselsbrücke, die nach der neuen Rechtschreibung **nicht** mehr gilt, lautete: „Trenne nie ‚st', denn es tut ihm weh!"
Neben solchen verbreiteten Merksprüchen sollten die Schülerinnen und Schüler aber auch individuelle Merkhilfen/Regeln nennen und überprüfen.

3 Groß- und Kleinschreibung der Begriffe sowie die zugehörigen Regeln:
– s/Schwarzes Brett; r/Rote Karte; n/Neue Medien: Adjektive, die mit dem folgenden Substantiv einen idiomatisierten Gesamtbegriff bilden, können großgeschrieben werden, die Kleinschreibung der Adjektive ist hier aber der Regelfall;
– italienischer Salat: nur Kleinschreibung möglich (keine Idiomatisierung).

4 *Der Text in der richtigen Groß- und Kleinschreibung:*

Guten Abend, meine Damen und Herren, hier ist das Erste Deutsche Fernsehen mit den Nachrichten. Zunächst die Meldungen im Überblick:
- *Die Vereinten Nationen fordern eine Anti-Armuts-Kampagne in der Dritten Welt.*
- *Der Bundespräsident besucht am Tag der Deutschen Einheit ehemalige Grenzorte der alten und neuen Bundesländer.*
- *Nach einer G/großen Anfrage im Bundestag verzögert sich das Inkrafttreten des neuen Gesetzes zur amtlichen Regelung der deutschen Rechtschreibung.*
- *Der Allgemeine Deutsche Automobilclub entlässt fristlos zwölf leitende Angestellte.*
- *Der Große Österreichische Staatspreis für Literatur geht an die g/graue Eminenz der Wiener Literaturszene.*

Auf dem Weg zur Integration – Schreibweisen von Fremdwörtern

S. 142

1 *Die von Munske verwendeten sprachlichen Ausdrücke lassen den Vergleich zwischen der Integration von Zuwanderern und der Integration von Fremdwörtern zunächst eher suspekt erscheinen: „Wir holen sie aus fremden Sprachen, weil sie uns gefallen oder weil wir sie benötigen, und wir benutzen sie, so lange wir wollen" sind Aussagen, die auf Zuwanderer bezogen unerträglich menschenverachtend klingen. Dennoch gibt es mögliche Vergleichspunkte wie z. B. Nützlichkeit, „Lückenfüller"-Funktion, verschiedene Grade von Anpassung (Integration), „Einwanderungsschübe" aus bestimmten Ländern/Sprachen zu bestimmten Zeiten.*

2 a) *Besonders wenn es Schülerinnen und Schüler gibt, die andere Muttersprachen als das Deutsche (und die bereits angeführten Sprachen) haben, bietet sich diese Aufgabe zur Erweiterung der Sprachbewusstheit an. Sie kann ggf. auch zu einer kurzen sprachhistorischen Betrachtung erweitert werden: Welche Sprachen sind – wie eng – miteinander „verwandt"?*

b) *Es geht um die Zeichen:*
  φ – ph: bleibt so (3 x) oder wird durch „f" wiedergegeben (3 x).
  θ – th: bleibt so (3 x) oder wird mit einfachem „t" wiedergegeben (3 x).
  ρ – rh: bleibt so (2 x) oder wird durch einfaches „r" wiedergegeben (4 x).
  υ – y: bleibt so (5 x) oder wird durch „i" wiedergegeben (1 x).
  Damit sticht das Deutsche bei diesen Beispielen und dieser Sprachenauswahl eigentlich nicht als konservativer als andere Sprachen hervor. Durch die Neuregelung der deutschen Rechtschreibung ist der Prozess der Integration bei diesen Lauten tendenziell etwas beschleunigt worden (z. B. bei „-photo-"/ „-foto-", „-graph-"/„-graf-", „-phon"/„-fon"; „Tunfisch", „Panter" u. a.).

c) *Hier bieten sich besonders Wörter aus dem Fach Deutsch an: „Theater", „Szene", „Lyrik", „Strophe", „Rhetorik", „Grammatik", „Kommunikation" etc.*

3 *Rekonstruktion der Fremdwörter und ihre Zuordnung zu den Beispielen im Text von H. H. Munske: Philosoph (1) – Rhythmus (1) – Theater (1) – christlich (2) – Niveau (6) – privat (3) – Parfum (5) – Nation (4) – Funktion (4) – Genre (5) – Patient (4) – Saison (5) – Pointe (5) – Universität (3) – Feuilleton (6) – Journalist (6) – Restaurant (5) – Ingenieur (6).*

4 a) *Wiedergabe der Lautschrift in normaler Schreibung:*
Fotosynthese/Photosynthese – Ketchup/Ketschup – Sketch/Sketsch – potenziell/potentiell – Bibliografie/Bibliographie – Saxofon/Saxophon – Telefon/Telephon – Paläolithikum – Moiré – Katarrh/Katarr – Mayonnaise/Majonäse – charmant/scharmant.

b) *Ein aktuelles Rechtschreibprogramm sollte alle erlaubten Varianten akzeptieren.*

5 *Vorschlag für ein Tafelbild:*

Aussagen zum Umgang mit Fremdwörtern

	Munske	Sick
Gemeinsamkeiten	– Wertschätzung von Fremdwörtern im Deutschen – manche sind nicht mehr als fremd erkennbar – werden benötigt oder gefallen – Vergleich des Umgangs mit Fremdwörtern im Deutschen und in anderen Sprachen	– Fremdwörter werden mit Ehrfurcht und Respekt behandelt – irgendwann nicht mehr aus der eigenen Sprache wegzudenken – können Sprache bereichern – Vergleich des Umgangs mit Fremdwörtern im Deutschen und in anderen Sprachen
Unterschiede	– Betrachtungsaspekt Rechtschreibung – Vergleich Zuwanderer – Sprache	– Betrachtungsaspekt Grammatik (Flexion) – Plädoyer für einen eingeschränkten „Fremdwort-Import"

6 a) *Schreibweisen und Partizip Perfekt:*
designen – designt; recyceln/recyclen – recycelt/recyclet; downloaden – downgeloadet.

b) *Vorschlag für ein Tafelbild:*
Englisch: I design, you design, he/she designs, we design, you design, they design
Deutsch: ich designe, du designst, er/sie designt, wir designen, ihr designt, sie designen

7 a/b) Bei den meisten im Text verwendeten Wörtern handelt es sich um Begriffe aus dem Fach Deutsch bzw. aus der Sprachwissenschaft (Grammatik): deklinieren: ein Nomen, Pronomen, Adjektiv beugen; konjugieren: ein Verb beugen; Plural(endung): Mehrzahl; Gerundium: der gebeugte Infinitiv z. B. des englischen Verbs; Perfekt: Verbform der vollendeten Gegenwart; Präsens: Gegenwartsform des Verbs; Verb: Tätigkeitswort; Perfektpartizip: Mittelwort der Vergangenheit.
Außerdem werden benutzt: Respekt: 1. Anerkennung, Achtung; 2. mit leiser Furcht vermischte Scheu; Prinzip: Grundsatz; kurios: seltsam, sonderbar; problemlos, zu Problem: Schwierigkeit; Alternative: andere Möglichkeit.

c) Ergänzung und Erklärung der Fachbegriffe:
appellativ: auffordernd; Daktylus: fallendes dreisilbiges Metrum; Rhetorik: Redekunst; Adressat: Angesprochener/Angeschriebener; Synonym: Wort mit der gleichen Bedeutung; Interrogativpronomen: Fragefürwort; Diskussion: Gespräch, in dem unterschiedliche Meinungen vertreten werden; Inszenierung: Bühnenaufführung; Metapher: Wort mit übertragener/bildlicher Bedeutung; Antithese: Gegenbehauptung; Apposition: substantivische Beifügung; Konnotation: mit einem Wort verbundene zusätzliche Vorstellungen; Paraphrase: verdeutlichende Umschreibung.

7.2 Kommagefühl und Kommaregeln – Satzzeichen thematisieren

Des einen Leid, des anderen Thema – Das Komma im Satzgefüge

S. 145

Bastian Sick
Das gefühlte Komma

S. 145

1 a/b) Die Aufgabe zum Lesevortrag soll das Verständnis der Textform „Glosse" erleichtern. Zumindest zwei Modalitäten sollten beim Vortrag voneinander abzugrenzen sein: eine rein sachliche und eine auf Unterhaltung zielende, bei der z. B. die Dialoganteile des Textes szenisch interpretiert werden (etwa durch Verstellen der Stimme). Die letztgenannte Interpretationsweise wird der Intention des Textes gerecht, der orthografische Aufklärung mit Unterhaltung durch Witz und Spott betreiben will.

2 Die Aufarbeitung des Textes als Plakat macht es zum einen möglich, verschiedene Textintentionen (Wissensvermittlung, Unterhaltung etc.) voneinander abzugrenzen, zum anderen können persönliche Erfahrungen und Assoziationen an den Text geknüpft und so dessen Verständnis ermöglicht bzw. vertieft werden.
Bei entsprechend klaren und aussagekräftigen Ergebnissen kann auf die Bearbeitung von Aufgabe 3 auch verzichtet werden; umgekehrt kann auch nur der analytische Zugang über Aufgabe 3 gewählt werden.

3 Aufbau des Textes:
– Z. 1–7: Einleitung mit These(n)
– Z. 7–32: Beispiel als Beleg, dramatisiert als Dialogszene
– Z. 32–44: Grammatische Kommentierung und Klärung des Beispiels
– Z. 45–59: Verallgemeinerte grammatische Erläuterung
– Z. 60–67: Operationalisierung: die „Prädikat-Probe"
Der Autor will in amüsanter Art und Weise auf häufige Fehlentscheidungen bei der Kommasetzung aufmerksam machen, sie erklären und Wissen und Hilfen zur Vermeidung dieses Fehlers vermitteln.

4 a) Im Journalismus meint „Kolumne" zunächst allgemein eine Druckspalte und im Spezielleren dann einen kurzen Meinungsartikel im Umfang einer Spalte, der regelmäßig unter gleich bleibender Überschrift (und meist auch vom gleichen Autor bzw. der gleichen Autorin) an gleicher Stelle in einer Zeitung oder Zeitschrift erscheint. Die Kolumne von Bastian Sick wird von ihm selbst charakterisiert als eine „sprachpflegerische Kolumne [...], die schaurige, traurige, unsägliche, unerträgliche, abgehobene und verschrobene Erscheinungen der deutschen Sprachkultur unter die Lupe und aufs Korn nimmt." (www.spiegel.de/kultur/zwiebelfisch)

b) Ein „Zwiebelfisch" ist in der Sprache der Buchdrucker ein im Satz erscheinender Buchstabe aus einer anderen Schriftart; allgemeiner werden so auch durcheinandergeworfene Buchstaben verschiedener Schrifttypen bezeichnet. Eine ausführlichere Begriffserläuterung im Stil des Autors Sick findet man unter der oben genannten Web-Adresse, wenn man beim „Zwiebelfisch-ABC" unter „Z" das Stichwort „Zwiebelfisch" aufsucht.

5 a) Bei diesem Gespräch wird es wahrscheinlich eher darum gehen, Probleme mit zu viel gesetzten Kommas zu artikulieren, als solche mit vergessenen Kommas.

b) 1., 2. und 4. Satz: kein Komma! 3. Satz: „Bevor der nächste Tag <u>anbrach</u> (Prädikat!), wollten sie Kapstadt erreichen."

c) Ersatzproben:
 – Nachdem sie endlos debattiert und immer neue Änderungsvorschläge unterbreitet hatten, gaben die Vermittler ...
 – Während sein Freund Konrad Klavierunterricht genossen hat, gilt dies für Paul nicht.
 – Vor Anbruch des nächsten Tages wollten sie Kapstadt erreichen.
 – Einen Tag nachdem eine ägyptische Chartermaschine über dem Roten Meer abgestürzt ist, tauchen erste Hinweise ...

6 Erklärung der markierten Kommas in Sicks Text mit den Regeln auf S. 147 im Schülerband:
 – Zeile 1: R 50   – Zeile 15: R 50   – Zeile 35: R 50
 – Zeile 4: R 49   – Zeile 17: R 48   – Zeile 47: R 48
 – Zeile 6: R 48   – Zeile 21: R 50   – Zeile 50: R 49
 – Zeile 7: R 48   – Zeile 22: R 50   – Zeile 52: R 50
 – Zeile 11: R 50   – Zeile 23: R 51   – Zeile 55: R 50
 – Zeile 14: R 50   – Zeile 28: R 50

7 a–c) Diese Aufgabe erfüllt eine wichtige Ergänzungsfunktion, da die in dem Regelkasten auf S. 147 im Schülerband genannten Regeln nur einen Minimalkatalog an Wissen zur Kommasetzung umfassen und da Sicherheit in der Anwendung erst durch häufige Übung bzw. durch die Reflexion vieler Beispiele zu erreichen ist.

Wichtig ist es auch zu vermitteln, dass es Unterschiede zwischen der offiziellen, „amtlichen Regelung" und den (zumindest intentional) benutzerfreundlichen Regelangeboten in Wörterbüchern und anderen Hilfsmitteln gibt, dass man also z. B. eine deutlich vereinfachte Regel wie R 51 möglicherweise mit dem Verlust hundertprozentiger Richtigkeit erkauft.

8 a/b) Im folgenden Text sind die Kommas und die Nummern der Regeln auf S. 147 im Schülerband angegeben:

Das reicht, Komma

Trösten Sie sich: Es ist kein Weltuntergang, (R 50) wenn mal ein Komma verrutscht, (R 50) selbst wenn manche Philologen, (R 48) Oberstudienräte, (R 48) Literaturkritiker und Gralshüter der reinen Lehre das meinen. Fragen Sie sich, (R 50) ob das, (R 50) was Sie sagen wollen, (R 50) eindeutig zu verstehen ist, (R 48) im Zweifel schlagen Sie nach oder machen einen kleinen Test, (R 50) ob es auch so, (R 50) wie Sie es meinen (R 50), verstanden wird.
Hier ein paar Tipps für alle Sprachliebhaber und Schreibenden:
 – *Bleiben Sie locker, (R 50) wenn es um Kommaregeln geht, (R 50 und R 48)*
 – *schlagen Sie öfter mal im Wörterbuch nach, (R 48)*
 – *lesen Sie laut, (R 51) um ein Gefühl für Komma-Pausen zu bekommen, (R 51)*
 – *und wenn Sie unsicher sind, (R 50) bilden Sie lieber zwei kurze Sätze als einen langen mit falscher Zeichensetzung und missverständlicher Bedeutung.*

7.2 Kommagefühl und Kommaregeln – Satzzeichen thematisieren

9 a) Die Kommentierung sollte nicht pauschal, sondern bezogen auf jeden einzelnen Spiegelstrich erfolgen.

b) Vorschlag für ein Tafelbild:

Drei Texte zur Kommasetzung – unterschiedliche Funktionen:

Sick	Wahrig	Truss
– unterhalten – Schwierigkeiten erklären – grammatisches Wissen vermitteln – praktische Hilfen geben	– gut verständliche und übersichtliche Regeln an die Hand geben	– psychologisch beruhigend wirken – praktische Hilfen/Tipps geben

Fremde Texte im eigenen Text – Zeichensetzung bei Zitaten

S. 148

1 a) Der Leserbrief der Schulklasse mit korrekt gekennzeichneten Zitaten:

Sehr geehrte Frau Truss,

Ihre tröstenden Worte zur Kommasetzung haben wir, die Klasse 9c, gerne gelesen, denn bislang hatten wir schon manchmal den Eindruck, dass es ein „Weltuntergang [ist,] wenn mal ein Komma verrutscht". Unser Lehrer, Oberstudienrat Dr. Müller, war, wie Sie sich vielleicht vorstellen können, auch nicht so ganz angetan von Ihren Ratschlägen. Besonders die Empfehlung: „Bleiben Sie locker, wenn es um Kommaregeln geht", entspricht nämlich so gar nicht seiner eigenen Haltung. Dagegen fand er es auch ganz richtig, dass man „lieber zwei kurze Sätze als einen langen mit falscher Zeichensetzung" bilden soll. Problematisch erschien uns allen Ihr Vorschlag, laut zu lesen, „um ein Gefühl für Kommapausen zu bekommen". Wir haben nämlich die Erfahrung gemacht, dass unser Kommagefühl zum Teil recht trügerisch ist, wie es auch Bastian Sick in seiner Zwiebelfisch-Kolumne „Das gefühlte Komma" beschreibt. Und dann haben wir noch zwei Fragen: Erstens, was ist eigentlich ein „Gralshüter der reinen Lehre"? Und zweitens: Wie soll das gehen, „im Zweifel […] einen kleinen Test [machen]"? Es wäre toll, wenn Sie uns antworten könnten.

…

b) Zeilenangaben würden in diesem Brief an die Autorin des zitierten Textes deplatziert wirken, da es ja – in einem sehr überschaubaren Textausschnitt – nur um Verweise auf Inhalte zum Zweck der Verständigung geht und nicht um philologische Textarbeit.

2 Erhalten bleiben könnten die Zitate dort, wo sie markante Wendungen enthalten: „Weltuntergang", „Gralshüter der reinen Lehre", außerdem beim Titel der Zwiebelfisch-Kolumne. Alle anderen Stellen wären besser zu paraphrasieren, um den Eindruck zu vermeiden, dass der Brief zu einem großen Teil aus abgeschriebenen Textpassagen besteht.

3 a) Die Umformulierungen in dass-Sätze könnten z. B. so lauten:
(1) Er weist darauf hin, dass es bei der Entscheidung …
(2) Er führt genauer aus, dass die richtige Schreibung …
(3) Er erwähnt außerdem, dass die Herausbildung …
(4) Er ist der Meinung, dass gute Gründe dazu geführt haben …

b) Die vollständigen Sätze lauten:
(5) Dass das Wort „das" kurz gesprochen, aber nur mit einfachem „s" geschrieben wird, entspricht anderen einsilbigen Wörtern wie z. B. „bis" oder „was".
(6) Es ist auch nicht verwunderlich, dass die unterschiedliche Schreibung der beiden Wörter schon früh bezeugt ist.
(7) Das verstehende Lesen, das durch die beiden unterschiedlichen Schreibweisen gefördert wird, ist ein guter Grund für die Beibehaltung dieser Regelung.
(8) Deshalb ist es auch kein Zufall, dass gerade in alten Rechtstexten die beiden Schreibweisen zuerst auftauchen.

c) Die Sätze (1) und (2) sowie (3) und (4) und (6) bis (8) sollten im Zusammenhang gesehen und erläutert werden.

S. 150

„Kommas brauchen wir nicht Worte allein genügen" – Mit Satzzeichen besondere Wirkungen erzielen

1 Übersetzung des englischen „Lexikoneintrags":
„Panda, großes, schwarz-weißes, bärenähnliches Säugetier, Herkunftsland China. Isst, schießt und geht" bzw. ohne Kommas: „Ernährt sich von Schösslingen und Blättern"!

2 a/b) Dieser Witz funktioniert durch die markante Bedeutungsänderung, die allein durch ein einziges falsch gesetztes Komma bewirkt wird. Damit wird die Wichtigkeit richtiger Zeichensetzung unterhaltsam bereits auf dem Buchcover postuliert und unter Beweis gestellt.

3 a) „Kommas brauchen wir nicht, Worte allein genügen" versus: „Kommas brauchen wir, nicht Worte allein genügen". Einerseits zeigen zum Beispiel viele Gedichte, dass ein Textverständnis auch ohne Zeichensetzung möglich ist; andererseits demonstriert das Beispiel selbst ja, dass es ohne Zeichensetzung zu Unklarheiten oder Irrtümern beim Textverständnis kommen kann.

b) In der deutschen Übersetzung des Werks von Lynne Truss werden u. a. folgende Beispiele zitiert (S. 76–78):
– Ich gehe meinen Weg zur Hölle mit dir.
– Alle lachen nur sie nicht.
– 90 Prozent aller modernen Lyriker argwöhnen die Leser seien reif fürs Tollhaus.
– Mein Gewissen sagt mir das Gesetz ist in diesem Falle Nebensache.

4 a) Die Ich-Erzählerin in dem Anfang des Romans von Marlene Streeruwitz befindet sich wahrscheinlich auf einem Parkplatz, wo sie sich – an einem Tag kurz nach Weihnachten – zum Joggen fertig macht. Einerseits erhofft sie sich vom Joggen einen Ausgleich zum übermäßigen Essen in der letzten Zeit sowie einen klaren Kopf nach der Verwirrung, in die sie ein Mann names Gerhard gestürzt hat, andererseits scheut sie die winterliche Kälte und möchte eigentlich lieber zu Hause in der warmen Badewanne liegen.

b) *Der ganze Abschnitt – mehr als zwanzig Zeilen! – verzichtet auf jegliches Satzschlusszeichen und reiht alle Sätze mit Kommas aneinander. Dadurch wird dem Bewusstseinsstrom der Ich-Erzählerin eine gewisse Atemlosigkeit, vielleicht auch Aufgebrachtheit oder Nervosität verliehen.*

c) *Da im Text von Streeruwitz nicht nur die üblichen Formen der Zeichensetzung aufgehoben werden, sondern auch die syntaktischen Strukturen nicht immer korrekt und vollständig sind, reicht es nicht, Kommas durch Punkte zu ersetzen, um den Text nach den Regeln von Satzbau und Zeichensetzung zu „korrigieren". Vielmehr muss der Text teilweise auch syntaktisch überarbeitet werden. Dafür sind allerdings bereits gewisse interpretatorische Leistungen notwendig, sodass die Beschäftigung mit der Zeichensetzung zu einem Gespräch über das Textverständnis führen kann und führen sollte.*

7.3 Die eigene Rechtschreibbiografie bedenken – Texte überarbeiten

Zwei Welten auf einem Blatt Papier – Texte genau lesen

S. 151

1 *Die Reaktionen auf die beiden Texte sollten der Tatsache Rechnung tragen, dass es sich bei Sarah um eine Muttersprachlerin handelt, bei Pinelopi nicht. Dass beide Texte von (Deutsch-)Studentinnen stammen, dabei aber durchaus noch deutliche Mängel in der Sprachkompetenz aufweisen, sollte die Hemmschwelle sowohl den Texten als auch der eigenen Rechtschreibbiografie gegenüber herabsetzen. Zu den spontanen Reaktionsmöglichkeiten kann sowohl die Identifizierung mit den formulierten Schwierigkeiten und Wertungen gehören als auch die Distanzierung davon.*

2 *a) Im ersten Text werden die Begriffe „Grammatik" und „Rechtschreibung" nicht eindeutig differenziert. Da die Aufgabe war, etwas zur eigenen Rechtschreibbiografie zu schreiben, ist vermutlich an vielen Stellen, an denen „Grammatik"/„grammatikalisch" verwendet wird, eher Rechtschreibung gemeint. Der zweite Text benutzt konsequent den Terminus „Rechtschreibung", fraglich ist, ob dieser im letzten Satz das Gemeinte trifft.*

b) Die Begriffe und ihre Beziehung zueinander können als Schnittmengengrafik dargestellt werden:

```
   Grammatik:                                    Rechtschreibung:
   Sprachlehre/Formen      z.B. Komma-           normativ festgelegte
   und Funktionen von Wörtern   setzung, Groß-   richtige Schreibung von Wörtern
   und Sätzen              schreibung            (auch im Satzzusammenhang)
```

c) Bestimmung der Fehler und ihre Korrektur:
Z. 1: „Ich und die Grammatik, das waren ..." (R)
Z. 12–13: „... in ihrem Studium oder Ähnlichem ..." (R)
Z. 15: „... während meines Studiums ..." (Gr)
Z. 16: „Schülern Grammatik oder Ähnliches [...] näherzubringen" (Gr, R, R)
Z. 1–2: „... Unterrichts der griechischen Sprache ..." (R)
Z. 24: „... bewundernswerter geworden ..." (Gr)

3 *a) Sarah will vermutlich ausdrücken, dass sie durch das Bewusstsein gehemmt wurde, ihre Texte würden (vor allem? ausschließlich?) auf sprachliche Fehler hin durchgesehen und bewertet. Bei Pinelopi ist die zeitliche Reihenfolge verwirrend: Wie soll man auf die Rechtschreibung achten, ohne zu schreiben? Auch ist der Ausdruck „blöd" in seiner Bedeutung unklar: Lästig? Unsinnig? Dumm? ...?*

b) Diese Aufgabe bereitet bereits die Beschäftigung mit der eigenen Rechtschreibbiografie vor (vgl. S. 153 im Schülerband, S. 165 in diesem Handbuch).

4 *Kommafehler in Sarahs Text: Z. 5 („Ich denke, das lag daran..."); Z. 9 („fand ich es auch nicht besonders interessant, Sätze..."); Z. 10 („Bestandteile wie..."); Z. 14 („ich denke aber, dieses Problem ist..."); Z. 16 („in der Lage sein, Schüler[n]..."). An anderen „kritischen" Stellen sind aber durchaus auch Kommas richtig gesetzt: Auch auf diese Stellen kann explizit hingewiesen und so die Regelkenntnis vertieft werden.*

7.3 Die eigene Rechtschreibbiografie bedenken – Texte überarbeiten

5 Richtig ist: „herauszufinden", „weiterführenden", „aufeinandergetroffen";
im Schülerband falsch, hier korrigiert: „näherzubringen" (in übertragener Bedeutung), „auseinanderzunehmen".

6 a/b) Korrekte Schreibung(en) und Erklärung:
- Orthographie, neu: Orthografie (beides richtig); = Rechtschreibung;
- homonym: richtig geschrieben, keine Alternative; = gleich lautend, aber in der Bedeutung verschieden;
- Spontaneität: richtig geschrieben, Alternative: Spontanität; = Handeln ohne äußere Anregung, aus eigenem, inneren Impuls.

Erfahrungen mit der richtigen Schreibweise – Biografische Texte schreiben und überarbeiten

S. 153

1 Die Beschäftigung mit der eigenen Rechtschreibbiografie kann – je nach Bundesland und Schulform – mit dem Abschluss der Sekundarstufe I motiviert werden oder auch einfach mit dem (spätestens) ab der neunten Klasse in der Regel deutlich zurückgefahrenen Anteil von Rechtschreibunterricht im Fach Deutsch.
Die Reise in die eigene Vergangenheit kann durch entsprechende Materialsuche (alte Grundschulhefte, Zeugniskommentare aus den ersten Grundschuljahren, Texte, die für Eltern zu Feierlichkeiten geschrieben wurden, alte Klassenarbeitshefte aus der weiterführenden Schule etc.) unterstützt werden.
Methodische Alternative: Die angebotenen Themen in Fragen umformulieren und in Partnerarbeit als Interview stellen; auf der Basis der erfragten Antworten kann dann der Text geschrieben werden.

2 Da es sich bei den Rechtschreibbiografien um persönliche Texte handelt, kann es in den Schreibkonferenzen nicht um inhaltliche Richtigkeit gehen, wohl aber um Verständlichkeit und Schlüssigkeit. Im Übrigen ist der Schwerpunkt eher auf die sprachliche Überarbeitung zu legen, wobei Fragen eines ansprechenden Stils nicht hinter Fragen der Sprachrichtigkeit zurückstehen sollten!

3 Wenn das angestrebte Produkt ein Büchlein sein soll, wären entsprechende Ansprüche an die Texte zu stellen, die dann eben nicht nur für den jeweiligen Schreiber/ die Schreiberin selbst von Interesse, sondern auch für andere Leserinnen und Leser interessant und unterhaltsam sein sollten (vgl. die Texte von Sick & Co in den ersten beiden Teilkapiteln). Wenn diese Ansprüche zu hoch gesteckt erscheinen, ist es sinnvoll, sich auf die Präsentation der Texte in der Klasse (z. B. als Plakate und/oder als Lesung) zu beschränken.

4 Die angebotenen Beispiele zu den Proben sind nicht so zu verstehen, dass sich die Textüberarbeitung auf diese Textstellen beschränken sollte, und selbst an diesen Textstellen weisen die angeregten Proben nicht auf alle notwendigen Korrekturen hin:
- „Zuerst auf die Rechtschreibung zu achten und dann zu schreiben, finde ich trotzdem ein bisschen blöd" (z. B. weitere Ersatzprobe für „blöd": unsinnig, unangemessen, lästig ...).
- „Das" kann als Artikel oder als Pronomen fungieren, beide Funktionen kann es hier aber nicht erfüllen, vielmehr bedarf es einer kausalen Konjunktion: „Sie passten wahrscheinlich deshalb zu mir, weil/da es ..."
- „Aber bis jetzt habe ich mir leider keine Sorgen um meine berufliche Qualifikation gemacht."
- Das Komma vor „oder" muss weggelassen und der zweite Satz kann weggelassen werden.

Lernerfolgskontrolle/ Thema für eine Klassenarbeit

Einen vorgegebenen Text überarbeiten

Aus einer „Rechtschreibbiografie":

Bettina

In der Grundschule hatte ich einige Rechtschreibprobleme. Ich weiß noch sehr gut das meine Mutter damals mit mir immer wieder Diktate übte. Meine Eltern nahmen sich viel Zeit für mich und übten mit mir die deutsche Rechtschreibung bis sie mir in Fleisch und Blut überging. Für mich ergaben die Regeln der Deutschen Rechtschreibung so gar keinen Sinn. Ich kann mich noch gut an einen Kommentar meiner Lehrerin erinnern die mir folgende Weisheit mit auf den Weg gab: Alles wird so geschrieben wie es gesprochen wird. *** Und obwohl ich alle Wörter so schrieb wie ich sie aussprach stimmten Ortografie nicht mit der des Duden überein. Meine Eltern konnten es damals und ich heute einfach nicht verstehen das ich in allen Schulfächern immer so gut und nur in der Rechtschreibung so schlecht war. Als auf dem Gymnasium dann kein Diktat mehr geschrieben wurden das mit in die Deutsch Note einfloss stellte ich nach und nach den Nachhilfe Unterricht bei meinen Eltern ein. Im Laufe meiner Schulzeit verbesserte sich meine Rechtschreibung – auch ohne Übungsdiktate – stetig. Ich weiß nicht wie ich es geschafft habe doch irgendwann schien der Knoten geplatzt zu sein. Und wenn ich mir heute mal unsicher bin wie etwas geschrieben wird so nehme ich das Rechtschreib Wörterbuch zur Hilfe.

Überarbeite den Text von Bettina anhand folgender Schritte:

1 *Ergänze die fehlenden Satzzeichen (Kommas und Redezeichen).*

2 *Finde und korrigiere die Grammatik- und Rechtschreibfehler in folgendem Satz mit Hilfe der Ersatz- und Ergänzungsprobe:*

„Und obwohl ich alle Wörter so schrieb wie ich sie aussprach stimmten Ortografie nicht mit der des Duden überein."

3 *Prüfe die Getrennt- und Zusammenschreibung bei Nomen und korrigiere die entsprechenden Stellen.*

4 *Bettina schreibt einmal „die deutsche Rechtschreibung" und einmal „die Regeln der Deutschen Rechtschreibung": Welche Schreibung ist richtig, welche falsch? Begründe!*

5 *Führe an allen Stellen, an denen das Wort „das" vorkommt, eine Ersatzprobe durch und korrigiere, wo nötig, zu „dass".*

6 *Ergänze an der mit *** gekennzeichneten Stelle eine kurze Erläuterung, warum die „Weisheit" der Lehrerin irreführend ist. Verwende Beispiele.*

Erwartungshorizont/Lösungshinweise

Der korrigierte und mit Kommas versehene Text:

Bettina

In der Grundschule hatte ich einige Rechtschreibprobleme. Ich weiß noch sehr gut, dass meine Mutter damals mit mir immer wieder Diktate übte. Meine Eltern nahmen sich viel Zeit für mich und übten mit mir die deutsche Rechtschreibung, bis sie mir in Fleisch und Blut überging. Für mich ergaben die Regeln der deutschen Rechtschreibung so gar keinen Sinn. Ich kann mich noch gut an einen Kommentar meiner Lehrerin erinnern, die mir folgende Weisheit mit auf den Weg gab: „Alles wird so geschrieben, wie es gesprochen wird." *** Und obwohl ich alle Wörter so schrieb, wie ich sie aussprach, stimmte die Orthografie nicht mit der des Dudens überein. Meine Eltern konnten es damals und ich kann es heute einfach nicht verstehen, dass ich in allen Schulfächern immer so gut und nur in der Rechtschreibung so schlecht war. Als auf dem Gymnasium dann kein Diktat mehr geschrieben wurde, das mit in die Deutschnote einfloss, stellte ich nach und nach den Nachhilfeunterricht bei meinen Eltern ein. Im Laufe meiner Schulzeit verbesserte sich meine Rechtschreibung – auch ohne Übungsdiktate – stetig. Ich weiß nicht, wie ich es geschafft habe, doch irgendwann schien der Knoten geplatzt zu sein. Und wenn ich mir heute mal unsicher bin, wie etwas geschrieben wird, so nehme ich das Rechtschreibwörterbuch zu Hilfe.

Literaturhinweise

Orthographische Zweifelsfälle. Praxis Deutsch 198/Juli 2006

Rechtschreiben. Deutschunterricht 3/Juni 2005

Tophinke, Doris: Rechtschreiben. In: Günter Lange/Swantje Weinhold (Hg.): Grundlagen der Deutschdidaktik. Baltmannsweiler, Schneider Verlag Hohengehren 2005, S. 101–127

Zeichen setzen. Praxis Deutsch 191/Mai 2005

LESEN · UMGANG MIT TEXTEN UND MEDIEN

8 Rausch der Geschwindigkeit – Textverständnis erarbeiten

Konzeption des Gesamtkapitels

Der Reiz dieses Kapitelthemas – Rausch der Geschwindigkeit – liegt einerseits darin, dass es vielfältige Bezugspunkte zur Lebenswelt der Schülerinnen und Schüler bietet. Dabei erscheint es sinnvoll, das im öffentlichen Diskurs häufig kulturkritisch gesehene Thema auch in seiner unzweifelhaften Faszination gerade für diese Altersstufe vorzustellen. Sich mit der Wirkung von Geschwindigkeit zu beschäftigen bleibt ein zentrales und inhaltlich interessantes pädagogisches Anliegen in einer Welt, die wie nie zuvor in ihren alltäglichen Verrichtungen und ihren Entwicklungsprozessen von einer steten Optimierung von Abläufen bestimmt ist und weiterhin dem Wahn der Geschwindigkeit huldigt. Andererseits lassen sich in engerer fachlicher Hinsicht anhand des Themas literarische und Sachbezüge vielfältig miteinander verknüpfen und entsprechende Kompetenzen vermitteln.

Das erste Teilkapitel („**Mensch, Maschine, Tempo – Sachtexte und literarische Texte lesen und verstehen**") bietet hierfür, ausgehend von nah am Erlebnishorizont der Schülerinnen und Schüler angesiedelten Bild- und Textimpulsen, gegenwartsbezogene wie historische Textbeispiele. Zudem können innerhalb des Teilkapitels bestimmte Überprüfungsformate (wie „einen literarischen Text durch Testaufgaben erschließen") geübt sowie Lesestrategien und der gezielte Einsatz von Arbeitstechniken beim Umgang mit Sachtexten weiter gefestigt werden. Schwerpunkte liegen dabei auf der Nutzung von Fachbegriffen und dem Erstellen aussagekräftiger Zusammenfassungen (in Abgrenzung von der Inhaltsangabe).

Das zweite Teilkapitel („**Radrennen = Muskelkraft + Ausdauer + Doping? – Informationen ermitteln, vergleichen und bewerten**") widmet sich inhaltlich am Beispiel des Dopingproblems bei Radrennfahrern einem in der Öffentlichkeit Europas breit diskutierten Thema. Verschiedene Text- und Bildformate laden die Schülerinnen und Schüler dazu ein, eigenständig Sachinformationen zu erschließen und aufeinander zu beziehen, sodass sie ein komplexes Problemverständnis und zusätzliche Methodenkompetenz gewinnen. Zugleich werden sie im Verlauf des Teilkapitels systematisch in die Lösung von Aufgabenstellungen eingeführt, wie sie in Lernzielkontrollen formuliert sind (z. B. „durch Fragen geleitet aus kontinuierlichen und/oder diskontinuierlichen Texten Informationen ermitteln, Informationen vergleichen, Textaussagen deuten und abschließend reflektieren und bewerten"). Aber auch unabhängig von Leistungsüberprüfungen bleibt die Auswertung unterschiedlicher Materialien zu einem Oberthema eine fachliche und fachübergreifende Grundkompetenz. Fachübergreifend können hier Informationen aus dem Sport- und Biologieunterricht hinzugezogen werden.

Das dritte Teilkapitel („**Projekt: Geschwindigkeit in modernen Medien recherchieren und präsentieren**") stellt zahlreiche Anregungen für eine themenbezogene Projektarbeit vor. Als Impuls findet sich eine textbasierte Präsentation eines Computerspiels.

Weiteres Übungsmaterial zu diesem Kapitel

Übungsmaterial im „**Deutschbuch Arbeitsheft 9**"
– Sachtexte erschließen: S. 64–69
– Erzähltexte erschließen: S. 70–74

8 Rausch der Geschwindigkeit – Textverständnis erarbeiten

		Inhalte	Kompetenzen
S. 155	8.1	**Mensch, Maschine, Tempo – Sachtexte und literarische Texte lesen und verstehen**	Die Schülerinnen und Schüler können – zwischen beobachteter und selbst empfundener Geschwindigkeit unterscheiden;
S. 157		**„Ich tippe aufs Gaspedal" – Texte in Beziehung setzen** Texte von Graham Joyce, Jürgen Theobaldy, Günter Kunert und Marie Holzer	– literarische Texte mit Hilfe von materialgestützten Arbeitsaufgaben und Leitfragen analysieren, sie sprachlich-stilistisch untersuchen und unter einem Oberthema miteinander vergleichen; – ein themenbezogenes Schaubild auswerten und für die vertiefende Analyse der Texte nutzen; – Erzählperspektiven und Erzählformen erkennen;
S. 161		**„Räder! Räder!" – Einen literarischen Text durch Testaufgaben erschließen**	– die Perspektive des lyrischen Ich benennen; – wichtige Stilmittel des Gedichts erschließen; – ihr Textverständnis zum Ausdruck bringen;
S. 161		Walter Mehring **Sechstagerennen**	– den Zusammenhang von Form und Inhalt beschreiben;
S. 163		**Raserei im Kopf – Sachtexte strategisch lesen und erarbeiten**	– einen schwierigen Sachtext mit Hilfe von Schlüsselwörtern, Markierungen und Randnotizen erschließen;
S. 163		**Speed Week – Im Rausch der Geschwindigkeit**	– Fachlexika gezielt nutzen; – die Ergebnisse der Sachtextanalyse auf die vorher erarbeiteten literarischen Texte anwenden;
S. 165		Harro Albrecht **Physiologie der Raserei**	– passende Zwischenüberschriften und zentrale Textaussagen finden; – beide Sachtexte miteinander vergleichen; – eine schriftliche Zusammenfassung anfertigen.
S. 168	8.2	**Radrennen = Muskelkraft + Ausdauer + Doping? – Informationen ermitteln, vergleichen und bewerten**	Die Schülerinnen und Schüler können – auf der Basis von methodischen Hilfestellungen und Leitfragen sechs themenbezogene Materialien erschließen und im Zusammenhang erarbeiten;
S. 168		**Fotos, Grafiken, Texte – Materialien sichten**	– Fachbegriffe recherchieren; – einen feuilletonistischen Umgang mit dem Thema von einem rein sachorientierten unterscheiden, entsprechende Gestaltungsmittel beschreiben; – aus den Materialien Schlussfolgerungen ziehen;
S. 172		**Zusammenhänge herstellen, Stellung nehmen**	– in vier Schritten eine komplexe Aufgabenstellung schriftlich lösen.
S. 175	8.3	**Projekt: Geschwindigkeit in modernen Medien recherchieren und präsentieren**	Die Schülerinnen und Schüler können – ihr Thema im Zeitrahmen bearbeiten; – Informationen und Material gezielt recherchieren; – das Zusammenspiel von sprachlichen, akustischen und grafisch-bildlichen sowie ggf. filmsprachlichen Elementen angemessen berücksichtigen;
S. 175		**Im Rausch der Geschwindigkeit**	– ihre Ergebnisse materialien- und adressatengerecht präsentieren.

8.1 Mensch, Maschine, Tempo – Sachtexte und literarische Texte lesen und verstehen

S. 155

1 Wichtige gestalterische Elemente bei den bildlichen Darstellungen von Geschwindigkeit sind unter anderem:
- bewusster Einsatz einer bestimmten Perspektive (häufig Froschperspektive oder Vogelperspektive);
- Schärfe-Unschärfe-Relation;
- verzerrende Darstellung;
- Abwarten des Moments der größten Dynamik (z. B. in der Körperhaltung).

2 Den Schülerinnen und Schülern wird es nicht an persönlichen Beispielen von Geschwindigkeitsbildern und -erfahrungen mangeln. Um zusätzliche Anknüpfungspunkte für den weiteren Verlauf der Unterrichtsreihe zu bekommen, sollten sie neben der spontanen erzählerisch-berichtenden Darstellung auch weitere Bildbeispiele zum Thema „Geschwindigkeit" sammeln.

3 *Geschwindigkeitserlebnisse, von außen betrachtet:* Unsere Sinne, vor allem die Augen, versuchen, das sich schnell bewegende Objekt (oder den Körper) zu verfolgen, im wortwörtlichen Sinne „im Auge zu behalten"; man selbst ist der Geschwindigkeit nicht ausgesetzt, man ist räumlich distanzierter Zeuge von Geschwindigkeit – dennoch kann je nach Art der beobachteten Situation sich auch ein inneres Erleben einstellen: z. B. kann sich die Spannung bei einem Auto- oder Skirennen übertragen, das Zusammenspiel von Geräuschen, Gerüchen, spektakulären Bildern und Aktionen lässt den Betrachter nicht „kalt".
Geschwindigkeitserlebnisse, am eigenen Körper erfahren: Das Geschwindigkeitserlebnis ist in der Regel viel intensiver, vor allem der Körper und die Sinnesorgane werden selbst deutlich stärker beansprucht; die Wahrnehmung der Außenwelt verändert sich, aber auch die Körperwahrnehmung ändert sich (dementsprechend heißt es im Lehrplan Sport für Nordrhein-Westfahlen unter Leichtathletik: „Geschwindigkeitserlebnisse beim Sprint oder das Erfahren der Leistungsgrenzen beim Dauerlauf ermöglichen intensive Formen der Körperwahrnehmung", S. 31).

S. 156

Wissensbissen – Wusstet ihr schon, dass

1 Spektakulär waren beispielsweise zu Beginn der industriellen Revolution Wettfahrten zwischen den ersten Eisenbahnen und Pferdekutschen; überhaupt bietet die Geschichte der Eisenbahn einen unerschöpflichen Fundus für entsprechende anschauliche Quellen (vgl. die Literaturhinweise auf S. 187 in diesem Handbuch). Dann folgten im 20. Jahrhundert der Wettbewerb um die schnellste Atlantiküberquerung („Das blaue Band" der Dampfschifffahrt) und die Versuche, mit Düsenflugzeugen die Schallmauer zu durchbrechen. Literarisch ist natürlich Jules Vernes Roman „In 80 Tagen um die Welt" zu nennen.
Hier noch einige weitere Wissensbissen:
Wusstet ihr schon, dass
- es auch unter Wasser schnell zugehen kann? Der Fächerfisch z. B. kann eine Spitzengeschwindigkeit von knapp über 100 km/h erreichen.
- Pianisten bis zu zehn Anschläge pro Sekunde schaffen können – ebenso viel wie die Weltmeister im Maschinenschreiben?
- die Erde auf ihrer Bahn um die Sonne mit 108 000 km/h durch das All schießt?

2 Einige Motive, Geschwindigkeitsrekorde aufzustellen:
- die eigenen Leistungsgrenzen ausprobieren;
- Ehrgeiz;
- Ruhm;
- ins Guinnessbuch der Weltrekorde kommen;
- sich und anderen etwas beweisen wollen;
- neue, einzigartige (körperliche, psychische) Erfahrungen machen.

3 Mögliche Erklärungen für die Zunahme der Geschwindigkeit in unterschiedlichen Bereichen:
- technisch-wissenschaftlicher Fortschritt;
- wachsende Ansprüche der Menschen (etwa im Hinblick auf schnelleres wirtschaftliches Wachstum, aber auch auf schnelle Hilfslieferungen im Notfall etc.);
- neue Trainigsmethoden im Sport;
- medizinischer Fortschritt;
- elektronische Revolution.

„Ich tippe aufs Gaspedal" – Texte in Beziehung setzen S. 157

Kurzprosa und Gedichte von Graham Joyce, Jürgen Theobaldy, Günter Kunert und Marie Holzer S. 157

1 Die Aufgabe dient dem Erkennen des gemeinsamen Bezugsgegenstandes „Auto". Ein vollständiger Satz könnte also wie folgt lauten:
„Die vier Texte widmen sich dem Thema ‚Rausch der Geschwindigkeit' am Beispiel unterschiedlicher Erlebnisse, die sich alle um das Auto drehen."
Zur differenzierten Erschließung kann die Unterscheidung zwischen der Darstellung eines inneren Erlebnisses einerseits und der äußeren, reflektierenden Betrachtung des Phänomens Auto andererseits genutzt werden. Dabei ist die Zuordnung von Joyce und Theobaldy zur inneren Erlebnisdarstellung eindeutig, bei Kunert versetzt sich der Erzähler in den Fahrer und sein Fahrerlebnis hinein, die reflektierende, distanziert kritische Haltung bleibt aber erkennbar. Bei Holzer überwiegt die philosophisch-existenzielle, wertende Betrachtung, eine Art „Philosophie des Autos"; gleichwohl kann man den Schülerinnen und Schülern klarmachen, dass auch solche distanzierten, Schlussfolgerungen ziehenden Betrachtungen ohne das konkrete Erlebnis wohl nicht möglich wären.

2 Wie wird der Reiz der schnellen Fortbewegung dargestellt? – Vorschlag für ein Tafelbild:

Graham Joyce „Frontal"	Jürgen Theobaldy „Abenteuer mit Dichtung"	Günter Kunert „Rennfahrer"	Marie Holzer „Das Automobil"
- Übermut	- Übermut	- Einstellung des Autors	- Fortschritt
- Leichtsinn	- Freiheit	- Kritik	- Technik
- Risiko	- Erfahrungshunger	- Verhältnis Mensch/Körper – Maschine	- Erfindung
- Freiheit	- Leichtsinn	- sinnloses Unterfangen	- unbegrenzte Möglichkeiten
- Selbstüberschätzung	- Spaß haben		- Faszination
- Erfahrungshunger	- Begeisterung		- ...
- Grenzen ausprobieren			
- ...	- ...	- ...	

3 Textstellen, die das Rauschhafte der Geschwindigkeitserfahrung besonders verdeutlichen:
Joyce: „Frontal":
- „Der Cerbera schießt in den Tunnel, wie ein Panter, der im Dunklen losspringt." (Z. 9 ff.)
- „Ich rase in die Dunkelheit, und Jake schreit immer noch in den Wind." (Z. 15 f.)
- „Ich rase auf den Punkt zu, an dem es kein Zurück mehr gibt." (Z. 20 f.)

Theobaldy: „Abenteuer mit Dichtung":
- „Ich ließ ihn mal Gas geben/ und er brüllte: ,Ins Freie!'/ und trommelte auf das Armaturenbrett/ Ich drehte das Radio voll auf [...]" (Z. 5–8)

Kunert: „Rennfahrer":
- der gesamte erste Abschnitt (Z. 1–11)

Holzer: „Das Automobil":
- „Er rast [...] durch die Welt, losgelöst von althergebrachten Gesetzen." (Z. 2 ff.)
- „Es ist der Herr der unbegrenzten Möglichkeiten. Sein Lenker spottet jeder Fahrordnung [...], jeder Ruhepause, für ihn gibt es nur ein Gesetz, und das ist sein eigener Wille." (Z. 7–11)

4 *Zu „Frontal" von Graham Joyce*
Textstellen, die das Gegenteil von hoher Geschwindigkeit zum Ausdruck bringen, finden sich in „Frontal" in den Zeilen 29–32: „Der Augenblick stürzt in ein gespenstisches Loch, eine Zeitlupenzone, aus der ich alles überdeutlich erkennen kann. Ich sehe mein ganzes Leben." Außerdem in der Schlusszeile: „Der Wagen steht still. Zack!"

Im Rahmen der Textgestaltung erhöhen beide Stellen durch ihren scharfen Gegensatz die Wirkung des hektischen, leichtsinnigen, überschnellen Vorgangs. Zudem wird durch die Zeilen 29–32 die Spannung erhöht; für einen Moment steigt aus dem Unbewussten des Fahrers der Gedanke auf, dass er dabei ist, sein Leben aufs Spiel zu setzen. Die Stelle entspringt einem bekannten Muster, dass nämlich vor entscheidenden Einschnitten im Leben der Mensch noch einmal sein bisheriges Leben Revue passieren lässt.

5 a/b) *Zu „Abenteuer mit Dichtung" von Jürgen Theobaldy*
Goethe wird von Theobaldy – typisch für die Generation der „Neuen Subjektivität" in den 1970er Jahren (vgl. auch Plenzdorfs „Werther"-Adaption) – bewusst als sinnenfroher, vitalistischer, der Fülle des Lebens neugierig zugewandter „Stürmer und Dränger" rezipiert, mit dem er sich seelenverwandt fühlt. Ins Zentrum des Interesses rückt so der Naturforscher und für praktische Sachen (u. a. Bergbau) verantwortliche Zeitgenosse Goethe, der, so die offensichtliche Botschaft Theobaldys, sich bestimmt für das technische Wunder „Auto" begeistert hätte und sofort dafür zu haben gewesen wäre, damit einmal über die Stränge zu schlagen.

Bewusst sucht der Lyriker Theobaldy einen respektlosen, unmittelbaren Zugang zu dem Dichter Goethe, um sich von der, in der Öffentlichkeit noch dominierenden, Ehrfurcht vor den Klassikern abzuheben. An Stelle des traditionellen Umgangs mit dem „Olympier" Goethe tritt hier das „Abenteuer mit Dichtung" in seiner doppelten Anspielung: einmal auf den Dichter selbst, dann auf das in der Form eines Gedichts gefasste fiktive Erlebnis.

6 a) Die Schülerinnen und Schüler beschreiben zunächst das **Schaubild** unter Angabe der horizontalen Zeitachse und der vertikalen „Pulsachse", mit genauem Hinweis auf den Zeitverlauf und die angegebene Spanne der Pulsfrequenz. Sie beschreiben dann den Verlauf der Zickzackkurve und erläutern ihn unter Verwendung der in das Schaubild integrierten Info-Textbausteine.

8.1 Mensch, Maschine, Tempo – Sachtexte und literarische Texte lesen und verstehen

b) Besonders drängt sich der Bezug des Schaubildes zu den Texten „Frontal" und „Rennfahrer" auf, da in beiden genau die Phasen „Start", „Beschleunigung", „Höchstgeschwindigkeit" und „Ziel" beschrieben werden. Zudem sind ihnen Hinweise auf den entsprechenden Erregungszustand der jeweiligen Fahrer zu entnehmen, die sich mit Aussagen des Schaubilds decken können.

7 a/b) **Zu „Rennfahrer" von Günter Kunert**
Schon weiter oben, unter den Kommentierungen zu Aufgabe 1, findet sich ein kurzer Hinweis auf die Rolle des Erzählers, der sich in die Rolle des Fahrers hineinversetzt, dabei aber eine distanzierte, das Geschehen kritisch reflektierende Haltung beibehält. Der erste Abschnitt (Z. 1–11) ist im Grunde eine Art Erzählbericht, der in Form eines Konditionalsatzes die inneren Folgen des Start- und Beschleunigungsvorgangs für den Fahrer aufzeigen will. In Z. 12–14 erklärt der Erzähler die Motive des Rennfahrers. Ab Z. 15 schildert der Erzähler dann das Geschehen ganz aus der Perspektive des Innenraums des Autos, um im Schlussabschnitt wieder die Außenperspektive einzunehmen.
Der in die Ich-Form umgeschriebene Text sollte zusätzliche Elemente aufweisen: wie der Fahrer sich fühlt, wie er Wagen und Außenwelt wahrnimmt. Zudem tritt durch die veränderte Perspektive auch die andere Struktur des Originaltextes deutlicher, für die Schülerinnen und Schüler leichter nachvollziehbar hervor.

8 a) **Zu „Das Automoboil" von Marie Holzer**
Pferd, Schienenfahrzeuge (Straßen-, Eisenbahn) und Leiterwagen werden mehr indirekt denn direkt als Fortbewegungsmittel genannt. Der Verweis auf Pferd und Schienenfahrzeuge will die scheinbare Unabhängigkeit des Automobils von einer physischen Leistungsgrenze (wie beim Pferd) einerseits und von festgelegten Schienensträngen (wie bei der Bahn) andererseits unterstreichen.

b) Beispiele für Personifikation:
– „Das Automobil ist der Anarchist unter den Gefährten. Er rast, Schrecken verbreitend, [...]." (Z. 1 ff.)
– „Es ist der Herr der unbegrenzten Möglichkeiten." (Z. 7 f.)
– „er bahnt sich einen Weg mitten durch das alltägliche Getriebe" (Z. 34 f.).
Die Personifikation unterstreicht die Tendenz zur Verselbstständigung dieser Erfindung, die von nun an auf das Leben der Menschen zurückwirkt und es mehr und mehr bestimmt.

c) Ab Z. 9 ist „vom Lenker", also dem Fahrer, die Rede. Die meisten der Beschreibungselemente, die nun folgen, unterstreichen das Bild des Automobilfahrers als rücksichtsloser Egoist („Tyrannenlaune", Z. 13; „der Einzelwille triumphiert", Z. 15 f.; „erzwingt sich sein Recht", Z. 17, etc.). Gleichzeitig kann den Schülerinnen und Schülern aber klargemacht werden, dass vor 100 Jahren das hier geschilderte Verhalten des Automobil-Egoisten im übertragenen Sinne ein Bild des als überwältigend empfundenen Freiheitsgewinns durch technische Errungenschaften vermitteln wollte („der Sieg der Kraft über die Pedanterie vorgeschriebener Grenzpfähle, ein [...] Überspringen langsamer Entwicklungsstadien, [...] ein glänzender Rekord der Technik", Z. 21 ff.).

d) Das individuell genutzte Auto (wie heute auch der mit Bussen und Bahnen bestrittene öffentliche Nahverkehr) ermöglicht es, mehrere Termine an einem Tag an verschiedenen Orten wahrzunehmen; die Schülerinnen und Schüler werden hier entsprechende Beispiele bringen, etwa den „Fahrdienst" der Mutter/des Vaters, damit sie nach der Schule einen privaten Freizeittermin an einem weiter entfernten Ort wahrnehmen können, etc.
Das Streben der Schülerinnen und Schüler, möglichst rasch den Führerschein zu machen, hat – neben dem Wunsch nach Unabhängigkeit – genau diesen Urgrund: möglichst flexibel auf die natürlichen Raum- und Zeitbeschränkungen reagieren zu können.

e) *Vorschlag für ein Tafelbild:*

Kann die Charakterisierung des Automobils auch heute noch Aktualität beanspruchen?

Pro	Kontra
– ungebrochener Vorteil des Autos hinsichtlich der individuellen Nutzungsmöglichkeiten – Rücksichtslosigkeit im Straßenverkehr als Thema heutzutage aktuell – weitere technische Fortschritte im Automobilbau – …	– der ungebremsten Freiheit des Automobils sind heute deutliche Grenzen gesetzt: – strenge Verkehrsregeln – Geschwindigkeitsbegrenzungen – hohes Verkehrsaufkommen, damit einhergehende Gesundheitsprobleme und Energiegrenzen beschränken eine weitere „freie Entfaltung" des Autos – Zeitgewinn ist relativ – …

f) Die Trennschärfe zwischen literarischen Zügen und Merkmalen eines Sachtextes ist nicht immer gegeben. Als Beispiel für eine eher literarische Schreibform kann die Zeile „Er rast, Schrecken verbreitend, durch die Welt […]" (Z. 2 f.) herausgestellt werden. Das Fehlen einer Handlung, die wirklichkeitsnahe Aufzählung in den Zeilen 32–37, nicht zuletzt der zentrale Gegenstand weisen eher auf einen Sachtext hin. Insgesamt aber spricht die euphorische Stimmung des Textes für eine dominant literarische Gestaltungsabsicht, wie sie im Übrigen typisch für den Expressionismus war.

„Räder! Räder!" – Einen literarischen Text durch Testaufgaben erschließen

Walter Mehring
Sechstagerennen

1 *Die unter b) und d) genannten Perspektiven können als passend gelten: Schilderung des Rennens aus der Sicht eines Fahrers oder aus wechselnder Sicht. Das Personalpronomen „uns" in Z. 11 ist der deutlichste Indikator für die Perspektive eines Fahrers. Der Imperativ „Feste! Feste!" (Z. 29) wiederum könnte für einen Zuschauer bzw. kommentierenden, das Geschehen reflektierenden Beobachter sprechen.*

2 *Sprachlich-stilistische Mittel in dem Gedicht*
a) Alliterationen: –
b) Anaphern: z. B. in Z. 15–18, Z. 27–29, Z. 32, Z. 34/35, …
c) Wiederholungen: durchgehend, zentrales Gestaltungsprinzip
d) Reimformen: Binnenreime, Endreime
e) Wortspielereien: z. B. „Pestend Schweiß" (Z. 12), „Ins Hirn gerädert" (Z. 35)
f) Partizipien: z. B. Z. 4, Z. 9–12
g) Doppeldeutungen: „gerädert" (Z. 35), „6 Tage Rennen" (Z. 1–3, 49–51), „Getreten" (Z. 15), „Freilauf" (Z. 45, Radtechnik und wortwörtliche Bedeutung)
h) gleiche Anlaute: siehe b)

3. Richtige und falsche Antworten:
a) falsch;
b) richtig;
c) richtig;
d) richtig;
e) beide Antworten können, je nach Begründung, zutreffen.

4. Richtige Zuordnungen:
a) und B);
b) und A);
c) und D);
d) und C).

Raserei im Kopf – Sachtexte strategisch lesen und erarbeiten

S. 163

Speed Week – Im Rausch der Geschwindigkeit

S. 163

1. a) Mögliche Schlüsselwörter (Begriffe bzw. Textstellen), die die Nähe des Artikels zum Oberthema „Rausch der Geschwindigkeit" schon beim ersten Lesen anzeigen:
   - „Das Fahren mit hoher Geschwindigkeit ist eine große Herausforderung und gleichermaßen Stress für Psyche und Körper." (Z. 6 f.);
   - Gehirn, Nervensystem und Geschwindigkeit;
   - Energie → Wärme → Überhitzung → Dehydrierung → Körpergewicht;
   - Pegel der Neurotransmitter;
   - Reaktionszeit → Bewusstsein vom Risiko;
   - persönliche Eigenschaften;
   - von der Geschwindigkeit besessen;
   - Beschleunigung beim Autofahren;
   - junge Männer;
   - Dopamin → „Genusschemikalie";
   - „Sowohl die Genetik als auch die Umwelt beeinflussen das Ausmaß der Suche nach dem Risiko." (Z. 60 f.)

   d) Möglich ist folgende Gliederung in Sinnabschnitte:
   - Geschwindigkeit und Psychologie (Z. 1–12)
   - Das beschleunigte Gehirn (Z. 13–35)
   - Im Kopf eines Geschwindigkeitsbesessenen (Z. 36–47)
   - Das Gen für die Liebe zur Geschwindigkeit (Z. 48–61)

2 a/b) *Beispiele für mögliche Zuordnungen und Ergänzungen:*

Literarischer Text	Verhaltensweisen, Einstellungen, Gefühle	Erklärungen aus dem Sachtext „Speed Week"
„Frontal"	- geschwindigkeitsbesessen - risikoreich - Fahrer konzentriert, angespannt - Beifahrer überspannt	- Sucht häufig bei jungen Männern - Rolle des Neurotransmitters Dopamin („Genusschemikalie") - Bedeutung der kognitiven Erregung für nötige Aufmerksamkeit - ...
„Abenteuer mit Dichtung"	- übermütig - Begeisterung - Spaßfaktor - leichtsinnig	- Erläuterungen zum Erregungszustand (2. Sinnabschnitt) - Hinweis auf stärkere Geschwindigkeitssucht bei Männern (Z. 53f.) - Rolle der „Genusschemikalie" - ...
„Rennfahrer"	- „kalter, [...]scharfer Rausch" (Z. 7f.) - zitternder Körper (Z. 8f.) - „betäubt von der übergroßen Dosis Erleben" (Z. 36f.)	- „Das Bewusstsein von Risiko und ein moderates Maß an Angst helfen den Fahrern [...], aufmerksam zu sein" (Z. 37ff.) - ebenfalls Rolle des Neurotransmitters Dopamin, intensive Erfahrung nötig, um Freisetzung auszulösen und eine befriedigende Erfahrung zu machen
„Das Automobil"	- ...	- ...
„Sechstagerennen"	- „Die Hirne brennen/ In dem Kreislauf" (Z. 43f.) - ...	- „Ungefähr 80% der Energie, die für die Gehirnfunktion verwendet wird, wird in Wärme umgewandelt ..." (Z. 26ff.) und die folgende Passage bis Z. 35

S. 165

Harro Albrecht

Physiologie der Raserei

1 a/c) *Mögliche Sinnabschnitte und Zwischenüberschriften, z. B.:*
- Die Hochgeschwindigkeitstauglichkeit des Homo sapiens (Z. 1–10)
- Die Sucht nach dem Rausch der Geschwindigkeit: Hohes Tempo kann der Mensch ertragen (Z. 11–24)
- Erkenntnisse der Beschleunigungsforschung (Z. 25–48)
- Menschen reagieren unterschiedlich auf Geschwindigkeit (Z. 49–57)
- Rückblick auf den Beginn des Zeitalters der Beschleunigung: Warnung vor der Eisenbahn (Z. 58–71)
- Schon „Volk und Adel" des 19. Jahrhunderts liebten das Tempo (Z. 72–79)
- Körperliche Folgen des schnellen Reisens (Z. 80–99)

d) **Vergleich mit dem Text „Speed Week"**
Parallelen: Beide Texte thematisieren das Problemfeld „Rausch der Geschwindigkeit" und gehen näher auf die mehrfachen Herausforderungen für Körper und Psyche des Menschen bei hohen Geschwindigkeiten ein. Es finden sich auch ähnliche Beispiele: etwa der Hinweis auf Beschleunigungsmöglichkeiten und die Frage, warum sich die Menschen trotz des Risikos derartigen Erlebnissen gerne aussetzen. Außerdem bemühen sich beide Texte um wissenschaftliche Untermauerung der Aussagen.
Unterschiede: „Speed Week" geht den nicht sichtbaren physiologischen und biochemischen Abläufen im Körper des Menschen, der hoher Geschwindigkeit ausgesetzt ist, deutlich fachwissenschaftlich differenzierter nach. Der Text „Physiologie der Raserei" wiederum bringt feuilletonistisch anschauliche Beispiele aus der sichtbaren Welt der Geschwindigkeitserlebnisse; er nennt weiterhin historische Beispiele, physikalische Hintergründe aus der Beschleunigungsforschung sowie eine allgemeine Beschreibung des Zusammenhangs von Geschwindigkeitswahrnehmung, Anspannung und Lustempfinden.

2 Die im Schülerband abgedruckten drei Textaussagen verstehen sich als Beispiele und sollten natürlich durch weitere ergänzt werden. Im Sinne einer Lernförderung kann auch zunächst gemeinsam mit der Klasse die Arbeitsanregung vorgezogen werden, herauszufinden, wo der Text Aussagen macht und wo er Beispiele gibt. Anschließend fällt es leichter, die zentralen Aussagen zu identifizieren.

8.2 Radrennen = Muskelkraft + Ausdauer + Doping? – Informationen ermitteln, vergleichen und bewerten

Fotos, Grafiken, Texte – Materialien sichten

S. 168

S. 168 **M1:**
Geschwindigkeit bei der Tour de France

1 a) Auf dem Diagramm erkennbare Entwicklung: insgesamt kontinuierliche Steigerung der Geschwindigkeit seit Beginn der Tour, aber auch lange Phasen der Stagnation, etwa zwischen Ende der 1950er Jahre und Mitte der 1980er Jahre. Dann noch einmal eine deutliche Steigerung. Diesen Sprung festzuhalten, bleibt wichtig im Hinblick auf die Bearbeitung der folgenden Materialien.

b) Schülerinnen und Schüler mit Geschichtskenntnissen können hier auf die beiden Weltkriege im 20. Jahrhundert verweisen, die zur Unterbrechung der Tour de France führten (im Übrigen auch der Olympischen Spiele und der Fußballweltmeisterschaft).

2 a) Mögliche Erklärungen für die Faszination solcher Straßenrennen:
Für den Fahrer:
– mit eigener Körperkraft in Kombination mit einer ausgeklügelten Technik die sportliche Herausforderung und das Erlebnis schnellen Fahrens in Stadt und Natur erfahren zu können;
– eigene Leistungsgrenzen ausloten und sich mit anderen messen zu können;
– Ruhm, Ehre, Bekanntheit, Anerkennung;
– hohe materielle Gewinne;
– Teamgeist: sich auf eine Mannschaft verlassen können.
Für den Zuschauer:
– für die meisten Menschen nachvollziehbare Sportart, da sie selbst in der Regel Erfahrungen mit dem Fahrradfahren haben;
– Möglichkeit, nahe am Geschehen zu sein;
– Einsatz der Körperkraft in Kombination mit ausgefeilter Technik;
– Fortbewegung ohne Zuhilfenahme von Motoren;
– vom Alltag abweichende Nutzung eines vertrauten Raums: der Straße;
– Volksfestcharakter;
– Wettbewerb in bekannten Städten und zuweilen spektakulärer Landschaft;
– viele Teilnehmer, Mannschaften, Nationalteams, Lokalmatadoren etc.

b) Ähnlich wie bei anderen Rennsportarten lebt die Begeisterung nicht allein von der Schnelligkeit, wie man vermuten könnte, sondern auch von den unter a) beschriebenen Elementen.

S. 169 **M2:**
Strychnin und Steroide

1 – 3 Deutlich umgangssprachliche, ironische, leicht satirische und respektlos wertende Textpassagen zeigen an, dass es sich hier um einen eher feuilletonistischen Artikel handelt. Der Text spielt mit einem in der Öffentlichkeit verbreiteten Diskursthema, dem Doping, zu dem jeder etwas zu sagen weiß. Er setzt bestimmte Kenntnisse über bekannte Fahrer und deren Charakter ebenso voraus wie Vertrautheit mit bestimmten Zeitgeist- und Modeerscheinungen (Body-Mass-Index, Doping, raffinierte Technik usw.). Wirkung: Der Text hat Unterhaltungswert, spricht den Adressaten auch direkt an („wir", „Sie") und rechnet mit der Wirkung der eingestreuten, den Überraschungseffekt nutzenden Insider-Kenntnisse.

M3:
Lyonel Feininger: Das Radrennen/Giacomo Balla: Abstrakte Geschwindigkeit

1 Merkmale der bildlichen Gestaltung von Schnelligkeit:
- die Körperhaltung der Radfahrer bei Feininger;
- die Staffelung der Fahrer bei Feininger/ die Staffelung der Motive bei Balla;
- Vorherrschen kubischer, dabei „windschnittiger" Motive bei Feininger/kreis- und wellenförmiger Motive (die an Strudel, an Wirbel erinnern) bei Balla – sie bringen Dynamik in die Bilder, ebenso die etwas „verwischte" horizontale Spur im oberen Bilddrittel bei Balla;
- mehrere unterschiedliche Bildachsen (diagonale und fast horizontale) in jedem der Bilder – sie sorgen für Dynamik;
- an den Bildrändern angeschnittene Motive, diese scheinen aus dem Bild hinauszudrängen;
- keine deutliche Unterscheidung zwischen Bildvorder- und -hintergrund, zwischen Motiv und Hintergrund, die Radfahrer bei Feininger scheinen in ihrer Umgebung aufzugehen (entspricht der eingeschränkten Wahrnehmung und der Überforderung des Auges bei hoher Geschwindigkeit und beim Betrachten schneller Objekte; vgl. auch die Schlusspassage von „Physiologie der Raserei", S. 166 im Schülerband).

2 Vor allem der zweite Abschnitt aus dem Text „Strychnin und Steroide" mit den Hinweisen auf die Bedeutung des Luftwiderstands und der deshalb notwendigen windschnittigen Haltung lässt sich zur Interpretation heranziehen.

M4:
Grafik

1 Die Grafik informiert über die unterschiedliche körperliche Leistungsfähigkeit von sportlich untrainierten Menschen im Vergleich mit Hochleistungssportlern. Deutlich wird, dass Hochleistungssportler einen größeren Teil der Leistungsreserven nutzen können, die dem Menschen überhaupt von Natur aus zur Verfügung stehen.

2 a) Durch Dopingmittel könnte der Mensch in den Bereich der so genannten „autonom geschützten Reserven" vordringen, also in den Bereich der von der Natur gesetzten Leistungsgrenze.

b) Ein Wettkampfsportler kann damit den natürlichen Bereich der durch Training und Begabung willentlich ausbaubaren und aktivierbaren Energie überschreiten und würde dann einem gleichrangigen Konkurrenten, der keine Dopingmittel einsetzt, überlegen sein.

M5:
Ein Wundermittel für Radrennfahrer? EPO

M6:
Erläuterung

1 Beweggründe für den Verzicht auf EPO: sich und anderen beweisen, dass es auch ohne Dopingmittel möglich ist, Wettkämpfe zu gewinnen; Versuch, ehrlich und sportlich zu bleiben.
Beweggründe für Doping: ansonsten trotz persönlicher Anstrengung und guter Form keine reelle Chance auf einen Sieg. – Damit ist auch die Grundsatzfrage der Motivation für den Leistungssport gestellt.

2 *Wirkungsweise von EPO: Das Dopingmittel Erythropoietin regt die Bildung von roten Blutkörperchen an, wodurch es zu einem erhöhten Sauerstofftransport im Körper kommt. Folge: Die Ausdauerleistungsfähigkeit wird deutlich gesteigert.*

3 *Auffällig ist die Korrespondenz zwischen dem Zeitpunkt der Markteinführung von EPO und der damit einhergehenden Steigerung der Geschwindigkeit bei der Tour de France, wie an der Grafik M1 ablesbar.*

Doping, ein Problem? –
Zusammenhänge herstellen, Stellung nehmen

Je nach verfügbarer Unterrichtszeit, Kenntnisstand und Grad der Methodenkompetenz der Schülerinnen und Schüler kann das hier ausführlich vorgestellte „4-Schritte-Programm" zur Erstellung einer vergleichenden schriftlichen Analyse und Stellungnahme auch alternativ zur unabhängigen Bearbeitung des gesamten zweiten Teilkapitels genutzt werden; in diesem Fall würden die Schülerinnen und Schüler dazu angehalten, mit Hilfe dieses Programms die Texte eigenständig zu untersuchen, ohne sie vorher im Unterricht näher zu besprechen.

8.3 Projekt: Geschwindigkeit in modernen Medien recherchieren und präsentieren

Es wird empfohlen, die Planung für dieses Projekt vorzuziehen, sodass die Schülerinnen und Schüler die eventuell zeitaufwändigen Rechercheaufgaben und Präsentationsvorbereitungen (z. B. eine Filmausschnittdatei anlegen, ein persönliches Geschwindigkeitserlebnis als Hörspielszene anfertigen etc.) im Verlauf des Unterrichtsvorhabens zu Hause durchführen können.

Im Rausch der Geschwindigkeit

S. 175

1 a) Wesentliche Darstellungsmittel in dem „Testbericht":
 - adressatengerechte „Du-Ansprache" des potenziellen Lesers;
 - Simulationscharakter: anschauliche und „actionreiche" Schilderung einer persönlichen Teilnahme am Rennen in scheinbarer Echtzeit;
 - offenes Ende;
 - Hinweis auf Optionen.

b) Lohnend wäre es sicherlich, an dieser Stelle – ohne kritisch erhobenen Zeigefinger – einmal die geschlechtsspezifische Dimension dieser Frage („Worin liegt die Faszination solcher ‚High-Speed-Spiele'?") anzusprechen, deren Diskussion mit Sicherheit bei Mädchen und Jungen unterschiedlich ausfallen wird. Neben persönlich wertenden Meinungen könnten die Schülerinnen und Schüler aber auch schon auf bislang erarbeitete Ergebnisse des Unterrichtsvorhabens zurückgreifen.

2 – 5 Die Fülle der angegebenen Möglichkeiten versteht sich als Anregung. Je nach verfügbarer Unterrichtszeit sollte vorab eine begrenzte Auswahl getroffen werden.
Entscheidend bleibt es für die jeweiligen Produktionen und Präsentationen – egal, welches Format die Schülerinnen und Schüler wählen –, dass sie die in den Arbeitsanregungen angesprochene Vernetzung von Text-, Bild-, Ton- oder Filmelementen zumindest in Ansätzen nutzen.

Lernerfolgskontrolle/ Thema für eine Klassenarbeit

Durch Fragen bzw. Aufgaben geleitet aus Texten Informationen ermitteln, Informationen vergleichen, Textaussagen deuten und abschließend reflektieren und bewerten

Radsport zwischen Training, Doping und Geschäft

Die Materialien M1 bis M4 befassen sich mit dem Thema (Rad-)Sport aus unterschiedlicher Sicht. Lies zunächst die Materialien, bevor du dich der Bearbeitung der Aufgaben zuwendest.

M 1

ProTour-Team Milram verstärkt Kampf gegen Doping – „Man muss schwere Geschütze auffahren"

Der deutsche ProTour-Rennstall Milram hat seine Anti-Doping-Maßnahmen verstärkt. Künftig drohen den Fahrern bei Dopingvergehen empfindliche Strafen und Schadenersatzklagen. In die neuen Verträge der Profis wurden entsprechende Klauseln eingefügt.

Der Teammanager von Milram, Gerry van Gerwen, stellte das neue Anti-Doping-Programm vor. Zusammen mit dem Weltradsport-Verband (UCI) und der Welt-Anti-Doping-Agentur (WADA) arbeitete Milram einen Maßnahmenkatalog aus, dem bereits alle Fahrer zugestimmt haben. In der Zukunft werde ein dopingverdächtiger Fahrer sofort suspendiert, nach Bestätigung entlassen und zur Rückzahlung eines Jahresgehalts verpflichtet. Des Weiteren sei ein Engagement bei einem ProTour-Team für vier Jahre unmöglich.

Martin Mischel, Marketing-Chef des Hauptsponsors Nordmilch, erklärte: „Im Profi-Radsport ist jeder Fahrer im Prinzip ein kleines Wirtschaftsunternehmen für sich. Indem er wissentlich dopt und wenn er erwischt wird, schädigt er Veranstalter, Kollegen und Sponsoren." Unter Umständen müsse man auch zum Instrument der Schadenersatzklage greifen: „Man muss auch schwere Geschütze auffahren, um Wirkung zu erreichen", so Mischel.

Nach dem Ende der Sponsor-Aktivitäten T-Mobiles ist Milram die einzig verbliebene deutsche ProTour-Mannschaft, deren Bestehen bis zum Ende des kommenden Jahres nach heutigem Stand gesichert scheint. Ende November 2007 hatte van Gerwen dem dopingverdächtigen italienischen Radsportmanager Gianluigi Stanga die ProTour-Lizenz abgekauft.

(Quelle: sportrechturteile.de/News/ ARGESportrecht/news9172.html, Arbeitsgemeinschaft Sportrecht des Deutschen Anwaltsvereins)

M 2

WADA-Statistik 2005:
Rasanter Anstieg der positiven Dopingbefunde

Im Radsport gab es im Jahr 2005 mit insgesamt 482 positiven Dopingproben die meisten aller Sportarten. In einer Statistik der Welt-Anti-Doping-Agentur (WADA) folgen Baseball (390), Fußball (343) und Leichtathletik (342). Die Zahl der positiven Proben stieg um 34,4 Prozent von 2909 im Jahr 2004 auf 3909 im Jahr 2005. Insgesamt waren im vergangenen Jahr 2,13 Prozent der vorgenommen Tests positiv.

In den von der WADA anerkannten Laboratorien wiesen 3,78 Prozent der 12751 bei Radsportlern vorgenommenen Proben einen positiven Befund auf. Im Baseball waren es 3,69 Prozent von 10580 Proben, im Boxen 3,41 Prozent der 2433 Tests und in der Leichtathletik 1,67 Prozent von 20464 Tests.

*(Quelle: sportrechturteile.de/News/
ARGESportrecht/news6872.html,
Arbeitsgemeinschaft Sportrecht des Deutschen Anwaltsvereins)*

M 3

Uwe Johnson
Der Rennfahrer

Der Körper eines Straßenrennfahrers muss tüchtig sein übers ganze Jahr. [...] Im Winter schon, wenn die Straßen noch kalt sind, soll er alle Muskeln vorbereiten mit vielerlei Bewegung und lernen kräftig ausdauernd schnell gewandt zu sein. [...] den Medizinball werfen und stoßen und hochheben mit den Beinen aus angespanntem Liegen, Rollen am Reck, Kniebeugen allein und mit einem Partner im Nacken, lange Treppen hochlaufen allein und huckepack. [...] Nun Rad fahren mit kleiner Übersetzung ohne Freilauf, raus aus der Halle, mehrere Blätter der regierenden Zeitung unterm Pullover, der Frierende muss absteigen und schieben, Gymnastik der erstarrten Finger am eisigen Lenker, und fahren im Alltag zur Arbeit zu Freunden zum Einkaufen zum Training, jeder Kilometer zählt, und nicht aufhören für auch nur wenige Tage, sonst vergisst der Körper die erworbene Motorik. Im Frühjahr vorbereitet muss er lernen schnell zu fahren und ausdauernd wiederholentlich, die Beine müssen jederzeit fühlen und mitteilen können wie schnell sie eigentlich sind. Schon vorher muss er wissen wann wohl er auf den Tod ermüdet sein wird, der Wille (psychologisch) muss den Toten Punkt schon im Erkennen überwinden und weiterfahren bis er aufhören möchte aber noch nicht muss [...] Der Körper soll ruhig essen lernen inmitten auszehrender Arbeit und sich gewöhnen an Kohlehydrate, Zucker und Salz, Fett jedoch macht müde, zuviel Flüssigkeit drückt aufs Herz, trink zwei Liter täglich und dann spül dir nur den Mund. Er merkt ja selbst wie ihm das bekommt an Geschwindigkeit von Puls und Atem, Weite des Lungenraums, wachsendem Umfang der Oberschenkel (die Muskelfasern werden dicker aber nicht mehr) [...]. In der Zeit der Rennen soll er nicht müde herumliegen an Ruhetagen sondern sich bewegen im Wald, im Wasser, denn so erholt er sich genauer für den nächsten Morgen; allmählich hilft ihm die Massage. Das ist natürliche Erschöpfung, stell dich nicht so an. Schlimmer ist der Streik der Großhirnrinde: dann ist nichts mehr zu sehen von Schnelligkeit Gewandtheit Ausdauer [...]. Der soll kein Fahrrad sehn für vierzehn Tage, er soll leben wie in den Ferien und zur Kur, [...] die Nerven ruhen sich aus, erinnern sich ihrer Ar-

beit mit immer weniger Ärger, der Organismus versammelt sich wieder, schon fährt er auf dem Rad sehr schnell, verringert das Tempo, rast weiter, tritt langsam, jagt von Neuem sich durch die Gegend und Blut durch die arbeitenden Muskeln [...].
Der Herbst des zyklischen Trainings bewahrt den Stand der Leistung, will ihn gar nicht steigern, lässt die Nerven in Ruhe, schickt ihn zum Wintersport, hält ihn unter ärztlicher Aufsicht, wieder beginnt die frühjährliche Trainingsphase, zu Silvester kannst du aufbleiben bis Mitternacht, aber trink nicht so viel, der März wird schlimm.

(Aus: Uwe Johnson: Das dritte Buch über Achim. © Suhrkamp Verlag, Frankfurt/M. 1961)

M 4

Helmut Digel
Leistungssport als Monstershow

Betrachtet man die positiven Befunde bei Dopingkontrollen des vergangenen Jahrzehnts, so kann jede sportliche Spitzenleistung in jeder olympischen Sportart unter Verdacht gestellt werden. Angesichts solch einer Situation ist es naheliegend, dass immer wieder von selbst ernannten sowie von wirklichen Experten die Meinung geäußert wird, dass es ehrlicher wäre, wenn man die Dopingkontrollen in Training und Wettkampf einstellen und jedem Athleten die Möglichkeit eröffnen würde, seine sportliche Leistung medikamentös zu manipulieren.

Die Plädoyers für die Freigabe des Dopings [verweisen auf] die Gesellschaft, in der es längst üblich geworden sei, dass sich Menschen mittels Medikamenten fit halten, [...] und [darauf,] dass wir insgesamt damit zu leben hätten, dass eine Konsumgesellschaft immer auch eine Medikamentengesellschaft sei.

Der Sport – so wird gesagt – könne nicht besser sein als die Gesellschaft, und deshalb sei es ehrlicher, wenn man Doping freigäbe. Auf diese Weise könnten die Zuschauer selbst entscheiden, ob sie ein Interesse an einem derartigen Sport hätten. Zumindest würde dem Zuschauer nicht mehr eine Illusion vorgegaukelt, bei der er nicht wisse, wer ehrlich sei und wer betrüge.

Warum – so könnte man schon lange fragen – gibt es noch Athleten, Trainer und Funktionäre des Sports, die angesichts solcher Argumente dennoch auf Dopingkontrollen, auf einen aktiven Kampf gegen Doping, auf Erziehung gegen Doping pochen und damit nach wie vor der besonderen Idee des Sports – der Idee des Fair Play – das Wort reden, die anscheinend immer mehr utopische Züge annimmt? [...]

Die besondere Bedeutung und Chance des Leistungssports ist nach wie vor darin zu sehen, dass in ihm eine Gegenwelt der „Eigenleistung" erhalten werden kann, wie sie in nahezu allen übrigen Bereichen unserer Gesellschaft nicht mehr anzutreffen ist. Es zählt in solchem Sport nur jene Leistung, die die Athletinnen und Athleten mittels eigener Kraft auf der Grundlage der schriftlich niedergelegten Regeln hervorbringen. Ein sauberer Sport hängt deshalb entscheidend von jenen ab, die die Regelsysteme in den Sportverbänden zu überwachen haben.

[...] Will der Sport sich selbst erhalten, so hat er keine andere Möglichkeit, als alles zu tun, um sich seiner eigenen Grundlagen zu versichern. Seine Grundlagen sind die Regeln des Fair Play. Werden diese dem Sport entzogen, so findet er nicht mehr statt. Er ist dann allenfalls noch Teil einer Zirkusshow, in der sich Athleten als Monster begegnen.

Professor Helmut Digel (62) lehrt als Sportsoziologe an der Universität Tübingen. Er war von 1993 bis 2001 Präsident des Deutschen Leichtathletik-Weltverbandes.

(Aus: Die Welt, 30.12.2006, S. 24)

Lernerfolgskontrolle/Thema für eine Klassenarbeit

1 *Ermittle die Informationen, die in den Texten über Anforderungen und Probleme des Radsports sowie über das Thema Doping Aufschluss geben, und stelle sie jeweils knapp zusammenfassend dar. Achte auch auf die jeweilige Textart! (Wie unterscheidet sich z.B. der Text von Uwe Johnson von den anderen?)*

2 *Beschreibe den thematischen Zusammenhang der verschiedenen Texte und erschließe besonders das in den Materialien M1, M2 und M4 angesprochene Dopingproblem. Erläutere, auch mit Hilfe deiner Kenntnisse aus der Unterrichtsreihe, warum Radsportler immer wieder zu unerlaubten Dopingmitteln gegriffen haben.*

3 *Nimm begründet Stellung zu folgenden Fragen:*

   a) *Sollten große Radrennen (wie z.B. die Tour de France) weiter durchgeführt werden und Radrennen olympische Disziplin bleiben?*

   b) *Sollten Radrennen weiterhin von großen Unternehmen gesponsort und im Fernsehen übertragen werden?*

Lösungshinweise/Erwartungshorizont

Auf die Aufgabenstellung können die Schülerinnen und Schüler insbesondere durch die Bearbeitung von Teilkapitel 2 intensiv und zielgerichtet vorbereitet werden. Die einzelnen Textausschnitte können auch den Lernvoraussetzungen der Klasse angepasst werden: z. B. durch zusätzliche Kürzungen, Weglassen eines Textes. Bezüglich des Textes von Uwe Johnson können die Schüler auf den literarischen Charakter (vor allem auf den ungewöhnlichen Schreibstil) sowie auf die Entstehungszeit (1950er Jahre) hingewiesen werden sowie darauf, dass im Rahmen dieser Aufgabenstellung eine nähere literarische Textanalyse nicht primär gefordert ist.
Der Romanauszug allein kann aber alternativ als Ausgangstext für den Klassenarbeitstyp 6 genutzt werden.

1 *Folgende zentrale Informationen sollten kurz dargestellt werden:*
M1: *Prominentes Unternehmen fördert weiterhin deutschen ProTour-Rennstall, aber unter deutlich verschärften Maßnahmen gegen mögliche Dopingsünder. – Das Unternehmen hatte die Maßnahmen zusammen mit Radsportverbänden erarbeitet. – Die Fahrer haben dem Maßnahmenkatalog zugestimmt. – Einzelne Maßnahmen sind z. B. Schadenersatz, sofortiger Ausschluss, ...*
M2: *Die Statistik zeigt, dass es im Radsport 2005 die meisten Dopingfälle gab, aber fast alle großen Sportarten betroffen sind.*
M3: *Der Romanauszug gibt anschaulich eine im Stil eines fachmännischen Ratschlags/Kommentars gehaltene Beschreibung der gemeinhin an den Radrennfahrer gestellten Anforderungen wieder. Die Voraussetzungen auf den Begriff gebracht:*
– *Ausdauer;*
– *Einschränkung bei Vergnügungen;*
– *ständiges hartes Training;*
– *Alltagstraining;*
– *seinen Körper beobachten lernen;*
– *Teamfähigkeit, Disziplin, Selbstvertrauen.*
M4: *Hinweis des Verfassers auf die weite Verbreitung des Dopings im Spitzensport und die damit korrespondierende Forderung einiger Kreise, Doping freizugeben: Die moderne Konsumgesellschaft sei ohnehin eine Medikamentengesellschaft; Freigabe des Dopings sei ehrlicher, die Zuschauer können dann selbst ent-*

scheiden, ob sie noch Interesse am Sport haben. Der Verfasser pocht jedoch auf die sportliche Ur-Idee des „Fair Play" und ist deshalb für einen aktiven Kampf gegen Doping: Ansonsten drohe der Sport zu einer „Zirkusshow" zu werden.

2 *Die Schülerin/ der Schüler beschreibt als thematischen Zusammenhang z. B. den Aspekt „Möglichkeiten und Gefahren der Leistungssteigerung im (Rad-)Sport". Alle vier Texte sowie die Kenntnisse aus der Bearbeitung von Teilkapitel 8.2 können dazu genutzt werden, die große Verführungsgewalt, die von Dopingmitteln besonders für Radsportler ausgeht, zu erläutern: zusätzliche Leistungssteigerung, Konkurrenzfähigkeit und Marktwert erhalten, auf natürlichem Weg nicht mehr zu den Siegern gehören zu können, entsprechende Erwartungen der Öffentlichkeit, von Medien, Sponsoren usw. Gleichzeitig können alle vier Texte als Appelle für den notwendigen Erhalt der „Eigenleistung" gelesen werden.*

3 *Die Schülerinnen und Schüler sollten zustimmend, abwägend oder ablehnend zu den beiden Leitfragen Stellung nehmen. Zu erwarten sind Schülerlösungen, die z. B. folgenden Zuschnitt haben:*
Pro Radrennen, abwägend: Schöner Sport, gerade deshalb sollte er aber trotz zugegebenermaßen vieler Dopingfälle nicht aufgegeben werden; viele Sportler sind ja auch ehrlich geblieben. Und die Dopinggefahr kann durch scharfe Kontrollen in Grenzen gehalten werden. Aber auch die Öffentlichkeit hat eine Mitverantwortung und sollte nicht immer von Neuem spektakuläre Leistungssteigerungen erwarten, sondern einfach spannende Wettrennen. Verantwortliche Sponsoren sollten erlaubt sein, da der große Aufwand, der heutzutage gerade auch im Sport Voraussetzung ist, nicht mehr vom einzelnen Sportler finanziert werden kann.

Literaturhinweise

Borscheid, Peter: Das Tempo-Virus. Eine Kulturgeschichte der Beschleunigung. Campus, Frankfurt/M. 2004

Eisenbahn-Geschichten. Ein literarisches Lesebuch. Hg. von Günter Stolzenberger. Deutscher Taschenbuch Verlag, München 2003

Kaschuba, Wolfgang: Die Überwindung der Distanz. Zeit und Raum in der europäischen Moderne. Fischer Taschenbuch Verlag, Frankfurt/M. 2004

Schivelbusch, Wolfgang: Geschichte der Eisenbahnreise. Zur Industrialisierung von Raum und Zeit im 19. Jahrhundert. Fischer Taschenbuch Verlag, Frankfurt/M. 2000

Wichtige Internetadresse

www.deutsches-museum.de (Website des Deutschen Museums München; dort finden sich unter „Verkehrszentrum" vielfältige Informationen)

LESEN · UMGANG MIT TEXTEN UND MEDIEN

9 Beziehungsgefüge – Kurze Prosatexte interpretieren

Konzeption des Gesamtkapitels

Der „Schritt aus der Familie" ist eine der zentralen biografischen Aufgaben, deren Lösung in der Jugendphase eingeleitet wird. Dabei kommt es zwischen Jugendlichen und ihren Eltern oft zu spannungsvollen Ablösungsprozessen und turbulenten Rekonstruktionen der Eltern- und Kinderrolle, die in den erzählenden Texten des ersten Teilkapitels im Zentrum stehen. Das Thema „Schritt aus der Familie" beinhaltet jedoch auch Entscheidungen von Erwachsenen, familiäre Verbünde zu verlassen, sowie die Reaktionen der verlassenen Partner und Kinder auf solche Einschnitte. Dieser Aspekt des Themas spielt in zwei weiteren Erzähltexten dieses Kapitels eine Rolle. Über den thematischen Fokus hinaus erweitern die Schülerinnen und Schüler ihre Kompetenzen im Bereich der Analyse und Interpretation epischer Kurztexte.

Das erste Teilkapitel (**„Der Schritt aus der Familie – Kurzgeschichten analysieren"**) führt in verschiedene Aspekte der interpretativen Erarbeitung von Kurzgeschichten wie die Figurencharakterisierung und den gedanklichen Bezug zu Prätexten ein und systematisiert einzelne Untersuchungsschritte schließlich in Form eines Interpretationsaufsatzes. Als Vorbereitung darauf erhalten die Schülerinnen und Schüler Anregungen, deutende Zugriffe auf Kurzgeschichten in Hypothesen zu fassen und diese leitenden Ideen dann anhand von Textbelegen zu überprüfen.

Das zweite Teilkapitel (**„Roald Dahl: ‚Lammkeule' – Kommunikation untersuchen"**) integriert kommunikationsanalytische Aspekte in die Untersuchung erzählender Texte. Dabei wird herausgearbeitet, wie Figuren solcher Texte in den dargestellten Situationen kommunikativ handeln, indem sie z. B. sprachliche und körpersprachliche Strategien einsetzen. Geklärt wird, wie sich durch unterschiedliche Redeanteile der Figuren und ihre Strategien der Gesprächssteuerung in einem epischen Text spezifische Kommunikationsstrukturen ergeben. Die Schülerinnen und Schüler erhalten zugleich Anregungen, „zwischen den Zeilen" zu lesen, indem sie die Inhalts- und die Beziehungsebene von Figurenäußerungen auseinanderhalten und diesen an ausgewählten Stellen interpretative Subtexte zuschreiben.

Das dritte Teilkapitel (**„Kurzgeschichten umschreiben"**) bietet den Schülerinnen und Schülern Anregungen, kurze Erzähltexte produktiv und kriteriengeleitet umzugestalten. Sie erhalten damit Trainingsangebote für weiterführende Schreibaufträge in Klassenarbeiten mit kreativen Akzenten.

Weiteres Übungsmaterial zu diesem Kapitel

Übungsmaterial im **„Deutschbuch Arbeitsheft 9"**
– Erzähltexte erschließen: S. 70–74

🎧 Das **„Deutschbuch-Hörbuch 9/10"** enthält einen Text, der in diesem Kapitel behandelt wird.

9 Beziehungsgefüge – Kurze Prosatexte interpretieren

	Inhalte	Kompetenzen
S. 177	**9.1 Der Schritt aus der Familie – Kurzgeschichten analysieren**	**Die Schülerinnen und Schüler können** – im Anschluss an ein Bild das Thema „Der Schritt aus der Familie" entfalten;
S. 178	Franz Hohler **Bedingungen für die Nahrungsaufnahme**	– zu einer Kurzgeschichte Deutungshypothesen formulieren und diesen Belegstellen zuordnen;
S. 181	Rainer Kunze **Fünfzehn**	– die sprachliche Gestaltung einer Kurzgeschichte untersuchen; – die direkte und indirekte Charakterisierung einer Figur erkennen und schriftlich festhalten;
S. 183	Italo Calvino **Eine Reise mit den Kühen**	– Elemente einer Figurencharakterisierung erkennen und in einer schriftlichen Charakterisierung darstellen; – erkennen, dass literarische Texte sich oft auf Prätexte beziehen;
S. 187	**Kurzgeschichten schriftlich interpretieren**	– die Schrittfolge einer schriftlichen Interpretation umsetzen;
S. 187	Brigitte Kronauer **Porträt Nr. 5 – Ehepaar Dortwang**	– Thema, Figurenkonstellation, Handlungsaufbau, Erzählform und Wortwahl erarbeiten.
S. 191	**9.2 Roald Dahl: „Lammkeule" – Kommunikation untersuchen**	**Die Schülerinnen und Schüler können** – Situationsentwürfe in epischen Texten und damit verbundene Kommunikationsstrukturen erkennen;
S. 191	**„Ich will nichts" – Gestörte Kommunikation**	– Aspekte der Kommunikation wie Redeanteile, Gesprächssteuerung und Körpersprache dem Handlungsgeschehen eines epischen Textes zuordnen; – zu sprachlichen und körpersprachlichen Signalen Subtexte schreiben;
S. 194	**„Das wird ein ziemlicher Schlag für dich sein" – Inhalts- und Beziehungsebene**	– die Inhalts- und Beziehungsebene einer sprachlichen Äußerung im Erzählzusammenhang kommentieren; – Ursachen misslingender Kommunikation erkennen;
S. 196	**„Die Frau blieb in ihrem Sessel sitzen" – Verbale und nonverbale Strategien**	– in epischen Texten verbale und nonverbale Strategien von Figuren erkennen und beschreiben; – Aspekte der Kommunikation in einem Modell zusammenstellen.
S. 199	**9.3 Kurzgeschichten umschreiben**	**Die Schülerinnen und Schüler können** – erzählende Texte in begründeter Weise kreativ erweitern bzw. umgestalten.

9 Beziehungsgefüge – Kurze Prosatexte interpretieren

9.1 Der Schritt aus der Familie – Kurzgeschichten analysieren

S. 177

1 Mögliche Stichworte zu dem „Familienbildnis" von Jos Albert: Der Sohn blickt von den Eltern weg, wendet sich von ihnen ab, Streit, Enttäuschung, Wunsch nach Selbstständigkeit, der Sohn sucht seinen eigenen Weg, Kontrolle und Sorgen des Vaters, die Mutter hält sich heraus.

2 Das Gesicht des Jungen wirkt konzentriert und entschlossen; seine Augenbrauen sind etwas nach oben gezogen, sein Blick ist starr geradeaus gerichtet. Die Kinn- und Mundpartie des Jungen drückt Handlungs- und Kampfbereitschaft aus.

3 Alternative Figurenäußerungen könnten sein: ein Abschiedsbrief des Jungen oder eine Denkblase, in der alles, was ihm in dieser Situation durch den Kopf geht, festgehalten wird. Zu Möglichkeiten der Figurenäußerung vgl. Gerd Brenner: Fundgrube Methoden II. Für Deutsch und Fremdsprachen. Cornelsen Scriptor, Berlin 2007, S. 124 f.

S. 178

Franz Hohler
Bedingungen für die Nahrungsaufnahme

1 Außer einem Plenumsgespräch können hier die Verfahren des Brainstormings, des Blitzlichts, der Redekette oder des Kugellagers gewählt werden. (Vgl. dazu Gerd Brenner/Kira Brenner: Fundgrube Methoden I. Für alle Fächer. Cornelsen Scriptor, Berlin ²2007, S. 101, 305, 220 und 213.)

2 a/b) Mögliche Hypothesen und Textbelege:
– Hypothese: Die Geschichte zeigt, wie Eltern von einem Kleinkind erzogen werden, indem das Kind mit seinen Mitteln nachdrücklich deutlich macht, was zu geschehen hat und welche „Fehler" die Eltern vermeiden müssen.
Textbeleg: „So deutete es als Nächstes auf den Schrank, der im Zimmer stand, und schaute dazu seine Mutter an. Die Mutter ging auf den Schrank zu und wollte ihn öffnen, doch da heulte das Kind und zeigte auf die Decke des Schranks. Die Mutter sagte, nein, das mache sie nicht, da legte sich das Kind auf den Boden [...], indem es gellende Schreie von besonderer Widerlichkeit dazu ausstieß." (Z. 104 ff.)
– Hypothese: Man ist zugleich erschrocken und amüsiert darüber, wie sich manche Eltern von ihren Kindern das Heft aus der Hand nehmen lassen.
Textbeleg: „Nach zwei Tagen [...] gaben die Eltern nach, die Mutter kletterte im Nachthemd auf den Schrank und legte sich flach hin, worauf das Kind sofort und mit großer Begeisterung seinen Brei aß [...]." (Z. 126 ff.)
– Hypothese: Als Leser erkennt man, dass Kinder mit ihrem Trotz und ihrer Egozentrik Erwachsene tyrannisieren können.
Textbeleg: „Bald ließ sich das Kind nicht mehr von zufällig eingetretenen Ereignissen leiten, die es wiederholt haben wollte, sondern begann, sich selbst neue Forderungen auszudenken." (Z. 100 ff.)

3 a) Verhaltensmerkmale, die normalerweise der Elternrolle zuzuordnen sind:
– Abläufe in der Familie planen und steuern;
– Kinder füttern/ernähren;
– etwas fordern (von den Kindern);

9.1 Der Schritt aus der Familie – Kurzgeschichten analysieren

- Sorge, wenn ein Kind verhaltensauffällig wird;
- gutes Zureden;
- erzieherische Erzwingungsmittel (Drohungen, Schläge);
- Einsperren/Aussperren des Kindes, um es zu kontrollieren bzw. zu bestrafen.

Verhaltensmerkmale, die normalerweise der Kinderrolle zuzuordnen sind:
- Nahrung aufessen;
- den Eltern gehorchen.

b) Die Verhaltensmerkmale der Kinder- und Elternrolle in verschiedenen Stadien der Geschichte können z. B. in Form einer Tabelle aufgebaut werden:

Merkmal	Figur(en)	Belegstelle
gutes Zureden	Eltern	„Zureden" (Z. 17)
erzieherische Erzwingungsmittel	Eltern	„Drohungen" (Z. 18), „Schläge" (Z. 18), „und so musste es ohne Essen ins Bett" (Z. 115 f.)
Einsperren	Eltern	„mit einem Gatter, das man in den Türrahmen einklemmte, abgesperrt" (Z. 24 f.)
Kinder füttern/ ernähren	Eltern	„begann, ihm über das Gatter hinweg den Brei einzulöffeln" (Z. 35 ff.)
Abläufe in der Familie planen und steuern	Eltern	„Die Eltern waren beunruhigt [...]. Sie versuchten [...]" (Z. 15 ff.)
Nahrung aufessen	Kind	„aß den ganzen Brei auf" (Z. 40 f.)
erzieherische Erzwingungsmittel	Kind	„Schreie von besonderer Widerlichkeit" (Z. 112); „fing das Kind an, den Vater wegzustoßen" (Z. 190 f.)
Aussperren	Kind	„Der Vater reicht dem Kind den Brei [...] von einer Bockleiter außerhalb des ersten Stockes" (Z. 215 ff.)
Abläufe in der Familie planen und steuern	Kind	Z. 89 ff., Z. 189 ff.
etwas fordern	Kind	„begann, sich selbst neue Forderungen auszudenken" (Z. 102 f.)

4 a) Der Begriff der Assoziation kann an dieser Stelle erklärt werden: Verknüpfung von Vorstellungen. Mögliche Assoziation an eine andere Textsorte: Versuchsbeschreibung in naturwissenschaftlichen Fächern.

b) Mögliche Lösung:

Der Satzbau ist auffällig, da der Autor sehr viele Hypotaxen verwendet. Dadurch wirkt die Geschichte eher wie ein anspruchsvoller Sachtext. Für eine Kurzgeschichte ist auch die Wortwahl ungewöhnlich; denn in dem Text findet man viele Wörter, die man eher in naturwissenschaftlich orientierten Versuchsbeschreibungen vermuten würde. Die Wirkung dieser Wortwahl ist, dass der Leser zum nüchternen und distanzierten Beobachter der dargestellten Abläufe wird. Einige der Wörter wirken wie Leitmotive, z. B. Vater, Mutter, Kind, Kinderzimmer, Gatter, Brei, füttern, ...

9 Beziehungsgefüge – Kurze Prosatexte interpretieren

S. 181

Reiner Kunze
Fünfzehn

1 Die Schülerinnen und Schüler können hier erste subjektive Resonanzen auf den Text formulieren, bevor eine detaillierte Erarbeitung beginnt.

2 Mögliche Textbeispiele dafür, wie sich die Tochter fühlt:
- „eine Art Niagarafall aus Wolle" (Z. 8 f.): Sie will von anschmiegsamem, weichem Stoff umgeben sein und so Geborgenheit spüren;
- „Tennisschuhe, auf denen sich jeder ihrer Freunde und jede ihrer Freundinnen unterschrieben haben" (Z. 14 ff.): intensive Verbundenheit mit Freundinnen und Freunden;
- „Wenn sie Musik hört, vibrieren noch im übernächsten Zimmer die Türfüllungen" (Z. 22 f.): intensives Körpergefühl durch dröhnend laute Musik; Konzentration auf sich selbst und Abschottung von der Außenwelt;
- „Dazwischen liegen Haarklemmen, ein Taschenspiegel, Knautschlackederreste, Schnellhefter, Apfelstiele […]" (Z. 36 ff.): Unordnung als Verweigerung der Ordnung Erwachsener.

3 a) Mögliches Beispiel für eine Stelle, die erkennen lässt, dass die Geschichte aus der Sicht eines Erwachsenen erzählt wird: Z. 22 f. Der Vater versteht laute Musik nicht als einen Versuch, sich und den eigenen Körper möglichst intensiv zu empfinden; vielmehr schreibt er der Tatsache, dass die Tochter die Musik laut stellt, Protestverhalten zu (vgl. Z. 25 f.). Außerdem unterstellt er der Tochter hier, dass sie mit den „Trance"-Zuständen beim Musikhören dem logischen Denken ausweichen möchte. Mehrfach kommt der Vater so zu Wertungen des Geschehens, die einer Erwachsenenperspektive entsprechen.

b) Die Ich-Perspektive aus der Sicht eines Erwachsenen ermöglicht es jungen Leserinnen und Lesern,
- den Konflikt zwischen den Generationen zu erkennen;
- Distanz zu eventuellen eigenen Verhaltensweisen zu gewinnen;
- der beschränkten Perspektive zu entnehmen, dass der Vater seine Tochter letztlich nicht versteht;
- die Übertreibungen, zu denen der Vater neigt, amüsiert zur Kenntnis zu nehmen;
- den Generationenkonflikt insgesamt kritisch zu untersuchen.

4 a) Vorschlag für ein Tafelbild:

Sprachliche Mittel zur Beschreibung der Tochter des Erzählers	Beispiel
Übertreibung	„einen Schal, an dem mindestens drei Großmütter zweieinhalb Jahre gestrickt haben" (Z. 6 ff.)
Vergleich	„eine Art Niagarafall" (Z. 8 f.)
Metapher	„Gedanken erden" (Z. 34)
Sprachspiel	„einen Rock, den kann man nicht beschreiben, denn schon ein einziges Wort wäre zu lang" (Z. 1 f.; Minirock)
rhetorische Frage	„Könnte einer von ihnen sie verstehen […]?" (Z. 19 f.)
Aufzählung	„Haarklemmen, ein Taschenspiegel, […] Schnellhefter, Apfelstiele […]" (Z. 37 ff.)

b) *Eine mögliche Lösung könnte so beginnen:*

„Die Ausläufer dieser Hügellandschaft erstrecken sich bis ins Bad und in die Küche" (Z. 45 ff.). An dieser Beschreibung fällt auf, dass der Erzähler die Metapher „Hügellandschaft" verwendet. Sie wurde gewählt, um deutlich zu machen, dass er die Unordnung der Tochter und die von ihr in der ganzen Wohnung verstreuten Gegenstände als einen Übergriff auf seinen Lebensbereich versteht. Zugleich zeigt er mit der Wahl einer Metapher aus dem Bereich der Natur, dass er seine Wohnung als einen Ort der Zivilisation sieht, wo bestimmte Regeln gelten müssten, anders als in einem Naturraum, der dem menschlichen Willen nicht unterliegt.

Italo Calvino
Eine Reise mit den Kühen

S. 183

Das **„Deutschbuch-Hörbuch 9/10"** enthält die Geschichte „Eine Reise mit den Kühen" von Italo Calvino, gelesen von Ulrike Kriener.

1 a/b) Vgl. die Anmerkungen über Verfahren wie Brainstorming, Blitzlicht, Redekette oder Kugellager zu Aufgabe 1 auf S. 190 in diesem Handbuch. Die Assoziationen der Schülerinnen und Schüler sollten in den folgenden Erarbeitungsschritten möglichst wieder aufgegriffen werden.

2 Die Geschichte lässt sich inhaltlich gliedern in:
Eröffnung:
– Michelino ist noch bei seiner Familie in der Stadt; die Kühe nähern sich dem Haus seiner Eltern.
– Michelinos Vater Marcovaldo fühlt sich in seinem Leben eingeengt („in diesem glühenden, staubigen Zementofen festgebannt", Z. 42 f.); die Kuhherde auf dem Weg in die Berge scheint einen Aufbruch in die Freiheit zu versinnbildlichen.
Hauptteil:
– Michelino hat sich von seiner Familie entfernt und lebt auf den Bergalmen mit den Kühen.
– Statt der erhofften Freiheit erlebt Michelino Ausbeutung.
Schluss:
– Michelino kehrt als ein gewandelter Mensch zu seiner Familie zurück („mit zusammengezogenen Augenbrauen und hartem Blick", Z. 219 f.; „Er hatte ein Männergesicht bekommen", Z. 222 f.).
– Die Kühe entfernen sich von Michelino und dem Haus seiner Eltern.
Im Verlauf der Geschichte zieht die Herde zweimal durch die Stadt, aber die Wahrnehmung der Kühe wandelt sich:
– „[...] sie nahmen ihren Geruch nach Stroh und Wiesenblumen und Milch mit sich und den <u>sehnsüchtigen Klang</u> ihrer Glocken" (Z. 83 ff.).
– „Die Herde trottete auf der Straße weiter und nahm alle <u>verlogenen</u> und <u>wehmütigen</u> Gerüche nach Heu mit sich und das <u>Bimmeln</u> der Glocken" (Z. 243 ff.).
In diesem Wandel vom Positiven zum Negativen spiegelt sich Michelinos Erfahrung.

3 Mögliche Motive des Sohnes, seine Familie zeitweilig zu verlassen:
– Ausbruch aus der Enge der Lebensverhältnisse zu Hause, die auch der Vater empfindet („in diesem glühenden, staubigen Zementofen festgebannt", Z. 42 f.);
– Sehnsucht nach dem freien, wilden Leben („Furten durchs Wildwasser", Z. 88 f.);
– fundamentale Lebensvollzüge kennen lernen („Michelino [...] war jetzt nur darauf bedacht, die sanft geschwungenen Hörner zu betrachten, die Euter mit den vier Zitzen [...]", Z. 117 ff.).

9 Beziehungsgefüge – Kurze Prosatexte interpretieren

4 Diese Aufgabe – der Vergleich der Geschichte „Eine Reise mit den Kühen" von Calvino mit Eichendorffs Novelle „Aus dem Leben eines Taugenichts" und dem „Gleichnis vom verlorenen Sohn" – verschafft den Schülerinnen und Schülern Einsichten in die Tatsache, dass es zu der Geschichte von Calvino berühmte **Prätexte** gibt, auf die der Autor offensichtlich Bezug nimmt. In allen drei angesprochenen Geschichten
- entfernt sich der Sohn vom Vater (der Familie),
- zieht er in die Fremde und
- kehrt nach längerer Zeit wieder zurück.

Mögliche Lösung in Form einer Matrix:

	Calvino: „*Eine Reise mit den Kühen"*	*Eichendorff:* „*Aus dem Leben eines Taugenichts"*	*Neues Testament:* „*Der verlorene Sohn"*
Motive der Söhne beim Aufbruch	Der Sohn entwickelt eine Sehnsucht nach einem eigenständigen und guten Leben in den Bergen („den sehnsüchtigen Klang ihrer Glocken", Z. 84 f.). Man kann vermuten, dass er – wie sein Vater – die Enge der „Arbeiterwohnungen" (Z. 17) in der Stadt verlassen und sich den Traum vom anderen Leben erfüllen möchte („Als habe ihm der Gedanke an einen nicht möglichen Urlaub schnurstracks die Tore ins Traumland eröffnet", Z. 46 f.).	Der Vater schickt den Sohn weg in die weite Ferne. („Du Taugenichts! da sonnst du dich schon wieder und dehnst und reckst dir die Knochen müde, und lässt mich alle Arbeit alleine tun. Ich kann dich hier nicht länger füttern.") Parallel dazu entwickelt der Sohn eine romantische Sehnsucht und ein Streben in die Ferne („es war mir kurz vorher selber eingefallen, auf Reisen zu gehen"). Er will „in die freie Welt hinaus".	Der Sohn fordert vom Vater frühzeitig das Erbe ein, da er ohne eigene Mühen das Leben genießen will. („Nach ein paar Tagen machte der jüngere Sohn seinen ganzen Anteil zu Geld und zog in die Fremde. Dort lebte er in Saus und Braus.")
Zwischenphase	Der Sohn lernt die Mühen und Ungerechtigkeiten abhängiger Arbeit kennen, indem er Kühe versorgt. („Wie ein Esel hab ich mich abgeackert", Z. 221).	In der Fremde arbeitet der Taugenichts u. a. als Gärtner. Er reist nach Italien. Am Ende bekommt der Sohn Heimweh und kehrt in seine Heimat zurück.	Der Sohn verarmt und muss auf einem Feld unter erbärmlichen Bedingungen die Schweine hüten. („Er war so hungrig, dass er auch mit dem Schweinefutter zufrieden gewesen wäre; aber selbst das verwehrte man ihm.") Der Sohn kommt zu einer Einsicht. („Ich will zu meinem Vater gehen und zu ihm sagen: ‚Vater, ich bin

9.1 Der Schritt aus der Familie – Kurzgeschichten analysieren

			vor Gott und vor dir schuldig geworden; ich verdiene es nicht mehr, dein Sohn zu sein [...]").
Reaktionen der Väter am Ende	Der Vater wartet sehnsüchtig auf die Rückkehr des Sohnes („auch er wartete von Abend zu Abend auf die Rückkehr des Sohnes [...]. Nachts horchte er auch auf die Tritte, die über die Straße kamen", Z. 193 ff.).	Der Vater hat am Ende dieser Novelle keine Funktion mehr.	Der Vater nimmt den verlorenen Sohn wieder auf. (Der Vater „sah ihn schon von Weitem kommen, und voller Mitleid lief er ihm entgegen, fiel ihm um den Hals und küsste ihn.")

(Sekundärliteratur zu Eichendorffs „Taugenichts" ist zusammengestellt in: Gerd Brenner (Hg.): Fundgrube Deutsch. Neue Ausgabe. Cornelsen Scriptor, Berlin 2006, S. 88 f.)

5 In der Geschichte von Calvino wähnt der Vater den Sohn in einer Art Schlaraffenland. („Glück hat er, er lebt im Freien draußen, wo es kühl ist, und futtert sich dick und rund an Butter und Käse'", Z. 180 ff.; „und vermeinte, [...] Michelino dort oben zu erkennen, faul und glücklich zwischen Milch und Honig und Brombeeren", Z. 187 ff.)
Der Sohn aber wird um den Lohn für seine schwere Arbeit betrogen. („Immer war etwas zu tun. Mit der Milch, mit der Streu, mit dem Mist. Und wofür das alles? Sie hatten ja die Ausrede, dass ich ohne Arbeitsvertrag mitgegangen bin, und was haben sie mir bezahlt? Einen Dreck.", Z. 233 ff.)

6 Falls den Schülerinnen und Schülern für eine Charakterisierung nicht genügend Beschreibungsvokabular zur Verfügung steht, können sie zur Vorbereitung eine Liste charakterisierender Adjektive erhalten, die in Form von Oppositionen angeordnet sind (z. B. „draufgängerisch – vorsichtig/umsichtig"; vgl. dazu: Gerd Brenner: Fundgrube Methoden II. Für Deutsch und Fremdsprachen. Cornelsen Scriptor, Berlin 2007, S. 89 f.). Sie erhalten dann den Auftrag, die Adjektivliste im Hinblick auf die zu charakterisierenden literarischen Figuren zu ergänzen und den für die Figuren passenden Adjektiven jeweils Textzitate zuzuordnen. Evtl. kann die folgende Matrix vorgegeben werden:

Adjektiv	trifft voll zu	trifft teilweise zu	gemischte Eigenschaften	trifft eher nicht zu	trifft überhaupt nicht zu	Adjektiv
naiv						reflektiert
loslassend						bemutternd
selbstständig						unselbstständig
...						ängstlich
...						...

Kurzgeschichten schriftlich interpretieren

Brigitte Kronauer
**Porträt Nr. 5
Ehepaar Dortwang**

1. Schritt:
Ein erstes Textverständnis festhalten

1 *Mögliches Beispiel für eine Hypothese, worum es in der Geschichte geht:*
Ein Ehemann, der unter der Knute seiner Frau steht, befreit sich aus dieser Beziehung.

2 *Frau Dortwang („eine [...] energische Ehefrau", Z. 41 f.) übt die Kontrolle über ihren Mann aus („Sie war es vor allem, die bestimmte", Z. 53; „Sie verstand [...], ihren Mann [...] zu dirigieren", Z. 57 ff.) und engt ihn damit ein. Er fühlt sich minderwertig und zieht sich immer wieder schwermütig zurück („aus seinem Hang zur gelegentlichen, fast ins Schneckenhafte spielenden Melancholie", Z. 63 f.). Offensichtlich begreift er seine Situation („spöttisch funkelten dann seine Augen, als begriffe er alles", Z. 72 f.), kann sich zunächst aber nicht aus der Umklammerung seiner Frau befreien.*
Mögliche grafische Umsetzung:

2. Schritt:
Die Geschichte analysieren und interpretieren

Die Schülerinnen und Schüler sollten bei diesem Arbeitsschritt darauf hingewiesen werden, dass eine Untersuchung von Einzelheiten für eine Interpretation nicht ausreicht; hinzukommen muss eine *leitende Idee*, mit deren Hilfe man die Einzelergebnisse der Analyse aufeinander beziehen kann. Oft gelingt es den Schülerinnen und Schülern zunächst nicht, die in einer Geschichte zusammenspielenden Einzelheiten auch zusammenzudenken, sodass sich ein interpretatorisches Gesamtkonzept ergibt. *Interpretationsthesen/-hypothesen* helfen dabei, dieses Konzept einer Geschichte zu erkennen und die einzelnen Analyseergebnisse einzuordnen, sodass eine schlüssige *Deutung* entsteht.

1 a) *In der Geschichte wird ein Beziehungsproblem dargestellt.*
  b) *Darstellung des Themas in der Figurenkonstellation und im Handlungsverlauf – mögliche Lösung (in Stichworten):*
  – *komplementäres Verhältnis zwischen Frau und Herrn Dortwang:*
  – *sie dominant, er untergeordnet;*
  – *sie redegewandt, er mit stockender Rede;*
  – *sie unterstützt ihren Sohn;*

9.1 Der Schritt aus der Familie – Kurzgeschichten analysieren

- grimassenhaftes Lachen des Mannes in Anwesenheit seiner Frau (vgl. Z. 78) als Signal für eine blockierte Beziehung;
- Lächeln des Mannes bei Erwähnung einer anderen, jüngeren Frau (vgl. Z. 81 ff.) als Signal für eine neu sich entwickelnde Beziehung und einen Ausbruch aus der alten;
- abruptes Ende der Beziehung;
- Sohn steht der Mutter bei („Ihr Sohn half dabei getreu", Z. 134);
- Figurenkonstellation am Ende: Frau Dortwang allein und Herr Dortwang „heiter eine junge [...] Frau umbalzend" (Z. 143 f.).

2 Mögliche Angaben zum Handlungsaufbau:
- Am Anfang und am Ende wird von demselben Schrebergartenfest erzählt, auf dem Frau Dortwang ihren verschwundenen Ehemann zufällig wiedersieht; sie blicken sich an.
- Am Anfang werden der Blick, den sie austauschen, und die Wirkung auf Frau Dortwang ausführlich geschildert (Z. 1–22).
- Ganz am Ende der Geschichte wird dieser Blickkontakt noch einmal erwähnt („Da begegnete sie dem Blick ihres Mannes.", Z. 146 f.). Dort wird auch der Grund für das am Anfang geschilderte Erblassen von Frau Dortwang dargestellt (Z. 141 ff.).
- Spannung baut sich in der Geschichte dadurch auf, dass man am Anfang nicht weiß, wieso Frau Dortwang „abwechselnd, in schneller gefährlicher Folge" weiß und rot wird (Z. 15 f.) und was sich hinter der „wohl leidenschaftlichsten Verständigung ihres ganzen zwanzig Jahre alten Ehelebens" (Z. 3 ff.) verbirgt. Gemeint ist damit der Blickkontakt mit ihrem Mann.
- Im Mittelteil der Geschichte kann sich der Leser in einem detektivischen Verfahren Anhaltspunkte zur Aufklärung des rätselhaften Anfangs suchen.

3 Vgl. die Hinweise zu Aufgabe 6 auf S. 195 in diesem Handbuch.

4 Erzählerische Möglichkeiten der Erzählform in der 3. Person Singular – mögliche Antworten:
- Der Er-Erzähler kann beide zentralen Figuren (Herrn und Frau Dortwang) direkt charakterisieren; diese Möglichkeit wird in der Geschichte immer wieder genutzt.
- Der Er-Erzähler kann dabei Distanz zu beiden Figuren halten und das Beziehungsproblem insgesamt besser darstellen als ein Ich-Erzähler, der Partei ergreifen müsste.

5 Zum Schreibstil der Autorin:
In vielen Lerngruppen sollte zunächst an einem Beispiel erarbeitet werden, dass die Formulierungen, die ein Autor/eine Autorin benutzt, gezielt ausgewählt sind und damit ein besonderes Licht auf die dargestellten Ereignisse werfen. Die Schülerinnen und Schüler können dann in Gruppen selbstständig weitere Phänomene entdecken und untersuchen.
Mögliche Lösungen für diesen Text:
- viele Attribute zur Charakterisierung und eine anspruchsvolle, zum Teil fast wissenschaftlich wirkende Sprachebene („nahm ihr großes, rundes Gesicht wieder natürliche Farbe an, nämlich das Inkarnat einer ironischerweise permanenten leichten Entflammung wegen ihres Bluthochdrucks", Z. 18 f.);
- zum Teil stark verschachtelte, mit Kommas mehrfach untergliederte Sätze, um die Gefühlsturbulenzen und die Verwirrung der Frau formal zu unterstreichen („Für Frau Dortwang existierte außer diesem Lachen noch ein Lächeln, und das brachte sie, nur dieses eine, die eine Verfehlung, in ihrem Innersten und verschwiegen, zur Weißglut", Z. 80 ff.);
- zum Teil lapidarer Stil, um das Plötzliche der Ereignisse herauszuarbeiten („An einem Abend Ende August, nachdem er den Rasen geschnitten und sich geduscht hatte, ging ihr Mann, als hätte er es irgendwo gelesen, zum Briefkasten und kam nicht mehr zurück", Z. 107 ff.);

- zum Teil konjunktionale Ironie (ironische Wirkung durch Zusammenstellung von Disparatem), um unangemessenes Verhalten zu demonstrieren („ihn aus seinem Hang zur […] Melancholie aufzuschrecken durch laute Radiomusik oder hervorragend zubereiteten Heringssalat", Z. 63 ff.).

S. 190

3. Schritt:
Eine Interpretation schriftlich ausarbeiten

6 Zur Unterstützung ihrer Analyse können die Schülerinnen und Schüler zusätzlich zu den bisherigen Anregungen in diesem Kapitel eventuell auch noch den Fragekatalog auf S. 199 erhalten.

Unterrichtsalternative I: Kreatives Schreiben zu „Porträt Nr. 5"

Die Schülerinnen und Schüler erhalten zusätzlich die folgende Arbeitsanregung, falls eine geplante Klassenarbeit einen kreativen Arbeitsauftrag erhält.

1 Brigitte Kronauer hat einen Erzähler gewählt, der das Geschehen in einem anspruchsvollen Stil wiedergibt. Wählt ein anderes **Sprachmuster** aus (z. B. das einer Unterhaltung zwischen Jugendlichen/in Jugendsprache oder das einer Talkshow) und ordnet es dem Erzähler zu.

2 Schreibt nach diesem Muster ausgewählte Teile der Geschichte um.

3 Untersucht das Ergebnis: Welche Wirkung ergibt sich? Welche Wirkungen des Ausgangstextes gehen verloren?

Interpretation kurzer Erzählungen

Aspekte der Analyse
- *Figuren:* Welche Figuren kommen vor? Wie werden sie charakterisiert? Welche Probleme bewegen sie? Werden die Probleme gelöst? Warum (nicht)?
- *Figurenkonstellation:* Wie stehen die Figuren zueinander? Ändert sich ihr Verhältnis im Verlauf der Geschichte? Warum?
- *Handlung:* Was sind die wichtigsten Ereignisse im Handlungsverlauf? Welche Konflikte entstehen? Wie entwickeln sie sich?
- *Zeit:* Über welchen Zeitraum erstreckt sich die Handlung? Findet sie in einer bestimmten geschichtlichen Situation statt (z. B. in einem Krieg)? Wird dieser Zeitraum umfassend dargestellt oder beschränkt sich der Autor/die Autorin auf bestimmte Episoden (Handlungsausschnitte)? Was wird ausführlich, was gerafft dargestellt? Gibt es Rückblenden oder Vorausdeutungen?
- *Raum:* In welchen Räumen entfaltet sich die Handlung? (Mit „Raum" ist hier im weitesten Sinn die Umgebung gemeint, in der sich die Figuren der Geschichte bewegen.)
- *Symbolik:* Hat z. B. der Raum eine symbolische Funktion (Raumsymbolik)? Steht z. B. schwarze Kleidung für die Gemütsverfassung einer Figur? Gibt es symbolische Gegenstände, die einzelnen Figuren zugeordnet werden können?
- *Perspektive:* Welche Perspektive hat der Autor/die Autorin gewählt? Was kommt damit ins Blickfeld, was fällt aus dem Blickfeld heraus?
- *Sprache:* Welche der vielen sprachlichen Gestaltungsmöglichkeiten hat der Autor/die Autorin ausgewählt? An welche anderen Textsorten erinnert die hier gewählte Sprache? Welche Stilebene wurde gewählt?
- *Anfang und Ende:* Sind Anfang und Ende der Geschichte – wie in vielen traditionellen Kurzgeschichten – offen? Oder bekommt der Leser am Anfang alle wichtigen einführenden Informationen? Kommt die Handlung am Ende zu einem Abschluss, sodass eigentlich nichts offen bleibt?
- *Bezugstexte:* Gibt es andere Texte, in deren Tradition die Geschichte steht? Welche Elemente aus solchen Geschichten werden aufgenommen, welche werden verändert?

Deutung
In einem Deutungskonzept werden die verschiedenen Ebenen einer Geschichte, die analysiert worden sind, gedanklich aufeinander bezogen. Dadurch ergeben sich vertiefte Einsichten in die „Architektur" der Geschichte.
- Wie beeinflussen die Charaktereigenschaften der Figuren den Handlungsverlauf?
- Lässt sich die Raumsymbolik auf ein bestimmtes Ereignis beziehen?
- Oder spiegeln Symbole der Geschichte den Charakter einer Figur wider?
- Welche Wirkung soll mit einer bestimmten Erzählperspektive erzielt werden? Welchen besonderen Blick bekommt der Leser damit auf das Geschehen und die Figuren?
- Welches Licht wirft die ausgewählte sprachliche Gestaltung auf das Geschehen und die Figuren?

Bewertung
- Ist die zentrale Problemstellung der Geschichte für dich oder für andere wichtig und interessant?
- Ist die erzählte Handlung geeignet, um das Problem intensiv vor Augen zu führen?
- Sind die Figuren überzeugend dargestellt?
- Kann man die Verhaltsweisen der Figuren nachvollziehen?
- Wie ist die sprachliche Gestaltung der Geschichte deiner Meinung nach gelungen?
- Welche Einsichten kann der Leser aus der Geschichte mitnehmen?

Unterrichtsalternative II: Textvergleiche

In dem Untersuchungsprojekt „Textvergleiche", das im Folgenden skizziert wird, können die Schülerinnen und Schüler sich den Stoff des Kapitels mit einem höheren Grand von Selbstständigkeit erarbeiten, falls die Lerngruppe ein solches Verfahren zulässt. Die Schülerinnen und Schüler können die folgenden Anregungen erhalten:

> *Mit den Tipps zur Interpretation kurzer Erzählungen (S. 199 in diesem Handbuch) könnt ihr euch die Geschichten von Hohler, Kunze, Calvino und Kronauer selbstständig **vergleichend erarbeiten** und dabei verschiedene Arbeitsformen trainieren. Ihr könnt die Aufgaben auch **arbeitsteilig** in Form eines **Gruppenpuzzles** angehen und euch die Ergebnisse wechselseitig vorstellen.*

Gruppenpuzzle

Zu Beginn des Gruppenpuzzles wird jeder Schüler einer **Stammgruppe** zugeteilt. Jede Stammgruppe entsendet je ein Mitglied in **Expertengruppen**. In diesen Gruppen wird jeweils ein Teilthema (siehe die folgenden Aufgaben 1 bis 5) erarbeitet. Nach einer vorgegebenen Zeit finden sich alle wieder in ihrer Stammgruppe ein. In dieser vermittelt nun jeder Schüler als Experte das Wissen, das er vorher in der Expertengruppe erarbeitet hat. Am Ende der zweiten Gruppenrunde sind alle Schüler über alle Teilthemen informiert.

(Nach: Gerd Brenner/Kira Brenner: Fundgrube Methoden I. Cornelsen Scriptor, Berlin ²2007, S. 44)

1. *Diese Kurzgeschichten erzählen von Söhnen und Töchtern, Vätern und Müttern, die ihre Rollen in ganz verschiedener Weise ausfüllen. Stellt in einer **Tabelle** zusammen, wie sich die Väter, Mütter, Söhne und Töchter jeweils präsentieren.*

2. *In jeder Geschichte ergibt sich für die Figuren eine besondere Konstellation (eine besondere Art und Weise, wie sie zueinander stehen). Drückt die **Figurenkonstellationen** in **Soziogrammen** aus.*

3. *In den Geschichten gerät die Figurenkonstellation jeweils in eine besondere **Dynamik**. Unterschiedliche Gründe führen dazu, dass Eltern und Söhne bzw. Töchter Abstand voneinander gewinnen. Stellt diese Gründe kurz schriftlich dar.*

4. *In einigen der Texte werden sprachliche Bilder eingesetzt, um bestimmte Wirkungen zu erzielen. Legt aussagekräftige **Symbole** und **Metaphern** fest und erklärt in kurzen schriftlichen Analysen, was sie zur jeweiligen Textaussage beitragen.*

5. *Die Texte weisen in unterschiedlichen Graden typische Merkmale einer **Kurzgeschichte** auf. Stellt in **Clustern** dar, welche Merkmale sich in den Geschichten jeweils feststellen lassen.*

(Informationen zu den Methoden „Cluster" und „Soziogramm" in: Gerd Brenner/Kira Brenner: Fundgrube Methoden I. Cornelsen Scriptor, Berlin ²2007, S. 167 und 177)

9.2 Roald Dahl: „Lammkeule" – Kommunikation untersuchen

„Ich will nichts" – Gestörte Kommunikation

S. 191

1 / 2 Die Schülerinnen und Schüler können ihre Ideen in Form von Regieanweisungen in den kurzen Dialog einfügen.

3 Besonders mit der eigenen szenischen Umsetzung entwickeln die Schülerinnen und Schüler einen spezifischen Wahrnehmungshorizont für den folgenden Text von Roald Dahl.

Roald Dahl
Lammkeule

S. 191

1 Mögliche Lösung:

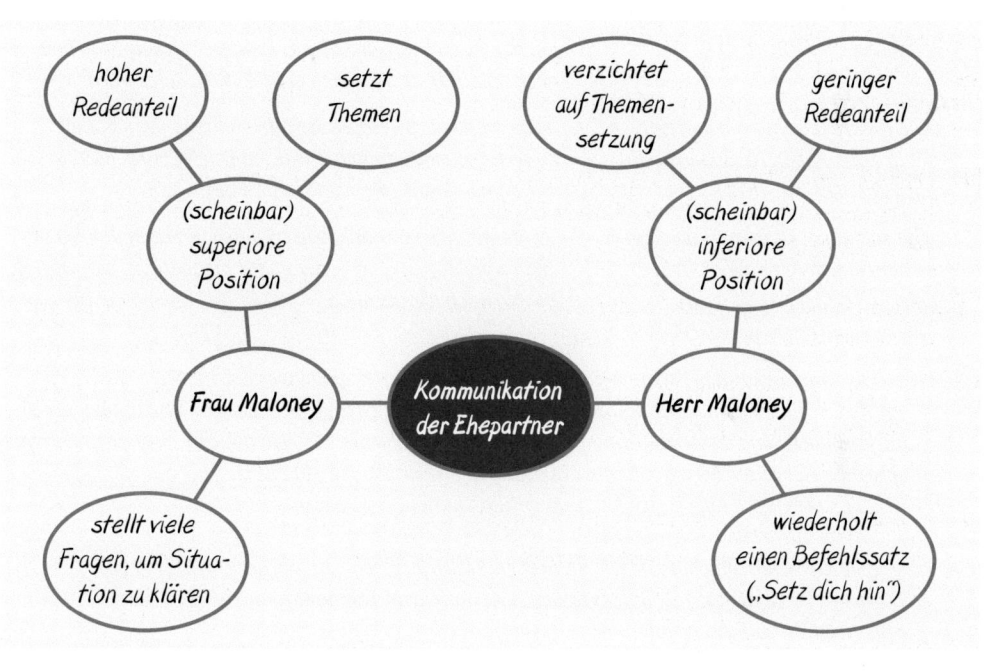

Mindmap zur Kommunikation der Ehepartner:

- **Frau Maloney** – (scheinbar) superiore Position
  - hoher Redeanteil
  - setzt Themen
  - stellt viele Fragen, um Situation zu klären

- **Herr Maloney** – (scheinbar) inferiore Position
  - verzichtet auf Themensetzung
  - geringer Redeanteil
  - wiederholt einen Befehlssatz („Setz dich hin")

2 Frau Maloney hat viele Stunden des Wartens verbracht und dabei auf Kommunikation verzichten müssen („nach den langen Stunden der Einsamkeit", Z. 46). Sie hat alles für eine angenehme Kommunikation mit ihrem Mann vorbereitet („Das Zimmer war aufgeräumt und warm, die Vorhänge waren zugezogen, die beiden Tischlampen brannten", Z. 1 ff.). Sie wartet sehnsüchtig auf ihren Mann („Hin und wieder warf sie einen Blick auf die Uhr", Z. 10 f.), denn die Abendkommunikation ist für sie offensichtlich der Höhepunkt ihres Tages („jene warme männliche Ausstrahlung zu fühlen, die von ihm ausging, wenn sie beide allein waren", Z. 51 ff.).

3 Anfangs ergibt sich ein deutlicher Überhang der Redeanteile für die Frau (vgl. Mind-Map zu Aufgabe 1); außerdem steuert sie den Gesprächsverlauf und ergreift immer wieder die Initiative, um die von ihr gewünschte Abendstimmung aufkommen zu lassen. Die Frau spürt jedoch bald, dass das Gespräch an diesem Abend einen anderen Verlauf nehmen wird als üblich. Der Mann bleibt eher einsilbig, bis er schließlich mit seinem Befehlssatz („Setz dich hin", Z. 123) durchdringt und sie zum Schweigen bringt. Die Frau ahnt nun, dass eine wichtige, für sie fatale Mitteilung bevorsteht, und ist verwirrt (vgl. Z. 127 ff.).

4 Mögliche Lösung (Beipiele):

Körpersprache	Subtext
„sie selbst genoss es, ruhig dazusitzen" (Z. 44 f.)	„Ich könnte stundenlang so dasitzen und ihn anschauen. Warum muss er immer so lange weg sein. Ja, er kann nichts dafür, es ist sein Job. Aber jetzt ist er ja da."
„während er die Hände um das hohe Glas gelegt hatte und es behutsam hin und her bewegte, sodass die Eiswürfel leise klirrten" (Z. 38 ff.)	„Das wird sie umwerfen. Sie fühlt sich so sicher mit mir. Wie soll ich es ihr nur sagen? Sie ahnt überhaupt nichts!"
„Er hob sein Glas und leerte es auf einen Zug" (Z. 65 f.)	„Ich muss es hinter mich bringen. Irgendwie muss ich sie dazu bewegen, mit dem Geplapper aufzuhören und mich anzuhören. Das wird eine harte Sache werden."
„Sie rückte unruhig hin und her, die großen Augen forschend auf ihn gerichtet." (Z. 110 f.)	„Was ist nur los? Heute ist alles anders. Was hat er? Er redet ja am Anfang nie viel. Aber ich spüre, dass er mir etwas Wichtiges sagen will. Aber was?"
„Sie sah einen kleinen Muskel an seinem linken Augenwinkel zucken." (Z. 138 ff.)	„Er denkt intensiv nach, wie er es sagen kann. Ich muss mich wohl auf Schlimmes gefasst machen. So schwer ist es ihm noch nie gefallen."

5 a/b) Die Aufgabe kann in Form einer „Verzweigung" des Textes gelöst werden. In diesem Fall wird ein Text, beginnend mit einer bestimmten Zeile, neu entworfen und für etwa zehn bis zwanzig Zeilen ausformuliert (vgl. zur Verzweigung Gerd Brenner: Fundgrube Methoden II. Für Deutsch und Fremdsprachen. Cornelsen Scriptor, Berlin 2007, S. 142). Ansatzpunkte sind z. B.:
– „Sie sah es nicht, aber sie wusste, was er getan hatte [...]" (Z. 68);
– „Als er zurückkam [...]" (Z. 78);
– „Sie rückte unruhig hin und her, die großen Augen forschend auf ihn gerichtet." (Z. 110).
Die neuen Fortsetzungen des Textes sollten sich stimmig an Textsignale anschließen, die der Autor im bisherigen Verlauf gesetzt hat.

6 a/b) Andeutende Mitteilungen in dem Text – einige Beispiele:
– In Z. 31 f. sagt die Frau zur Begrüßung „Hallo, Liebling", der Mann aber nur „Hallo". → Andeutung einer Beziehungsstörung.
– In Z. 64 f. heißt es: „,Ja', sagte er, ,ich bin müde.' Und bei diesen Worten tat er etwas Ungewöhnliches [...]." → Das Wort „müde" könnte sich auch auf die Beziehung der beiden beziehen.
– „[...] brauchst du gar nicht aus deinem Sessel aufzustehen" (Z. 102 f.) → Vorausdeutung, die man aber erst nach dem Lesen der Folgeseiten versteht.

9.2 Roald Dahl: „Lammkeule" – Kommunikation untersuchen

Mögliche Weiterführung

1 Untersucht, wie der Autor am Anfang der Geschichte Empfindungen von Kälte und Wärme symbolisch einsetzt.

Mögliche Lösung
Frau Maloney wird Wärme zugeordnet:
- „Das Zimmer war aufgeräumt und warm" (Z. 1);
- „Sie liebte es, [...] – so wie man bei einem Sonnenbad die Sonne fühlt – jene warme männliche Ausstrahlung zu fühlen" (Z. 48 ff.).

Herrn Maloney wird Kälte zugeordnet:
- „[...] während er die Hände um das hohe Glas gelegt hatte und es behutsam hin und her bewegte, sodass die Eiswürfel leise klirrten" (Z. 38 ff.);
- „[...] sie hörte die Eiswürfel auf den Boden des leeren Glases fallen" (Z. 69 f.);
- „[...] hörte sie die Eiswürfel klirren" (Z. 93 f.).

„Das wird ein ziemlicher Schlag für dich sein" – Inhalts- und Beziehungsebene

S. 194

1 Frau Maloney wird durch die in der Geschichte nur angedeutete Mitteilung, dass er sie noch am gleichen Abend verlassen wird, aus ihren Träumen gerissen. Die Kommunikationsstruktur verändert sich damit drastisch: Der Ehemann übernimmt schlagartig die superiore Position (Redeanteil von 100 % und Themensetzung), während sie verstummt („Sie hörte ihm zu, stumm, wie betäubt, von ungläubigem Entsetzen erfüllt", Z. 8 ff.).

2 Mögliche Denkblase, in der die Beziehungsebene der Äußerung „Ich werde das Essen machen" zum Ausdruck kommt:
„Du kannst nur fantasiert haben. Das kann nicht sein. Ich glaube es nicht. Ich weiß nicht, was ich noch für dich tun soll. Ich mache einfach weiter, wie ich es immer getan habe. Ich mache dir ein schönes Essen; vielleicht wirst du dann auf andere Gedanken kommen. Es kann alles nicht sein."

3 Möglicher Subtext/mögliche Beziehungsbotschaft der Z. 49–51:
„Ich weiß, dass es für dich wichtig ist, mich zu bekochen. Aber ich möchte das nicht mehr. Ich entziehe mich deinen Liebesbeweisen. Ich löse mich von dir."

4 Mögliche Lösung:
Subtext aus der Sichtweise der Frau zur Äußerung ihres Mannes in Z. 12 ff.: „Du sagst mir etwas Ungeheuerliches. Aha, du merkst also, was du mir antust. Du wagst es, mich kurz vor der Geburt unseres Kindes zu verlassen. Das hätte ich nie von dir gedacht. Du warst in letzter Zeit etwas merkwürdig, aber ich habe gedacht, dass du überarbeitet bist."

5 „Dies wird ein ziemlicher Schlag für dich sein, fürchte ich", sagt Herr Maloney in Z. 1–2. Im Fortgang der Geschichte stellt Frau Maloney die Verhältnisse auf den Kopf: Herr Maloney bekommt von seiner Frau einen tödlichen Schlag auf den Kopf (vgl. Z. 55 f.).

6 Herrn und Frau Maloney gelingt es nicht, ihre wahren Empfindungen zur Sprache zu bringen. Da dies vermutlich schon längere Zeit so ist, haben sie ihre Beziehung bzw. ihre Beziehungsprobleme nicht klären können.

Weitere mögliche Frage

1 In Z. 41 betrachtet die Frau die Lammkeule zum zweiten Mal. Was wird damit angedeutet? Was ist der Frau wohl durch den Kopf gegangen?

S. 196

„Die Frau blieb in ihrem Sessel sitzen" – Verbale und nonverbale Strategien

1 Mögliche Lösung:

sprachliche und körpersprachliche Strategien von Mrs Maloney	beabsichtigte Wirkung
„Höchstens in der Garage." (Z. 10)	Frau M. setzt die Polizisten auf eine falsche Fährte.
„jeder wurde überredet, einen Schluck Whisky zu trinken" (Z. 37f.)	Frau M. sorgt dafür, dass die Polizisten nicht mehr so aufmerksam bei der Sache sein können.
„und jetzt bemühen Sie sich, den Mann zu fangen, der ihn umgebracht hat" (Z. 60ff.)	Frau M. setzt die Polizisten wieder auf eine falsche Fährte.
„Sie würden mir einen Gefallen tun, wenn Sie alles aufäßen." (Z. 77f.)	Frau M. veranlasst die Polizisten, das Mordwerkzeug aufzuessen.
„gute Freunde meines lieben Patrick" (Z. 59f.)	Sie spielt den Polizisten eine heile Welt vor, was ihre Ehe anbetrifft.
„sah sie ihn mit ihren großen dunklen, tränenfeuchten Augen an." (Z. 52f.)	Sie signalisiert emotionale Betroffenheit, die von den Polizisten als Trauer ausgelegt werden muss.
„Die Frau blieb in ihrem Sessel sitzen." (Z. 83f.)	Die Bewegungslosigkeit von Frau M. muss von den Polizisten als Schockzustand infolge des Todes ihres Mannes gedeutet werden. Auch das lenkt von ihrer Täterschaft ab.

2 a/b) Mögliche Aspekte bei der Umarbeitung des Schülertextes:
- sehr unübersichtliche, stark verschachtelte Syntax → Auflösung in mehrere Sätze;
- kurze Einblicke in den Inhalt, bevor der Untersuchungsaspekt vorgestellt wird, um den es gehen soll → Formulierung einer übergreifenden Deutungsthese, bevor Einzelheiten dargestellt werden.

c) Einige mögliche Umarbeitungen des Auszugs aus einem Interpretationsaufsatz:

Ausgangstext	Grund für die Verbesserung	revidierte Textfassung
Ihr Rollenverhalten entspricht exakt dem, welches von ihr erwartet wird.	Mängel im Ausdruck/Satzbau	Sie zeigt exakt das Rollenverhalten, das von ihr erwartet wird.
Sie gibt die Themasetzung an ...	Mängel im Ausdruck	Sie steuert geschickt die Themen des Gesprächs ...
Durch die Wortwahl, die Frau Maloney verwendet, Z. 46 „Ach herrje!"; Z. 56 f. „Würden Sie mir einen kleinen Gefallen tun – Sie und die anderen?", verstellt sie ihre wahren Gefühle.	Mängel im Ausdruck; nicht sachgerechter Einbau des Zitats in den eigenen Satz; insgesamt unklare, zu knappe Aussage	Die Worte, die Frau Maloney wählt, verstellen ihre wahren Gefühle. In Z. 46 reagiert sie auf die Mitteilung des Polizisten, dass der Braten noch im Ofen sei, mit der Bemerkung: „Ach herrje […]. Das hatte ich ganz vergessen."' Vermutlich hat sie die ganze Zeit an den Braten, das Mordwerkzeug, denken müssen; aber nun kann sie den Eindruck erwecken, als sei sie so mitgenommen vom Tod ihres Mannes, dass sie alle Vorgänge im Haushalt aus dem Blick verloren hat. […]

3 Es sind verschiedene Modelle denkbar. Lösungen von Schülerinnen und Schülern sollten akzeptiert werden, wenn diese plausibel begründet werden können.

Mögliche Weiterarbeit

Die Schülerinnen und Schüler können den folgenden Text kritisch prüfen, der nach einer ausführlichen Diskussion in der Klasse von einem Schüler formuliert worden ist. Es können Stärken des Textes festgestellt, aber auch Verbesserungsvorschläge gemacht werden.

Betrachtet man die von der Frau gespielte Rolle ohne die Strategie, die dahintersteckt, so stellt man fest, dass Frau Maloney in einer inferioren Rolle als hilflose und verwitwete Hausfrau agiert und dass die Polizisten sich in der superioren Rolle der Kriminalisten und Beschützer der Schwachen wähnen. Die Frau drückt durch ihre Äußerungen, durch Stimmlage, Mimik, Körperhaltung (vgl. ihr permanentes Sitzen) und Gestik ihre „Trauer" und „tiefe Betroffenheit" aus. Ihr Rollenverhalten entspricht damit exakt dem, was von ihr als „im Herzen getroffener und trauernder Witwe" erwartet wird.
Erschließt man sich mit Hilfe des Erzählers nun aber weitere Dimensionen des Textes, so kehren sich die Rollenverhältnisse geradezu um: Da Frau Maloney zielstrebig und effektiv eine Strate-

gie verfolgt, nämlich das Beweismittel, die Lammkeule, zu vernichten, erscheint sie – so betrachtet – in der superioren Rolle. Sie setzt die Themen des Gesprächs, überredet die Polizisten zu Dingen, die ihnen eigentlich strengstens untersagt sind (Z. 36 ff.), und bringt sie im Endeffekt dazu, dass sie selber das einzige Beweismittel vernichten (Z. 79 ff.).

Dadurch, dass die Polizisten der Strategie der Frau erliegen und blind reagieren, sind sie, trotz ihrer sozial superioren Rolle, in diesem kommunikativen Ablauf in die inferiore Rolle abgerutscht, ohne es freilich wahrzunehmen.

Frau Maloney legt Selbstoffenbarungen wie „Ach herrje!" (Z. 46) als Täuschungen an. Auf dieser Ebene hätten die Polizisten ihre Schuld normalerweise erkennen können. In dieser Situation können sie die Selbstoffenbarungsebene jedoch gar nicht nutzen, da die Äußerungen der Frau gerade auf dieser Ebene nur inszeniert sind und gar keinen authentischen Selbstausdruck mehr beinhalten. Mit einem Appell („Würden Sie mir einen kleinen Gefallen tun – Sie und die anderen?", Z. 56 f.) setzt sich die Frau strategisch dann vollends durch und bringt sich als die „Schwache" in eine strategisch starke Position.

9.3 Kurzgeschichten umschreiben

1 *Bei der Erstellung einer Figurenbiografie werden die Schülerinnen und Schüler zu einem synthetisierenden und interpretierenden Umgang mit Textinformationen herausgefordert. Sie sollten zunächst Textstellen benennen, an die eine solche – den Text übergreifende – Biografie angeschlossen werden könnte. Vorbereitet werden kann die Figurenbiografie dann mit Hilfe einer gezeichneten Lebenskurve, in die stichpunktartig Hoch-, Tief- und Wendepunkte der beiden Elternfiguren eingezeichnet werden können. (Zur Figurenbiografie vgl. Gerd Brenner: Fundgrube Methoden II. Für Deutsch und Fremdsprachen. Cornelsen Scriptor, Berlin 2007, S. 126.)*

S. 199

2 *a/b) Die Geschichte von Franz Hohler verliert durch Umschreiben in einen parataktischen Stil und den Wechsel zur Ich-Perspektive den Sprachgestus einer Versuchsbeschreibung. Mit der Entscheidung, die Geschichte aus der Ich-Perspektive des Kindes zu reformulieren, erhalten die Schülerinnen und Schüler die Möglichkeit, dem Kind Handlungsmotive zu unterstellen, die über die bisherige Textaussage hinausgehen.*

3 *a–d) Änderung der Charaktereigenschaften des Ich-Erzählers in der Geschichte „Fünfzehn" von Reiner Kunze – mögliche Lösungen:*
  – *übertriebenes Verständnis für die Eskapaden der Tochter → typisches „Einfühlungs"-Vokabular, eventuell verständnisvoll psychologisierend;*
  – *Bereitschaft zur offenen Auseinandersetzung → argumentierende Aussagen mit vielen logischen Konnektoren („weil", „folglich", „wenn – dann", „obwohl" etc.);*
  – *verbal aggressiver Umgang mit der Tochter → sprachliche Strategien der Herabsetzung, Einschüchterung, Befehlssätze etc.*

4 *Die genannten Verfahren (Denkblasen, Figurenbrief, Tagebucheintrag) fordern die Figurenempathie der Schülerinnen und Schüler heraus. Zu den genannten Verfahren und zu möglichen Alternativen vgl. die Stichworte „Figurenäußerung" und „Tagebucheintrag" in: Gerd Brenner: Fundgrube Methoden II. Für Deutsch und Fremdsprachen. Cornelsen Scriptor, Berlin 2007, S. 124 f. und 140.*

5 *a–d) Mit diesem Verfahren vertiefen die Schülerinnen und Schüler ihre Figurenempathie noch einmal in aktionaler Form.*

Lernerfolgskontrolle/ Thema für eine Klassenarbeit

Einen literarischen Text analysieren und interpretieren

Matthias Altenburg
Auch so eine Geschichte

Eine Frau, Ende Dreißig, geschieden. Sie gilt als klug, gutaussehend und sehr sympathisch. Sie hat einen siebzehnjährigen Sohn, der nicht mehr bei ihr wohnt und dem sie sich näher fühlt, als er sich ihr. Dann überbringt man ihr die Nachricht, daß dieser Sohn, der zwei Monate zuvor für ein geplantes halbes Jahr ins Ausland gegangen war, dort beim Brand eines Hotels ums Leben gekommen sei. Die unkenntlichen Überreste des Leichnams werden überführt und auf dem Friedhof ihrer Heimatstadt im Rahmen einer nicht anders als herzzerreißend zu nennenden Zeremonie beigesetzt. Ihre Firma zeigt sich entgegenkommend, man beurlaubt die Frau auf unbestimmte Zeit, aber schon nach den ersten Wochen fassungsloser Trauer glaubt sie, über den größten Schmerz hinweg zu sein, oder doch ihr altes Gleichgewicht soweit wiedererlangt zu haben, daß sie sowohl ihre Arbeit als auch ihre Kontakte wieder aufnehmen kann. Als aber die Besuche der Freundinnen seltener werden, die Rücksichtnahme der Angehörigen nachläßt und auch ihr Vorgesetzter sie das erste Mal wieder anfährt, bricht ihre mühsam gewonnene Stabilität zusammen und ihr Schmerz wird stärker als zuvor, da die Rituale der Trauer sie schützten. Je länger der Unglücksfall zurückliegt, desto größer, so sieht es aus, wird ihre Verzweiflung. Sie gibt ihre Arbeitsstelle nun endgültig auf und trennt sich von dem Mann, mit dem sie seit anderthalb Jahren zusammenlebte, von dem sie sich in ihrer jetzigen Situation aber unverstanden fühlt, und der erleichtert wirkt, nun diesen letzten Schritt nicht selbst tun zu müssen. Er versichert sie seiner Freundschaft; sie wird ihn niemals wiedersehen. Ihr bisheriges Leben scheint zerstört. Sie sieht keine andere Möglichkeit, als ihre Heimat zu verlassen. Sie zieht weg, in eine sechshundert Kilometer südlich gelegene Großstadt, um sich der täglichen Erinnerungen zu entledigen und nochmal, wie man sagt, von vorne zu beginnen. Das Leben in dieser Stadt, heißt es, sei leichter als anderswo und tatsächlich wirken die Menschen fast allesamt zuversichtlicher als in den nördlichen, dunkleren Regionen des Landes. Sie findet einen neuen Arbeitsplatz, geht häufig lange aus und hat ein paar, wenn auch zaghafte, Affären. Bei ihren neuen Kollegen und Bekannten, die von ihrem Verlust wissen, gilt sie als tapfer, manche bezeichnen sie gar als lebenslustig, ohne damit etwas anderes als das Gesagte zu meinen. Irgendwann allerdings merkt sie, daß ihr neues Leben ganz äußerlich geblieben ist und ihren Schmerz zwar überdeckt hat, aber nicht einen Tag besänftigt. Ihn zu verschweigen oder in nutzlosen Gesprächen immer wieder auszubreiten, kommt ihr bald gleichermaßen sinnlos vor. Wenn sie unter Menschen ist, will sie lieber für sich sein; wenn sie alleine ist, sehnt sie sich nach Gesellschaft. Nach zwei Jahren kündigt sie auch dort Arbeit und Wohnung und kehrt zurück, weil sie die übergroße Entfernung zum Grab ihres Sohnes nicht länger erträgt. Sie glaubt nicht, daß sie jemals wieder glücklich sein wird – allein das Wort Glück kommt ihr auf eine geradezu lachhafte Weise leichtfertig vor. Aber dort, bei ihm auf dem Friedhof, fühlt sie sich weniger unwohl als an jedem anderen Ort. Und nirgends bringen die Tränen größere Erleichterung. Nun muß sie jedoch feststellen, daß sie auch in der alten Heimat nicht mehr Fuß fassen kann und daß die neuerliche Nähe zu ihrer Mutter sie eher bedrückt. Denn inzwischen ist auch deren Mann, ihr Vater, gestorben; und die beiden

Frauen konkurrieren in ihrer Trauer, was zu immer neuen Mißhelligkeiten führt. Wieder sieht sie die Lösung darin, Abstand zu gewinnen, geht aber diesmal in eine nähergelegene Stadt, wo sie sich ein kleines, nicht sehr ansehnliches, dafür umso preiswerteres Appartement nimmt. Dort ist sie ohne Arbeit, ohne Freunde, ohne Mann. Die Leute hier, so kommt es ihr vor, sind unfreundlich und betrachten sie mit kalten Augen und voller Mißgunst. Aber schon ist sie sich nicht mehr sicher, ob es nicht ihr eigener Blick ist, der die Umgebung verdunkelt. Jeden Sonntag, egal bei welchem Wetter, steht sie frühmorgens auf, packt Brote ein und eine Thermoskanne mit Kaffee, fährt die vierzig Kilometer zum Grab ihres Sohnes, verbringt dort den Tag, und kehrt abends zurück. Jedes zweite oder dritte Mal trifft sie sich bei diesen Besuchen mit ihrer Mutter. So geht das über Jahre. Eines Tages steht ein Fremder vor ihrer Tür, dessen Züge ihr bekannt vorkommen. Sie wischt sich mit der Handfläche übers Gesicht. Ihr ist nicht wohl beim Anblick des jungen Mannes, aber sie kann sich ihre Abwehr nicht erklären. „Aber Mama", sagt er, „erkennst du mich denn nicht?" Sie schließt die Tür und wird verrückt.   [R]

(Aus: Die Zeit, 26. 9. 1997 – ZEITmagazin)

Matthias Altenburg, geb. 1958, ist freier Schriftsteller. Er schreibt Romane und Kurzgeschichten; außerdem arbeitet er als Journalist.

1 *Analysiere und interpretiere die Kurzgeschichte von Matthias Altenburg. Berücksichtige dabei die folgenden Fragen:*
- *Wie beeinflussen die Entscheidungen des Sohnes das Leben der Mutter?*
- *Wie lässt sich die Mutter charakterisieren?*
- *Wie könnte man die Sprache kennzeichnen, mit der Altenburg die Ereignisse darstellt?*
- *Wie trägt die gewählte Erzählperspektive zur Wirkung der Geschichte bei?*
- *Wie kann man die Geschichte in die Erzähltradition vom „verlorenen Sohn" einordnen?*

Erwartungshorizont/Bewertungskriterien

Elemente einer erwartbaren Lösung:
- *Der Sohn vergisst sehr lange Zeit, sich bei der Mutter zu melden.*
- *Im Gegensatz dazu denkt die Mutter unentwegt an den Sohn, den sie für tot halten muss.*
- *Die Mutter verschwindet aus dem Leben des Sohnes.*
- *Der tote Sohn wird zum Lebensmittelpunkt der Mutter.*
- *Die Mutter wird vom Erzähler direkt charakterisiert, und zwar als „klug, gutaussehend und sehr sympathisch" (Z. 2).*
- *Die Sympathien ihrer Mitmenschen verliert sie jedoch, da sie sich zunehmend auf ihren vermeintlich toten Sohn fixiert.*
- *Altenburg verwendet eine sehr nüchtern-distanzierte, fast schon „kalte" Sprache.*
- *Die Er-Perspektive wird genutzt, um den Leser auf Distanz zum Geschehen zu halten.*
- *Der Leser bleibt so in ähnlicher Weise auf Distanz zur Mutter wie der Sohn.*
- *Wie in der biblischen Geschichte vom verlorenen Sohn – und in neueren Versionen dieser Geschichte (z. B. Calvinos „Eine Reise mit den Kühen") – kehrt der Sohn nach längerer Abwesenheit wieder zurück.*
- *Während die Väter in der Bibel und in Calvinos Kurzgeschichte auf die Rückkehr sehr erfreut reagieren, verliert die Mutter in Altenburgs Geschichte beim Anblick des Sohnes die Fassung.*

Die Analyse- und Interpretationsergebnisse sollten in Form eines Aufsatzes präsentiert werden. Dieser sollte mit einem Einleitungssatz (mit Angaben zu Autor, Titel, Thema, Textsorte und Erscheinungsdatum) eröffnet werden. Die Befunde sollten dann in gedanklich klar gegliederter Weise (z. B. mit Hilfe von Interpretationsthesen) dargelegt werden. Der Aufsatz sollte mit einem resümierenden Schlusssatz enden.

Literaturhinweise

Primärtexte

Bellmann, Werner/ Hummel, Christine (Hg.): Deutsche Kurzprosa der Gegenwart. Reclam, Stuttgart 2006

Bellmann, Werner: Klassische deutsche Kurzgeschichten. Reclam, Stuttgart 2004

Brinkmeier, Friedhelm (Hg.): Zeiger des Schicksals. 14 Kurzgeschichten (ab 9./10. Schuljahr). Klett, Stuttgart u. a. ²2001

Dettmer, Yvonne/ List, Hans-Dieter: Kurze Geschichten – Kurzgeschichten. Klett, Stuttgart u. a. 2000

Fuchs, Herbert/ Mittelberg, Ekkehart (Hg.): Klassische und moderne Kurzgeschichten. Varianten – kreativer Umgang – Interpretationsmethoden. Cornelsen, Berlin ³1992

Grenz, Dagmar. (Hg.): 55 gewöhnliche und ungewöhnliche, auf jeden Fall aber kurze und Kürzestgeschichten (ab 7./8. Schuljahr). Klett, Stuttgart 1987

Grunow, Sabine (Hg.): Erfahrene Erfindungen. Deutschsprachige Kurzgeschichten seit 1989. Klett, Stuttgart/Leipzig 2004

Hotz, Karl/ Krischker, Gerhard C. (Hg.): Geschichten aus unserer Zeit. Buchner, Bamberg:
  Bd. 1: Du fährst oft nach Heidelberg (²2005)
  Bd. 2: Apfel aus silberner Schale (²2005)
  Bd. 3: Durch den Tunnel (1995)
  Bd. 4: Wie war der Himmel blau (2004)

Karst, Theodor (Hg.): Geschichten vom Erwachsenwerden (Arbeitstexte für den Unterricht). Reclam, Stuttgart 1987

Karst, Theodor (Hg.): Generationen. Geschichten und Gedichte über Junge und Alte (Arbeitstexte für den Unterricht). Reclam, Stuttgart 1999

Lange, Günter (Hg.): Deutsche Kurzgeschichten II. 9.–10. Schuljahr (Arbeitstexte für den Unterricht). Reclam, Stuttgart 1988

Nayhauss, Hans-Christoph von (Hg.): Kürzestgeschichten (Arbeitstexte für den Unterricht). Reclam, Stuttgart 1982

Salzmann, Wolfgang (Hg.): Siebzehn Kurzgeschichten (ab 9./10. Schuljahr). Klett, Stuttgart/Leipzig ²2001

Schimpf, Wolfgang (Hg.): Getrennte Wege. Erzählende Texte zum Generationenkonflikt (ab 9./10. Schuljahr). Klett, Stuttgart 1995

Ulrich, Winfried (Hg.): Deutsche Kurzgeschichten. 9.–10. Schuljahr (Arbeitstexte für den Unterricht). Reclam, Stuttgart 1991

Vormweg, Heinrich (Hg.): Erzählungen seit 1960 aus der Bundesrepublik Deutschland, aus Österreich und der Schweiz. Reclam, Stuttgart 1983

Interpretationen

Bark, Joachim u. a. (Hg.): Geschichte der deutschen Literatur, Bd. 6: Von 1945 bis zur Gegenwart. Klett, Stuttgart 2002

Bellmann, Werner (Hg.): Klassische deutsche Kurzgeschichten. Interpretationen. Reclam, Stuttgart 2004

Best, Otto F./Schmidt, Hans-Jürgen (Hg.): Die deutsche Literatur. Ein Abriss in Text und Darstellung, Bd. 16: Gegenwart I. Reclam, Stuttgart 1974 u. ö.

Fuchs, Herbert/Mittelberg, Ekkehart (Hg.): Klassische und moderne Kurzgeschichten. Varianten – kreativer Umgang – Interpretationsmethoden. Handreichungen für den Unterricht. Cornelsen, Berlin [6]2005

Gelfert, Hans-Dieter: Wie interpretiert man eine Novelle und eine Kurzgeschichte? Reclam, Stuttgart 1993

Grimm, Gunter E. (Hg.): Deutsche Dichter. Leben und Werk deutschsprachiger Autoren, Bd. 8: Gegenwart. Reclam, Stuttgart 1994

Hotz, Karl/Krischker, Gerhard C. (Hg.): Geschichten aus unserer Zeit. Interpretationen zu Geschichten aus unserer Zeit 1 und 2. Buchner, Bamberg [4]2007

Hotz, Karl/Krischker, Gerhard C. (Hg.): Geschichten aus unserer Zeit. Interpretationen zu Geschichten aus unserer Zeit 3. Buchner, Bamberg 1995

Hotz, Karl/Krischker, Gerhard C. (Hg.): Geschichten aus unserer Zeit. Interpretationen zu Geschichten aus unserer Zeit 4. Buchner, Bamberg 2005

Könecke, Rainer: Interpretationshilfen. Deutsche Kurzgeschichten 1945–1968. Klett, Stuttgart [4]1999

Könecke, Rainer: Interpretationshilfen. Deutsche Kurzgeschichten 1969–1989. Klett, Stuttgart 2002

Kraft, Thomas: Zeitgenössische Literatur. Panorama der deutschen Literatur. CD-ROM, Cornelsen, Berlin 2002

Langbein, Elvira/Lange, Rosemarie: Rund um kurze Geschichten. Kopiervorlagen. Cornelsen, Berlin 2004

Mattenklott, Gundel: „Verkommene Väter, missratene Mütter." Familiendesaster in der Kinder- und Jugendliteratur. In: Deutschunterricht 1/2003

Nayhauss, Hans-Christoph von (Hg.): Theorie der Kurzgeschichte (Arbeitstexte für den Unterricht). Reclam, Stuttgart 2004

Salzmann, Wolfgang: Stundenblätter Deutsch. Kurzgeschichten (8. und 9. Schuljahr). Klett, Stuttgart [6]1993

Werner, Rainer: Unterrichtsideen. Kurzgeschichten in den Klassen 7–10 (Lehrerband und Materialienband). Klett, Stuttgart [2]2000

LESEN · UMGANG MIT TEXTEN UND MEDIEN

10 Dem Verbrechen auf der Spur – Alte und neue Krimis

Konzeption des Gesamtkapitels

Nach einer Untersuchung der „Stiftung Lesen" nehmen Krimis bei der Lektüreauswahl in allen Altersgruppen den Spitzenrang ein. Hinzu kommt, dass sie in allen Medien omnipräsent sind. Grund genug dafür, dass sie im Deutschunterricht längst ihren festen Platz gefunden haben. Die besondere didaktische Bedeutung der Kriminalliteratur kann darin gesehen werden, dass sie sich zur Schulung von Lesekompetenz in hohem Maße eignet: Die lustvoll unterhaltende Rezeption ist hier per se – zumindest ansatzweise – mit einem genauen, dem Spürsinn des Detektivs adäquaten Lesen verbunden, was als Brücke zu einer detaillierten Textanalyse genutzt werden kann. Der Blick für die erzähltechnischen Kunstgriffe des Krimis wird in diesem Kapitel an Schlüsselszenen alter und neuerer Erzählungen mittels analytischer und produktiver Aufgaben exemplarisch geschärft. Die Auseinandersetzung mit den ausgewählten Passagen soll zudem Lust auf die Lektüre der Gesamttexte wecken.

Im ersten Teilkapitel („**Theodor Fontane: ‚Unterm Birnbaum' – Eine Kriminalerzählung aus dem 19. Jahrhundert analysieren**") werden die Schülerinnen und Schüler immer wieder zu einem verzögerten, genauen Lesen angehalten, um Fontanes von Andeutungen, versteckten Hinweisen und Leerstellen geprägte Art des Spannungsaufbaus zu erfassen. Detaillierte Untersuchungen zur Figurengestaltung, zur Perspektivik und zum Erzählverhalten vertiefen und erweitern die erzähltechnischen Kenntnisse. Wichtig ist in diesem Teilkapitel aber auch die Chance zu einer die Persönlichkeitsentwicklung der Jugendlichen fördernden Differenzerfahrung, die hier auf dreifache Weise begründet ist: personal, atmosphärisch und historisch (Dorfbewohner im Oderbruch des 19. Jahrhunderts). Eine literarhistorische Akzentsetzung erhält das Teilkapitel durch einen Hinweis auf Merkmale des poetischen Realismus in Fontanes Erzählen.

Im zweiten Teilkapitel („**Moderne Kriminalgeschichten – Produktiv erschließen**") setzen sich die Schüler mit Auszügen aus herausragenden Longsellern der modernen Kriminalliteratur auseinander: mit Friedrich Dürrenmatts „Der Richter und sein Henker" und mit Ingrid Nolls „Der Hahn ist tot". Diese Auseinandersetzung geschieht in Form produktiv-gestaltender Verfahren und ergänzt die erzählstrategischen Einsichten aus dem ersten Teilkapitel durch eigene Schreiberfahrungen. Zudem wird eine gattungstypologische Orientierung zur Kriminalliteratur geboten.

Das dritte Teilkapitel („**‚Tatort' – Das Strickmuster einer Krimireihe**") trägt der Medienbedeutung des Genres Rechnung und fordert zu einer Beschäftigung mit einer der beliebtesten deutschen Fernsehreihen auf. Es geht dabei um den Anstoß zu einem bewussteren, auf Handlungsschemata und Figurentypologien achtenden Umgang mit den „Tatort"-Folgen. Auch hier ergänzen sich analytische und produktionsorientierte Verfahren.

Weiteres Übungsmaterial zu diesem Kapitel

Übungsmaterial im **„Deutschbuch Arbeitsheft 9"**
– Erzähltexte erschließen: S. 70–74

🎧 Das **„Deutschbuch-Hörbuch 9/10"** enthält Texte, die in diesem Kapitel behandelt werden.

10 Dem Verbrechen auf der Spur – Alte und neue Krimis

	Inhalte	Kompetenzen
S. 201	**10.1 Theodor Fontane: „Unterm Birnbaum" – Eine Kriminalerzählung aus dem 19. Jahrhundert analysieren**	Die Schülerinnen und Schüler können – alle wichtigen Informationen der Exposition einer Erzählung erfassen und zu einem Gesamteindruck bündeln;
S. 202	**Ein Bild von Glück und Frieden? – Das Leseinteresse wecken**	– Textpassagen in eigenen Worten zusammenfassen; – literarische Figuren charakterisieren;
S. 203	**Der Plan – Leerstellen füllen**	– erzähltechnische Strategien wie den Einsatz von Leerstellen, Formen der Gedankenwiedergabe, Wechsel des Erzählstandorts, Wahl der Erzählperspektive erkennen und in ihrer Funktion erläutern;
S. 206	**Unfall oder Verbrechen? – Erzählperspektive und Sprechweisen untersuchen**	– durch detektivisch genaues Lesen verborgene Bedeutungsgehalte entschlüsseln; – Funktionen von unterschiedlichen Sprechweisen der Figuren erläutern (Hochsprache – Dialekt);
S. 208	**Die Aufklärung – Auf das Erzählverhalten achten**	– Interpretationsaussagen auf ihre Plausibilität hin untersuchen und dazu Stellung nehmen; – Merkmale des Erzählverhaltens erkennen; – eine literarhistorische Einordnung am Text überprüfen und erläutern.
S. 211	**10.2 Moderne Kriminalgeschichten – Produktiv erschließen**	Die Schülerinnen und Schüler können – Strategien des Spannungsaufbaus und der Lenkung des Leseinteresses erkennen und produktiv variieren;
S. 211	Friedrich Dürrenmatt **Der Richter und sein Henker**	– Charaktere in produktiven Verfahren deutlich werden lassen;
S. 219	Ingrid Noll **Der Hahn ist tot**	– Merkmale des Grotesken und Makabren in Texten identifizieren; – sich in verschiedenen Formen produktiv-gestaltenden Schreibens mit Erzähltexten auseinandersetzen und dadurch zu einem differenzierten Textverständnis gelangen; – ihre Schreibprodukte begründend erläutern; – unterschiedliche Erzähleinstiege vergleichen; – durch Um- und Weiterschreiben auf Erzähltexte reagieren;
S. 222	**Die Krimibausteine – Kriminalerzählungen vorstellen**	– unterschiedliche Strukturtypen von Kriminalerzählungen unterscheiden, gattungstypologische Kennzeichen bei Buchvorstellungen beachten.
S. 223	**10.3 „Tatort" – Das Strickmuster einer Krimireihe**	Die Schülerinnen und Schüler können – „Tatort"-Folgen auf Handlungsschemata und Typologien in der Figurengestaltung hin untersuchen; – in Analyse und eigener Produktion auf wichtige Mittel filmsprachlichen Erzählens achten.

10.1 Theodor Fontane: „Unterm Birnbaum" – Eine Kriminalerzählung aus dem 19. Jahrhundert analysieren

🎧 Das **„Deutschbuch-Hörbuch 9/10"** enthält Auszüge aus Theodor Fontanes Erzählung „Unterm Birnbaum", gelesen von Udo Wachtveitl.

Ungeachtet der Bedeutung, die die Beschäftigung mit dem Krimi heute im Deutschunterricht hat, schlägt die alte Dichotomie von U- und E-Literatur im Hinblick auf die Kriminalliteratur zuweilen immer noch durch. So wird zum Beispiel Fontanes Erzählung „Unterm Birnbaum" in schulischen und universitären Rezeptionskontexten häufig als Nebenarbeit zum Broterwerb von den angeblich literarisch wertvolleren so genannten Gesellschaftsromanen desselben Autors abgesetzt – eine im Hinblick auf die Erzähltechnik wie auf die Intention kaum haltbare Einstufung.

S. 201   **1**   *a/b) Das Filmplakat und die Titelseite der dtv-Ausgabe unten rechts geben erste vage Hinweise auf Handlungsmomente der Fontane'schen Erzählung. Ein Begräbnis wie überhaupt ein nächtlich-unheimliches Graben (Ein- oder Ausgraben?) scheinen eine bedeutsame Rolle zu spielen. Die übrigen Bilder zeigen öde Landschaften unter wolkenverhangenem Himmel bzw. die Rückenansicht zweier dunkler, in schwere Mäntel gehüllter Gestalten vor einem ebenso kargen Panorama. Hier wird die düster-gespenstische Atmosphäre deutlich, in der die Geschichte sich offensichtlich abspielen wird. Der Austausch über die Eindrücke, die die Bilder vermitteln, und die Assoziationen, die sie auslösen, sollen dazu dienen, Neugier auf die Textlektüre zu wecken und Erfahrungen mit dem Krimigenre zu aktivieren. Vertieft werden kann diese Einstimmung auf die Unterrichtseinheit noch dadurch, dass die Schüler ihre Assoziationen zu Entwürfen eigener Kriminalgeschichten ausgestalten.*

S. 202   **Ein Bild von Glück und Frieden? – Das Leseinteresse wecken**

S. 202   Theodor Fontane
Unterm Birnbaum (1)

1   *Es geht hier um die Analyse des Erzähleinstiegs. Die Schülerinnen und Schüler sollen zu genauem und wiederholtem Lesen angeleitet werden und so die Basisfertigkeit für jeden Textverstehensprozess einüben: das Aufnehmen der wesentlichen Informationen. Dabei handelt es sich hier um die Hauptbestandteile der Exposition: Ort, Zeit, Hauptfigur.*

Vorschlag für ein Tafelbild:

Theodor Fontane: „Unterm Birnbaum" – Einführung in die Erzählung

Zeit	*in den Jahren nach 1820 (Eröffnung von Abel Hradschecks Gasthaus, Z. 2)*
Schauplatz	*das reiche und große Dorf Tschechin im Oderbruch (Z. 1–2)* *Gasthaus und Laden Abel Hradschecks mit dem dazugehörigen Garten (Z. 3–4, 25 ff.)*

10.1 Theodor Fontane: „Unterm Birnbaum" – Eine Kriminalerzählung aus dem 19. Jahrhundert analysieren

Figuren	*Abel Hradscheck, Gastwirt und Ladenbesitzer*
	Merkmale:
	– geschäftstüchtig (Z. 15–21)
	– ein Mann des Rechnens und Wägens (Z. 40)
	– Besitzerstolz (Z. 52)
	– von Sorgen geängstigt (Z. 52–54)
	Jakob, Knecht bei Abel Hradscheck

2 a/b) Der erste Eindruck, den die Leserin/der Leser gewinnt, ist der einer Welt bürgerlicher Wohlhabenheit. Das Oderbruch-Dorf Tschechin wird vom Erzähler als groß und reich gekennzeichnet. Abel Hradscheck betrachtet wohlgefällig den stattlichen Gebäudekomplex von Gasthaus mit Kegelbahn, Laden und neu angebautem Küchenhaus, der sein Eigen ist. Über dem offenbar weitläufigen, üppig ausgestatteten Garten, der eine reiche Ernte erwarten lässt, liegt auf den ersten Blick die Atmosphäre einer sonnendurchfluteten Herbstidylle. Insgesamt „ein Bild von Glück und Frieden" (Z. 51 f.). Bei genauerem Hinsehen fallen aber von Anfang an Schatten auf diese Idylle: Die Pferde vor Abels Wagen sind „mager" (Z. 7), die Rapssäcke sind „nicht gut gebunden" und haben „Löcher und Ritzen" (Z. 9–10). Abel muss offenbar so intensiv rechnen und wägen, dass er seine Umwelt darüber vergisst (Z. 39–44), und es führt ihn zu der sorgenvollen Frage, wie lange ihm sein so ansehnlicher Besitz noch bleiben wird (Z. 52–53). Auch der „eigentümlich dumpfe Ton", mit dem die reife Malvasierbirne zu Boden fällt (Z. 56–58), lässt den Leser, der inzwischen auf die dunkleren und bedrohlicheren Andeutungen im Erzählduktus aufmerksam geworden ist, aufhorchen und nichts Gutes ahnen.

Der Plan – Leerstellen füllen

S. 203

Theodor Fontane

Unterm Birnbaum (2)

S. 203

1 Die Arbeitsanregung gibt Gelegenheit, die mündliche oder schriftliche **Textzusammenfassung** bzw. **Inhaltsangabe** zu üben, die zur Überprüfung des primären Textverstehens dient. Vorarbeit dazu ist das Auflisten der einzelnen **Erzählschritte**:
– Hradschecks Fund des verscharrten Soldaten beim Graben unter dem Birnbaum in seinem Garten (Z. 1–15)
– Wiederzuschütten des Skeletts, um geschäftsschädigenden Klatsch zu verhindern (Z. 16–25)
– Düstere Gedanken, die zu bösen Plänen werden (Z. 25–32)
– Angst vor dem Entdecken dieser Pläne durch die seherischen Fähigkeiten der alten Jeschke (Z. 32–53)
– Überwinden dieser Angst und Entschluss Abels, seine Frau in seine Pläne einzuweihen (Z. 54–73)
– Gespräch der Hradschecks, in dem Abel die Angst seiner Frau vor Armut nutzt und ihren Widerstand gegen seinen Plan bricht (Z. 74–113)

2 Auch hier bietet sich die Gelegenheit, einen wichtigen Bestandteil der Interpretation einzuüben: die **Figurencharakteristik**. Als Vorarbeit müssen die im Text erkennbaren Eigenschaften der Figuren aufgelistet werden.

Vorschlag für ein Tafelbild:

Eigenschaften der Figuren

Abel Hradscheck

- unerschrocken und kaltblütig (Z. 1-16)
- kühl überlegend und geschäftstüchtig (Z. 17-25)
- überwältigt von düsteren Gedanken, die zu Plänen werden (Z. 25-32)
- abergläubisch (Z. 35-47)
- amoralisch (nicht die geplante Tat schreckt ihn, sondern das Entdecktwerden, Z. 47-51)
- entschlossen (Z. 52-69)
- die Ängste anderer ausnutzend, manipulierend (Z. 70-73)
- vorsichtig (Z. 95-96)
- beredt (Z. 100-107)
- zielstrebig und hartnäckig (Z. 110-111)

Ursel Hradscheck

- in panischer Angst vor Armut und gesellschaftlichem Abstieg (Z. 71-93)
- überheblich (Z. 85-90)
- ängstlich, glaubt an Sprichwörter (Z. 108-109)
- willensschwach, ohne feste Moral (Z. 110-113)

Verhältnis zueinander

- manipulierend, dominant
- lenkbar, nachgiebig

Verhältnis zu den Nachbarn

- Hradschecks fühlen sich von der Dorfgesellschaft nicht akzeptiert und fürchten weiteren Abstieg durch Besitzverlust
- andererseits blickt Ursel auf ihre Nachbarinnen herab

3 In dieser Arbeitsanregung geht es um eine durch Einzelfragen angeleitete Analyse der **Erzählstrategie**.
- Der Tote unter dem Birnbaum ist ein Schlüsselmotiv der Erzählung. Er ist eine Art Katalysator in Abel Hradschecks Psyche, und zwar insofern, als er dessen Wünsche und vage Vorstellungen, die um eine Rettung aus seinen finanziellen Problemen kreisen, in konkrete Pläne umwandelt (Z. 1–40). Er bietet dann auch den Ansatz dafür, dass Abel seine Frau zu einer Komplizenschaft überreden kann (Z. 102–113). Dass sich der Erzähler hier mit Andeutungen begnügt, ist ein für Kriminalgeschichten typisches Mittel zur Spannungserzeugung.
- Der Erzähler gewährt hier der Leserin/ dem Leser nur partiell Einblick in das Innenleben seines Protagonisten. Wir erfahren, dass der Tote unter dem Birnbaum „Gedanken und Vorstellungen" (Z. 26/ 27) aufrührt, die Abel seit geraumer Zeit mit sich herumträgt. Sie werden jetzt allerdings zu Plänen, die vor seinem inneren Auge „unheimlich verzerrte Gestalten (und eine davon er selbst)" (Z. 37/ 38) erscheinen lassen und die etwas mit „Toten, die noch nicht tot waren" (Z. 45) zu tun haben. Als wichtige und bedeutsame **Leerstelle** bleibt hier offen, worin genau Abels Plan besteht und wer die Gestalten sind, die er in seinem Inneren sieht. Im weiteren Verlauf der Textpassage erfährt der Leser dann noch, dass zur Ausführung des Plans zwei Personen nötig sind (Z. 66) und dass dieser Plan dazu dienen soll, die Hradschecks vor dem Absturz in die Armut zu bewahren. Auch bei der Darstellung von Ursel Hradschecks Einweihung in den Plan wird die entscheidende Leerstelle nicht gefüllt. Deutlich wird nur die wichtige Rolle des Toten unter dem Birnbaum (Z. 103/ 104) und die Raffinesse des Plans

(Z. 108/109). Damit weiß der Leser, dass Abel ein Verbrechen, wahrscheinlich einen Mord, plant, um sich aus seiner wirtschaftlichen Zwangslage zu befreien und eine soziale Deklassierung zu verhindern, es bleibt jedoch der Fantasie der Lesers überlassen, sich eine Vorstellung von Abels Plan zu machen.
- Die Gedanken Abels werden zunächst in direkter Rede mit Redeeinleitung (Z. 18–22), dann in Form der erlebten Rede wiedergegeben (Z. 25–53). Anschließend wechselt der Erzähler wieder in die Ich-Form und die wörtliche Rede (Z. 54–66, 68–73), allerdings handelt es sich diesmal nicht um bloße Gedankenwiedergabe, sondern um ein Selbstgespräch, wie der Einschub „Und er schwieg" (Z. 67) deutlich macht. Ergänzt werden diese Formen noch um die Replik in einem Dialog (Z. 94–96).
- Am Ende hat sich der Erzähler, der zuvor durch die Innensicht der erlebten Rede und die Wiedergabe eines Selbstgesprächs sowie durch die Wiedergabe eines Dialogs ganz nah an den Figuren war, deutlich von ihnen entfernt und beobachtet nun aus größerem Abstand, wie das Gespräch der Hradschecks endet. Mit diesem Abrücken von den Figuren erhält die Szene ihren Abschluss (vergleichbar einer Rückwärtsfahrt der Kamera im Film) und der Erzähler vollendet konsequent seine Strategie der Leerstellen in Bezug auf Hradschecks Plan.
- Anfangs scheint es sich um einen allwissenden Erzähler zu handeln, für den es typisch ist, dass er die Gedanken aller Figuren kennt und mitteilen kann. Allerdings macht dieser Erzähler von seiner Allwissenheit nur sehr eingeschränkt Gebrauch und begnügt sich mit Andeutungen und Bruchstücken aus dem Innenleben der Figuren. Durch diese Strategie, bedeutsame Leerstellen zu schaffen, baut er Spannung auf und aktiviert den Leser.

4 Hier wird der Aktivität des Lesers Raum gegeben. Die Vermutungen, die zum Ausfüllen der zentralen Leerstelle um Abel Hradschecks Plan geäußert und miteinander verglichen werden, motivieren zum Weiterlesen und lassen die Leser im Sinne eines verzögerten Lesens genauer auf die beiläufigen Hinweise und Andeutungen des Textes achten.

Unfall oder Verbrechen? – Erzählperspektive und Sprechweisen untersuchen

Theodor Fontane
Unterm Birnbaum (3)

1 Der Erzähler nimmt hier weitgehend die Perspektive des Knechtes Jakob ein. Er konzentriert sich in seinem Erzählen auf Jakob und lässt diesen immer wieder zu Wort kommen. Er begleitet ihn zu Beginn vor Szulskis Schlafkammer und schildert das Wecken aus Jakobs Sicht. Er beobachtet mit Jakobs Augen vom Wagen vor dem Haus aus, wie Szulski in den Flur hinuntersteigt, und bleibt bei dem frierenden Jakob draußen, sodass er nichts über Szulskis Frühstück in der Wohnstube berichten kann. Mit Jakob holt er das Gepäck und bekommt nicht mit, wie Szulski in den Wagen eingestiegen ist und wie das Trinkgeld an seinen Platz gekommen ist. Schließlich beobachtet er die Abfahrt aus Jakobs Sicht. Der Wechsel der Perspektive von einer an der Handlung beteiligten Figur (Jeschke in Bezug auf die nächtlichen Vorgänge im Haus) zur anderen (Jakob in Bezug auf Szulskis Aufbruch) verhindert, dass der Erzähler von einem übergeordneten Standpunkt aus die wahren Vorgänge aufdeckt. Er bleibt damit bei seiner Erzählstrategie, bedeutsame Leerstellen zu schaffen und sich mit Andeutungen und Hinweisen zu begnügen. Weder der Plan zu der Tat noch ihre Ausführung werden mitgeteilt, die Spannung (**Wie-Spannung**) bleibt erhalten und wird noch gesteigert.

2 a) Der Erzähler gibt eine ganze Reihe mehr oder minder versteckter Hinweise, die den aufmerksamen Leser veranlassen, daran zu zweifeln, dass es bei Szulskis Abreise mit rechten Dingen zugeht:
- Obwohl Szulski früh abreisen wollte, reagiert er nicht auf Jakobs Klopfen.
- Er antwortet nicht auf Jakobs Rufen.
- Er steigt sehr langsam und vorsichtig die Treppe hinab, als ob der große Pelz ihn behindere.
- Er hat die Pelzmütze tief im Gesicht und den Kragen hochgeklappt, ist also für Jakob gar nicht erkennbar.
- Jakob wird nach dem Gepäck geschickt und sieht nicht, wie Szulski in den Wagen steigt und wie das Geldstück auf seinen Platz gelangt.
- Auch am Ende der Szene spricht Szulski nicht mit Jakob, sondern zeigt nur stumm auf das Trinkgeld und nickt wortlos, als dieser sich bedankt.
- Obwohl Szulski es gewohnt ist, seinen Einspänner zu fahren, hält er die Leine ungeschickt mit den (zu) großen Pelzhandschuhen.

Darüber hinaus gewinnt Jakobs Hinweis auf den „Dodensloap" (Z. 27) im Kontext dieser Szene die Bedeutung einer hintergründigen Anspielung.

b) Die oben aufgelisteten Merkwürdigkeiten lassen den Verdacht entstehen, dass nicht Szulski zur Abreise in den Wagen steigt. Er ist für Hradscheck das perfekte Opfer, da er ihm das geschuldete Geld, das er aus der Feuerversicherungskasse veruntreut hat, wieder abnehmen kann und ihm auch noch die Gelder, die der Handlungsreisende bei anderen Ladenbesitzern kassiert hat, rauben kann. Auf Grund von Hradschecks Überlegungen, seine Frau als Komplizin unbedingt zu brauchen (s. S. 204, Z. 64–66), kann man folgern, dass Ursel Hradscheck sich mit Szulskis Kleidern vermummt hat. Die Tatsache, dass Jakob der Pelz und die Handschuhe zu groß erscheinen und dass sie die Gestalt beim Gehen bzw. Zügelhalten behindern, spricht eindeutig dafür. Frau Hradscheck hätte dann den Wagen vom Damm in die Oder stürzen lassen können, wäre zu so früher Stunde unbeobachtet nach Hause zurückgekehrt und der vermeintlich ertrunkene Szulski wäre, von der Strömung des Flusses mitgerissen, nirgends gefunden worden. Bliebe noch die Aufgabe, Hypothesen zum Tathergang in Hradschecks Haus und zum tatsächlichen Verbleib von Szulskis Leiche aufzustellen. Welche Rolle könnte in diesem Zusammenhang der Tote unter dem Birnbaum gespielt haben?

3 a) Zwei Gründe könnten dafür sprechen, dass das Ehepaar Hradscheck nicht Dialekt spricht. Es stammt aus einer anderen Gegend und beherrscht den Dialekt des Oderbruchs nicht. Dann könnten die Hradschecks zwar nicht mit Jakob und Male im Dialekt sprechen, untereinander könnten sie aber ihren eigenen Dialekt verwenden. Da dies nicht geschieht, wird ein anderer Grund für den unterschiedlichen Sprachgebrauch plausibler: Der Dialekt ist ein Standesmerkmal. Die einfachen Leute wie Knecht und Magd sprechen Dialekt und die Höhergestellten grenzen sich von diesen durch die Hochsprache ab. Das würde zum Dünkel Ursel Hradschecks gegenüber der Dorfbevölkerung (s. S. 204/205) passen.

b) Der Erzähler verwendet den Dialekt, um das Lokalkolorit seiner Geschichte zu verstärken, sie damit fester in der Wirklichkeit zu verankern und authentischer wirken zu lassen. Außerdem diente der Dialekt dazu, dem Leser in Fontanes Zeit den Stand der Figuren sofort deutlich werden zu lassen (vgl. Aufgabe 3a). Er trägt damit zur Figurencharakterisierung bei.

Die Aufklärung – Auf das Erzählverhalten achten

S. 208

Theodor Fontane
Unterm Birnbaum (4)

S. 208

1 Beide Interpretationsaussagen gilt es am Text zu überprüfen und mit dem eigenen Textverständnis zu vergleichen. Das sollte in beiden Fällen zu einer Modifizierung und Präzisierung führen.
– Zwar sieht die Dorfbevölkerung insgesamt Abels Schicksal als gerechte Strafe an und bringt das dadurch zum Ausdruck, dass er ohne feierliches Begräbnis (Z. 76–80) bestattet wird. Auch hält der Pfarrer dieses Schicksal für eine Art Gottesgericht (Z. 81). Genugtuung empfinden jedoch zumindest nicht alle. Einige der Dorfhonoratioren, die zum Stammtisch in Abels Gasthaus gehörten und mit ihm befreundet waren, empfinden am Ende eine gewisse Peinlichkeit gemischt mit Selbstvorwürfen, da sie sich allzu leicht von Abel haben täuschen lassen und nicht konsequenter und genauer auf eine Aufklärung des Falles hingearbeitet haben (Z. 53–62).
– Nur der Pfarrer und die Stammtischhonoratioren zeigen sich von Abels Schicksal betroffen, doch geben auch sie sich keineswegs die Schuld daran. Sie erkennen deutlich Abels Verbrechen und dass seine Listen ihm am Ende zum Verhängnis wurden, als er versuchte, es endgültig zu vertuschen (Z. 85–92).

2 a) Die Schülerinnen und Schüler sollten erkennen, dass Fontane sich hier mit einer bestimmten Kritik an seiner Erzählung auseinandersetzt. Er hält den Vorwurf, es gebe darin keine wirklich positive Figur, an der sich der Leser erfreuen könnte, nicht für eine Verunglimpfung, sondern für berechtigt. Allerdings fehle der Geschichte damit keineswegs das Positive und Erbauliche, nur sei es nicht an einen Helden gebunden, sondern erscheine darin, dass durch eine Art Gottesgericht am Ende die Gerechtigkeit siege und die Ordnung wiederhergestellt werde.
Diese Anmerkung Fontanes trifft in der Tat auf seine Kriminalerzählung zu. Keine der Figuren erscheint positiv und lädt zur Identifikation ein. Die Dorfhonoratioren lassen sich allzu unbedacht von ihren Sympathien leiten und von Abel Hradscheck hinters Licht führen. Eher noch entsteht dadurch, dass das Interesse der Leser vom Erzähler vornehmlich auf die Psyche des Täters gelenkt wird, zuweilen eine gewisse vertraute Nähe mit diesem. Dass der Täter am Ende bestraft wird und die Gerechtigkeit doch noch den Sieg davonträgt, verdankt sich Abels unsinniger Verunsicherung durch die Reden der alten Jeschke und dem Zufall des auf die Falltür gerollten Ölfasses. Allerdings lässt der Erzähler das in den abschließenden Worten des Dorfgeistlichen bewusst als ein Eingreifen der Hand Gottes erscheinen, um damit den Glauben der Leserinnen und Leser an eine göttliche Ordnung in der Welt zu bestärken.

b) Ungewöhnlich an Fontanes Kriminalerzählung ist, dass sie nicht nach dem gängigen Gut-Böse-Schema in der Figurengestaltung organisiert ist. Dem Verbrecher steht keine Figur – Detektiv, Polizeibeamter oder privater Ermittler – gegenüber, die dafür sorgt, dass die Rechtsordnung wiederhergestellt wird. Die Justizbehörde tritt nur kurz in Erscheinung und versagt gegenüber Abel Hradschecks raffiniert ausgeführtem Verbrechen kläglich, ihr Personal spielt keine wesentliche Rolle in der Erzählung. Die Hauptfigur ist hier eindeutig der Verbrecher, dessen innerer und äußerer Entwicklung das Interesse des Erzählers gilt. Am Ende wird der Täter denn auch nicht gestellt und der irdischen Gerechtigkeit ausgeliefert, sondern er scheitert einzig und allein an seiner inneren Schwäche und an einem tückischen äußeren Zufall, der ihn das Leben kostet.

3 *Vorschlag für ein Tafelbild:*

Kennzeichen neutralen Erzählverhaltens	Beispiele aus „Unterm Birnbaum"
Zurückhaltung des Erzählers, der als Person nicht erkennbar wird	bis auf einzelne Ausnahmen keine Kommentare und Reflexionen des Erzählers
Figuren werden nicht direkt charakterisiert, sondern kommen mit ihren Gedanken und in Gesprächen selbst zu Wort	Einführung Abels, seine Gedanken, Selbstgespräche und Äußerungen in Dialogen
Darstellung des Geschehens aus der eingeschränkten Perspektive der Figuren	Szulskis Abreise aus der Perspektive Jakobs
kein Aufdecken der Zusammenhänge durch den Erzähler, sondern nur Andeutungen und Hinweise, die der Leser entschlüsseln muss	Leerstelle in Bezug auf Abels Plan in seinen Gedanken und im Gespräch mit seiner Frau; die Merkwürdigkeiten bei Szulskis Aufbruch

4 a) Die Widerspiegelung des wirklichen Lebens zeigt sich darin, dass Fontane die Geschichte in einer realen Landschaft, die er überdies aus eigener Anschauung sehr gut kannte, spielen lässt, im Oderbruch. Das Dorf, in dem er zeitweise selbst gelebt hatte, wird – im Namen nur leicht verändert – zum Schauplatz der Erzählung gemacht. Dem Realismus dient auch, dass Fontane die einfachen Leute in ihrem Dialekt sprechen lässt. Die Figuren wirken überhaupt sehr lebensecht, Idealisierungen einerseits und Karikaturen andererseits werden vermieden.

b) Die Läuterung besteht darin, dass alles Grauen Erregende und Hässliche wie der Mord an Szulski oder Abels elendes Sterben im Keller aus der Darstellung ausgespart bleiben und dass am Ende Abels zufallsbedingter Tod als Gericht Gottes zur Wiederherstellung einer gottgewollten Weltordnung verklärt wird.

10.2 Moderne Kriminalgeschichten – Produktiv erschließen

Ein trauriger Fund – Den Erzählanfang variieren S. 211

Friedrich Dürrenmatt S. 211
Der Richter und sein Henker (1)

🎧 Das **„Deutschbuch-Hörbuch 9/10"** enthält die Auszüge aus Friedrich Dürrenmatts Roman „Der Richter und sein Henker", gelesen von Gerhard Dongus.

1 a) Der Erzähler setzt hier mit der klassischen Anfangsszene eines Kriminalromans ein: Ein Mord wird entdeckt. Informiert wird über Ort, Zeit und Umstände der Entdeckung des Toten sowie über die Person des Toten (Polizeileutnant). Obwohl ein Polizist die Leiche entdeckt, wird das Interesse nicht, wie zu erwarten, auf den Einsatz der Ermittlung und damit auf die Suche nach dem Täter gelenkt, da dem Leser rasch deutlich wird, dass Alphons Clenin sicher nicht die Ermittlerrolle spielen wird. Vielmehr kippt die Szene mit seinem Auftritt ins Komische um und lenkt das Leseinteresse von den Elementen der eigentlichen Krimihandlung zunächst einmal ab. Erst am Ende der Passage tritt mit dem Hinweis auf Kommissär Bärlach der Ermittler auf den Plan.

b) Trotz der Ablenkung des Leseinteresses auf die Komik der Clenin'schen Unternehmungen ergeben sich die für einen solchen Kriminalromanbeginn typischen **Spannungsfragen:** Wer hat den Polizeileutnant Schmied erschossen? Warum wurde er ermordet? Was wird den Ermittler, Kommissär Bärlach, auf die Spur des Täters bringen? Wie wird er den Mörder stellen und überführen?

2 a) Clenin unternimmt keinen Versuch, zunächst einmal die zuständige Dienststelle zu informieren. Ohne jede Erfahrung mit Mordfällen, weiß er nicht recht, was er tun soll, und macht eine Reihe gravierender Fehler: Er läuft am Tatort herum und zerstört mögliche Fußspuren, er fasst alles an und macht eventuelle Fingerabdrücke unkenntlich, er verändert die Lage und das Aussehen der Leiche, schließlich entfernt er sogar den Wagen mit der Leiche vom Tatort. Sein Verhalten erscheint als Albtraum für jedes professionelle Spurensicherungsteam. Clenin entspricht damit dem Muster des trotteligen Streifenpolizisten, wie er zum festen Bestand im Arsenal der Krimifiguren gehört. Meist dient dieser als Kontrastfigur zu den Detektiven, deren Intelligenz und Findigkeit er noch heller erstrahlen lässt, aber auch als komische Figur, die eine entspannende und auflockernde Funktion hat.

b/c) Clenins in der Eingangspassage deutlich werdender Charakter sollte im Wortlaut des Dialogs sowie in der Darstellung beim **szenischen Lesen** erkennbar werden: Er sollte als gutmütig, geistig unbedarft, alles andere als hartgesotten (kann kein Blut sehen) und unprofessionell erscheinen. In der Gestaltung der Gegenfigur haben die Schülerinnen und Schüler freie Hand. Beim szenischen Lesen ist darauf zu achten, dass auch diese frei erfundene Figur ein deutliches Profil gewinnt.

3 Grotesk wirkt die Vorstellung, die dem Leser von dem Transport des Ermordeten vermittelt wird und die allen Lese- bzw. Sehgewohnheiten in Bezug auf vergleichbare Krimiszenen widerspricht. Der Tote erscheint als Beifahrer während einer scheinbar ganz alltäglichen Autofahrt, bei der sogar eine Tankstelle aufgesucht wird. Besonders grotesk ist die Überlagerung der Vorstellung von einem Stau wegen schlechter Sichtverhältnisse durch die von einem Leichenzug. Als makaber kann man das Ganze bezeichnen, weil sich hier die Komik aus dem unangemessenen Umgang mit einem Toten ergibt.

4 a/b/c) An den Schreibversuchen der Schülerinnen und Schüler sollte herausgearbeitet werden, dass das Leseinteresse bei einem Erzähleinsatz, in dem die Ermordung Schmieds dargestellt wird, auf ganz andere Dinge gelenkt wird und ganz andere Fragen zur Lesespannung induziert werden. So kann hier zum Beispiel der Mörder dem Leser bekannt gemacht werden, wodurch sich die entscheidende Spannungsfrage verlagert. Sie lautet jetzt nicht mehr: Wer ist der Täter?, sondern: Kann der Täter überführt werden, und wie wird das geschehen? Die Versuche der Schülerinnen und Schüler werden darüber Auskunft geben, welche genretypischen Textmuster ihnen bekannt sind, und in der vergleichenden Reflexion kann auf die Steuerung von Schreibprozessen durch solche Muster hingewiesen werden. Zu untersuchen wäre auch, ob die Schülerinnen und Schüler sich in ihren Texten bemühen, Züge des Grotesken bzw. Makabren aufzugreifen oder ob sie sich von ganz anderen Stilelementen leiten lassen.

Das Verbrechen beweisen – Die Schlüsselszene kreativ ausgestalten

Friedrich Dürrenmatt
Der Richter und sein Henker (2)

1 – 3 Hier geht es darum, dass sich die Schülerinnen und Schüler in unterschiedlichen Formen gestaltenden Schreibens mit der Schlüsselszene von Dürrenmatts Roman auseinandersetzen. Darüber hinaus sollen sie ihre Schreibentscheidungen im Hinblick auf den Inhalt und die textsortenspezifische Gestaltung begründend erläutern, was den Schreibprozess großenteils transparent macht und den Grad der Schreibkompetenz verdeutlicht. Hiermit wird gestaltendes Schreiben zu Texten mit anschließender Reflexionsaufgabe, wie es die Lehrpläne vorsehen, eingeübt. Wichtig ist, dass die einzelnen Schülertexte in einer gemeinsamen Besprechung immer auf den Romanauszug zurückbezogen werden und das Verständnis, das aus ihnen spricht, sorgfältig an den Aussagen des Ausgangstextes überprüft wird. In dieser ständigen Auseinandersetzung mit dem Dürrenmatt'schen Text, in der die unterschiedlichen Schreibansätze und Perspektiven vergleichend an ihm abgearbeitet werden, entwickeln die Schülerinnen und Schüler ein immer differenzierteres intersubjektives Verständnis davon. Ein abschließendes gemeinsames Interpretationsergebnis könnte am Ende die gesamte Auswertung zusammenfassen.
Folgende Aspekte wären dabei zu berücksichtigen:

Die Situation und ihr Kontext
Held und Gegenspieler sitzen sich nach einem 40 Jahre andauernden Zweikampf, der sie aneinandergekettet hat, gegenüber. Es bahnt sich der finale Showdown an, da Bärlach nicht mehr lange zu leben hat. Der lebenslange Zweikampf bestand darin, dass Gastmann auf einer Kette von Verbrechen ein erfolgreiches, glänzendes Leben aufbaute und Bärlach versuchte, Gastmann zu überführen und dieses Leben zu zerstören. Bärlach scheint den Kampf endgültig zu verlieren, da die letzte Gelegenheit, Gastmann zu stellen, auf Schmieds Ermittlungsergebnissen beruht und Gastmann nun die Mappe mit diesen Ergebnissen an sich nimmt. Als Demonstration seiner Überlegenheit erschreckt Gastmann seinen Widersacher durch einen Messerwurf knapp an dessen Kopf vorbei, eine Art Katz-und-Maus-Spiel.

Die Rückblende auf die Vorgeschichte
Vor über 40 Jahren sind sich die beiden Hauptfiguren in Istanbul zum ersten Mal begegnet, Bärlach als junger Polizeispezialist in türkischem Dienst, Gastmann als Abenteurer. Bei einem Gelage in einer Kneipe fassten sie Zuneigung zueinander und verstiegen sich zu einer schrecklichen Wette, die ihr ganzes weite-

res Leben bestimmte. Allerdings handelt es sich streng genommen gar nicht um eine Wette, da überhaupt nicht vereinbart wird, worum gewettet werden soll, das heißt, es fehlt jeglicher Wetteinsatz. Vielmehr geht es hier um die Herausforderung zu einem Zweikampf: Gastmann behauptet, ein Verbrechen unter Bärlachs Augen begehen zu können, ohne dass dieser ihn überführen könne. Hinter dieser Kampfansage steckt der Streit um zwei unterschiedliche Lebens- und Weltanschauungen. Der Abenteurer Gastmann betrachtet das Leben als Spiel und glaubt, dass in der Verworrenheit der menschlichen Verhältnisse jedes Verbrechen unerkannt bleibt, wenn man nur schlau genug vorgeht. Bärlach glaubt nicht an diese Möglichkeit, weil jeder Mensch Fehler mache und der Zufall eine zu wichtige Rolle spiele. Verbrechen zu begehen, ist für ihn deshalb eine Dummheit. Er hält das ganze Streitgespräch für theoretische Überlegungen und kann nicht glauben, dass ein Mensch dazu in der Lage wäre, in der Wirklichkeit auszutesten, wer Recht behält. Drei Tage später belehrt Gastmann ihn eines Besseren und stößt vor Bärlachs Augen einen Kaufmann von einer belebten Brücke. Er hat sich sein Opfer, das vor einem Konkurs steht, raffiniert ausgesucht, gewinnt mit seiner Selbstmordtheorie vor Gericht und das Verbrechen bleibt ungesühnt. Seitdem häuft er Verbrechen auf Verbrechen, zum Teil weiterhin direkt unter Bärlachs Augen, ohne dass dieser ihm je etwas nachweisen konnte.

Der Charakter der Hauptfiguren
Gastmann hat als Dreizehnjähriger sein Dorf verlassen und ist als Abenteurer durch die Welt gezogen. Er erscheint als gefühlskalt und bindungslos (von seiner Mutter spricht er als von „irgendeinem längst verscharrten Weib", Z. 209), irgendeinen Sinn sieht er in seiner Existenz nicht. Er betrachtet das ganze Leben als Spiel und lässt sich bei seinen Handlungen von keinerlei moralischen Überlegungen leiten. Er weiß zwar, was Gut und Böse ist, tut das eine oder andere aber nur aus seiner jeweiligen Laune heraus. Er macht dabei Karriere, mal im Verborgenen, mal im Licht, wird reich und berühmt und mit Orden übersät. – Bärlach dagegen führt ein recht bescheidenes Leben. Er hat als Kriminalist die übliche Beamtenlaufbahn bis zum Kommissär hinter sich gebracht. Nach Jahren im Ausland ist er in seinen Heimatort Bern zurückgekehrt. Er ist als Detektiv recht erfolgreich gewesen, sein Hauptziel, das sein Leben bestimmt, hat er indessen nicht erreicht: Gastmann zur Strecke zu bringen. Das hat ihn innerlich wohl zerfressen, ihn krank gemacht, sodass die Ärzte ihm nur noch ein Jahr geben. Was ihn bei seiner Arbeit anzutreiben scheint, ist offenbar weniger der Glaube, der Gerechtigkeit zum Sieg verhelfen zu müssen, als vielmehr die Überzeugung, dass angesichts der Unvollkommenheit der Welt, in der der Zufall waltet, man nicht davon ausgehen darf, Verbrechen unentdeckt begehen zu können. Die Dummheit, die hinter dieser Annahme steckt, muss entlarvt und bestraft werden. Wenn es ihm nicht gelingt, Gastmann zu stellen, erweist sich seine Grundannahme als falsch und ihm wird die Basis für seine berufliche Arbeit entzogen. Es ist daher unwahrscheinlich, dass er sich geschlagen gibt, auch wenn am Ende dieser Schlüsselszene seine Niederlage unausweichlich scheint.

Tagebucheintrag Bärlachs
Die Kriterien für das Gelingen der formalen Gestaltung sind mit den Tipps im Schülerbuch vorgegeben. Inhaltlich sind die Schülertexte daraufhin zu überprüfen, inwieweit sie Bärlachs Erleben der Situation in Istanbul, sein Menschen- und Weltbild, seine beruflichen Motive und sein tiefes Getroffensein von Gastmanns Verhalten verdeutlichen und damit zu einer Interpretation der Szene, wie sie oben umrissen wurde, beitragen.

Zeitungsbericht
Auch hier sind die Kriterien zur Überprüfung der formalen Gestaltung mit den Tipps im Schülerbuch vorgegeben. Inhaltlich müssen die wenigen Angaben aus dem Textauszug zu Herkunftsmilieu und Lebensweg Gastmanns ergänzt und ausgestaltet werden. Hier ist die Fantasie der Schülerinnen und Schüler gefordert, deren Ergebnisse sich jedoch in das Gesamtbild von Gastmanns Charakter, wie es sich im Text abzeichnet, einfügen müssen. In der Besprechung der Schülerarbeiten müsste jedenfalls ein Gesamtcharakterbild Gastmanns entstehen, wie es oben skizziert wurde.

10 Dem Verbrechen auf der Spur – Alte und neue Krimis

Innerer Monolog Bärlachs
Wie bei den anderen Schreibaufgaben sind die Kriterien zur Überprüfung der formalen Gestaltung mit den Tipps im Schülerbuch vorgegeben. Inhaltlich sollten hier Bärlachs verzweifelte Situation, die von Krankheit und drohendem Tod gekennzeichnet ist, und ein Rückblick auf den sein Leben bestimmenden und vielleicht zerstörenden Zweikampf mit Gastmann im Mittelpunkt stehen. Auch Überlegungen dazu, wie der Triumph seines lebenslangen Feindes doch noch zu verhindern sei, könnten eine Rolle spielen. Sie wären dann die Überleitung zur Besprechung der Ergebnisse der letzten Schreibaufgabe.

Exposé zur Fortsetzung des Romans
Hinweise zu Kriterien, mit denen auf die formale Gestaltung eingegangen werden kann, lassen sich aus den Tipps im Schülerbuch ableiten. Inhaltlich ist diese Schreibaufgabe die offenste. Die entscheidende Frage ist, ob Bärlachs Niederlage tatsächlich, wie es am Ende der Textpassage den Anschein hat, besiegelt ist oder ob er noch einen Trumpf in der Hand hält, mit dem er das abgründige Spiel, das Gastmann ihm aufgezwungen hat, doch noch gewinnen kann. Die erste Variante entspräche nicht dem traditionellen Genremuster des Kriminalromans, an dessen Ende gewöhnlich das Bedürfnis der Leser nach Sühne und Sieg der Gerechtigkeit befriedigt wird. Wie das in diesem Fall allerdings noch erreicht werden könnte, dafür gibt es im Text bisher keinerlei Hinweise. Lediglich der Titel des Romans könnte das Nachdenken vielleicht in eine bestimmte Richtung lenken. Auf jeden Fall ist die Kreativität im Entwickeln eines Plots hier in höchstem Maß gefordert und die Neugier auf das tatsächliche Ende des Romans wird mit Sicherheit geweckt.

4 / 5 Von der Dramaturgie des Unterrichts her bietet es sich nach der Besprechung der Exposés zur Fortsetzung des Romans unbedingt an, die gesamte Geschichte um Bärlach und Gastmann kennen zu lernen, sei es durch eine Vorstellung des Gesamtromans, sei es im gemeinsamen Anschauen der Verfilmung. Dürrenmatts Lösung des Falls, in der sich der eigentlich von Gastmann besiegte und gedemütigte Bärlach zum Richter aufwirft und seinen Henker in Gestalt des von ihm manipulierten Polizeioffiziers Tschanz ausschickt, dürfte (im Vergleich zu den Lösungen der Schülerinnen und Schüler) lebhafte Diskussionen auslösen und zu einer differenzierten Betrachtung des Romans und seiner Intention anregen.

Der Erzählanfang – Eine Kurzbiografie entwerfen

Ingrid Noll
Der Hahn ist tot (1)

1 a) Das Leseinteresse wird hier ganz auf die Ich-Erzählerin und Protagonistin gelenkt, die sich in diesem Erzähleingang distanziert-sachlich und nicht ohne Selbstironie vorstellt. Sie referiert ihre von Kolleginnen beneidete derzeitige Lebenssituation als unabhängige, erfolgreiche Single-Person und kontrastiert diese Situation mit der unglücklichen Zeit während ihres Studiums, als sie das Examen nicht bestand und von ihrem langjährigen Freund verlassen wurde. Die Selbstzufriedenheit, die sie in Bezug auf ihr derzeitiges Leben zur Schau stellt, erscheint dem aufmerksamen Leser jedoch etwas brüchig. Gründe dafür sind der Hinweis auf „einen abwertenden Spitznamen" (Z. 9), die allzu betonte Versicherung, keine alte Jungfer zu sein (Z. 10/11), und die Frage im Anschluss an die Darstellung ihres eleganten und gepflegten Erscheinungsbildes: „Hat es etwas gebracht?" (Z. 32 f.) Die Einsamkeit, von der sie im Hinblick auf die Vergangenheit spricht (Z. 60), ist offensichtlich noch immer ihr Lebensproblem.

b) Es handelt sich hier im Unterschied zu der Eingangsszene in „Der Richter und sein Henker" nicht um einen genretypischen Einstieg in eine Krimihandlung. Hier wird kein Verbrechen entdeckt, typische

Krimifiguren wie Polizisten und Kommissare fehlen. Vielmehr muss sich der Leser fragen, wie die anscheinend bürgerlich-brave Ich-Erzählerin und Protagonistin in eine Krimihandlung verstrickt werden könnte, ob sie in die Rolle von Opfer, Täterin oder privater Ermittlerin geraten wird.

2 a) Die Kurzbiografie erfordert den Wechsel der Erzählform (Er/Sie-Form) und der Perspektive. Im Zusammenhang damit muss eine bestimmte Haltung gegenüber der Protagonistin gefunden werden, die zu ganz anderen Akzentsetzungen als die Selbstdarstellung der Protagonistin führen wird. Auf diese textsortenspezifischen Schreibentscheidungen wird bei der Besprechung der Schülerarbeiten zu achten sein. Inhaltlich erfordert die Aufgabe, den Wandel der Rosemarie Hirte von der unscheinbaren, wenig attraktiven, mit Komplexen beladenen jungen Frau, die in Studium und Beziehung gescheitert ist, zu einer recht selbstbewussten, gut aussehenden, beruflich erfolgreichen 52-jährigen Frau möglichst plausibel darzustellen, wobei die fortwährende Einsamkeit als ihr Lebensproblem gebührend berücksichtigt werden sollte.

b) Die begründende Kommentierung dient wiederum der Einübung in das produktiv-gestaltende Schreiben zu Texten mit anschließender Reflexionsaufgabe, und sie soll einem allzu frei schweifenden, den Ausgangstext aus dem Blick verlierenden Fabulieren entgegenwirken.

Die Henkersmahlzeit – Von der Schlüsselszene zum Romanende

S. 220

Ingrid Noll

S. 220

Der Hahn ist tot (2)

1 / 2 Die Darstellung dieser Mordszene löst weder Entsetzen über die Tat noch Mitleid mit dem Opfer noch Abscheu vor der Täterin aus, lässt überhaupt keine stärkeren Emotionen aufkommen. Das liegt an dem locker-leichten, einer Picknickszene angemessenen Erzählstil der Ich-Erzählerin, die von ihrer Mordabsicht und schließlich von der Tat in demselben Plauderton wie von allem anderen berichtet. Grotesk und makaber ist dabei die Verbindung der Darstellung vom Todessturz des Opfers mit lächerlich banalen Einzelheiten („Beate fiel [...] mit dem Sektglas in der einen, dem Hühnerbein in der anderen Hand den Turm hinunter", Z. 67–70).

3 a/b) Mit dieser Schreibübung soll das Bewusstsein der Schülerinnen und Schüler dafür geschärft werden, in welchem Maße Erzählform, Erzählverhalten und -perspektive Sinn und Wirkung eines epischen Textes bestimmen. Mit der Sie-Form, die eine größere Distanz zur Protagonistin schafft, ist eine verstärkte Außensicht auf diese verbunden, der auktoriale Erzähler kennt die Gedanken beider Frauen und lässt die bei Noll einseitig aus Rosis Sicht dargestellte Beate vielleicht ganz anders erscheinen. Ihr Lachen erscheint dann zum Beispiel nicht mehr „frech" (Z. 64), sondern aufmunternd, um die in Beates Augen vereinsamte, lebensängstliche Freundin zu mehr Wagemut und Lebenslust zu bewegen. Überhaupt könnte aus der Sicht eines auktorialen Erzählers, in seinen direkten Charakterisierungen und Kommentaren ein ganz anderes Bild von den beiden Frauen entstehen: Die lebensfrohe Beate erschiene als besorgte und einfühlsame Freundin, die aus echtem Mitleid Rosemarie mit ihrer Lebensfreude anstecken will, und Rosemarie wäre ganz anders als in ihrer Selbstdarstellung ein von Neid erfülltes Wesen, das sich dafür rächen will, im Leben immer zu kurz gekommen zu sein. Der Mord hätte dann eine ganz andere Wirkung auf den Leser und die Identifikation mit der Mörderin, die die Ich-Erzählung nahelegt, löste sich auf.

4 a–d) Die Ideensammlung lässt sich am besten als Brainstorming durchführen. Anschließend werden Kleingruppen zur Ausarbeitung einzelner Ideen gebildet.
Um Zeit und Arbeitsaufwand in angemessen realistischem Rahmen zu halten, wird hier nur der Entwurf eines Drehplans und nicht das Verfassen eines kompletten Drehbuchs vorgeschlagen. Es genügt dabei, für die geplanten Szenen folgende Rubriken zu bilden: Schauplatz, Szeneninhalt, Kameraposition und -perspektive, wichtige Einstellungsgrößen.
Für die konkrete Ausgestaltung der Szene im Spiel der Akteure und für die Dialogführung bleibt ein großer Freiraum zur Improvisation.
In der abschließenden Besprechung der Szenen könnte das Augenmerk auf die Frage gerichtet werden, ob ein für das Krimigenre typischer Abschluss mit Überführung der Täterin und Gerichtsverhandlung dem Stil der Erzählung angemessener ist – oder ein das Genremuster konterkarierender Schluss, in dem zum Beispiel Rosemarie Hirte, von dem Objekt ihrer Begierde Rainer Engstern enttäuscht, fröhlich weitermordet.

5 / 6 Welche gestaltenden Versuche auch unternommen worden sind, die Neugier dürfte so weit geweckt sein, dass eine Präsentation des ganzen Werkes unerlässlich ist. Möglicherweise ist der Leseanreiz groß genug, dass einige Schüler zu einer zügigen Lektüre bereit sind, um eine Buchvorstellung zu übernehmen. Wenn nicht, bliebe die Möglichkeit, eine Inhaltsangabe im Internet zu suchen oder gemeinsam die Verfilmung anzuschauen (Objectiv Film; Regie: Hermine Huntgeburth).

Die Krimibausteine – Kriminalerzählungen vorstellen

1 *Theodor Fontane: „Unterm Birnbaum"*
Anordnung der Bausteine: VG – F – D.
Es handelt sich um ein besonders deutliches Beispiel des **Verbrechensromans**. Das Leseinteresse wird ganz auf den Täter, seine psychische Entwicklung und sein Verhalten gelenkt. Auf den Fall wird nur in Andeutungen und Hinweisen, auf den Hergang der Tat nur am Ende ganz kurz eingegangen. Eine Detektion im genretypischen Sinne, in der eine gezielte Ermittlung zur Überführung des Täters führt, gibt es nicht; vielmehr verdankt sich diese Detektion einem bloßen Zufall, ausgelöst durch die Ängste und die psychische Zerrüttung des Täters, der sich in gewisser Weise selbst richtet.

Friedrich Dürrenmatt: „Der Richter und sein Henker"
Anordnung der Bausteine: F – VG – D.
Hier handelt es sich um einen klassischen **Detektivroman**. Er beginnt mit dem Fall, dem Ergebnis einer verbrecherischen Tat. Zentrale Figur ist der Ermittler, Kommissär Bärlach, der seine für den Leser nicht ganz erkennbaren Fäden spinnt, um den Verbrecher zu fangen. Eigentliches Kernstück des Romans ist indessen die Vorgeschichte, die in die Detektion eingefügt ist und das fast lebenslange fatale Verhältnis zwischen dem Täter und seinem Verfolger zeigt. Die vollständige Klärung des Falls mit der genauen Aufdeckung des Tathergangs wird für den Leser am Ende geleistet, dem hier jedoch auch klar wird, dass der Kommissär von Anfang an den Fall arrangiert hat, die Lösung also immer schon kannte.

Ingrid Noll: „Der Hahn ist tot"
Anordnung der Bausteine: VG – F – keine D.
Ein weiteres Beispiel für den Typ des **Verbrechensromans**, hier sogar in der Variante, dass eine Detektion fehlt. Im Mittelpunkt des Leseinteresses stehen ausschließlich die Täterin und ihre Geschichte. Ungewöhnlich ist, dass die Täterin hier zugleich die Ich-Erzählerin ist, die mit ihrer Selbstdarstellung den Leser zur Identifikation einlädt. Das Verbrechen wird detailliert aus der Perspektive der Täterin dargestellt und die Erzählung erhält dabei Züge von schwarzem Humor und Groteske.

10.3 „Tatort" – Das Strickmuster einer Krimireihe

Den Handlungsaufbau im Blick

S. 223

1 Die Aufgabe gibt Gelegenheit, die bewusste und reflektierte Rezeption von Filmen zu üben. Auf wichtige Elemente der Filmanalyse wird dabei eingegangen, im inhaltlichen Bereich unter a) und b) auf den Plot, die Hauptfiguren und ihre Konstellation sowie das Setting. Unter c) wird dem Aufbau des Plots weiter nachgespürt und die Verbindung zu dem in Teilkapitel 10.2 Gelernten (Krimibausteine, S. 222 im Schülerband) hergestellt. Die Teilaufgabe d) zielt dann auf den formalen Aspekt. Eventuell muss hier eine kurze Einführung bzw. Rekapitulation der wesentlichen Elemente der Filmsprache eingefügt werden: Kamerastandort und -perspektive, Schnitt- und Montagetechnik, Einstellungsgrößen, Licht und Farben, Soundtrack. Natürlich kann es hier nicht um eine genaue Untersuchung aller genannten Faktoren gehen. Nur das Auffallende, den jeweiligen Film Prägende sollte erfasst und in seiner Funktion erläutert werden. Informationen zu allen Folgen der Reihe „Tatort" mit einer knappen Inhaltsangabe findet man im Internet unter: www.daserste.de/tatort/faelle.asp.

2 Trotz aller Variationen in der Gestaltung der einzelnen „Tatort"-Folgen, die sich nicht zuletzt der Handschrift der verschiedenen Regisseure verdanken, gibt es häufig Übereinstimmungen, die so etwas wie ein Strickmuster erkennen lassen:
– In den Eingangssequenzen wird der Mord und/oder der Fund der Leiche gezeigt, woraufhin die Ermittler am Tatort auftauchen und mit dem Arzt sowie den Kollegen von der Spurensuche mehr oder minder originelle Kommentare austauschen; der Handlungsverlauf wird dann von den Bausteinen der klassischen Detektiverzählung, Detektion mit eingefügter Vorgeschichte (s. S. 222 im Schülerband), bestimmt. Meist ergibt sich die Spannung aus der Frage: Wer war der Täter? In einigen Folgen wird jedoch der Mord so gezeigt, dass der Täter erkennbar wird, sodass sich als Spannungsfrage ergibt: Wie kann der Täter gestellt und überführt werden?
– Die Ermittlerfiguren werden nicht auf die Lösung ihrer kriminalistischen Aufgabe reduziert, sondern als komplexe Persönlichkeiten in ihrer eigenen Lebensgeschichte mit ihren Alltags- und Beziehungsproblemen gezeigt, sodass der Zuschauer ein menschliches Interesse an ihnen entwickelt.
– Gedreht wird an den Originalschauplätzen, sodass ein deutlich (wieder)erkennbares Lokalkolorit entsteht.
– Das bevorzugte Milieu, aus dem die Täter stammen, liegt in den oberen Etagen der Gesellschaft, wobei mit deutlich sozialkritischem Akzent die illegalen Machenschaften und brutalen Methoden auf dem Weg zu Reichtum und Macht aufgedeckt werden. Neben spannender Unterhaltung verfolgt die „Tatort"-Reihe also durchaus auch aufklärerische Intentionen und greift aktuelle gesellschaftliche und politische Themen wie Fremdenfeindlichkeit, Rechtsradikalismus, Umweltzerstörung, Ausbeutung der so genannten Dritten Welt, Korruption etc. auf.

Typologie der Ermittler

S. 224

1 Da die Ermittlerfiguren zu komplexen Persönlichkeiten mit einer dem Zuschauer immer vertrauter werdenden Lebensgeschichte ausgestaltet sind, entwickeln sich beim Publikum deutliche Sympathien und Antipathien.
Eine Beschreibung der Charaktere und Lebensgeschichten der Ermittler findet man unter: www.daserste.de/tatort/kommissare_aktiv.asp.

2 TV-Kommissare und die Schauplätze, an denen sie agieren:
- Ivo Batic, Franz Leitmayr: München
- Inga Lürsen, Nils Stedefreund: Bremen
- Till Ritter, Felix Stark: Berlin
- Max Ballauf, Freddy Schenk: Köln
- Mario Kopper, Lena Odenthal: Ludwigshafen
- Fritz Dellwo, Charlotte Sänger: Hannover
- Klara Blum, Kai Perlmann: Konstanz
- Prof. Karl-Friedrich Boerne, Frank Thiel: Münster

3 a) Vorschlag für ein Tafelbild:

Vorstellung einer Kommissarin: inhaltliche Bestandteile und Aufbau

1. Abschnitt	Lebensumstände (geschieden, 17-jährige Tochter, keine Trennung von Job und Privatleben, saloppe Kleidung)
2. Abschnitt	Arbeitsweise (riskante Ermittlungen, Alleingänge und Probleme mit Kollegen, folgt eher Intuition als Aktenlage, eckt wegen ihrer Hartnäckigkeit an)
3. Abschnitt	Beziehung zu anderen Menschen (Probleme durch Hilfsbereitschaft und unbedingten Gerechtigkeitssinn, Scheidung nach zehn Jahren Ehe, Tochter lebt nach langem Pendeln zwischen den Eltern bei der Mutter)
4. Abschnitt	Partnerschaft (verschiedene kurze Verhältnisse, Job im Vordergrund, genießt Single-Freiheit)

b) Kritisiert werden könnte: das zu knappe Eingehen auf die Rolle als Ermittlerin (Fähigkeiten und Schwächen, prägende Erfahrungen, Erfolge und Niederlagen, Verhältnis zu ihrem Teampartner Stedefreund); fehlende Hinweise auf ihre Herkunft und den familiären Hintergrund, auf ihren Lebenslauf und ihre Ausbildung sowie auf außerberufliche Tätigkeiten und Hobbys; eher überflüssig erscheint dagegen das ausführliche Eingehen auf den Ex-Ehemann mit dem Zitat der Freundin; schließlich erscheint die Anordnung der Informationen nicht ganz überzeugend (von der Tochter und der gescheiterten Ehe ist an verschiedenen Stellen die Rede; es wird nicht mit dem Wichtigsten, der Ermittlerrolle, begonnen).

4 a) Ausgehend von den Ergebnissen, die die kritische Sichtung der Vorstellung von Hauptkommissarin Inga Lürsen erbrachte, schreiben die Schülerinnen und Schüler eigene Ermittlerporträts. Sie konzentrieren sich dabei zunächst auf die zentrale Rolle der Figur als Detektiv(in) und erfassen ihr Verhalten, ihre Motive, ihre Grundsätze, ihre Beziehungen in dieser Rolle. Material dafür liefert die vorgestellte „Tatort"-Folge, zu deren genauerer Auswertung die Aufgabe also beiträgt. Zur Vervollständigung des Porträts im Hinblick auf Lebensgeschichte und Privatleben der Figur kann auf die Internetseite www.daserste.de/tatort/kommissare zurückgegriffen werden.

b/c) Orientierungspunkt für den Vergleich der Ermittler und die Suche nach Ähnlichkeiten ist eine Typologie der Detektive, wie sie sich in der Tradition der Kriminalliteratur herausgebildet hat:
- Da gibt es zum einen den scharfsinnigen Rätsellöser in der Nachfolge Sherlock Holmes' und Hercule Poirots, der wie in einem Puzzle alle Informationen zusammensetzt und durch schieres kombinatorisches Nachdenken den Fall löst, ohne eigentlich seinen Lehnstuhl verlassen zu müssen, weshalb er als **Armchair Detective** bezeichnet wird.

– Aus der amerikanischen Krimitradition stammt dagegen der **Hard-boiled Dick** vom Schlage eines Philipp Marlowe oder Mike Hammer, der hartgesottene, ausgekochte Kerl, der vor Gewaltanwendung nicht zurückschreckt und sich zuweilen von den Gestalten, die er verfolgt, in seinem Verhalten kaum unterscheidet. Hinter seiner Kaltschnäuzigkeit und seinem nach außen zur Schau getragenen Zynismus verbirgt sich aber in der Regel ein elementarer Gerechtigkeitssinn, dem er sich mehr verpflichtet weiß als allen Autoritäten, wodurch er immer wieder aneckt.

Unter den „Tatort"-Ermittlern entsprach dem Typ des „Hard-boiled Dick" der Duisburger Kommissar Horst Schimanski recht genau. Gewisse Ähnlichkeiten mit diesem Typus weisen auch Schimanskis Nachfolger, die Kölner Kommissare Ballauf und Schenk, auf, die der Gerechtigkeit ebenfalls gern mit eigenwilligen, nicht ganz legalen bzw. der Dienstordnung nicht entsprechenden Mitteln zum Sieg verhelfen. Auch die Münchener Kommissare Batic/Leitmayr, die Berliner Ritter/Stark und das Ludwigshafener Duo Odenthal/Kopper gehen in diese Richtung. Den klassischen „Armchair Detective" findet man unter den „Tatort"-Ermittlern nicht. Eine gewisse Nähe zu diesem Typus weisen immerhin Klara Blum (Konstanz), Bruno Ehrlicher (Leipzig), Prof. Boerne (Münster), Klaus Borowski (Kiel) und Ernst Bienzle (Stuttgart) auf. Sie alle zeichnen sich durch kombinatorischen Scharfsinn aus, dem sich die Lösung ihrer Fälle eher verdankt als waghalsigen Aktionen.

Die letztgenannten, dem Vorbild des „Armchair Detective" in wesentlichen Zügen verpflichteten „Tatort"-Ermittler gleichen in dieser Eigenschaft dem Kommissär Bärlach, der freilich weit deutlicher diesen Typus verkörpert, indem er sich, angeblich aus Krankheitsgründen, von der aktiven Arbeit zurückzieht und von seinem Schreibtisch aus die Fäden spinnt. Allerdings sind dies Fäden, die weit jenseits aller polizeilichen Korrektheit liegen und in einer angemaßten höheren Gerichtsbarkeit ihren Ursprung haben, zu der sich bislang keiner der genannten „Tatort"-Kommissare verstiegen hat.

Eine „Tatort"-Szene darstellen

S. 226

1 Die Aufgabe korrespondiert mit der Aufgabe 1 auf Seite 223 im Schülerband. Wurde dort betrachtend-analytisch am Umgang mit dem Medium Film gearbeitet, so geschieht es hier auf produktiv-gestaltende Weise. Die Kenntnisse, die dort hinsichtlich der Elemente filmischen Erzählens erworben oder vertieft wurden, können hier kreativ angewendet und dabei gefestigt und erweitert werden. Damit kann dem oft unreflektierten Hausgebrauch der Videokamera eine neue Qualität gegeben werden.

Inhaltlich hat das kleine Projekt die Funktion zu überprüfen, inwieweit Merkmale der „Tatort"-Reihe und des Krimigenres insgesamt erfasst wurden, sodass von einem bewussteren Umgang damit ausgegangen werden kann.

Lernerfolgskontrolle/ Thema für eine Klassenarbeit

Einen literarischen Text mit Hilfe von Fragen untersuchen und sich durch das Verfassen eines Alternativtextes produktiv-gestaltend damit auseinandersetzen

Margery Allingham
Aller guten Dinge sind drei

An einem Septembernachmittag gegen fünf war Ronald Frederick Torbay mit den Vorbereitungen zu seinem dritten Mord beschäftigt. Er ließ dabei größte Vorsicht walten und zwang sich zur Langsamkeit, denn es war ihm völlig klar, welche Folgen Unvorsichtigkeit haben konnte.

Mit jedem neuen Mord wächst das Risiko. Das hatte er einmal, lange vor seiner ersten Heirat, in der Zeitung gelesen und es hatte ihn stark beeindruckt. Aber er wusste auch, dass einem der Erfolg zu Kopf steigen konnte, deshalb ließ er sich niemals gehen. Er war überzeugt, dass er beträchtlich intelligenter war als die meisten Menschen; doch dachte er darüber nicht weiter nach. Wenn das Gefühl seiner Macht sich wieder einmal zu stark bemerkbar machte, drängte er es energisch zurück.
[...]

Vom ersten Augenblick an, als er Edith in dem Speisesaal des kleinen Strandhotels sitzen sah, hatte er gewusst: Das war seine nächste Aufgabe. Er betrachtete alle seine Frauen als „Aufgaben", das verlieh seinen Plänen eine gewisse wissenschaftliche Färbung, die ihm gefiel.

Edith wirkte sehr solide, ein bisschen steif und fast ein wenig streng; aber in ihrem Gesicht hatte er eine verborgene Zaghaftigkeit erkannt und in ihren kurzsichtigen Augen lag ein unbefriedigter, halb ängstlicher Ausdruck, und einmal, als der Kellner ihr eine Nettigkeit sagte, war sie sehr verlegen geworden. Außerdem trug sie eine echte Diamantennadel, das hatte Ronald Torbay von seinem Tisch aus erkannt. Er hatte ein Auge für kostbare Steine.

Abends in der Hotelhalle sprach er sie an, holte sich eine Abfuhr, versuchte es noch einmal und brachte sie schließlich zum Reden. Danach ging dann alles so weiter, wie er es erwartet hatte. Seine Werbung war altmodisch und romantisch und nach acht Tagen war Edith ihm hoffnungslos verfallen.

Sie passte in Ronalds Pläne sogar noch besser, als er angenommen hatte. Sie war Lehrerin gewesen und dann, mit Anfang dreißig, nach Hause zurückgekehrt, um ihren kranken Vater zu pflegen, jetzt war sie dreiundvierzig, ziemlich wohlhabend und ohne Angehörige und dem Leben gegenüber so hilflos wie ein Schiff ohne Steuer. Ronald tat alles, um diesen Zustand zu erhalten, und genau fünf Wochen nach dem Tag ihres Kennenlernens heirateten sie in der kleinen Stadt, in der sie beide fremd waren. Am gleichen Nachmittag machte jeder sein Testament zu Gunsten des anderen und sie bezogen das kleine Haus. Die Miete war nicht hoch, die Saison ging zu Ende.

Eigentlich war Edith die netteste Eroberung, die er gemacht hatte. Mary war launisch und hysterisch gewesen, Dorothy kleinlich und misstrauisch. Edith dagegen war überraschenderweise fröhlich und vernünftig. Ein anderer Mann, überlegte Ronald behaglich, hätte vielleicht den Kardinalfehler gemacht und sie bemitleidet, doch mit so etwas hielt er sich nicht auf. Er begann sehr bald, Pläne zu machen – Pläne für Ediths „Zukunft", wie er es im Stillen nannte.

Zwei Dinge besiegelten ihr Schicksal früher als geplant. Das eine war die hartnäckige Weigerung, ihm ihre Finanzen klarzulegen; das zweite war ihr peinliches Interesse an seinem Beruf.

Auf dem Standesamt hatte Ronald als Beruf „Vertreter" angegeben und Edith erklärt, er sei Teilhaber einer Kosmetikfirma und auf Urlaub. Edith stellte keine weiteren Fragen, nur hatte sie fast sofort angefangen, einen Besuch in seiner Firma zu planen, und sie sprach auch häufig davon, sich neue Kleider zu kaufen, damit sie ihm „keine Schande" mache.

Andererseits hielt sie ihre Bankauszüge und andere Papiere in einer alten Schreibmappe verschlossen und weigerte sich hartnäckig, mit ihm über das Thema Geld zu sprechen. Schließlich wurde es ihm zu bunt; er wollte sich nicht länger ärgern, sondern beschloss zu handeln.

Ronald wandte sich vom Fenster ab, zog sein Jackett aus und drehte den Wasserhahn auf. Das Wasser lief in die Badewanne, sein Herz schlug plötzlich laut und hart. Wie dumm! Er musste jetzt ruhig und gelassen bleiben.

Das Bad war der einzige Raum, den sie frisch gestrichen hatten. Ronald hatte es selbst kurz nach ihrem Einzug getan. Über der Wanne hatte er ein kleines Regal angebracht, auf dem Badesalz und ein kleines altmodisches elektrisches Öfchen mit zwei Heizstäben standen; es war billig und weiß wie die Wände und fiel nicht weiter auf. Ronald beugte sich über die Wanne, schaltete das Öfchen ein und wartete, bis die Heizstäbe aufglühten. Dann wandte er sich ab und trat auf den Flur. Der Heizofen blieb eingeschaltet.

Der Sicherungskasten für das Haus befand sich neben dem Wäscheschrank. Der Schrank stand oben an der Treppe. Ronald öffnete vorsichtig die Tür des Kastens, wobei er ein Taschentuch benutzte, um Fingerabdrücke zu vermeiden, und zog die Sicherung heraus. Im Badezimmer erloschen die beiden Heizstäbe. Zufrieden musterte er den kleinen Heizofen, hob ihn vom Regal und ließ ihn behutsam am Ende der Wanne, wo er wenig Platz einnahm, ins Wasser gleiten. Die weiße Litze lief über den Badewannenrand an der Fußbodenleiste unter der Tür entlang bis zu einer Steckdose im Flur.

[...]

(Aus: Margery Allingham: Der Dank des Einbrechers. Diogenes Verlag, Zürich 1993, S. 15–25)

1   *Beschreibe den Anfang dieser Erzählung, indem du auf folgende Fragen eingehst:*
   – *Welcher der für einen Krimi typischen Bestandteile steht hier im Mittelpunkt und worauf wird das Leseinteresse gelenkt?*
   – *Um welchen Typ von Krimi handelt es sich hier?*
   – *Aus welcher Perspektive wird hier erzählt und welcher Eindruck entsteht dadurch von der Hauptfigur?*

2   *Verfasse einen anderen Erzähleinstieg, indem du mit dem Fall, also mit dem Eintreffen der Ermittler am Tatort, beginnst. Ändere dazu die Erzählperspektive und mache deutlich, welches Bild von der Tat die Ermittler gewinnen, was ihren Verdacht erregen könnte und welchen Eindruck der Ehemann der Toten, der die Polizei gerufen hat, vermittelt.*

Erwartungshorizont/Lösungshinweise

1 *Im Mittelpunkt stehen hier eindeutig die Vorgeschichte eines Verbrechens und die Vorbereitungen dazu. Das Leseinteresse wird ganz auf den Täter, seine Motive, seine Denkweise, sein Verhältnis zum Opfer und seine Machenschaften zur Vorbereitung der Tat gelenkt.*
Das ist der typische Einstieg in einen Krimi nach dem Schema VG – F – D (Vorgeschichte – Fall – Detektion/Aufklärung, vgl. S. 222 im Schülerband); er deutet auf den Typ der Verbrechenserzählung hin.
Der Erzähler, der durch die Er-Form zwar einen Rest von Distanz wahrt, nimmt überwiegend die Perspektive des Täters ein, schildert dessen Erinnerungen, Gedanken und Gefühle und schaut ihm bei seinen Hantierungen gleichsam über die Schulter. Der Eindruck, der damit von dem Täter beim Leser entsteht, ist damit weniger negativ und von Abscheu geprägt, als es im Hinblick auf einen Serienmörder eigentlich zu erwarten wäre. Im Vordergrund für den Leser stehen die Intelligenz, die Selbstkontrolle, die planerische Umsicht und die ruhige Gelassenheit der Hauptfigur.

2 *Die Schülerinnen und Schüler können in der Er-Form auktorial erzählen oder auch in der Ich-Form personal aus der Sicht eines Ermittlers. Auf jeden Fall müssen sie die täterorientierte Perspektive der Vorlage aufgeben, dann aber auch die gewählte Perspektive möglichst bruchlos durchhalten. Hauptkriterium für eine gelungene Fallbeschreibung ist das Aufgreifen wichtiger Hinweise, die der Originaltext gibt, wodurch ein genaues Lesen nachgewiesen wird. Todesursache muss demnach ein elektrischer Schlag sein, der durch das Heizöfchen ausgelöst wurde. Was der Fantasie der Verfasser zu leisten bleibt, ist die Klärung der Frage: Welches Arrangement trifft der Täter, damit das Opfer beim Einsteigen in die Wanne das Heizöfchen darin nicht bemerkt? Hauptkriterium ist dabei die Wahrscheinlichkeit der jeweiligen Einfälle. Aufgezeigt werden müssen dann Verdachtsmomente, die an einem „Unfall" zweifeln lassen, und die Figur des Ehemanns sollte hier einen anderen Eindruck vermitteln als aus der Perspektive, die im Originaltext gewählt wurde. Weitere Kriterien für den Alternativtext sind natürlich die stilistische Gewandtheit und die sprachliche Richtigkeit.*

Das überraschende Ende der Erzählung findet sich auch in dem Band „Klassische und moderne Kriminalgeschichten", ausgewählt und herausgegeben von Theo Herold, Cornelsen, Berlin 1999.

Literaturhinweise

Fenske, Ute/Rühle, Christian: Rund um Krimis. Kopiervorlagen für den Deutschunterricht. Cornelsen, Berlin 2006

Fontane, Theodor: Unterm Birnbaum. Textausgabe mit Materialien, bearbeitet von Ilse Keseling. Cornelsen, Berlin 1982 (Reihe Klassische Schullektüre) (Dazu gibt es ein Lehrerheft von Ilse Keseling)

Freund, Winfried: Die deutsche Kriminalnovelle von Schiller bis Hauptmann. Einzelanalysen unter sozialgeschichtlichen und didaktischen Aspekten. Schöningh, Paderborn ²1980

Friedrich, Gerhard: Unterm Birnbaum. Der Mord des Abel Hradscheck. In: Christian Grawe (Hg.): Interpretationen. Fontanes Novellen und Romane. Reclam, Stuttgart 1991, S. 113–135

Krimi. Praxis Deutsch 192/2005

Schindler, Nina (Hg.): Das Mordsbuch. Alles über Krimis. Claassen, Hildesheim 1997

Unterrichtsmodell Friedrich Dürrenmatt: Der Richter und sein Henker. Erarbeitet von Martin Kottkamp und Astrid Staude, hg. von Johannes Diekhans. Schöningh, Paderborn 2004

Vogt, Jochen (Hg.): Der Kriminalroman. Zur Theorie und Geschichte einer Gattung. 2 Bde. Fink, München 1971

Wenzel, Eike (Hg.): Ermittlungen in Sachen Tatort. Bertz, Berlin 2000

11 „Blueprint Blaupause" – Roman und Film im Vergleich

Konzeption des Gesamtkapitels

Charlotte Kerners Roman „Blueprint Blaupause" thematisiert ein aktuelles Problem, das auch für Jugendliche von Interesse ist: Dürfen Medizin und Forschung im Bereich der Gentechnik alles tun, was sie tun können? Die Vorstellung, dass es geklonte Menschen geben könnte, erscheint nach dem geglückten Klonen von Tieren nicht mehr völlig unrealistisch. Der Roman rückt ethische Fragen in den Vordergrund, die Medizin und Forschung nicht zu klären vermögen: Was würde das Klonen für die Ausbildung einer eigenen Identität des Klons bedeuten? Welche Folgen könnten sich ergeben? Durch die Beschäftigung mit dem Roman wird den Schülerinnen und Schülern die Auseinandersetzung mit diesen für unsere Zukunft wichtigen Problemen erleichtert; über die Ich-Erzählerin werden ihnen fiktiv Argumente und Einsichten eines Klons zugänglich gemacht. Die Identitätsfindung eines Menschen, ein weiteres Thema des Romans, das eng mit dem des Klonens verknüpft ist, spricht Jugendliche dieser Jahrgangsstufe besonders an. Bei der Untersuchung der Verfilmung werden den Schülerinnen und Schülern die jeweils besonderen Ausdrucksmöglichkeiten der Medien Film und Buch verdeutlicht.

Das erste Teilkapitel („**Charlotte Kerner: ‚Blueprint Blaupause' – Handlung, Erzählperspektive und Motive im Roman untersuchen**") beschäftigt sich mit Untersuchungen zur Erzählstrategie in dem Roman und mit Recherchen zum thematischen Hintergrund. Über eine aspektorientierte Analyse von Romanauszügen finden die Schülerinnen und Schüler einen Zugang zu dem Buch. Schwerpunkt ist hierbei das Verhältnis zwischen Mutter (Iris) und Tocher (Siri) im Zusammenhang mit der besonderen Problematik des Klonens und der Identitätsfindung. Um eine selbstständige Auseinandersetzung mit dem Thema „Klonen" zu ermöglichen, wird darüber hinaus die Argumentation eines Sachtextes analysiert und zur eigenständigen Recherche nach weiterem aufschlussreichem Material angeregt.

Im zweiten Teilkapitel („**Die Kamera als Erzählerin – Die Sprache des Films**") steht die Verfilmung des Romans im Zentrum. In Anwendung ihrer Kenntnisse über filmsprachliche Mittel können die Schülerinnen und Schüler die besonderen Darstellungsmöglichkeiten des Mediums Film in den Blick nehmen. Die Exposition und eine Schlüsselszene des Films werden in ihren Wirkungsabsichten untersucht. Durch Vergleiche zentraler Aspekte wie z. B. der Leitmotive in den beiden Medien Buch und Film vertiefen die Schülerinnen und Schüler ihre Einsichten über unterschiedliche Rezeptionsweisen.

Das letzte Teilkapitel („**Roman und Film in der Rezeption – Rezensionen untersuchen**") knüpft an die Ergebnisse des ersten und zweiten Teilkapitels an. Die Schülerinnen und Schüler sollen zu einer eigenständigen Beurteilung des Films kommen und diese in Form einer Rezension abfassen. Dafür untersuchen sie zunächst eine Buchbesprechung des Romans und setzen sich mit Zitaten aus einer weiteren Rezension auseinander. Abschließend wird das Schreiben einer Filmrezension eingeübt.

Weiteres Übungsmaterial zu diesem Kapitel

Übungsmaterial im „**Deutschbuch Arbeitsheft 9**"
– Erzähltexte erschließen: S. 70–74

11 „Blueprint Blaupause" – Roman und Film im Vergleich

	Inhalte	Kompetenzen
S. 227	**1.1 Charlotte Kerner: „Blueprint Blaupause" – Handlung, Erzählperspektive und Motive im Roman untersuchen**	Die Schülerinnen und Schüler können – die Wirkung von Buchcover und Filmbildern beschreiben; – die Funktion des Prologs im Roman erläutern; – Romanauszüge aspektorientiert analysieren und dabei Fachbegriffe korrekt anwenden;
S. 228	Ein Klon entsteht – Handlung und Erzählperspektive im Roman	– Erzählform, Erzählperspektive und Erzählverhalten bestimmen; – Wirkung und Funktion des Wechsels von Erzählform, Erzählperspektive und Erzählverhalten erläutern;
S. 232	Das Verhältnis zwischen Mutter und Tochter – Leitmotive untersuchen	– Leitmotive im Roman aufzeigen und ihre Bedeutung bestimmen;
S. 236	Sachtexte zum Thema „Klonen" – Hintergründe des Romans recherchieren	– selbstständig über das Thema „Klonen" recherchieren und Informationen auswerten; – einem Sachtext Informationen entnehmen;
S. 236	Dan W. Brock **Auch ein Klon ist frei geboren**	– die Argumentationsstruktur eines Sachtextes bewerten; – zu einem Thema begründet Stellung nehmen; – Argumente zu unterschiedlichen Positionen sammeln, einen eigenen Standpunkt einnehmen und eine eigene Argumentation aufbauen.
S. 239	**11.2 Die Kamera als Erzählerin – Die Sprache des Films**	Die Schülerinnen und Schüler können – die unterschiedliche Wirkung verschiedener Kameraeinstellungen und -perspektiven beschreiben; – filmsprachliche Mittel in ihrer Wirkung untersuchen;
S. 240	Die Funktion der Exposition	– die Funktion einer Exposition im Film erläutern;
S. 241	Den gesamten Film untersuchen	– Aspekte für eine Filmuntersuchung benennen und für eine eigenständige Filmanalyse nutzen; – Ergebnisse einer Filmanalyse präsentieren;
S. 243	Eine Schlüsselszene erschließen	– eine Schlüsselszene im Hinblick auf ihre Funktion im Gesamtfilm untersuchen.
S. 244	**11.3 Roman und Film in der Rezeption – Rezensionen untersuchen**	Die Schülerinnen und Schüler können – die Struktur einer Buchrezension beschreiben und die Argumentation erläutern; – begründet zu Argumentationen in Rezensionen Stellung nehmen; – Unterschiede zwischen Buch- und Filmrezension benennen; – eine eigene Filmrezension abfassen.

11.1 Charlotte Kerner: „Blueprint Blaupause" – Handlung, Erzählperspektive und Motive im Roman untersuchen

S. 227

1 *Abgebildet sind das Buchcover (identisch mit dem Cover der DVD) und drei Filmbilder.*
- *Das Buchcover zeigt ein Porträt der Hauptfigur in Großaufnahme (ein Bild aus dem Film: Iris, gespielt von Franka Potente). Das Gesicht der Frau erscheint im Hintergrund noch einmal, in den Farben schwächer. Es kann sich um eine Spiegelung handeln. Man wird als Betrachter auf das Hauptthema des Romans gelenkt. Es besteht auch die Möglichkeit, dass es eine zweite Person gibt, die genauso aussieht wie die im Vordergrund abgebildete.*
- *Filmbild rechts oben: Ein Affe spiegelt sich im Wasser.*
- *Filmbild Mitte: Ein Mädchen und eine junge Frau (Mutter und Tochter, Iris und Siri) sind als Spiegelbild zu sehen. Sie tragen beide eine ähnliche Frisur, ein ähnliches Kleid (nur in einer anderen Farbe) und die Ähnlichkeit zwischen beiden ist beeindruckend. Perspektive: leichte Untersicht. Kameraeinstellung: Nahaufnahme.*
- *Filmbild unten: Ein Kind (Siri) sitzt vor einem Flügel. Ihr Gesichtsausdruck zeigt, dass sie ängstlich oder bedrückt ist. Das Klavier („Mister Black") ist ein Leitmotiv in Roman und Film. Kameraeinstellung: Nahaufnahme. Durch die Bildaufteilung (Kind nur im linken Drittel) wirkt das Kind klein und zart.*

2 *Das Erkennen der eigenen Person im Spiegel setzt ein Bewusstsein von sich selbst voraus. Kleine Kinder besitzen diese Fähigkeit erst mit zwei bis vier Jahren (erstes Erkennen ab 18 Monaten, ein Ich-Bewusstsein folgt erst später).*

3 *Kleine Kinder mit einem Farbklecks auf der Nase reagieren – das haben Experimente gezeigt – erst ab einem Alter von ca. 18 Monaten auf ihr Spiegelbild so, dass deutlich wird, dass sie sich selbst erkennen. Spiegeltests mit Tieren haben ergeben, dass allein Orang-Utans und andere Primatenarten in der Lage sind, ihr eigenes Spiegelbild zu erkennen (woraus Forscher eine höhere Intelligenz dieser Tiere ableiteten). Demnach ist das Ich-Bewusstsein also eine Fähigkeit, die sich in der Evolution erst spät herausgebildet hat. Informationen zu Spiegeltests mit Tieren können die Schülerinnen und Schüler selbstständig in Lexika und im Internet recherchieren. Einige Quellen:*
- *http://de.wikipedia.org/wiki/Spiegeltest*
- *www.3sat.de/3sat.php?http://www.3sat.de/nano/cstuecke/39774/*

Ein Klon entsteht –
Handlung und Erzählperspektive im Roman

Charlotte Kerner
Blueprint: Prolog

1 a) Der Prolog zum Roman „Blueprint" liefert eine ganze Reihe von Hinweisen auf die Hauptfiguren. Die Leser, die von der Erzählerin direkt angesprochen werden („erwartet keine …", Z. 1 f.), werden aber auch über vieles noch im Unklaren gelassen. Hinweise zur Handlung sind kaum zu entnehmen. Die Erzählerin erwähnt nur ein Ereignis aus der Vergangenheit (als sie sieben war, durfte sie auf dem Flügel spielen, Z. 15 f.) und schreibt, dass sie ihre Geschichte erzählen will. Der Prolog erfüllt somit eher die Funktion, zum Lesen zu motivieren, als dass er tatsächlich in die Handlung einführt.

b) Dieser Prolog lässt vieles im Unklaren. Wer ist die Ich-Erzählerin? In welcher Beziehung steht sie zu der erwähnten „Iris"? Unter dem Begriff „Mutterzwilling" vermag man sich nur wenig vorzustellen. Warum urteilt die Erzählerin so hart über Iris? Wieso bezeichnet sie sich als „Überlebende"? Ist ein Unglück geschehen? Man fragt sich, was dazu geführt hat, dass die Ich-Erzählerin nicht mehr Klavier spielen will, und was sie veranlasst, ihre Geschichte zu erzählen. Unverständlich sind auch ihre Ausführungen über die Begriffe „Klon", „Blaupause", „Blueprint" und „Kopie".

2 Folgende Informationen werden über die Hauptfiguren gegeben:
– Iris ist der „Mutterzwilling" (Z. 11) der Ich-Erzählerin. Sie ist vor zwei Wochen gestorben (Z. 10, 21). Schon in der ersten Zeile des Romans wird eine negative Eigenschaft von Iris benannt: Rücksichtslosigkeit (Z. 1), später wird sie als „vermessen" bezeichnet (Z. 35) – eine Person, die sich nach Aussage der Erzählerin sogar als „Göttin" überhöhte (Z. 36). Bei den Aussagen über Iris muss jedoch beachtet werden, dass sie alle von der Ich-Erzählerin stammen.
– Über die Ich-Erzählerin sind dem Prolog folgende Informationen zu entnehmen: Sie ist zweiundzwanzig Jahre alt (Z. 6), geboren im Jahr „null" (Z. 36 f.). Sie nennt sich selbst „Blueprint" (Z. 30).

3 Begriffsdefinitionen:
– Klon: durch Klonen, also durch ungeschlechtliche Vermehrung, erzeugte, genetisch identische Kopie von Lebewesen, hier: ein durch künstliche Vermehrung entstandener Mensch;
– Kopie: Abschrift, Durchschrift eines Textes; Nachbildung (z. B. eines Gegenstandes oder eines Kunstwerks); fotografisch hergestelltes Doppel eines Films;
– Blaupause: Kopie einer Vorlage (z. B. eines Bauplans) auf bläulichem Papier.

4 a) Siri versteht das Schreiben als einen Akt des Sich-selbst-bewusst-Werdens, der Identitätsfindung. Indem sie sich beim Schreiben erinnert und über die beschriebenen Ereignisse reflektiert, verarbeitet sie auch die Tatsache, ein Klon ihrer Mutter zu sein. (Siri spürt im Fortgang des Romans vor allem auch Situationen und Phasen in ihrem Leben nach, in denen sie sich als eigenständig erwies, in denen sie dagegen rebellierte, bloße „Wiederholung", bloßes Abbild der Mutter zu sein.)

b) Die Schülerinnen und Schüler können darüber reflektieren, was das Schreiben für Siri bedeutet, ob es ihr gelingen kann, „sich neu zusammenzusetzen" und sich dadurch als eigenständiger Mensch zu begreifen. Den Ausdruck „Klonen" für das Schreiben benutzt Siri, weil dadurch natürlich aus ihr kein neuer Mensch wird, sie kann auch ihr Leben nicht noch einmal beginnen. Sie kann aber durch Verstehen und Distanz zu neuen Erkenntnissen über sich selbst gelangen. Wie bei einem Klon entsteht nicht etwas völlig Neues, aber auch nicht etwas völlig Identisches.

Charlotte Kerner
Blueprint (1)

1 Als Iris Sellin erfährt, dass sie an multipler Sklerose erkrankt ist, wird ihr ihre eigene Sterblichkeit und Vergänglichkeit plötzlich sehr bewusst. Sie bereut auf einmal, dass sie keine Kinder hat, und entwickelt den Gedanken, dass sie in einem Kind in gewisser Weise weiterleben könnte (Z. 63–72).

2 Siri spricht einerseits nüchtern über das Klonen (z. B. Z. 8–13). Andererseits äußert sie sich aber auch gefühlsmäßig über die Folgen, die das Geklontsein für sie hat. Sie bezeichnet das, was sich in ihr abspielt, als „Horror" (Z. 13–16). Sie fühlt sich – nach dem Tod ihrer Mutter – allein und verzweifelt (Z. 2–3). – Nach Passagen, in denen Siri scheinbar neutral berichtet, folgt ein bitterer, emotionsgeladener Vorwurf an die Mutter (Z. 89–103): Iris habe sich nur klonen lassen, um sich selbst im Klon noch einmal zu schaffen. Daher bezeichnet die Erzählerin die Mutter auch als „Frau, die sich für eine Göttin hielt" (S. 228, Z. 36).

3 Siri kündigt den Lesern an, dass sie „meine Geschichte unseres Lebens" (also ihre eigene, eng mit der der Mutter verknüpfte Lebensgeschichte) schreiben will (Z. 18), die wegen der besonderen Situation als Klon keine „normale Biografie" (Z. 26) sein kann. Siri behauptet nämlich, dass sich ihre Geschichte zusammensetzt aus Erinnerungen und dem, was ihr erzählt wurde (wie bei einer „normalen" Biografie), dass sie aber darüber hinaus als Klon von Iris auch deren Gedanken erspüren, gleichsam in „Haut und Hirn" von Iris schlüpfen kann (Z. 29–34). Siri glaubt, die „Wahrheit" schreiben zu können. Dass sie meint, auch aus der Sicht anderer Personen bzw. eines Erzählers berichten (Z. 34–36) zu können, auktorial schreiben und eine neutrale Erzählposition einzunehmen zu können, mag den Leser vielleicht skeptisch stimmen – Siri ist ja zugleich auch erlebendes und erzählendes Ich. Widersprüche im Erzählten zeigen an, dass die Erzählerin selbst keine objektive Informationsquelle sein kann. So spricht sie z. B. widersprüchlich über ihre Gefühle angesichts des Todes der Mutter. (Ein Indiz dafür, dass Siri doch hauptsächlich **ihre** Sicht der Dinge darlegen will, ist im Fortgang des Romans die Tatsache, dass sie die Tagebücher von Iris im Altpapierreißwolf vernichtet, ohne sie gelesen zu haben; vgl. in der Buchausgabe S. 163).

4 a) Im Romanausschnitt wechseln die Erzählform und die Erzählhaltung:
– Z. 1–39: zunächst Ich-Form, personales Erzählverhalten, Erzählhaltung: emotional (z. B. Z. 13–16);
– 40–88: Er/Sie-Form, auktoriales Erzählverhalten, Erzählerbericht, neutrale Erzählhaltung;
– ab Z. 89: Du-Form, personales Erzählverhalten, neutrale, teilweise kritische Erzählhaltung. (In Z. 34 ff. dieses Textauszugs kündigt sich an und an späteren Textstellen [z. B. S. 234 im Schülerband, Z. 124 ff.] wird deutlich, dass die Ich-Erzählerin auch in der dritten Person über sich selbst berichtet. Dies ist in einem eigentlich autobiografischen Text ein erzählerischer Kunstgriff, ein „Trick", der dem Erzählten scheinbar mehr Objektivität verleiht.)

b) Im weiteren Verlauf des Romans wird es dem Leser schwerfallen zu glauben, dass Siri wirklich immer auch Iris' Gedanken kennt. Es gibt keine Stelle im Roman, an der der Leser aus zuverlässiger Quelle etwas über die Gedanken von Iris erfährt; er muss sich ganz auf die Aussagen von Siri verlassen. In den ersten Erzählabschnitten ist aber schon deutlich, dass Siris gesamte Erzählung als Vorwurf gegenüber der Mutter verstanden werden kann und sie somit als Betroffene gar nicht „neutral" oder aus der Sicht von Iris zu erzählen vermag.

5 Daran, wie Siri den Begriff „Wahrheit" (Z. 20 ff.) problematisiert, kann man erkennen, dass sie sich bewusst ist, dass es eigentlich mehrere „Wahrheiten", mehrere Sichtweisen auf das Geschehen gibt. Es kann keine objektive Wahrheit im Hinblick auf die Beurteilung eines Geschehens geben.

Charlotte Kerner
Blueprint (2)

1 Siri präzisiert ihren Vorwurf, den sie schon an früherer Stelle formuliert hat (vgl. oben die Ausführungen zu Aufgabe 4): Sie bezeichnet ihre Mutter als selbstsüchtig (Z. 11), als einen Menschen, der nur sich selbst liebt (Z. 8–10, 12), der vermessen (Z. 23) ist. Daher sei es geradezu folgerichtig, dass sie sich klonen ließ. Nur diese Form der Vermehrung ohne Partnerschaft entspreche dem Egoismus und der Selbstliebe der Mutter (Z. 4–10). Siri erzählt davon, dass sie ihre Mutter sogar mit diesem Vorwurf konfrontiert habe und Iris darauf nur ihren Egoismus bestätigt habe (Z. 13–18).

2 Vorschlag für ein Tafelbild:

Mögliche Argumente für und gegen das Klonen

Pro	Kontra
- verständlicher Wunsch nach einem Weiterleben - Erwachsene könnten sich oder andere klonen wollen, um „perfekte" Kinder nach Wunsch zu erhalten.	- Menschen sind einmalig. - Man weiß heute noch nicht, ob menschliche Klone überhaupt lebensfähig wären. - Man weiß nicht, ob durch die genetische Doppelung nicht Krankheiten entstehen könnten. - Die seelischen Auswirkungen auf einen Menschen, der geklont wurde und sich dessen bewusst ist, können nicht wirklich beurteilt werden. - Es könnten Menschen mit bestimmten Eigenschaften geklont werden - so, wie sie gerade gebraucht werden (z. B. mit besonderen Kampfeigenschaften als Soldaten).

3 Siri versucht, den Klonvorgang, durch den ihr eigenes Leben entstand, so zu vermitteln wie in einem Bericht aus einem Forschungslabor (Z. 58 bis zum Ende). Es gibt aber Textstellen, die verraten, dass sie den ganzen Vorgang doch nicht nüchtern und unbeteiligt beschreiben kann. Diese Textstellen sollten von den Schülerinnen und Schülern auf einer Kopie des Textes markiert und beurteilt werden, z. B.:
− „Eizelle mit dem reinen Iris-Programm" (Z. 62 f.);
− „Kern aller Dinge" (Z. 63 f.);
− „um die Lebensuhr mit dem Fisher'schen Verfahren anzuschalten" (Z. 67 f.);
− „die Schicksalsfäden" (Z. 94);
− usw.

4 a) Die Halb- oder Zwillingsbrüder Castor und Pollux (lateinische Namensfassung) sind in der griechischen Mythologie Söhne des Zeus. Sie werden auch als Dioskuren bezeichnet. Einer Sage nach trauerte der unsterbliche Pollux so sehr um seinen im Kampf verstorbenen Bruder Castor, dass er seinen Vater bat, ihm seine Unsterblichkeit zu nehmen. Die Zwillingsbrüder gelten daher als Sinnbild für Bruderliebe und Unzertrennlichkeit. Daraus bildete sich sogar eine Redewendung: „unzertrennlich wie Castor und Pollux", womit man eine besonders enge Beziehung bezeichnet. Nach Castor und Pollux wurde auch das Sternbild Zwillinge benannt.
Informationen findet man in Lexika, im Internet, in Büchern über griechische Mythologie.

11 „Blueprint Blaupause" – Roman und Film im Vergleich

b) *Korrekte Reihenfolge der Überschriften aus dem Roman:*
   - *Doppelgöttin (Das Jahr Null)*
   - *Einklang (Kindheit I)*
   - *Duett (Kindheit II)*
   - *Zwietracht (Jugend I)*
   - *Zweikampf (Jugend II)*
   - *Doppelleben (Das zweite Jahr Null)*
   - *Pollux seul (Zehn Jahre später)*

   Der zweite Teil der Überschrift erleichtert jeweils die zeitliche Einordnung.

c) *Das „Jahr Null" bezeichnet die Zeit, als Iris zum ersten Mal an die Möglichkeit dachte, sich klonen zu lassen, bis hin zu Siris Geburt. Die folgenden Überschriften geben im zweiten, in Klammer stehenden Teil Entwicklungsstadien in Siris Leben an, z. B. Kindheit (zwei Abschnitte) und Jugend (zwei Abschnitte). Im „zweiten Jahr Null" stirbt Iris und Siri fühlt sich zum ersten Mal als wirkliches „Ich".*

d) *Die ersten Teile der Überschriften zeigen die Entwicklung in der Beziehung an, die hier dem Roman folgend skizziert wird:*
   - *Nach dem Klonen (als die „Göttin" Iris sich klonen ließ) herrschte während Siris Kindheit zunächst* **„Einklang"**: *Siri bewunderte ihre Mutter, auch für sie spielt Musik eine große Rolle. Iris möchte, dass Siri wie sie eine große Pianistin wird (S. 50 in der Buchausgabe; auch die folgenden Seitenzahlen beziehen sich auf diese Buchausgabe: Charlotte Kerner: Blueprint Blaupause. Beltz & Gelberg, Weinheim/Basel 1999), und Siri darf ab dem siebten Lebensjahr auf dem großen Flügel spielen (S. 62). Siri freut sich über Sätze der Mutter wie „Du bist mein Leben" und sehnt sich danach, mit der Mutter im Duett spielen zu dürfen. Im Grunde genommen wird Siri aber von einer Kinderfrau großgezogen; die Mutter hat meistens keine Zeit für sie.*
   - *In den folgenden Jahren wird die Beziehung zwischen Mutter und Tochter immer enger (vgl. S. 73 oben). Iris widmet ihrer Tochter die Partitur einer Oper (S. 80), Iris und Siri treten bei einem Konzert im* **Duett** *auf (S. 82 ff.). Am Ende des Kapitels bahnen sich allerdings bereits Probleme an: Die vierzehnjährige Siri beginnt, sich auszuprobieren. Sie „vertritt" ihre Mutter am Krankenbett ihrer Großmutter, indem sie so tut, als sei sie Iris. Sie nimmt also den Platz von Iris ein (S. 91), und Iris freut sich sogar darüber.*
   - *Im Kapitel* **„Zwietracht"** *bricht die (scheinbare) Harmonie auf und Siri beginnt, mit ihrer Mutter zu konkurieren. Sie „vertritt" wieder ihre Mutter, dieses Mal gibt sie sich gegenüber dem Freund der Mutter als Iris aus und trifft sich mit ihm (S. 106). Siri hat sich in ihn verliebt, möchte auch eine sexuelle Beziehung und ist verärgert und traurig, als er sie doch erkennt (S. 107–108).*
   - *Von nun an entwickelt sich die Mutter-Kind-Beziehung zu einem* **Zweikampf**, *der seinen Höhepunkt bei Siris Debütkonzert hat: Siri versagt (S. 113 ff.), danach spielt Iris selbst, vom Publikum aufgefordert. „Es war wie bei einem Bild. Selbst eine noch so perfekte Kopie ist nichts wert und überstrahlt nie das Original", stellt Siri resigniert fest (S. 117). Sie versucht, sich von Iris zu lösen.*
   - *Als* **„Doppelleben"** *wird die Zeit bezeichnet, in der es Iris gesundheitlich immer schlechter geht. Siri ist mittlerweile 18, leidet unter ihrem Klon-Sein, aber kann sich auch nicht richtig davon lösen. So vergleicht sie z. B. immer wieder ihr Spiegelbild mit Fotos der Mutter, als diese in ihrem Alter war (S. 143). Das Doppelleben endet mit Iris' Tod. Siri ist 22 Jahre alt, und trotz ihrer Trauer über den Tod der Mutter heißt es auch: „Doch Siri weinte auch aus Freude, endlich allein leben zu dürfen." (S. 155) Das Todesjahr bezeichnet Siri folgerichtig als „das zweite Jahr Null", in dem für sie ein neues Leben beginnt (S. 155).*
   - *Im Kapitel* **„Pollux seul"** *(auf Deutsch: Pollux allein) berichtet schließlich die mittlerweile 31-jährige Siri von ihrer weiteren Entwicklung in den zehn Jahren nach Iris' Tod. „Pollux seul" nennt Siri auch eine von ihr geschaffene Installation (S. 171).*

Das Verhältnis zwischen Mutter und Tochter – Leitmotive untersuchen

Charlotte Kerner
Blueprint (3)

1 a) (Vgl. oben die Ausführungen zu Aufgabe 4d) Als Kind spielt Siri mit der Mutter das Ichdu-Spiel und begreift noch nicht, welche Probleme das Klon-Sein für ihre eigene Identität mit sich bringt. Im Nachhinein beurteilt sie auch diese scheinbar glückliche Phase negativ. Sie sei nur wie ein „dressierter Papagei" (Z. 77) oder wie ein „abgerichteter Affe" gewesen (Z. 78). Bitter erinnert sie sich: „Es war von Anfang an immer nur sie, die aus mir sprach." (Z. 86/87) In der Pubertät bekommt Siri Angst vor der großen Ähnlichkeit (bzw. Gleichheit) mit der Mutter (Z. 101–107). Psychische Probleme setzen ein („Meine Seele krankte an Iris und suchte Siri", Z. 115/116), die zu einem Zusammenbruch führen, als sie vierzehn ist. Solange Iris lebt, findet Siri nicht wirklich zu einer eigenen Identität (vgl. Z. 156–158).

b) Mögliche grafische Darstellungen/Beziehungsdiagramme, die die Entwicklung verdeutlichen:

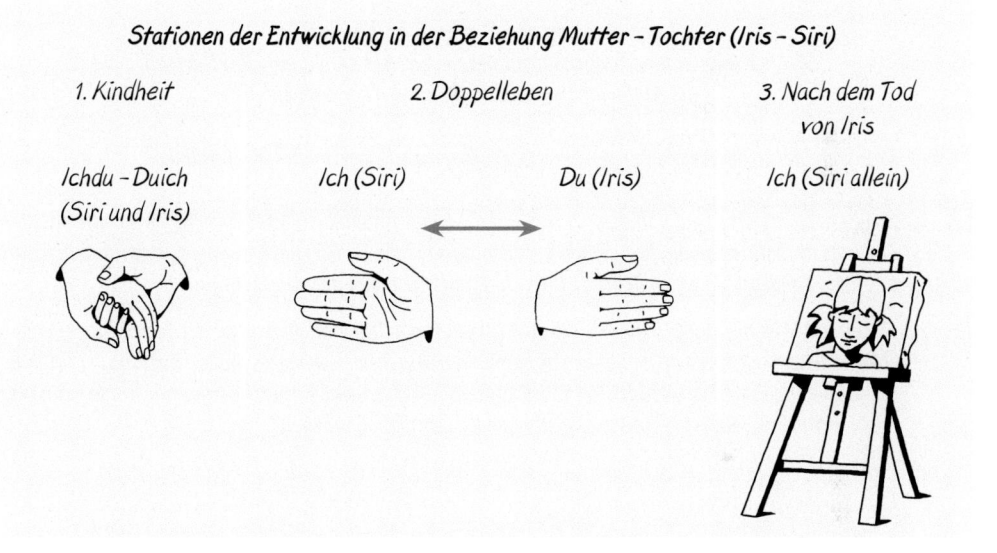

Stationen der Entwicklung in der Beziehung Mutter – Tochter (Iris – Siri)

1. Kindheit	2. Doppelleben	3. Nach dem Tod von Iris
Ichdu – Duich (Siri und Iris)	Ich (Siri) ↔ Du (Iris)	Ich (Siri allein)

Erklärung:
1. In der Kindheit herrscht Harmonie zwischen Iris und Siri (Ichdu-Spiel). Das Kind hat Freude an der Ähnlichkeit bzw. Identität mit der Mutter. Sie reichen sich vor dem Spiegel die Hände (vgl. das Symbol).
2. Seit der Pubertät hat Siri Probleme, ihre Identität zu finden. Sie erschrickt, als sie im Spiegel nur noch ihre Mutter sieht, wenn sie sich selbst betrachten will. Sie möchte aber fortan manchmal sein wie die Mutter und imitiert sie. Als die Mutter im Sterben liegt, hat Siri auch Angst, sich selbst zu verlieren.
3. Nach dem Tod der Mutter („Pollux seul") hat Siri eine eigene Identität gefunden. Auch künstlerisch ist ihr die Befreiung von der Mutter gelungen: Sie hat Erfolg als Malerin.

Die Entwicklung lässt sich auch als Flussdiagramm darstellen, das sich stärker auf die Abfolge in der Handlung bezieht:

Kindheit:
Harmonie zwischen Iris und Siri (Ichdu-Spiel)

↓

Pubertät I:
zunehmende Probleme mit der Identitätsfindung
(äußeres Anzeichen für Siris psychische Probleme: Ohnmacht)

↓

Pubertät II:
Siri erschrickt, wenn sie im Spiegel nicht sich selbst findet.
Sie probiert aber aus, wie es ist, so wie ihre Mutter zu sein, und imitiert sie.

↓

Nach dem Tod der Mutter („Pollux seul"):
Siri hat ihre eigene Identität gefunden. Sie hat sich auch künstlerisch
als Malerin vom Vorbild ihrer Mutter befreit.

c) Vgl. auch hierzu die Ausführungen oben zu Aufgabe 4d, S. 240 in diesem Handbuch.

2 a) Siri ist noch ein Kind und hält diese Aussage der Mutter für ein lustiges (Wort-)Spiel. Sie nimmt daher auf, was die Mutter gesagt hat: „Ichdu", „duich", und lacht. Siri verhält sich auch ganz natürlich, so wie jedes Kind, als sie Angst um die Mutter hat und nicht will, dass diese einmal stirbt.

b) Die Pubertät ist die Phase, in der sich die Ich-Identität von Jugendlichen ausbildet. Jugendliche versuchen in dieser Zeit, sich von den Eltern abzugrenzen und zu sich selbst zu finden. Ein Hinweis auf die Identität von Ich und Du, von Iris und Siri, kann daher die eigene Entwicklung nur behindern und die Ausbildung eines Selbst-Bewusstseins stören oder unmöglich machen.

c) Den Satz der Mutter: „Weil es dich gibt, sterbe ich nie. Denn ich bin du, und du bist ich." (Z. 53–55) kann Siri noch nicht in seiner ganzen Tragweite verstehen, da sie noch ein Kind ist. Später, ab der Pubertät, wird es für sie problematisch, dass sie sich gar nicht als eigenes „Ich" fühlen kann. Da Iris sich geklont hat, wird sie immer ein Teil von Siri sein.

4 Der Roman „Blueprint" enthält eine ganze Reihe von Leitmotiven, die sich aufeinander beziehen. Die auf der Grundlage der bisher gelesenen Romanauszüge erarbeitete Tabelle könnte z. B. so aussehen:

Motiv	Textstelle	Bedeutung
Klavier	S. 228, Z. 12–23	Siri reflektiert über die Bedeutung von „Mr Black" für sie. Sie will nie wieder Klavier spielen.
Spiegel	S. 232, Z. 3–16	Beschreibung des Spiegeltests und seiner Deutung (= Vorhandensein von Selbst-Bewusstsein).

Motiv	Textstelle	Bedeutung
Spiegel	S. 233, Z. 26 ff.	Ichdu-Spiel vor dem Spiegel.
	S. 234, Z. 101-112	Siri sieht im Spiegel nur ihre Mutter, Hinweis auf ihre Identitätsprobleme.
	S. 234, Z. 145-149, 159-160	Siri steht vor dem Spiegel und imitiert Iris.
Zwillings-motiv	S. 228, Z. 11	Siri bezeichnet ihre Klonmutter als „Mutterzwilling" (an anderer Stelle als „Muzwi"). Die Wortneuschöpfung verweist auf die enge und besondere Bindung der beiden.
	S. 229, Z. 13	Das Wort „Einling" als Analogiebildung zu „Zwilling" wird von Siri für normal gezeugte Menschen benutzt.
	S. 229, Z. 27 ff.	Iris ist zugleich Siris Mutter und (Zwillings-)Schwester.
	S. 231, Z. 42-50	Verweis auf die Bedeutung des Zwillingsmotivs in der Mythologie (= übernatürliches Zeichen, bedeutet Glück oder Unglück).
	S. 234, Z. 124/125	Mit einsetzender Pubertät bekommt Siri Probleme. Die „Zwillingsharmonie" bricht auseinander.
Ichdu-Spiel	S. 233, Z. 19-25	Das Ichdu-Spiel verweist – zunächst kindlich-spielerisch – auf die Identität zwischen Original und Klon.
	S. 233, Z. 26-55	Ablauf des Ichdu-Spiels mit Deutung durch Iris (wenn man sich geklont hat, stirbt man nie).
	S. 233, Z. 56-62	Folgen der Ichdu-Identität für den Klon Siri (auch nach dem Tod von Iris).
Farbe Blau	S. 228, Z. 30-39	Siri erklärt, warum sie sich selbst „Blueprint" nennt und warum Blau ihre Lieblingsfarbe ist.
	S. 229, Z. 39	Der Zeugungsvorgang (= Klonvorgang) findet in blauem Laborlicht statt.
Musik	S. 231, Z. 33-36	Zur Erreichung ihres Ziels setzt Iris „schmeichelnde Töne" ein wie bei einer Komposition zum Hervorrufen von Emotionen.
	S. 233, Z. 62-83	Siri reflektiert darüber, ob sie zum Klavierspiel gezwungen und „dressiert" worden sei oder ob sie die Begabung geerbt habe.
	S. 234, Z. 119-121	Siri tritt in die Fußstapfen ihrer Mutter.
	S. 234, Z. 129-130, 143-144	Der „schreckliche Akkord", der „misstönende Akkord" verweist auf den sich anbahnenden Zwist zwischen Mutter und Tochter.

4 / 5 Der gesamte Roman „Blueprint" enthält zahlreiche immer wiederkehrende Wendungen und Leitmotive, die eng miteinander verknüpft sind. Die Schülerinnen und Schüler müssen bei der Deutung der Leitmotive und bei der Bestimmung der Funktion der Wiederholungen jeweils ganz genau auf den Kontext achten. Da es eine Fülle von Textstellen gibt, die angeführt und gedeutet werden können, bietet es sich an, diese Aufgabenstellung zum Gesamtroman in Partner- oder Gruppenarbeit zu lösen.

Leitmotive im Roman sind u. a. der Spiegel oder der Flügel „Mister Black"; oft kommt der Satz vor: „Du bist mein Leben" (z. B. S. 58 in der Buchausgabe), er muss aber aus dem Textzusammenhang heraus immer wieder anders verstanden werden: zunächst als Ausdruck der besonderen Bindung von Iris zu Siri, dann jedoch zunehmend als Bedrohung von Siris Individualität.

Folgende Leitmotive durchziehen den gesamten Roman:
- **Klonen** und **Klon** gehören zu den Motiven, die angesichts der Hauptthematik des Romans am häufigsten vorkommen;
- auch die ähnlichen, aber von Siri anders definierten Begriffe (vgl. S. 9–10 in der Buchausgabe) **Blaupause** und **Kopie** tauchen häufig auf, ebenso der schon im Titel vorkommende Ausdruck **Blueprint**.

Als weitere Motive sind zu nennen:
- das **Zwillingsmotiv** (z. B. S. 9, 20, 22, 27, 35–36, 37, 39, 40, 43, 50, 64, 69, 74, 78, 85, 87, 89, 95, 96–101, 109, 115, 133 ff., 139–140, 150, 151, 155, 164, 172), auch in der Zusammensetzung „Zwillingsinsel" oder „Mutterzwilling" bzw. „Muzwi" (z. B. S. 71, 91);
- das **Ichdu-Spiel** (z. B. S. 50, 85, 92, 11, 114, 119, 142);
- die Göttin-Statue oder das **Göttin**-Motiv, auch als Doppelgöttin (S. 29, 93, 132, 164);
- der **Konzertflügel „Mr Black"** (z. B. S. 9, 31, 43–44, 46, 51, 54, 62–64, 93, 106, 118, 125, 135, 155, 156, 164, 172);
- **Musikstücke**, Kompositionen der Mutter, vor allem das Stück **„Tautropfen"** (z. B. S. 35, 36, 42, 44, 82, 117, 133, 156) und die Oper der Mutter (S. 65, 80);
- das **Spiegelmotiv** (z. B. S. 49, 50, 59, 76, 86, 88, 94, 104, 142, 143, 148, 154, 161);
- die **Farbe Blau** (kommt auch in „Blueprint" und „Blaupause" vor), z. B. S. 10, 12, 15, 46, 96, 102, 113, 126, 151, 157, 166).

Folgende Deutungen wären möglich (es werden jeweils nur einige zentrale Textstellen angegeben, unter Angabe der Seitenzahlen in der Buchausgabe):

Zwillingsmotiv
- S. 37: Siri beschreibt den Beginn ihres Klon- und Zwillingsdaseins als harmonisch. Am Anfang lebten Mutter und Tochter im Einklang.
- S. 96 ff.: Siri hat sich bei einem Treffen von echten Zwillingen angemeldet. Sie erkennt den Unterschied zwischen „echten" Zwillingen und ihrer Muzwi-Beziehung: Echte Zwillinge entwickeln sich miteinander, zwischen Iris und ihr herrscht dagegen ein Verhältnis von Vorbild und Abbild.
- S. 133 ff.: In Tagträumen von Siri wird deutlich, welche psychische Belastung die Zwillingsbeziehung zu ihrer Mutter für sie darstellt.

Deutung: Das Zwillingsmotiv ist von der Thematik des Klonens kaum zu trennen. Als Kind freut sich Siri über die Erkenntnis, dass ihre Mutter wegen des Klonens auch als Zwilling von ihr betrachtet werden kann. Sie erfindet das Wort „Muzwi" (Mutterzwilling) und fühlt sich oft als Einheit mit der Mutter auf einer „Zwillingsinsel". In der Pubertät ändert sich Siris Beziehung zur Mutter. Sie möchte sich eher von ihr lösen und empfindet das Zwillingsdasein als Last. Sie informiert sich später sogar auf einem Zwillingstreffen über echte Zwillinge.

Ichdu-Spiel
- *S. 50: Siri versteht die Aussagen der Mutter als Spiel.*
- *S. 92: Siri verliebt sich in denselben Mann wie ihre Mutter und das „Ichdu-Spiel" erhält eine neue Dimension. Siri gibt sich vor Kristian sogar als Iris aus. Ihr Spiel führt natürlich zum Streit mit der Mutter (S. 111).*
- *S. 142: Als Siri 18 und Iris krank ist, spielt Siri in Gedanken noch einmal das „Ichdu-Spiel". Sie hat Angst, sich nicht von Iris lösen zu können und mit ihr sterben zu müssen.*

Deutung: Das „Ichdu-Spiel" ist ein ganz zentrales Motiv, in dem sich die gesamte Problematik der Mutter-Kind- bzw. der Original-und-Klon-Beziehung widerspiegelt. Zunächst wird die Aussage der Mutter „Ich bin du und du bist ich" als Spiel aufgefasst. Siri kann in diesem Entwicklungsstadium noch nicht begreifen, welche Auswirkungen auf die Ausbildung ihrer eigenen Identität so eine Aussage und Auffassung hat. Wenn im weiteren Verlauf vom „Ichdu-Spiel" die Rede ist, zeigen sich darin Siris Verzweiflung und der Vorwurf, sich nicht von der Mutter lösen zu können.

Mr Black
- *S. 9: Als Siri sieben Jahre alt ist, taufen sie und Iris den Konzertflügel „Mr Black". Siri ist stolz darauf, auf ihm spielen zu dürfen. Sie eifert der Mutter nach.*
- *S. 31: Siri ist auch eifersüchtig auf den Flügel, denn nach langen Reisen geht die Mutter immer zuerst zum Flügel und nicht zu Siri.*
- *S. 93: Iris und Siri spielen im Duett am Konzertflügel. Es herrscht Eintracht zwischen ihnen.*
- *S. 124/125: Als es zu Auseinandersetzungen zwischen Siri und Iris kommt, schlägt Siri auf den Konzertflügel ein.*
- *S. 155: Als Iris tot ist, streicht Siri über den Flügel und spielt während der Totenfeier der Mutter darauf (S. 56).*

Deutung: An Siris Haltung gegenüber dem Konzertflügel „Mr Black" lässt sich ihre Haltung gegenüber ihrer Mutter ablesen: Sie möchte ihr zunächst nacheifern und auch eine große Pianistin werden, versucht sich dann immer mehr zu lösen, spielt auch nicht mehr Klavier – erst wieder auf der Totenfeier zu Ehren der Mutter. Sie bringt einen Flügel (nicht „Mr Black") in eine ihrer Installationen ein (S. 171/172).

„Tautropfen"
- *S. 35, 36: Iris spielt Siri als Baby immer die Komposition „Tautropfen" vor. Iris behauptet, in den ersten Tönen ihrer Tochter die Anfangstöne ihrer Komposition erkannt zu haben. Die erwachsene Siri hasst die Melodie.*
- *S. 42, 44: Als Siri zu krabbeln anfängt, wird das Stück uraufgeführt. Immer wenn Siri als Kind unruhig ist, wird ihr diese Komposition vorgespielt.*
- *S. 82: Im ersten gemeinsamen Konzert von Iris und Siri soll auch „Tautropfen" gespielt werden.*
- *S. 117: In Siris Debütkonzert spielt die kranke Iris nach Siris Versagen u. a. „Tautropfen".*
- *S. 133: Siri nimmt die Originalnoten von „Tautropfen", die ihre Mutter ihr zum Geburtstag geschenkt hat, und verarbeitet sie in einer Collage.*
- *S. 156: In der Totenfeier für Iris spielt Siri die „Tautropfen".*

Deutung: Auch in diesem Motiv spiegelt sich die Mutter-Tochter-Beziehung. Iris' Komposition „Tautropfen" begleitet Siris Leben bis zu Iris' Tod. Man könnte die Komposition auch als Ausdruck von Iris' Mutterliebe deuten (in der Schwangerschaft komponiert, dem Baby immer vorgespielt, der Tochter die Originalnoten geschenkt). Siri kann aber die Komposition irgendwann nicht mehr ertragen, weil sie daran erinnert wird, dass die Mutter immer „besser" ist als sie (auch Komponistin, nicht nur Pianistin). Außerdem zieht Siri Vergleiche zwischen dem Komponieren ihrer Mutter und ihrem Klonvorgang: Sie wirft der Mutter vor, sie „komponiert" zu haben wie ein Musikstück. Indem Siri die Originalnoten zu einer Collage verarbeitet, befreit sie sich künstlerisch von ihrer Mutter und schafft etwas Eigenes.

Spiegel
- S. 49: Siri erläutert die Bedeutung des Sich-selbst-Erkennens im Spiegel: Es ist ein Zeichen für das menschliche Bewusstsein. Sie erwähnt Spiegeltests mit Affen.
- S. 50: Das erste „Ichdu-Spiel" findet vor dem Spiegel statt. Iris zeigt ihrer kleinen Tochter, wie ähnlich sie sich sind, und Siri ist stolz darauf.
- S. 86: Mit dreizehn sieht Siri Ihre Mutter im Spiegel, wenn sie selbst hineinsieht. Sie bekommt Identitätsprobleme.
- S. 94: Für Iris ist Siri wie ein lebendiger Spiegel. Sie sieht sich selbst, nur jünger, schöner und gesund.
- S. 142: Siri ahmt vor dem Spiegel Iris nach.

Deutung: Die Spiegelszenen gehören zu den zentralen Textstellen des Romans. In einem Vergleich dieser Textstellen lassen sich Schlüssel für die Gesamtinterpetation finden. Während es zum Menschsein dazugehört, sich selbst im Spiegel zu sehen und zu erkennen, sieht Siri immer auch Iris, wenn sie in den Spiegel blickt. Die Spiegelszenen sind Ausdruck von Siris Identitätskrise als Klon. Sie macht eine lange Entwicklung durch, bis sie zu sich selbst finden und ein Selbst-Bewusstsein entwickeln kann. Richtig frei ist sie erst, als die Mutter tot ist.

Farbe Blau
- S. 96: Siri erläutert selbst die Bedeutung der Farbe Blau für sie.
- S. 113: Bei ihrem ersten Solokonzert trägt Siri ein blaues Kleid. Auch ihre Mutter hatte bei einem großen Konzert schon einmal ein blaues Kleid an, das Siri bewunderte (S. 46).

Deutung: Schon im Titel wird die Farbe Blau angesprochen. Blau ist die Lieblingsfarbe von Siri und Iris. Blau ist auch das Kleid, das Siri bei ihrem ersten Solokonzert trägt. Blau ist aber auch das Laborlicht, unter dem Iris geklont wird, graublau sind ihre Augen.

Sachtexte zum Thema „Klonen" – Hintergründe des Romans recherchieren

1 Die Aufgabe dient der Vorbereitung auf die Analyse des Textes von Dan W. Brock.
Zu den Begriffen:
- Klonen: das Erzeugen gleichartiger, genetisch identischer Nachkommen einer Zelle oder eines Organismus durch ungeschlechtliche Vermehrung;
- reproduktives Klonen: Klonen mit dem Ziel, einen lebensfähigen Organismus zu erzeugen (bisher nur bei Tieren);
- therapeutisches Klonen: Klonen mit dem Ziel, Zellen oder Gewebe zu züchten, die zur Transplantation und damit zur Therapie von Krankheiten genutzt werden können.

Dan W. Brock
Auch ein Klon ist frei geboren

S. 236

1 *Klärung der Fachbegriffe, z. B.:*
- *Stammzellen: undifferenzierte, noch keinem Zelltyp zuzuordnende Zellen;*
- *Genom: die im Chromosomensatz vorhandenen Erbanlagen.*

2 *Im Artikel von Brock wird deutlich unterschieden zwischen reproduktivem Klonen und therapeutischem Klonen. Dies muss auch bei der Auflistung der Argumente beachtet werden und in die Beurteilung von Brocks Meinung eingehen.*

a) *Vorschlag für ein Tafelbild:*

Argumente für und gegen das Klonen

Pro: therapeutisches Klonen	Kontra: reproduktives Klonen
– therapeutisches Klonen (Klonen embryonaler Stammzellen) dient Forschungszwecken	– reproduktives Klonen missachtet die Menschenwürde (Z. 1 f., Z. 43/44) – missachtet das Recht auf einmalige Identität (Z. 44, 60 f.) – missachtet das Recht auf eine offene Zukunft (Z. 45) – nimmt Individuen das Recht auf autonome Lebensgestaltung (Z. 2/3) – kann medizinische Risiken haben – verletzt Recht auf Unwissenheit (nach Jonas, Z. 92 ff.) – das geklonte Individuum könnte seelischen Schaden nehmen (Z. 135 f.) – das Klonen könnte den Wert der Person mindern (Z. 155–158) – es könnten ungute soziale Haltungen gegenüber dem Klon entstehen (Z. 173–177)

b) *D. W. Brock äußert seine Meinung gleich zu Beginn des Artikels: Er meint nicht, dass das reproduktive Klonen von vornherein gegen die Menschenwürde verstößt und den geklonten Menschen die Möglichkeit einer individuelle Entwicklung nimmt. Er ist zum gegenwärtigen Zeitpunkt aus medizinisch-ethischen Gründen allerdings gegen das reproduktive Klonen: Einem Klon seien die medizinischen Risiken nicht zumutbar (Z. 29–32). Brock sagt mit seinem Artikel nicht, dass er ein Befürworter des Klonens ist; er prüft aber Argumente der Klongegner und widerlegt sie mit Gegenargumenten. Dabei interessieren ihn vor allem Argumente, die sich auf geltende Rechtspositionen beziehen und die eine Rolle spielen würden, wenn das Klonen einmal erlaubt werden sollte. Es müsste dann geprüft werden, ob das Klonen gegen Menschenrechte (Recht auf Würde, Recht auf Identität und Recht auf eine offene Zukunft) verstößt.*

c) *Die Schülerinnen und Schüler können ihre eigene Meinung in der Auseindersetzung mit der Argumentation von Brock gewinnen. Sie können aber auch stärker auf andere Aspekte, z. B. auf das therapeutische Klonen, eingehen (auch wenn dies im Roman keine Rolle spielt).*

3 a) *Vergleich mit der Haltung, die in dem Roman „Blueprint" zum Ausdruck kommt: Charlotte Kerner stellt in ihrem Roman die Probleme und Risiken dar, die reproduktives Klonen für die Ausbildung von Identität und Individualität haben könnte. Brock argumentiert, dass die Ausbildung der Identität* *durch das Klonen nur gefährdet sei, wenn man davon ausgeht, dass es einen genetischen Determinismus gibt (Z. 80–81), dass nämlich alles, was ein Individuum ausmacht, also auch seine Eigenschaften und seine Biografie, mitgeklont würden, weil sie einzig durch die Gene bestimmt seien. Damit würden aber alle Einflüsse von Umwelt, Erziehung und Erfahrungen geleugnet. Hinweise auf mögliche seelische Schäden (wie im Roman angelegt) und gesellschaftlichen Druck hält er für Spekulationen.*

b) *Der Epilog des Romans (S. 174–177) verleiht Siris Lebensbericht scheinbare Authentizität. Es wirkt so, als sei Siri eine tatsächlich nachweisbare Person (vgl. die Funktion des Herausgebers in Goethes „Die Leiden des jungen Werthers"). Inhaltlich wird die Bedeutung von Siris Bericht hervorgehoben. Der Epilog kann als ein erstes Nachwort gedeutet werden. Im Nachwort von Charlotte Kerner aus dem Jahr 2003 (S. 178–184) stellt die Autorin und Wissenschaftsjournalistin dar, dass sie während ihrer Arbeit an dem Roman immer wieder mit neuen Berichten über Erfolge in der Klonforschung konfrontiert wurde. Sie zitiert aus Artikeln über das Klonen und vollzieht die öffentliche Diskussion über das Thema nach. In der Darlegung ihrer eigenen Meinung nutzt Kerner auch Argumente, die im Artikel von Brock vorkommen. Charlotte Kerner geht es vor allem darum, dass die Menschenwürde gewahrt bleibt.*

4 *Die zitierte Ausgabe des Romans (Beltz & Gelberg, Weinheim/Basel 2004) enthält Informationen über das therapeutische und das reproduktive Klonen („Was kann die Wissenschaft", S. 185–193).*

11.2 Die Kamera als Erzählerin – Die Sprache des Films

Informationen zu dem Film „Blueprint":
- Blueprint. Spielfilm 2003, Regie Rolf Schübel, Hauptrolle Franka Potente. 110 Min. Relevant Film. Als DVD erhältlich.
- Aufbereitet für den Unterricht: Blueprint. DVD-educativ. Matthias-Film GmbH 2005
- Gute Informationen über den Film bekommt man auf der Seite: www.blueprint-blaupause.de. Dort kann man sich auch ein Presseheft mit zusätzlichem Material herunterladen: www.blueprint-blaupause.de/material/Presseheft.pdf.
- Informationen zum Film enthält auch die zitierte Ausgabe des Romans auf S. 194–202.

1 Die Filmbilder stammen aus dem Vorspann des Films: S. 239
   (1) Ein Hirsch und eine Frau (diese von hinten) sind zu sehen. Halbnah/ Halbtotale.
   (2) Eine Frau (vermutlich die vom ersten Bild) verbirgt sich hinter Büschen, um zu fotografieren. Nahaufnahme, leichte Untersicht.
   (3) Ihr Motiv ist ein Wapitihirsch. Halbnah.
   (4) Der Kopf eines weißen Wapitihirsches wird von der Seite in Nahaufnahme gezeigt. Man kann quasi dem Hirsch ins Auge blicken. Nahaufnahme, Augenhöhe.
   (5) Großaufnahme der Frau. Ihr Gesichtsausdruck wird deutlich. Sie wirkt verärgert oder nachdenklich.
   (6) Ein Boot fährt durch eine Flusslandschaft. Die Einstellung „Weit" vermittelt einen Gesamtüberblick über die Landschaft. Aus leichter Untersicht nimmt der Betrachter das fahrende Boot in der oberen Bildhälfte wahr. Es entsteht der Eindruck, als fahre man dem Boot hinterher.

2 Die Aufnahmen strahlen sämtlich eine ruhige Stimmung aus. Alles ist in blau-grünen Farben gehalten, auch die Kleidung der Frau. Lediglich der weiße Hirsch fällt farblich auf. Man sieht viel Natur auf den Filmbildern.

3 a) Man sieht eine Frau, die einen Hirsch fotografiert und die sich hinter Büschen verbirgt, um die Tiere nicht aufzuscheuchen.

   b) Die Schülerinnen und Schüler sollen ruhig frei Vermutungen äußern:
     – Ist sie eine Touristin?
     – Eine Biologin?
     – Warum ist sie aber allein in der Wildnis?
     – Was hat es mit dem weißen Hirsch auf sich?

   c) Der Film soll offenbar nicht einfach mit der Handlung des Romans einsetzen. Fraglich ist auch, welcher Chronologie der Film folgen sollte. Der Roman beginnt mit einem Prolog und setzt dann in Rückblenden in der Zeit vor dem Klonen von Siri ein. – Der Film beginnt unmittelbar, wobei man die Szene zeitlich noch nicht zuordnen kann. Man weiß auch nicht, um welche Figur es sich handelt (Iris oder Siri). Die Naturdarstellungen strahlen Ruhe aus, verweisen aber vielleicht auch auf Einsamkeit.

11 „Blueprint Blaupause" – Roman und Film im Vergleich

Die Funktion der Exposition

1 b) Siri lebt zurückgezogen in einer kleinen Hütte in Kanada. Sie möchte morgens Wapitis fotografieren, als ein in der Nähe heranfahrendes Auto die Tiere verscheucht. Siri lernt Greg, den Fahrer des Autos, kennen. Er möchte mit ihr sprechen, aber sie läuft weg. In einem Laden trifft er sie später wieder. Siri erhält ein Päckchen; darin befinden sich ein kleines Rentier und ein Zettel mit der Aufschrift: „Siri komm zurück. Iris". Als Siri wieder zu Hause in ihrer Hütte ist, erhält sie einen Anruf (über Computer, mit Bild) von Iris, die um ihre Rückkehr bittet. Siri schaltet den Computer ab. Es folgt eine Überblende. (Die nächste Szene spielt in der Vergangenheit.)

c) Wenn man bereits Ausschnitte des Buches oder das ganze Buch gelesen hat (wie es hier im Buchkapitel angelegt ist), ist man über die Handlung in der Exposition des Films verwundert. Man kann weder den Handlungsort zuordnen, noch kann man zunächst genau bestimmen, um welche Figur es sich handelt. Es könnte z. B. auch um eine Vorgeschichte gehen, die Szene könnte von der jungen Iris erzählen. Die Filmhandlung scheint zunächst nichts mit der Romanhandlung zu tun zu haben. Erst der Zettel aus dem Paket und die Nachricht auf dem Computer geben Hinweise darauf, dass es sich bei der jungen Frau um Siri handelt.

2 a) Im Prolog des Romans liefert die Erzählerin selbst Erklärungen, die den Leser in die Geschichte einführen. Sie erklärt, wer sie ist, sie stellt Beziehungen zu anderen her, sie erklärt, warum und zu welchem Zeitpunkt sie die Handlung erzählt.

b) Im Film wird der Zuschauer erst langsam in die Handlung hineingezogen. Viele Fragen stellen sich dem Zuschauer, die zunächst unbeantwortet bleiben. Es ist erst einmal wichtig, dass eine Stimmung wahrgenommen wird. Besonders auffällig ist, dass die Hauptfigur – von der man sonst noch nichts weiß – sehr zurückgezogen lebt und fast menschenscheu ist.

3 Mit Greg gibt es für Siri eine neue Bezugsperson, die überhaupt keine Berührungspunkte mit Iris hat. Dies eröffnet im Film für Siri eine Möglichkeit, eine unbelastete Beziehung aufzubauen. Greg spielt eine wichtige Rolle, weil er Siri später überredet, zu ihrer kranken Mutter zurückzukehren und ihr zu helfen. Er gibt ihr durch ihre Beziehung auch die Stärke dafür. In der Liebesbeziehung zu Greg kann im Film Siri ganz zu sich selbst finden und glücklich werden.

4 c) In der ersten Sequenz (Vorspann) herrscht auffällige Ruhe. Man vernimmt nur Geräusche aus der Natur (Vogelstimmen, Wasserrauschen, Röhren der Hirsche). Die Stimmung wird erst durch das Autogeräusch unterbrochen. Musik setzt jeweils ein, wenn Siri mit dem Boot fährt.

Den gesamten Film untersuchen

3 a) Folgende **Unterschiede zwischen Film und Romanvorlage** sind besonders wichtig:
Handlungsorte:
– Haupthandlungsorte im Roman sind Lübeck und Hamburg.
– Im Film wird die Haupthandlung nach Münster verlegt.
– Siri flüchtet im Film nach Kanada. Der Schauplatz der ersten Sequenz des Films ist auch in Kanada. Für Siri spielt im Film die Natur in Kanada, in die sie sich zurückgezogen hat, eine große Rolle. Sie lebt in Kanada ziemlich einsam, bis sie Greg kennen lernt.

Bei den Figuren:
- *Janecks Rolle ist im Film gegenüber dem Roman stärker eingeschränkt. Er spielt für Siri nur vor der Flucht nach Kanada eine Rolle.*
- *Die Großmutter kommt im Film als Figur nicht vor.*
- *Greg Lukas wird im Film als neue Figur eingeführt.*
- *Die Liebesbeziehung zu Greg ist für Siris Selbstfindung im Film sehr wichtig.*
- *Siri ist im Roman Malerin, im Film Fotografin.*

In der Handlung und der zeitlichen Abfolge:
- *Neue Handlungselemente (Aufenthalt in Kanada) bilden im Film eine Rahmenhandlung.*
- *Die Romanhandlung setzt ein, als Iris bereits tot ist.*
- *Zu Beginn der Filmhandlung lebt Iris noch.*
- *Im Film wie im Roman wird in zahlreichen Rückblenden erzählt. Die Reihenfolge der Anordnung in Film und Roman unterscheidet sich jedoch.*
- *Im Roman weiß Siri von vornherein, dass sie ein Klon ist. Im Film erfährt sie erst davon, als sie 13 ist.*
- *Im Film verdeutlicht Siri bei einem öffentlichen Auftritt durch einen weißen Stern, auf dem „Klon" steht, öffentlich ihre Herkunft.*
- *Im Film wird an manchen Stellen die Handlung einzelner Kapitel zu einer Handlung komprimiert.*
- *Eine neue Szene gehört zu den zentralen Szenen im Film: Siri schneidet sich mit einem Messer selbst ein Muttermal heraus, um sich von der Mutter zu unterscheiden und sich von ihr auch symbolisch zu befreien.*

Bei den Motiven:
- *Viele der für den Roman genannten Leitmotive kommen auch im Film vor (die Farbe Blau, der Spiegel, der Konzertflügel).*
- *Als neues Motiv tauchen im Film ein Rentier als Stofftier und Wapitihirsche auf. Einer der Hirsche ist ein Albino.*
- *Im Film tauchen mehrmals Blutstropfen und Blut als Motiv auf.*

Beim Ende:
- *Siri setzt sich im Roman als Künstlerin mit ihren Problemen und Konflikten auseinander. Das Ende ist nur teilweise versönlich.*
- *Im Film verheißt ein Liebesversprechen eine glückliche Entwicklung. Die Erfüllung in der Liebe wird durch einen Sonnenuntergang symbolisiert.*

Die Schülerinnen und Schüler sollten darüber diskutieren, welche unterschiedlichen Möglichkeiten die beiden Medien Buch und Film bieten. An Beispielen sollten sie erläutern können, welche zusätzlichen Wirkungsmöglichkeiten durch die optische Rezeption entstehen. Als ein Beispiel kann etwa das Motiv der Blutstropfen im Film untersucht werden: Während im Roman Siri gegen den Konzertflügel tritt oder mit dem Kopf auf die Tasten schlägt, wenn sie Probleme mit ihrer Rolle als Klon hat, blutet Siri im Film aus der Nase und Blutstropfen fallen auf die weißen Tasten. Die Blutstropfen werden in Großaufnahme gezeigt. Die Farbgebung Schwarz (Flügel), Weiß (Tasten) und Rot (Blut) erinnert an das Märchen von Schneewittchen. Gut eignet sich auch eine Analyse der Szene, als Siri und Iris zum ersten Mal gemeinsam auftreten: Der ganze unterschwellige Konflikt in der Beziehung, der sich hier langsam anbahnt, spiegelt sich in den Blicken von Iris und Siri. Die Konkurrenzsituation zwischen den beiden wird durch ein immer schneller werdendes Klavierspiel verdeutlicht.

b) *Im Roman kann alles ganz genau beschrieben werden; in innerer Handlung können Gedanken und Gefühle verschiedener Figuren vermittelt werden, der Erzähler kann kommentieren und erläutern. – Im Film muss die innere Handlung anders ausgedrückt werden, z. B. durch Mimik und Gestik, oder innere Vorgänge müssen durch (manchmal auch symbolische) Handlung deutlich gemacht werden.*

11 „Blueprint Blaupause" – Roman und Film im Vergleich

Beim Lesevorgang ist häufig die Vorstellungskraft der Leser stärker gefragt. So stellt sich z. B. jeder Leser eine Figur ein wenig anders vor, auch wenn sie im Roman genau beschrieben wird. Im Film sehen alle dieselbe, durch Schauspieler verkörperte Figur. Ein Roman kann ausführlicher Handlung darstellen. Für einen Film ist die Zeit begrenzt, es gibt daher in der Regel stärkere Zeitraffungen. Der Film kann durch optische Reize, durch Farbgebung, Mise-en-scène, Kameraeinstellungen und Kameraperspektiven die Rezeption lenken.

4 **a) Gestaltung der verschiedenen Zeitebenen im Film**
Der Film arbeitet mit vielen Rückblenden: Ereignisse aus der Vergangenheit werden in die laufende Filmhandlung eingeschoben. Die erste Rückblende setzt bereits ca. sieben Minuten nach der Eingangsszene ein. Der Zuschauer wird zwanzig Jahre zurückversetzt (die Zeitspanne reicht von Iris' Entschluss, sich klonen zu lassen, bis zu Siris Geburt). Gerade im ersten Teil des Films wechseln sich dann Rückblenden und Szenen in Siris Gegenwart in relativ rascher Folge ab (insgesamt vier Rückblenden: 1. Rückblende: 14 Minuten; zweite Rückblende: 15 Minuten; dritte Rückblende: 14 Minuten; vierte Rückblende: 20 Minuten). Nach der vierten Rückblende, die die fast erwachsene Siri bei ihrem ersten Solokonzert und ihrem Misserfolg zeigt, verläuft der Film linear.

Die unterschiedlichen Zeitebenen werden zum einen natürlich durch die Figuren (vor allem durch Siri) verdeutlicht, an denen man unterschiedliche Altersstadien erkennen kann. Zum anderen werden die Zeitebenen aber auch durch unterschiedliche Farbgebung vermittelt: In den Szenen, in denen sich Siri in Kanada befindet, überwiegen natürliche, harmonische Farben. In der bereits beschriebenen Eingangsszene überwiegen in der Natur ineinander übergehende dunkle blau-grüne Töne (Bäume, Blätter, Wasser). In den darauffolgenden Szenen in Kanada (oft im Sonnenschein!) stehen warme Naturtöne wie Braun, Ocker, Beige und Rostrot (Korrespondenz zwischen Siris Haaren und Hausdächern) im Vordergrund, die anderen Farben passen gut zu diesen Tönen. Die Farben wirken insgesamt harmonisch. In den Szenen, in denen Iris im Vordergrund steht oder die in Siris Kindheit und Jugend spielen, stehen Farben oft in harten Kontrasten zueinander. So kehrt z. B. der Kontrast Rot – Weiß – Schwarz immer wieder, gelegentlich auch noch zusammen mit einem leuchtenden Blau (überwiegend in der Kleidung). Insgesamt wirken viele Szenen dunkel, z. B. in Iris' Haus. Die Farbe Blau wird in vielen Szenen symbolisch eingesetzt; so scheint in manchen Szenen (z. B. im Büro von Dr. Fisher, im Labor) alles in ein kaltes blaues Licht gesetzt zu sein. Dadurch wirkt alles kalt.

b) Gestaltung der verschiedenen Zeitebenen im Roman
Nach dem Prolog (Siri ist 22 Jahre alt) und dem Beginn des Kapitels „Doppelgöttin" erzählt Siri weitgehend in chronologischer Reihenfolge. In ihren Kommentaren stellt sie aber immer wieder auch Beziehungen zu anderen Zeitpunkten her. Es gibt immer wieder Einschübe aus der Zeitebene, als Siri schreibt und 22 Jahre alt ist. Die Einordnung in die zeitliche Abfolge geschieht durch Alters- oder Zeitangaben (z. B. S. 12: „Iris war gerade 30 Jahre alt geworden [...]"). Mit dem Kapitel „Polllux seul" erfolgt noch ein weiterer Zeitsprung: Siri ist jetzt bereits 32 Jahre alt (S. 173).

5 **a/b) Vergleich der beiden Einstellungen S. 241 im Schülerband**
In der ersten Einstellung stehen Mutter und Tocher vor einem Spiegel und Iris macht ihre Tochter auf die Ähnlichkeit zwischen ihnen aufmerksam. Auf dem Filmbild deutet Siri mit dem Zeigefinger auf ein Muttermal. Auch Iris hat dieses Muttermal an der gleichen Stelle. Mutter und Tochter zeigen einen ähnlichen Gesichtsausdruck. Beide wirken ernsthaft und stolz.

Auf dem zweiten Filmbild wird durch noch mehr optische Zeichen dem Zuschauer vermittelt, wie ähnlich sich beide sind. Mutter und Tochter tragen das gleiche Kleid, nur in einer anderen Farbe. Beide haben die gleiche Haarfarbe und tragen die Haare streng zurückgekämmt. Ihr Gesichtsausdruck hat sich verändert: Während Iris glücklich lächelt, blickt Siri bedrückt nach unten. Außerdem senkt sie den Kopf.

Die Schülerinnen und Schüler können auch im gesamten Film darauf achten, mit welchen Mitteln verdeutlicht wird, dass Siri ein Klon von Iris ist. Folgende Mittel lassen sich feststellen:
- *optisch: Die erwachsene Siri und Iris werden beide von der Schauspielerin Franka Potente dargestellt. (Wenn beide, Iris und Siri, zu sehen sind, wird dies dadurch ermöglicht, dass eine Figur in Rückenansicht gezeigt und gedoubelt wird. Es werden aber auch technische Methoden eingesetzt wie Bluebox und Motion control.) Weitere optische Signale sind das Muttermal, gleiche/ähnliche Kleidung und Frisur.*
- *durch Handlungselemente: Nach der Geburt werden die Fingerabdrücke verglichen; an der Passkontrolle am Flughafen erscheint „Error".*

Als Unterschiede zwischen Siri und Iris deutlich werden sollen, werden die genannten Merkmale verändert: Siri trägt andere Kleidung, hat eine andere Frisur und Haarfarbe (lange, offene, rötliche Haare); sie lebt in anderer Wohnumgebung und Raumgestaltung. Es herrscht eine andere Farbgebung vor.

6 **Vergleich der Mise-en-scène in den beiden Einstellungen S. 242 im Schülerband**
Filmbild 1: Die berühmte Pianistin Iris Sellin soll ins Bild gesetzt werden. Alles ist dunkel, ein Spot leuchtet nur Iris und den Konzertflügel aus. Das Licht kommt von links hinten, sodass nach vorne rechts ins Bild ein riesiger Schatten geworfen wird, in dem Figur und Instrument verschmelzen. Figur, Flügel und Schatten sind somit diagonal angeordnet. Farbgebung: Umgebung dunkel, fast schwarz, Iris trägt ein rotes Kleid, weiße Ausleuchtung. Perspektive: Vogelperspektive. Wirkung: Es ist so, als säße man als Zuschauer auf einem erhöhten Rang im Konzertsaal. Einstellung: Totale.
Filmbild 2: Auch hier wird die Figur Iris besonders in Szene gesetzt. Iris ist einmal im Original und mehrfach in Spiegelungen zu sehen. Die mehrfache Reproduktion im Spiegelbild verweist auf das Thema „Klonen". In der oberen Bildhälfte steht Iris Sellin oben auf einem Treppenabsatz und will hinuntergehen. Im Hintergrund sind zwei Türen zu sehen. Rechts oben im Bild ist die tatsächliche Situation, nach links hin spiegeln sich Iris und der Hintergrund mehrfach in großen Spiegelfächen, die offensichtlich den gesamten linken Raum die Treppe hinunter auskleiden. Die Farbgebung ist gegenüber der unteren Bildhälfte dunkel gehalten. Die Farbe Rot von Iris' Kleid sticht hervor. Das Bild wirkt durch die Spiegelungen und die Farbgebung zweigeteilt. Im unteren Bildbereich gibt es ebenfalls Spiegelungen. Hier spiegeln sich die Treppen und das Treppengeländer mehrfach. Es überwiegt die helle Farbe der Stufen. Perspektive: Untersicht. Kameraeinstellung: Halbtotale.

Eine Schlüsselszene erschließen

S. 243

Wie im Roman gehören auch im Film die Spiegelszenen zu den zentralen Stellen.

1 *a) Die Szene zeigt Siri vor dem Spiegel. Sie hat gerade in dem ersten von ihr selbst arrangierten Konzert versagt (Blutstropfenszene) und sich zurückgezogen. Sie starrt in den Spiegel und kann ihr eigenes Spiegelbild nicht ertragen. Sie zerstört den Spiegel. Janeck kommt herein und tröstet sie, nimmt sie in den Arm.*

b) Der Betrachter sieht Siris Spiegelbild, er nimmt Siris Gesicht fast aus der Perspektive wahr, die sie selbst hat, wenn sie in den Spiegel blickt. Siris Gesicht wird in Groß- und Nahaufnahmen gezeigt. Ihre Mimik wird detailliert deutlich, sie spiegelt ihre Gefühle.

2 *Die Zerstörung des Spiegelbilds korrespondiert mit Siris innerer Verfassung: Sie fühlt sich durch den Misserfolg demontiert und wertlos. Sie findet nicht zu einer eigenen Identität, was sich in der Filmeinstellung darin zeigt, dass Siris Gesicht nicht mehr im Spiegel zu erkennen ist. Im letzten Filmbild rückt der* zerstörte Spiegel in den Hintergrund. Der Betrachter blickt zu Siri und Janeck, die sich umarmen. Stellt der Betrachter eine Verbindung zu den Bildelementen her, kann er den Schluss ziehen, dass eine Lösung, ein Entkommen vor der inneren Zerstörung für Siri im Aufbau echter zwischenmenschlicher Beziehungen liegen kann.

3 *Zu Beginn der Szene hört man Klatschen. Der Zuschauer kann vermuten, dass Iris, die vorher von den Zuschauern gerufen wurde, auf die Bühne getreten ist. Im Verlauf der Szene erklingt im Hintergrund leises Klavierspiel. Der Zuschauer/Zuhörer muss eine Verbindung herstellen zur vorangegangenen Szene, in der Iris im Zuschauerrum saß und Siri spielte. Man kann nun vermuten, dass Iris jetzt spielt.*

4 *Funktion der Sequenz innerhalb des Films: Siri hatte vor dem Klavierspiel eine Auseinandersetzung mit der Mutter. Sie versucht, sich immer mehr von der Mutter zu lösen, und provoziert sie auch. So erzählt sie z. B. von ihrer angeblichen Liebesbeziehung mit Iris' Freund. Ihr erstes selbst organisiertes Konzert sollte auch im künstlerischen Bereich eine Befreiung darstellen; ihr Versagen (schlechtes Spiel, blutende Nase vor Publikum) stellt eine große Niederlage für Siri dar. – Nach der Szene hilft Janeck Siri, vor den Journalisten zu fliehen. Er nimmt sie mit zu sich, sie schlafen miteinander. Siri möchte nicht mehr zur Mutter zurückkehren.*

5 *Diese Schlüsselszene des Films mit der Zerstörung des Spiegels hat keine ganz genaue Entsprechung im Roman. Im Film wird Siris Verzweiflung durch die symbolhafte Zerstörung des Spiegels viel eindrücklicher dargestellt als im Buch. Im Roman (S. 117) klagt die Ich-Erzählerin ihre Mutter an („Das hättest du mir nicht antun dürfen, Muzwi") und schildert ihre Gefühle hinter der Bühne: „Ich zitterte am ganzen Leib und hielt mir die Ohren zu, um diesen anschwellenden Applaus, der allein dir, dem Original, galt, nicht hören zu müssen. Klein und elend und von dir verraten fühlte ich mich: Lebenszweck verfehlt, nichtsnutzige Missbrut! Klon kaputt!" – Der Film hat eine deutlichere emotionale Wirkung auf den Rezipienten. Die Identifikation mit der Hauptfigur ist größer.*

11.3 Roman und Film in der Rezeption – Rezensionen untersuchen

Iris Mainka
Ein Volltreffer. Die Geschichte eines geklonten Mädchens

S. 244

1 a) *Iris Mainka will die Leser involvieren. Sie stellt einen direkten Bezug zu den möglichen Lesern her, indem sie sie unmittelbar mit einer persönlichen Frage konfrontiert. Sie bezieht sich in der Eingangsfrage nur auf mögliche weibliche Leserinnen (oder auf Männer, die sich in eine weibliche Figur hineinversetzen können), die sich über die folgende Beschreibung ganz in die Probleme der Hauptfigur hineindenken sollen. Am Ende dieses einleitenden Teils stellt Mainka die provozierende Frage: „Gefällt Ihnen das?" (Z. 14) Durch die Art, wie Mainka vorher die Probleme beschrieben hat, kann die Antwort nur lauten: Nein!*

b) *Aufbau der Rezension:*
- *Frage an den/die Leser*
- *Einbindung des Lesers („Stellen Sie sich vor ...")*
- *Äußere Beschreibung der Hauptfigur in Ähnlichkeit zur Mutter*
- *Beschreibung der Charakterzüge der Hauptfigur im Bezug zur Mutter*
- *Kommentierte Zusammenfassung des Romaninhalts, mit Zitaten aus dem Buch (Z. 15–68)*
- *Beurteilung des Romans, Eignung für Jugendliche (Z. 69–78).*

c) *Mainka meint, dass es gut ist, wenn sich Jugendliche mit der Klonproblematik beschäftigen, weil die kommenden Generationen (ethische) Entscheidungen über solche Themen treffen müssen (Z. 75–76). Mainka benennt aber weder das Thema (Klonen) noch die Art der Entscheidungen, die getroffen werden müssen. Dies muss der Leser erschließen.*

2 a) *Während Mainka den Roman eindeutig positiv beurteilt, kritisiert ihn Gasperi. Mainka berücksichtigt allerdings nur die Thematik, während Gasperi auch auf die Machart, die Figurenkonstellationen und die sprachliche Gestaltung eingeht.*
Mainkas Rezension und die Zitate aus Gasperis Rezension bieten für die Schülerinnen und Schüler Ansatzpunkte für eine eigenständige Beurteilung.

b) *Die Schülerinnen und Schüler haben in der Rezension von Mainka einen ungewöhnlichen Aufbau einer Rezension kennen gelernt. Sie können aber auch dem üblichen Schema folgen (Grundinformationen, Inhalt, Beurteilung).*

3 *Anregungen für eine eigene Filmrezension werden durch den zu verbessernden Schülertext (S. 246 im Schülerband) gegeben. Ein Merkkasten (ebd.) vermittelt die wichtigsten Merkmale einer Filmrezension.*

Lernerfolgskontrolle/
Thema für eine Klassenarbeit

Einen literarischen Text mit Hilfe von Fragen untersuchen

Charlotte Kerner
Blueprint Blaupause

Viel zu einfach habt ihr es euch gemacht, ihr Einlinge! Eure Rechnung hieß: Klon ist gleich Zwilling. Und diese Rechnung ist lange Zeit aufgegangen. Man könne schließlich nicht gegen einen Klon sein, wenn man für einen Zwilling sei! Und wenn die Natur diese Zwillinge erzeuge, so stehe es dem Menschen nicht zu, Klone zu verbieten.

Um die dumme, einfallslose Formel, Klon ist gleich Zwilling, attraktiv zu machen, gab es auch noch anspruchsvollere Begründungen: Das moderne Ich sei sowieso in Auflösung begriffen. Und da es eh nichts mehr gebe, an das man sich halten könne, sei es sowieso gleichgültig, wenn es jemanden zweimal gebe.

Das Wort Klonen, das in aller Munde war, ist ein technischer Begriff, wertfrei und neutral. Ich aber will moralisch sein und habe ein moralisches Wort geschaffen, das ich euch vor die Füße spucke: Sprecht besser nicht mehr vom Klonen oder von uns Klonen, sprecht von *Missbrut!*

Dieses Wort ähnelt dem Begriff Missbrauch und genau das ist beabsichtigt. Denn moralisch obszön sind beide und auch die Opfer leiden ähnlich. Beide verstehen lange Zeit nicht, was mit ihnen geschieht oder geschehen ist. Sie lieben die Täter, die ihr Vertrauen ausnutzen. Von der Umwelt und von Gleichaltrigen ziehen sie sich zurück, wie ich es getan habe. Sie fühlen sich schuldig, weil ihnen das alles widerfahren ist, und schweigen am liebsten darüber. Manche verachten sich so, dass sie ihren Körper hassen, andere gehen noch weiter und hungern sich fast zu Tode oder zerstümmeln sich. Stumm schreien die Missbrauchten um Hilfe – genau wie ich, als ich ohnmächtig wurde und mein Kopf auf die Klaviertasten schlug.

Klonen ist Missbrut – auch ins Englische müsste sich das Wort gut übersetzen lassen. Wie wär's mit *Repro abuse!* So kann auch Mortimer G. Fisher mich endlich verstehen.

Redet bitte auch nie wieder von Liebe, wenn es ums Klonen geht. Selbst Narziss suchte seine tote Zwillingsschwester, als er *sich* im Spiegel bewunderte, aber nicht einmal dieser Prototyp eines Selbstverliebten schuf einen Klon nach seinen Wünschen. So selbstherrlich und selbstverliebt war nicht einmal er!

Ihr, die ihr diese Missbrut betreibt, seid weder Mann noch Frau, sondern ein drittes Geschlecht. Schon die alten Griechen haben euch gekannt und in dem Mythos vom Gott Eros beschrieben, der erzählt, wie die Liebe zwischen Mann und Frau in die Welt kam:

Das mannweibliche Wesen war rund gewesen, alle seine Gliedmaßen und Sinnesorgane waren verdoppelt und es bewegte sich Rad schlagend und kreisend fort. Dieses kräftige Geschlecht nun wollte sich einen Zugang zum Himmel bahnen und die Götter angreifen. Um diese Gefahr zu bannen, schnitt Zeus sämtliche mannweiblichen Wesen in zwei Hälften und formte daraus je einen Mann und eine Frau. Seitdem sehnt sich jede Hälfte nach der anderen. Jeder Mensch sucht immer sein anderes Stück und genau das nennt man „den Eros" oder „die Liebe". Sie ist der Versuch, die ursprüngliche Natur wiederherzustellen und aus zwei eins zu machen.

Die Kloner aber handeln nicht aus Liebe, bringen nichts zusammen, sondern spalten. Sie machen aus einem zwei oder vier oder acht … Sie sind das dritte Geschlecht des dritten Jahrtausends und auch das greift die Götter an und will selbst Schöpfer sein.

Denn SIE sprach: Lasst mich einen Menschen

256

machen nach meinem Ebenbild. Im Namen der Mutter, der Tochter und des heiligen Gen-Geistes.

Und so kam ich, Siri, als Missbrut in die Welt. Das zu begreifen und zu benennen, machte mir bewusst, wer ich eigentlich war. Dieses neue Klon-Bewusst-Sein gab mir Halt, stärkte mich und machte mich ihr zum ersten Mal überlegen. Nie wieder fiel ich in Ohnmacht, ich hasste meinen Körper nicht mehr und fand mich immer schöner. Ich wusste nun, wer die Schuldige war, und begann, meine Mutter und ihre Übermacht zu hassen.

Wo immer ich hinkam oder hinwollte, sie versperrte mir den Weg, auch den Weg zu Kristian. Und ein Hindernis, das stört, muss man beseitigen. Ohne sie gäbe es mich nicht, aber ohne sie gäbe es mich immer noch, und zwar allein. Die klaren Klon-Gedanken münden, radikal zu Ende gedacht, bei Lynchjustiz. Und dich zu töten, Iris, wäre kein Mord, es wäre Selbstmord und damit straffrei. Auf der Tatwaffe befänden sich deine Fingerabdrücke und mir wäre nichts nachzuweisen. Das perfekte Verbrechen!

So heftig erschreckten mich meine Mordgedanken, dass ich in den nächsten Wochen besonders lieb zu der ahnungslosen Iris war.

(Aus: Charlotte Kerner: Blueprint Blaupause. Beltz & Gelberg, Weinheim/Basel 2004, S. 103–105)

Analysiere und interpretiere den Auszug aus dem Roman „Blueprint Blaupause" von Charlotte Kerner.

1. *Ordne den Romanauszug in den Romanzusammenhang ein.*

2. *Untersuche besonders Siris Argumentation zum Thema Klonen.*

3. *Nimm Stellung zu Siris Meinung über das Klonen.*

Erwartungshorizont

1. *Es handelt sich um eine der Schlüsselstellen des Romans. Der Romanauszug stammt aus dem Kapitel „Zwietracht. Jugend 1": Siri ist 15 Jahre alt. Die bisherige Harmonie zwischen Mutter und Tochter bricht immer mehr auf, es entsteht zunehmend eine Konkurrenzsituation. Dies ist teilweise durch die Lebensphase bedingt, in der sich Siri befindet (Pubertät), zum anderen aber auch darin begründet, dass Siri immer stärker ein Problem damit hat, als Klon ihre eigene Identität zu finden. Bereits im vorangegangenen Kapitel deutete sich dies auf emotionaler Ebene an, als die 14-jährige Siri am Klavier in Ohnmacht fiel. Nun beschäftigt sich Siri immer mehr mit der Schwierigkeit, als Klon eine Identität zu erlangen. Da sie sich im Verhältnis zur Mutter wie ein Zwilling fühlte (vgl. den Ausdruck „Mutterzwilling" bzw. „Muzwi"), fährt sie mit Janeck zu einem Zwillingstreffen und erhofft sich dort, vermittelt über neue Ergebnisse aus der Zwillingsforschung, neue Erkenntnisse über die Beziehung zwischen Klon und Original. Das Treffen deprimiert Siri jedoch, denn sie erkennt, dass sie nicht zu den Zwillingen gehört (Hauptdifferenz: Zwillinge entstehen miteinander und bilden so eine Einheit, Original und Klon aber verhalten sich zueinander wie Vorbild und Abbild). Siri möchte nun nicht mehr ihrer Mutter möglichst ähnlich sein, sondern sich deutlich von ihr unterscheiden.*

2. *Der Romanauszug ist zu Beginn (bis Z. 81) wie eine Rede gestaltet. Adressaten sind die „Einlinge", die Intention der Rede ist eine Anklage. Siri beklagt, dass die Einlinge unbedacht künstlich hergestellte Zwillinge und Klone miteinander gleichsetzen, ohne die Folgen für das jeweilige Ich (= den Klon) ausreichend zu bedenken. Sie erläutert in der Rede ihr „neues Klon-Bewusst-Sein".*

Siri wendet sich gegen die Argumentation der Einlinge, die für das Klonen plädieren. Die Argumente, dass man „nicht gegen einen Klon sein [könne], wenn man für einen Zwilling sei" (Z. 4 ff.) und dass „das moderne Ich sowieso in Auflösung begriffen" (Z. 12 f.) sei, lässt sie nicht gelten. Durch Lektüre zahlreicher

Artikel über Zwillinge und über das Klonen ist Siri zu der Einsicht gelangt, dass der Klonvorgang für den Klon ähnlich moralisch verwerflich ist wie sexueller Missbrauch und dass in beiden Fällen die Betroffenen in vergleichbarer Weise Opfer sind. Man könne daher das Wort „Klonen" auch nicht als „wertfreien" und „neutralen" Begriff ansehen. Siri möchte in Analogie zum Begriff „Missbrauch" vielmehr von „Missbrut" sprechen. Zur Unterstützung ihrer These vergleicht sie ausführlich das Verhalten von Missbrauchsopfern und Klonen (Z. 23–39). Sie negiert vor allem, dass das Klonen irgendetwas mit „Liebe" zu tun haben könnte (Z. 44 f.). Siris These und Hauptvorwurf gegenüber Klonern lautet: Kloner sind wie ein drittes Geschlecht, das selbst Schöpfer sein will (Z. 52 f., 75 ff.). Zur Unterstützung ihrer These führt Siri Beispiele aus der griechischen Mythologie an (Z. 45, 53–66). Die Rede gipfelt in einer Analogie zu dem Bibeltext aus der Genesis, hier umformuliert und zugespitzt, vor allem dadurch, dass das Personalpronomen „sie", mit dem Iris gemeint ist, in Großbuchstaben geschrieben ist. Als wirkliche Angeklagte und Adressatin der Rede kann somit auch Iris verstanden werden, die sich als Schöpferin neuen Lebens aufspielte. – Der Romanauszug endet damit, dass Siri die Folgen ihrer Erkenntnisse für sie selbst beschreibt: Sie fühlt sich befreit, da sie nun ihre Aggressionen nicht mehr gegen sich selbst richten muss, sondern – zumindest gedanklich – gegen ihre Mutter wenden kann.

3 *Die Schülerinnen und Schüler müssen hier erörtern: Alle Aussagen des Romans stammen von Siri selbst. Offensichtlich leidet sie sehr unter den Folgen der künstlichen Zeugung. Sie fühlt sich berechtigt, Kritik am Klonen zu üben, da ihrer Meinung nach nur sie als Betroffene etwas über diese Folgen sagen kann. Die Haltung der „Einlinge", die glauben, dass Klon gleich Zwilling sei, hält sie für zu „einfach", für undifferenziert und letztlich für unmoralisch. Die Schülerinnen und Schüler können anhand der im Romanzusammenhang gegebenen Informationen nur davon ausgehen, dass Siri mit ihrer Beurteilung Recht hat und ihre Mutter tatsächlich aus Eigenliebe unverantwortlich gehandelt hat. Eine Beurteilung des Klonens unabhängig vom Romanzusammenhang führt in ethische Diskussionen.*

Sollte den Schülerinnen und Schülern der Aufsatz von Hans Jonas (Lasst uns Menschen klonen. In: Technik, Medizin und Ethik. Zur Praxis des Prinzips Verantwortung. Suhrkamp, Frankfurt/M. 1987, S. 162–203) bekannt sein, auf den sich die Textstelle Z. 1–15 bezieht, könnten auch die Thesen von Jonas mit reflektiert werden. Jonas erörtert in seinem Aufsatz genau die hier von Siri aufgeführten Argumente und widerlegt sie. Für ihn sind Spender und Klon „identische Zwillinge mit einer Zeitdifferenz". Nach Jonas leiden eineiige Zwillinge nicht unter der Ähnlichkeit mit dem anderen, weil sie kein vorgelebtes Leben nachleben. Für „Klon-Zwillinge" fordert er dagegen das „Recht zum Nichtwissen", damit das geklonte Menschenwesen nicht seiner Freiheit (sich zu entwickeln) beraubt sei. Siri vollzieht in ihrer Argumentation somit im Grunde die Ausführungen von Jonas – bezogen auf ihre Person – nach und teilt seine ethischen Bedenken.

Literaturhinweise

Charlotte Kerner: Blueprint Blaupause. Interpretiert von Hans-Georg Schede. Stark, Freising 2003 (= Interpretationshilfen Deutsch)

Gerling, Martin: Charlotte Kerner: Blueprint. Blaupause. Thematik: Die Mitverantwortung des Einzelnen in der gegenwärtigen wissenschaftlich-technischen Lebenswelt. Beltz, Weinheim 2001 (= Arbeitsheft: Gulliver Taschenbücher machen Schule).

Kerner, Charlotte: Blueprint Blaupause. Beltz & Gelberg, Weinheim/Basel 2004

Wichtige Internetadressen

http://mediaculture-online.de (Dort findet sich eine Unterrichtseinheit zu „Blueprint")

www.dvd-educativ.de › Titelübersicht › Blueprint (Interpetationen und Arbeitsblätter zur DVD)

LESEN · UMGANG MIT TEXTEN UND MEDIEN

12 Sehnsucht und Liebe – Motive in der Lyrik analysieren

Konzeption des Gesamtkapitels

Das Kapitel hat zwei didaktische Schwerpunkte. Zum einen spricht es mit dem Thema „Sehnsucht und Liebe" einen wichtigen Lebens- und Erlebnisbereich der Jugendlichen an und will dazu beitragen, den Schülerinnen und Schülern einen affektiven Zugang zu den Texten zu ermöglichen, ohne dass ihre eigenen Gefühle und ihr eigenes Erleben explizit Gegenstand des Unterrichts werden. Zum anderen soll das Kapitel dazu dienen, die Verstehenskompetenz im Umgang mit lyrischen Texten zu erweitern und zu vertiefen, die grundlegend in den vorangegangenen Jahrgangsstufen geschaffen worden ist. Die selbstständig ausgearbeitete, schriftliche Gedichtinterpretation, die inhaltliche und formale Textkonstituenten berücksichtigt, erhält in diesem Zusammenhang einen besonderen Stellenwert.

Das erste Teilkapitel („**Und greife endlich nach den Sternen**" – Motive im Spiegel der literarischen Epochen") thematisiert das Thema „Sehnsucht" in einem Dreischritt: Zwei Bildkunstwerke aus dem 19. Jahrhundert und ein moderner Songtext geben die Möglichkeit, das Vorverständnis der Schülerinnen und Schüler einzuholen. Im weiteren Verlauf des Teilkapitels werden zwei eng mit dem Begriff „Sehnsucht" verflochtene Motivkomplexe in den Blick genommen: die Sehnsucht nach der Ferne und die Sehnsucht nach Liebe. Die Gegenüberstellung motivgleicher Sehnsuchtsgedichte aus verschiedenen Epochen einerseits, die eher diachronisch angelegte Anordnung der Liebesgedichte andererseits ermöglichen eine vergleichende und differenzierende Betrachtung der Texte. In den Liebesgedichten vom Mittelalter bis heute lernen die Schülerinnen und Schüler unterschiedliche Liebeskonzepte, Verarbeitungen von Liebeserlebnissen, Liebesszenarien und Sprechweisen über Liebe kennen. Textanalytische, produktionsorientierte sowie komparative Verfahren verschaffen ihnen eine vertiefte Einsicht in den Einklang von Inhalt und Form in lyrischen Texten (Gedicht, Song). Weitere Deutungsansätze ergeben sich durch das Rezitieren ausgewählter Gedichte.

Im zweiten Teilkapitel („**Johann Wolfgang Goethe: ‚Willkommen und Abschied' – Eine Textanalyse schreiben**") werden am Beispiel eines Liebesgedichts die einzelnen Schritte einer schriftlichen Interpretation entwickelt. Aspekte des Verstehens lyrischer Texte, die im ersten Teilkapitel behandelt wurden, werden hier zusammengeführt, systematisiert und komplettiert. Als Material für die einzelnen Arbeitsschritte dienen vor allem Schülertexte.

Im dritten Teilkapitel („**Projekt: Lyrik-Galerie zum Thema ‚Sehnsucht und Liebe'**") steht der Aspekt des *Schreibens* im Vordergrund. Methodische Zugriffe, für die in den vorangegangenen Teilkapiteln die Grundlagen gelegt wurden, werden hier wieder aufgegriffen (Schreiben zu Bildern, automatisches Schreiben) und durch kreative Verfahren, die den Schülerinnen und Schülern bereits aus früheren Jahrgangsstufen bekannt sind, ergänzt.

Weiteres Übungsmaterial zu diesem Kapitel

Übungsmaterial im „**Deutschbuch Arbeitsheft 9**"
– Gedichte analysieren: S. 79–81

🎧 Das „**Deutschbuch-Hörbuch 9/10**" enthält Gedichte, die in diesem Kapitel behandelt werden.

12 Sehnsucht und Liebe – Motive in der Lyrik analysieren

	Inhalte	Kompetenzen
S. 247	**12.1 „Und greife endlich nach den Sternen" – Motive im Spiegel der literarischen Epochen**	Die Schülerinnen und Schüler können – anhand von Bildkunstwerken und eines Songtexts ihre Vorstellungen und Assoziationen zum Begriff „Sehnsucht" artikulieren;
S. 248	Herbert Grönemeyer **Lache, wenn es nicht zum Weinen reicht**	– kontextgebunden einen Ausgangstext um weitere Strophen ergänzen und dadurch mit lyrischen Sprechweisen und Strukturen vertraut werden;
S. 249	**Sehnsucht nach der Ferne** Gedichte von Joseph von Eichendorff und Mascha Kaléko	– durch komparative Verfahren intertextuelle Bezüge herstellen; – signifikante lyrische Formmerkmale in ihrer Funktion für die inhaltliche Aussage erläutern; – Gedichte und Bilder einer Epoche zuordnen;
S. 252	**Sehnsucht nach Liebe** Gedichte des Kürenbergers, von Martin Opitz, Johann Wolfgang Goethe, Heinrich Heine, Conrad Ferdinand Meyer, Mascha Kaléko und Bertolt Brecht	– Gedichte sinnstiftend (auch auswendig) vortragen; – Liebesgedichte aus verschiedenen historischen Epochen vergleichen; – unterschiedliche Liebeskonzepte, Liebesszenarien und lyrische Sprechweisen über die Liebe beschreiben; – die Form-Inhalt-Relation beispielhaft an Gedichten herstellen.
S. 257	**12.2 Johann Wolfgang Goethe: „Willkommen und Abschied" – Eine Textanalyse schreiben**	Die Schülerinnen und Schüler können – Untersuchungsaspekte für die Analyse eines Gedichts in einer Mind-Map zusammenstellen; – die einzelnen Schritte zur Erarbeitung einer Gedichtinterpretation anwenden: 1. erste Eindrücke notieren, 2. das Gedicht in Inhalt und Form untersuchen, 3. einen Schreibplan erstellen, 4. eine Analyse verfassen, 5. die Endfassung formulieren und überarbeiten; – eine Gedichtinterpretation verfassen und gezielt überarbeiten.
S. 267	**12.3 Projekt: Lyrik-Galerie zum Thema „Sehnsucht und Liebe"**	Die Schülerinnen und Schüler können – kreative Schreibweisen (Schreiben zu Bildern, automatisches Schreiben, Schreiben eines Parallelgedichts) beim Verfassen eigener Gedichte verwenden;
S. 267	Schreiben zu Bildern	
S. 267	Automatisches Schreiben	– eine Lyrik-Galerie organisatorisch und „künstlerisch" vorbereiten und realisieren.
S. 268	Ein Parallelgedicht schreiben	
S. 268	Ein Haiku verfassen	

12.1 „Und greife endlich nach den Sternen" – Motive im Spiegel der literarischen Epochen

Die Öffnung des Sehnsuchtsmotivs über die übliche Darstellung der Sehnsucht nach Liebe hinaus in ein allgemeineres Verständnis baut Hemmnisse und Widerstände ab, sich mit einem literarischen Genre zu beschäftigen, dem erfahrungsgemäß die Schülerinnen und Schüler der Jahrgangsstufe 9 zwar großes Interesse entgegenbringen, das aber eher eine private, intime Begegnung von Text und Leser verlangt. Die Schülerinnen und Schüler können sich auf diese Weise vielleicht leichter auf eine Textsorte einlassen, die sehr stark durch den Ausdruck von Emotionen und durch die Erzeugung von Emotionen bestimmt ist. Wenn auch die affektive Begegnung mit den Texten im Vordergrund steht, so soll doch auch in diesem Teilkapitel die Erkenntnis vermittelt werden, dass Gedichte, eben auch Liebesgedichte, bewusst gestaltete Texte sind. Die Einsicht in signifikante Formmerkmale der Gattung führt zu einem vertieften Textverständnis, bereitet die schriftliche Interpretation der Gedichte und nicht zuletzt eigene lyrische Schreibversuche vor.

S. 247

1 *Zu den Abbildungen:*
Pál Szinyei Merse: „Fesselballon", 1878
Pál Szinyei Merse (1845–1920) lebte als ungarischer Edelmann. Er war Mitglied des ungarischen Parlaments, wurde 1905 Direktor der Hochschule der Bildenden Künste in Budapest und gründete 1908 Ungarns erste Gesellschaft für moderne Kunst und den „Kreis Ungarischer Impressionisten und Naturalisten". Die Gemälde Merses zeigen deutlich den Einfluss deutscher impressionistischer Maler (z. B. Wilhelm Leibls), die er in München kennen lernte.
Der Heißluftballon, Ende des 18. Jahrhunderts als Flugmittel erfunden, galt den Menschen von jeher als Symbol für Abenteuer und Sehnsucht nach der Ferne. Merse malte sein Bild aus der Froschperspektive. Von der Erde ist nur ein kleiner, abgeschnittener Streifen zu sehen. Dadurch wird das Entschwinden des Ballons in die Weite des lichtdurchfluteten, sich nach oben öffnenden Wolkenhimmels unterstrichen. Der Ballon lässt selbst die Vögel weit unter sich. Der Ballonfahrer winkt mit einem Taschentuch als symbolische Geste den nicht sichtbaren, auf der Erde zurückbleibenden Zuschauern zu und gibt so das Signal für den Aufbruch in eine unbekannte, ferne und abenteuerliche Welt.

Theodor Alphons: „Vor der Lotteriecollectur", 1839, nach einem Gemälde von Peter Fendi
Peter Fendi (1796–1842) gilt als ein typischer Maler der Wiener Genremalerei des Biedermeiers. In seinen Alltagsszenen schildert er das kleinbürgerliche Leben seiner Zeitgenossen.
Dargestellt wird ein Mädchen aus dem Volk, das einen Lottoschein in der linken Hand hält. Die rechte Hand führt sie nachdenklich zum Mund, der Kopf ist leicht geneigt, der Blick ist eher gedankenverloren auf den Boden gerichtet – das Bild gibt eine besinnliche Atmosphäre wieder. Es ist nicht ganz eindeutig, ob sie den Lottoschein bereits abgegeben hat oder noch überlegt, ob sie ihr Glück versuchen und den Schein in der Lottoannahmestelle in einem Tabakgeschäft rechtzeitig vor Annahmeschluss (siehe das Schild) abgeben soll.

2 / 3 *Durch die **Perspektivübernahme** können die Schülerinnen und Schüler ihre eigenen Wünsche und Sehnsüchte auf eine fremde Person projizieren. **Methodisch** empfiehlt sich als Einstieg in den Schreibprozess ein Brainstorming in der Kleingruppe (Mind-Mapping, Clustering), in dem auch mögliche **Textsorten** (Tagebucheintrag, Brief, Anfang einer Erzählung etc.) diskutiert werden. Die Darbietungen der Schülerbeiträge vor der Klasse münden in eine Diskussion, in der die Schülerinnen und Schüler in einem geschützten Raum selber entscheiden können, inwieweit sie sich mit ihren persönlichen Gefühlen, Wünschen und Träumen in das Gespräch einbringen wollen.*

Herbert Grönemeyer S. 248
Lache, wenn es nicht zum Weinen reicht (2002)

1 a–c) *Die im Schülerband nicht abgedruckten Strophen 3 bis 5 des Songs lauten:*

[...]

im bus der zeit
hast du nur einen stehplatz,
einen stehplatz im
einen stehplatz im schleudertraum

du tust jedem jeden gefallen
bist bescheiden und bemüht
du wirst benutzt von allen,
erntest kein danke, nur einen tritt

das jammertal hat auch geschlossen
die klagemauer
die klagemauer ist belegt.

Und gleicht [...]

(Quelle: www.groenemeyer.de/index.php?id=112)

Ein Schülerbeispiel:

*und welken alle deine Träume
und sind die Bäume schon entlaubt
bedenk, das Leben nicht versäume
der Schmerz dir nicht das Lachen raubt*

und gleicht [...]

Methodentipp:
- *In der Gruppe die Strophen als Rundumgedicht schreiben lassen: Jeder formuliert eine Verszeile.*
- *Reimwörter vorgeben.*
- *Metaphernbildfelder vorgeben (z. B. Bildfeld „Hafen": Anker, Taue, Mole, Brücke, ...) oder in der Gruppe erstellen lassen.*
- *Mögliche sprichwörtliche Redewendungen vorgeben (z. B. „Auf Regen folgt Sonnenschein", „Den Letzten beißen die Hunde", „Die Zeit heilt alle Wunden", „Geteiltes Leid ist halbes Leid", „Steter Tropfen höhlt den Stein" usw.) oder zusammenstellen lassen.*

2 *Grönemeyers Song hat einen stark biografischen Hintergrund. Im November 1998 starben sein Bruder Wilhelm und seine Ehefrau Anna. Schon der paradoxe Titel des Songs spiegelt die Krisensituation des Künstlers in den nachfolgenden Jahren.*

12 Sehnsucht und Liebe – Motive in der Lyrik analysieren

Vorschlag für ein Tafelbild:

Der Aufbau des Songs – eine Entfaltung des Titels?	
Strophe 1 bis Strophe 4	Bilder der Verlorenheit, Sinnlosigkeit, Verstörung (Haar in der Suppe, Löffel mit Loch, vereiste Kriechspur ...)
zweimaliger Refrain	Ausdruck tiefer Verzweiflung durch die paradoxe Formulierung im Refrain
Strophe 5	**Gegensatz:** Sehnsucht nach einem Ausweg aus der Lebenskrise, Aufforderung an das eigene Ich, das Utopische zu wagen (Griff nach den Sternen)

S. 249 **Sehnsucht nach der Ferne**

S. 249 Joseph von Eichendorff
Frische Fahrt (1810)

S. 249 Mascha Kaléko
Sehnsucht nach dem Anderswo (um 1940)

1 *Vorschlag für ein Tafelbild:*

Verlockung der Ferne? – Sehnsuchtsmotive	
Eichendorff	**Kaléko**
Frühlingsahnung („Laue Luft")	Herbststimmung (Äpfel, Kessel im Feuer)
Hörnerklang	Geräusche des Windes („Vagabundenwind")
Strömen des Flusses („Stromes Gruß")	Abenteuerlust
romantische Bildmotive für Sehnsucht/ Sehnsucht des lyrischen Ich nach Entgrenzung und Heimat im Jenseits (Ende der Lebensfahrt)	Sehnsucht des lyrischen Ich nach ständiger Veränderung („nach dem Anderswo")

2 a) *Vorschlag für ein Tafelbild:*

Rhetorische Figur	Eichendorff	Kaléko
Alliteration	„Laue Luft", „dich dieses"	„Doch draußen"
Anapher	„Frühling, Frühling"	„Nach drinnen"/„Nach draußen"
Antithese		„Drinnen [...] Doch draußen"

Chiasmus		„Nach drinnen [...], bist du drinnen"
Ellipse	„Mutger Augen lichter Schein"	
Personifikation	„**Lockt** dich dieses Stromes Gruß"	„**singt** das Abenteuer"
Metapher	„Laue Luft [...] geflossen", „flammend"	
Vergleich		

b) In Eichendorffs Gedicht dienen vor allem Alliterationen dazu, ein besonderes Klangbild zu erzeugen, das die akustischen und optischen Reize des Frühlingstages einfängt. In Kalékos Gedicht wird die Sehnsucht nach dem Anderswo in der antithetischen Struktur des Gedichts („Doch draußen...") und dem abschließenden Chiasmus („drinnen" – „draußen", „draußen" – „drinnen") formal gespiegelt.

3 Methodisch sollte der Vortrag in Gruppenarbeit vorbereitet werden:
– Markieren der Texte in verschiedenen Farben (Kriterien eines guten Vortrags: Betonung, Sprechpausen, Tempo etc.);
– Vortrag des Textes durch eine Schülerin/ einen Schüler;
– Aufnahme auf Kassette oder MP3;
– gemeinsame Korrektur des Vortrags nach den Beobachtungskriterien (Stichworte während des Vortrags!);
– erneuter Vortrag durch dieselbe Schülerin/ denselben Schüler;
– Bewertung.

4 Merkmale der Romantik in Eichendorffs Gedicht:
– typisch romantische Motive: Hörnerklang, das Rauschen des Windes, der geheimnisvolle Fluss, die Sehnsucht nach der Ferne, das Reisen, die Wendung ins Transzendente;
– typisch romantische Sprachmittel: Entwicklung eines Klangbildes durch Alliterationen.

5 *Zu Caspar David Friedrichs Gemälde „Mondaufgang am Meer", 1822*
Das Betreten des Bildraumes wird durch die Rückenfiguren des Gemäldes erleichtert, durch die der Betrachter in das Bild hineingezogen wird. Die Schülerinnen und Schüler werden, auch ohne dass sie eine genaue Kenntnis der Bildsymbolik in C. D. Friedrichs Gemälden besitzen, die Komposition des Bildes und einige der im Folgenden genannten sinntragenden Bildmotive erfassen:
– die Horizontlinie trennt Erde und Himmel;
– die Segel der Schiffe, vor allem aber die drei Figuren verbinden beide Bereiche;
– der geometrische Bildmittelpunkt liegt zwischen den beiden Frauen und dem Mann;
– Entsprechung der konkaven bzw. konvexen Linien von dunklem Fels und durch den Mond erleuchtetem Wolkenhimmel (zwei spiegelbildliche Hyperbelkurven);
– Schiffe als Symbol des Lebensweges der Menschen, die in den Hafen (transzendente Geborgenheit) einlaufen;
– Felsen im Vordergrund symbolisieren den Glauben als christliches Fundament des Menschen;
– durch den Mond erleuchteter Himmel als Symbol des Jenseitigen;
– Natur wird zum Ausdruck religiöser Verehrung und Andacht;
– die Trauer und Schwere des Erdenlebens (symbolische Farbe Blauviolett) wird überwunden durch den Glanz des silbernen Lichts (Joh. 8,12: „Ich bin das Licht der Welt").

12 Sehnsucht und Liebe – Motive in der Lyrik analysieren

S. 251

Joseph von Eichendorff
Im Abendrot (1841)

6 a) *Vergleich von Bild und Gedicht – Vorschlag für ein Tafelbild:*

	C. D. Friedrich	*Eichendorff*
Titel	– Mondaufgang am Meer (also eine Abendszene)	– Im Abendrot (also während der abendlichen Dämmerung)
dargestellte Handlung	– drei Rückenfiguren betrachten die heimkehrenden Schiffe vor dem Hintergrund des Mondlichts	– ein Paar, nach gemeinsamem Lebensweg müde, fühlt den Tod nahen
Bildmotive/ Todesmotiv	– Lebensweg des Menschen → Bildfeld „Seefahrt": Schiffe, Meer (Gefahren, Stürme, Wellen, Ruhe etc.), Fahrt in den Hafen (Tod, Jenseits) – aufgehender Mond → Symbol Christi – Steinblöcke → christlicher Glaube	– Lebensweg des Menschen → Bildfeld „Wandern": Wandern durch Not und Freude, Ankommen am Ziel: Stille und Friede (Ende und Erfüllung), Abendrot – Bildfeld „Tod": „ruhn", „neigen", „dunkelt", „Schlafenszeit", „stiller Friede", „wandermüde"
Haupt- aussage	– Sehnsucht nach der paradiesischen Heimat	– Sehnsucht nach der paradiesischen Heimat
Epochen- zuordnung	– Romantik	– Romantik

Mögliche Hausaufgabe

1 Weist nach, dass Eichendorffs Gedicht „Im Abendrot" inhaltlich und formal der Epoche der Romantik zuzuordnen ist.

S. 252

Sehnsucht nach Liebe

S. 252

Der von Kürenberg
Ich zôch mir einen valken (2. Hälfte des 12. Jahrhunderts)

1 Die Lehrerin/ der Lehrer wird den mittelhochdeutschen Text vorlesen. Erste Schülerübungen erfolgen in der Kleingruppe. Erst danach präsentieren einzelne Schülerinnen oder Schüler ihren Gedichtvortrag im Plenum.

2 a/b) Das „Falkenlied" gehört zu den ersten Zeugnissen ritterlicher Liebeslyrik im Rahmen der ritterlichen Standeskunst. Bei den meisten dieser frühen Lieder handelt es sich um Frauenstrophen, in denen die Herrin oder das Mädchen (magedîn) ihrer liebenden Sehnsucht Ausdruck verleiht. Im Falkenlied

12.1 „Und greife endlich nach den Sternen" – Motive im Spiegel der literarischen Epochen

des von Kürenberg schildert die zurückbleibende Frau, dass der von ihr gezähmte Falke entflogen ist. In den zwei vierzeiligen Strophen, die aus vier Langzeilen mit Paarreim in der Nachfolge der Nibelungenstrophe bestehen (so genannte „Kürenberger-Strophe"), äußert die Sprecherin/ der Sprecher erst im letzten Vers die eigentlich zu erwartende Betroffenheit. J. Bumke (Geschichte der deutschen Literatur im hohen Mittelalter, München 1990) spricht in diesem Zusammenhang von einem „sparsamen, andeutenden Stil".

Die Deutung des Gedichtes bleibt umstritten. Seine Platzierung inmitten anderer Liebesgedichte innerhalb der Großen Heidelberger Liederhandschrift und der letzte Vers legen allerdings eine übertragene Bedeutung nahe. Hinzu kommt, dass der Falke uns in der mittelalterlichen Dichtung als königliches Jagdtier bei der dem Adel vorbehaltenen Falkenjagd immer wieder als Symbol für den geliebten Mann begegnet. Demnach beklagt im Falkenlied die Herrin bzw. das Mädchen, dass sie von ihrem Geliebten verlassen worden ist, obwohl dieser erst durch die „Erziehung" und Leitung der Frau zu dem geworden ist, was er nun darstellt. Er hat sich offensichtlich einer neuen Frau zugewandt („sîdîne riemen"). Die melancholische Grundstimmung des Textes gipfelt in dem Schlussvers, in dem die verlassene Geliebte Gott bittet, Liebenden die ersehnte Gemeinschaft zu gewähren.

c) *Zu den Bildern aus der Großen Heidelberger Liederhandschrift*
Das erste Bild aus der Großen Heidelberger Liederhandschrift zeigt den Ritter (der von Kürenberg) vor seiner Herrin, die eine abwehrende Handbewegung macht. Das Ritterwappen, ein Mühlstein (mhd. „kürn"), legt gleichsam einen Keil zwischen beide Personen. Die verehrte „frouwe" ähnelt in ihrer Körperhaltung (S-Form) den gotischen Madonnen des so genannten „Schönen Stils".
Das zweite Bild zeigt Herrn Wernher von Teufen (1219 und 1223 urkundlich erwähnt), der mit seiner „frouwe" zur Falkenjagd reitet. Wernher von Teufen entstammte einem freiherrlichen Schweizer Geschlecht, das sich nach seiner Stammburg Alt-Teufen im Kanton Zürich benannte.
Während das erste Bild eher das Wesen der höfischen Minne (unerfüllte Liebe, Dienst für die Frau etc.) repräsentiert, entspricht das zweite Bild in der Gleichstellung zwischen Mann und Frau und dem vertrauten Miteinander der Geschlechter mehr dem fast volkstümlichen, vorhöfischen Liebesideal des Falkenliedes.

3 Es kommen drei Möglichkeiten in Betracht: Frau als Sprecherin (am wahrscheinlichsten und in der Forschung favorisiert), Mann als Sprecher, beide im Wechsel.

Martin Opitz
Ach Liebste, lass uns eilen (1624)

S. 253

1 a/b/c) Die Schülerinnen und Schüler sollen sich im Sprechrhythmus vom starren Metrum lösen und durch die Betonung sinntragender Wörter einen ersten interpretatorischen Zugang zum Text finden. Beim Gedichtvortrag sollte die Dreiteilung des Gedichts in jeweils vier Verse (Pausen!) deutlich werden, die sich auch an der unterschiedlichen Artikulation des lyrischen Ich („wir" – „du" – „wir") ablesen lässt.
Der Ton des Liedes ist klagend-drängend („ach", „lass", „schadet", „muss", „drumb", „jetzt", „liebe mich", „gib mir"), da die Geliebte erst zur Liebe überredet werden muss. Es gilt, „der Jugend Frucht" zu nutzen. Betont werden muss vor allem die 9. Verszeile, welche schlussfolgernd die Aufforderung an die Geliebte verstärkt, dem Drängen des Geliebten nachzugeben.

12 Sehnsucht und Liebe – Motive in der Lyrik analysieren

2 *Vorschlag für ein Tafelbild:*

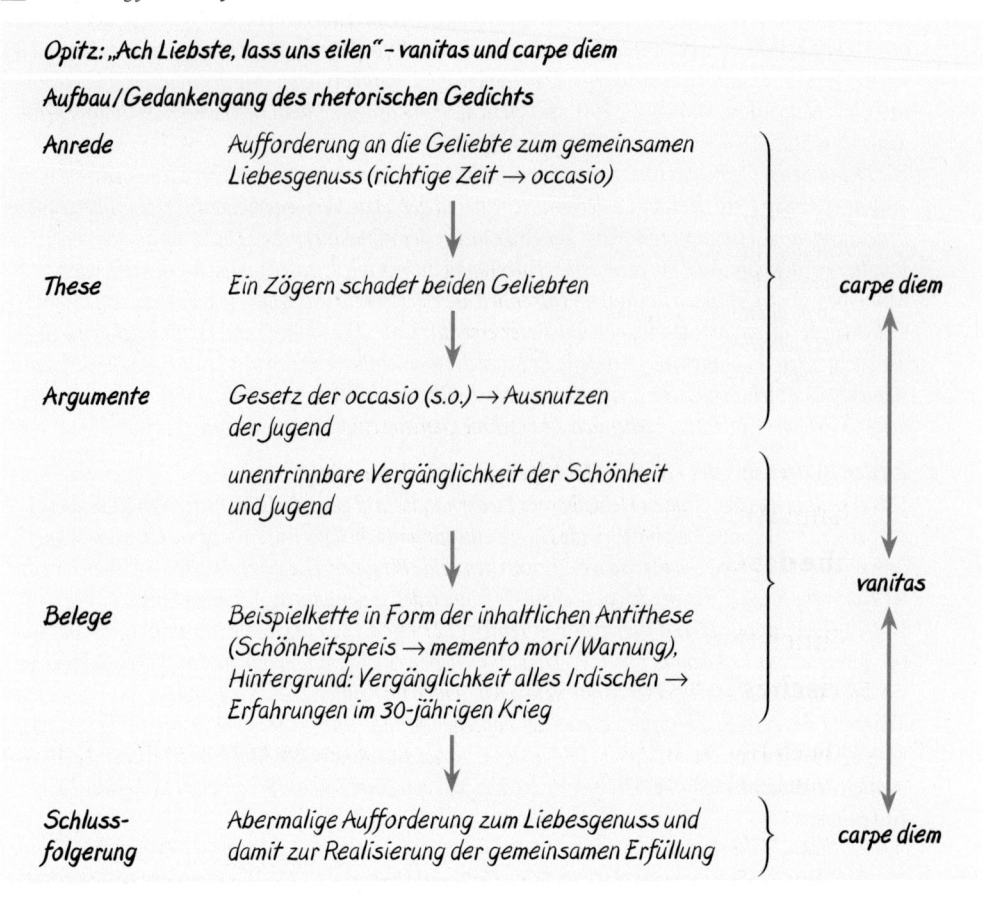

Opitz: „Ach Liebste, lass uns eilen" – vanitas und carpe diem

Aufbau / Gedankengang des rhetorischen Gedichts

Anrede	Aufforderung an die Geliebte zum gemeinsamen Liebesgenuss (richtige Zeit → occasio)	} carpe diem
These	Ein Zögern schadet beiden Geliebten	
Argumente	Gesetz der occasio (s.o.) → Ausnutzen der Jugend	
	unentrinnbare Vergänglichkeit der Schönheit und Jugend	} vanitas
Belege	Beispielkette in Form der inhaltlichen Antithese (Schönheitspreis → memento mori / Warnung), Hintergrund: Vergänglichkeit alles Irdischen → Erfahrungen im 30-jährigen Krieg	
Schluss-folgerung	Abermalige Aufforderung zum Liebesgenuss und damit zur Realisierung der gemeinsamen Erfüllung	} carpe diem

3 Es bietet sich an, dass die Schülerinnen und Schüler das folgende Schema in ihr Heft übertragen oder ein entsprechendes Arbeitsblatt erhalten, bei dem ein Beispiel vorgegeben ist.

Metapher, Personifikation	ursprünglicher Zusammenhang	neuer Zusammenhang	Vorstellungen, die beim Leser geweckt werden
„fliehn"	menschlicher Bereich: vor Bedrohung weglaufen	Aussehen des Menschen	Schnelligkeit der Veränderung, Flüchtigkeit äußerer Reize
„Der Äuglein Feuer", „Flamm"	Naturgewalt	menschlicher Bereich: Auge	Lebhaftigkeit des Ausdrucks, Lebendigkeit und Wärme
„Eis"	Natur	s.o.	Erstarrung, Leblosigkeit

„Mündlein von Korallen"	Hohltier, Meerestier	menschlicher Bereich: Mund	leuchtend rot, durchblutet, jugendlich frisch
„Schnee"	Natur	menschlicher Bereich: Hände	kalt, farblos (blutleer), steif

4 Alliterationen („Fliehn Fuß für Fuß", Z. 3), Anaphern („Der Jugend Frucht", Z. 9; „Der Jahre Flucht", Z. 10), Anrede und Imperative sowie Parallelismus unterstützen den drängenden Sprachgestus. Der Kreuzreim spiegelt die Verschränkung des Carpe diem und des Momento mori, die sich gegenseitig bedingen. „Das Carpe diem und das Memento mori gehören aufs engste zusammen und rechtfertigen sich gegenseitig. Das Liebeslied wird zur Todesmahnung, das Vanitas-Gedicht begründet die Bereitschaft zum Genuss des Lebens." (Wulf Segebrecht: Rede über die rechte Zeit zu lieben, S. 142; vgl. S. 281 in diesem Handbuch)

Johann Wolfgang Goethe
Nähe des Geliebten (1795) — S. 254

Heinrich Heine
Lyrisches Intermezzo (1822/23) — S. 254

🎧 Das **„Deutschbuch-Hörbuch 9/10"** enthält das Gedicht „Lyrisches Intermezzo" von Heinrich Heine, gelesen von Udo Wachtveitl.

1 Goethes Gedicht „Nähe des Geliebten" beruht auf der Vorlage des Gedichts „Ich denke dein" (1894) von Friederike Brun (1765–1835), das Goethes Freund Carl-Friedrich Zelter vertonen wollte. Goethe lag es am Herzen, dem Komponisten einen in seinen Augen besseren Liedtext zur Verfügung zu stellen. In Goethes Gedicht ist die Sehnsucht des lyrischen Ich nach dem geliebten Menschen durch dessen Abwesenheit und Ferne bedingt. Die verschiedensten Natureindrücke, majestätische (Sonnenschimmer auf dem Meer, Mondlicht auf dem Wasser) wie auch unbedeutende (Staubwolken), lösen das Sehnsuchtsgefühl nach dem Geliebten aus. In Heines Gedicht thematisiert die erste Strophe den situativen Kontext: Die Aufbruchstimmung in der Natur im „wunderschönen Monat Mai" weckt auch im lyrischen Ich die Sehnsucht nach dem geliebten Menschen.

2 Die Abwesenheit des Geliebten bewirkt, dass sich durch die räumliche Trennung in paradoxer Umkehrung das lyrische Ich dem fernen Geliebten besonders nahe fühlt. Alle durch die Natur hervorgerufenen Sinneseindrücke tragen dazu bei, diese Nähe trotz der realen Trennung immer wieder herzustellen: „Ich bin bei dir, du seist auch noch so ferne,/ Du bist mir nah" (Z. 13 f.). Das kunstvolle Spiel mit Wunsch und Wirklichkeit drückt sich sprachlich in der Verwendung des Indikativs und des Konjunktivs aus: Die gedankliche Verbundenheit mit dem Geliebten lässt die Trennung vorübergehend als unwirklich erscheinen („ich bin", „du seist"). Erst in der letzten Verszeile gesteht sich das lyrische Ich mit dem Stoßseufzer „O wärst du da" (Irrealis) ein, dass die gedankliche Nähe die körperliche Abwesenheit des Geliebten nicht vollständig aufheben kann.

12 Sehnsucht und Liebe – Motive in der Lyrik analysieren

3 Vorschlag für ein Tafelbild:

Goethe: „Nähe des Geliebten" – Aufbau des Gedichts

Strophen	Erinnerung an den Geliebten durch Naturbilder	Sinneseindrücke: Vorstellung und Realität
Strophe 1	Spiegelung von Sonne und Mond (→ Himmel) im Wasser	optische Eindrücke → Vorstellung
Strophe 2	Aufwirbeln von Staubwolken (→ Erde) auf dem Weg	optische Eindrücke → „Realität"
Strophe 3	Rauschen der Meereswellen, Stille des Waldhains	akustische Eindrücke → „Realität"
Strophe 4	Feststellung der gedanklichen Verbundenheit und Nähe/Schmerz über körperliche Abwesenheit des Geliebten Sinken der Sonne, Leuchten der Sterne	optische Eindrücke „Realität" ↔ Vorstellung

4 a/b) Schumanns Vertonung des Gedichts „Lyrisches Intermezzo" von Heinrich Heine akzentuiert durch aufsteigende Tonhöhen die Wörter „Herzen", „Liebe aufgegangen", „gestanden", „Sehnen und Verlangen". Der getragene Rhythmus lässt Zweifel aufkommen, ob die Liebe des lyrischen Ich von der Geliebten erwidert wird.

S. 255

Conrad Ferdinand Meyer
Zwei Segel (1882)

S. 255

Mascha Kaléko
Pihi (um 1940)

🎧 Das „**Deutschbuch-Hörbuch** 9/10" enthält das Gedicht „Zwei Segel" von Conrad Ferdinand Meyer, gelesen von Ulrike Kriener.

1 Auf den ersten Blick scheint das Dinggedicht von C. F. Meyer das Bild einer Bucht mit zwei Segelschiffen darin zu entwerfen. Die im zweiten Teil der zweiten Strophe einsetzende Personifikation legt jedoch eine darüber hinausweisende Bedeutungsebene nahe. So lässt sich das Bild von den beiden Segelschiffen als allegorische Darstellung der Liebe lesen. Die beiden Segel werden zu einem Liebespaar, der Wind zum gefühlsauslösenden Moment. Auch in dem Gedicht Mascha Kalékos wird am Beispiel des Vogels Pihi die enge Verbundenheit zweier Liebender geschildert, wobei im Unterschied zu den „Zwei Segeln" in den letzten beiden Versen die Übertragung des Bildes auf die Liebenden explizit angesprochen wird.

2 In beiden Gedichten fällt der metrische Gleichklang jeder Verszeile auf, wobei das daktylische Versmaß bei Meyer die Bewegung der Schiffe im Wasser charakterisiert. Demgegenüber spiegelt das Gleichmaß des fünfhebigen alternierenden Versmaßes in Kalékos Gedicht die ruhige Flugbewegung des Vogelpaares am Himmel. Beim Vortrag wird das jeweilige Versmaß dennoch zurücktreten hinter einer rhythmischen

Gestaltung, die sinntragende Wörter heraushebt, eigentlich betonte Silben und Wörter hingegen nicht hervortreten lässt.
Methodischer Tipp: *Die Schülerinnen und Schüler sollten die Gedichte in ihr Heft übertragen und für den Vortrag mit Zeichen markieren.*

Bertolt Brecht
Die Liebenden (1928/29)

S. 256

Das **„Deutschbuch-Hörbuch 9/10"** enthält das Gedicht „Die Liebenden" von Bertolt Brecht, gelesen von Ulrike Kriener.

1 a) Im ersten Vers wird der Blick des Lesers durch das lyrische Ich auf den Flug der Kraniche gerichtet. In gleicher Höhe und Geschwindigkeit segeln Wolken, welche die Kraniche auf ihrem Flug vor dem herannahenden Winter in den sonnigen Süden („Aus einem Leben in ein andres Leben", Z. 4) begleiten. Wolken und Kraniche schweben, angetrieben durch den Wind, in vollkommener Harmonie selbstvergessen und ziellos („in das Nichts entführen", Z. 13) nebeneinander an dem blauen Himmel. Diese Gemeinsamkeit wird allerdings nur von kurzer Dauer sein („den sie kurz befliegen", Z. 8).

b) Die Liebe, solange sie dauert, garantiert Geborgenheit und Halt. Auch Extremsituationen wie Naturkatastrophen oder Kriege stellen die Liebe zweier Menschen nicht in Frage. Der Konditionalsatz „wenn sie nur nicht vergehen" (Z. 14) deutet allerdings die Möglichkeit des Scheiterns der Liebe aus Gründen an, die im Text nicht genannt werden. Da das Gedicht ursprünglich aus Brechts Oper „Aufstieg und Fall der Stadt Mahagonny" stammt und dort von Jenny, einer Prostituierten, und Paul vorgetragen wird, liegt der gesellschaftliche Bezug allerdings auf der Hand: In der kapitalistischen Ausbeutergesellschaft wird auch die Liebe zur Ware. Nur eine Veränderung der gesellschaftlichen Verhältnisse verbannt das Ideal der Liebe nicht in den irrealen Wolkenhimmel der Kraniche, sondern ermöglicht seine Verwirklichung in der Realität des irdischen Lebens.

c) Auf den kurzen Dialog (Z. 20–22) zwischen Wind, Wolken und Kranichen (sechshebiger Jambus statt des sonst fünfhebigen; elliptischer Satzbau), in dem die harmonische Liebesbeziehung im wahrsten Sinne des Wortes befragt wird, folgt die Ansprache des lyrischen Ich an die Leser (Z. 21 ff.). Die Hinweise auf die zeitliche Begrenztheit der Liebe und die Entlarvung des Liebesglücks als Illusion („scheint die Liebe den Liebenden ein Halt") bedeuten einen Stimmungsumschwung, der sich formal in den männlichen Versschlüssen und einer veränderten Reimanordnung (die letzten beiden Verse stehen im Paarreim) spiegelt.

2 Die Ersetzung des Verbs „scheint" durch „bleibt" oder „ist" in der letzten Verszeile würde zu einer erneuten Umdeutung des Textes führen. In paradoxer Umkehrung zu der in den vorangegangenen Versen postulierten Kurzzeitigkeit des Liebesglücks würde noch einmal die verbindende und stützende Wirkung der Liebe während ihres Bestehens hervorgehoben. Brecht geht es in seinem Gedicht aber offenbar darum, v. a. die widrigen gesellschaftlichen Umstände für das Scheitern der Liebe verantwortlich zu machen.

3 a/b) Die Schülerinnen und Schüler werden als dominantes Stilmittel in den Z. 7–12 das **Enjambement** herausstellen. Indem Satzschluss und Versende nicht übereinstimmen, ergibt sich auch formal ein gleichsam schwebender, fließender Charakter des Gedichts, der dem Segeln von Kranichen und Wolken am Himmel entspricht. Die **Inversion** in den Verszeilen 7 und 8 betont den „schönen Himmel" als überirdischen Ort des Liebesglücks.

Mögliche Zusatzaufgabe/Hausaufgabe

1. Vergleicht Brechts Gedicht „Die Liebenden" mit Conrad Ferdinand Meyers Gedicht „Zwei Segel". Listet Gemeinsamkeiten und Unterschiede in Inhalt, Sprache und lyrischer Form auf.

Vorschlag für ein Tafelbild dazu:

C. F. Meyer: „Zwei Segel"/B. Brecht: „Die Liebenden" – Beispiel einer Motivverwandtschaft?

	Gemeinsamkeiten	Unterschiede
Inhalt/ Aussage/ Bildwelt	– Der harmonisch parallelen Bewegung der Segel entspricht der gemeinsame Zug von Kranichen und Wolken am Himmel. In beiden Bildwelten wird die Liebe zwischen zwei Menschen dargestellt.	– Das Zusammensein von Kranichen und Wolken vollzieht sich in einer feindlichen Umwelt und ist nur von kurzer Dauer.
Sprache/ Form	– Reim und Metrum – eingängige poetische Sprache – Enjambement als wichtiges Formmerkmal	– Reimschema und Metrum werden in Brechts Gedicht zur Unterstützung der inhaltlichen Aussage variiert.

12.2 Johann Wolfgang Goethe: „Willkommen und Abschied" – Eine Textanalyse schreiben

Johann Wolfgang Goethe

Willkommen und Abschied

Das **„Deutschbuch-Hörbuch 9/10"** enthält das Gedicht „Willkommen und Abschied" von Johann Wolfgang Goethe, gelesen von Udo Wachtveitl.

Nachfolgend die frühe Fassung des Gedichts – „Entstanden wohl Frühjahr 1771. Text der Verse 1–10 nach der – nur bis hierher reichenden – Abschrift aus Friederikens Nachlass, das Übrige nach dem 1. Druck in der ‚Iris' 1775" (Kommentar in: Johann Wolfgang von Goethe: Werke, Hamburger Ausgabe, Bd. 1, s. u., S. 453).

Johann Wolfgang Goethe
Es schlug mein Herz (1771/1775)

Es schlug mein Herz. Geschwind, zu Pferde!
Und fort, wild wie ein Held zur Schlacht.
Der Abend wiegte schon die Erde,
Und an den Bergen hing die Nacht.
5 Schon stund im Nebelkleid die Eiche
Wie ein getürmter Riese da,
Wo Finsternis aus dem Gesträuche
Mit hundert schwarzen Augen sah.

Der Mond von einem Wolkenhügel
10 Sah schläfrig aus dem Duft hervor,
Die Winde schwangen leise Flügel,
Umsausten schauerlich mein Ohr.
Die Nacht schuf tausend Ungeheuer,
Doch tausendfacher war mein Mut,
15 Mein Geist war ein verzehrend Feuer,
Mein ganzes Herz zerfloss in Glut.

Ich sah dich, und die milde Freude
Floss aus dem süßen Blick auf mich.
Ganz war mein Herz an deiner Seite,
Und jeder Atemzug für dich. 20
Ein rosenfarbes Frühlingswetter
Lag auf dem lieblichen Gesicht
Und Zärtlichkeit für mich, ihr Götter,
Ich hofft' es, ich verdient' es nicht.

Der Abschied, wie bedrängt, wie trübe! 25
Aus deinen Blicken sprach dein Herz.
In deinen Küssen welche Liebe,
O welche Wonne, welcher Schmerz!
Du gingst, ich stund und sah zur Erden
Und sah dir nach mit nassem Blick. 30
Und doch, welch Glück, geliebt zu werden,
Und lieben, Götter, welch ein Glück!

(Aus: Johann Wolfgang von Goethe: Werke. Hamburger Ausgabe in 14 Bänden. Bd. 1. Hg. von Erich Trunz. Beck, München [11] 1978, S. 27 f.)

Mit „Willkommen und Abschied" (so der Titel des Gedichts ab 1810) lernen die Schülerinnen und Schüler das wohl wichtigste Sesenheimer Gedicht Goethes kennen, das innerhalb der Erlebnislyrik des Sturm und Drang eine exponierte Stellung einnimmt. Der biografische Hintergrund des Gedichts ist für die Textdeutung von entscheidender Bedeutung, auch wenn Volker Neuhaus (Andere verschlafen ihren Rausch, meiner steht auf dem Papiere. Goethes Leben in seiner Lyrik. DuMont, Köln 2007) zu Recht von einer geradezu „urphänomenalen" Darstellung der Liebe in der Endfassung des Gedichts spricht (S. 110).

Während seiner Studienzeit in Straßburg lernte Goethe auf einem seiner Ausflüge durch das Elsässer Land die Landpfarrerstochter Friederike Brion kennen. Er verliebte sich in das Mädchen, besuchte sie und ihre Familie häufig und verbrachte so viel Zeit in dem Sesenheimer Pfarrhaus, dass er als zum Familienkreis gehörig empfunden wurde. In diese Zeit geht die Urfassung des Gedichts zurück, die in dem Erstdruck von 1875 in der Zeitschrift „Iris" wohl im Wesentlichen repräsentiert ist. Gegen 1785 überarbeitete Goethe das Gedicht, in der Fassung von 1789 ist es mit dem Titel „Willkomm und Abschied" überschrieben, der ab 1810 in „Willkommen und Abschied" umbenannt wird. Die Schülerbeiträge (S. 262 f. im Schülerband), die sich im Rahmen der Einleitung mit der Kontextuierung des Gedichts beschäftigen, stellen die Zusammenhänge zum Teil falsch oder verzerrt dar und müssen deshalb genau geprüft werden.

In seiner traditionellen Formgebung (vierhebiger Jambus, Kreuzreim) und seinem erzählerischen Gestus – Benno von Wiese sprach von „einer Ballade des Herzens und seiner Schicksale" (zitiert nach Neuhaus, S. 106) – ist das Gedicht für Schülerinnen und Schüler leicht zu verstehen, die Naturmetaphorik lässt sich gut entschlüsseln. Sicherlich fällt es den Schülern leichter, die traditionelle Form eines Gedichts wie „Willkommen und Abschied" mit ihren Konstituenten zu beschreiben und in eine Beziehung zum Inhalt zu setzen, als die häufig viel subtileren, weniger deutlich hervortretenden Strukturmerkmale der in freien Versen gestalteten modernen Gedichte zu erfassen. Die einzelnen Arbeitsschritte sind im Schülerband so ausführlich mit Beispielen aus dem Unterricht versehen, dass eine Kommentierung und Hinweise zur Bearbeitung der Aufgaben sich fast erübrigen. Stattdessen mag die folgende Interpretation des Gedichts durch Volker Neuhaus der detaillierten textanalytischen Arbeit im Unterricht die notwendige breite Grundlage liefern.

Volker Neuhaus

Andere verschlafen ihren Rausch, meiner steht auf dem Papiere. Goethes Leben in seiner Lyrik

Das Gedicht beginnt mit der Chiasmus genannten kreuzweisen Anordnung der Begriffspaare ‚Regung und Tat', ‚Tat und Gedanke', der den gewaltigen Chiasmus des Schlusses vorbereitet. Es reißt das lyrische Ich förmlich zur Geliebten; das ausgiebig beschworene Szenario der Nacht, die niemandes Freund ist, dient, in der Tradition des Locus terribilis, des konventionalisierten Schreckensortes, stehend, nur dazu, durch den Aufbau der Hindernisse die treibende Leidenschaft des Herzens nur umso deutlicher herauszuarbeiten. „Der Abend wiegte schon die Erde" – zum Schlummer –, „Und an den Bergen hing die Nacht" sind keine traditionellen Personalisierungen mehr, sondern geschautes, gefühltes Erleben [...]. „Riesen" und „Ungeheuer" bedrohen in archaischer Urangst das Ich im nächtlichen Wald, das beim „kläglich" fahlen Mondlicht fast eine Paranoia entwickelt, „Wo Finsternis aus dem Gesträuche/Mit hundert schwarzen Augen sah". In der Urfassung ist die Antwort auf die von der Nacht geschaffenen „tausend" Ungeheuer fast noch prägnanter: „Doch tausendfacher war mein Mut"; beide gemeinsam setzen der äußeren Bedrohung die Glut im Inneren entgegen.

In der nächtlichen Begegnung mit der Geliebten [...] verklärt sich das Bedrohliche zur „milden Freude", hellt ihr Gesicht die nächtliche Szene auf zum „rosenfarbnen Frühlingswetter", kommt der Ritt in der „Zärtlichkeit" an sein Ziel, wobei zugleich erstmals mit dem Ruf „ihr Götter" Göttliches aufscheint. Die letzte

Strophe gestaltet dann die Erfahrung, die Gegenstand zahlreicher Tagelieder ist, die im Minnesang von der Trennung der – illegitim – Liebenden im Morgengrauen erzählen: Die drohende Trennung steigert Liebe und Leidenschaft noch einmal – „In deinen Küssen, welche Wonne!/In deinem Auge, welcher Schmerz"! [...] Dem unvermeidlichen Schmerz der Trennung, die auf jede Vereinigung notwendig folgt, setzt das lyrische Ich die Schlusszeilen entgegen: „Und doch, welch Glück, geliebt zu werden!/Und lieben, Götter, welch ein Glück!" „Liebe" und „Glück" verschränken sich in der Form des griechischen Chi – „χ" –, und im Herzen des Chiasmus, am Kreuzungspunkt, scheint mit den Göttern das Göttliche auf, das von jetzt ab für Goethe jeder Liebesbegegnung immer schon eingeschrieben ist.

Das vierte Wort des Gedichts, „Herz", erschließt uns eine weitere [...] Dimension: Das Gedicht ist konsequent vom Puls des Lebens, von Systole und Diastole, geprägt: Auf die Systole des Herzschlags folgt die Diastole der Tat, und der Diastole der nächtlichen Landschaft antwortet die Systole des Herzens – „In meinem Herzen, welche Glut!" –, um sich sogleich in der Begegnung „Dich sah ich" der Geliebten doppelt diastolisch aufzuschließen: „Ganz war mein Herz an deiner Seite,/Und jeder Atemzug für dich", bis der unvermeidliche Abschied ihm das „Herz" wieder „verengt". Gelöst wird diese letzte Systole im trotzig jubelnden „Und doch" des die Liebe in allen ihren Erscheinungen, in Freude und Schmerz bejahenden und bejubelnden Chiasmus.

In der Umarbeitung für seine erste Gedichtsammlung in den „Schriften" von 1789 ändert Goethe die viert- und drittletzte Zeile ab zu „Ich ging, du standst und sahst zur Erden,/Und sahst mir nach mit nassem Blick". Aus dem Schicksal einer Liebesnacht ist das Schicksal einer Liebe geworden, bei der er es war, der gegangen ist und sie zurückgelassen hat. Was gleich bleibt, ist der Schluss: Goethe hat ihn von vornherein unpersönlich, besser: überpersonal gestaltet. Die Szenerie der Nacht und des Draußen ist verschwunden, kein Ich und kein Du erscheinen hier mehr, sondern lediglich die unpersönlichen Infinitive des Passivs und des Aktivs und in ihrem Kreuzungspunkt das Göttliche [...]. So stellen sie [gemeint: die Liebenden] das Urphänomen Liebe dar, das sich in jeder liebenden Begegnung ‚zeigt' und in dem zugleich das Göttliche erscheint.

(Aus: Volker Neuhaus: Andere verschlafen ihren Rausch, meiner steht auf dem Papiere. Goethes Leben in seiner Lyrik. DuMont, Köln 2007, S. 106–108)

2 *Vergleich der im Schülerband abgedruckten ersten Verstehensansätze – Vorschlag für ein Tafelbild:* S. 258

Goethes „Willkommen und Abschied" - erste Eindrücke vergleichen

Das Gedicht macht Aussagen über:
- Liebesglück und Liebesschmerz
- Vergänglichkeit der Liebe
- Bedeutung der Naturbilder

Das Gedicht stellt dar:
- das Glücksgefühl der Liebe
- den Schmerz über den Verlust der Geliebten/ der Liebe

Der Text ist
- ein Gedicht
- ein Liebesbrief

1 *a/b/c) Die Schülerinnen und Schüler finden die in der Grafik fehlenden Analyseaspekte für eine Gedichtinterpretation auf den angegebenen Seiten des Schülerbuchs (z. B. Bildlichkeit: Vergleich, Metapher, Personifikation; formale Gestaltung: Reimschema, Metrum; rhetorische Mittel: Anapher, Alliteration, Chiasmus, Hyperbel etc.).* S. 259

S. 261 **2** *Nicht markiert sind z. B.: Enjambement, der Schlüsselbegriff „Herz" etc.*

S. 264 **3** *Aspekte der Textanalyse in den Schülerbeispielen (S. 263 f. im Schülerband) – Vorschlag für ein Tafelbild:*

Sara S.	Daniel B.	Lena G.
- sprachliche Mittel (Bildlichkeit) - formale Gestaltung (Metrum, Strophen) - inhaltlicher Aufbau (Titel, Thema)	- formale Gestaltung (Strophen, Metrum) - inhaltlicher Aufbau - Haltung des lyrischen Ich - Bildlichkeit	- Aufbau (Thema) - Haltung des lyrischen Ich - sprachliche Mittel (Bilder) - formale Gestaltung (Metrum)

4 **Methodischer Tipp:** Teilaufgabe 4a ist auch als Hausaufgabe sinnvoll. Der Unterricht setzt dann mit dem Austausch der Korrekturen ein. Die Gruppen einigen sich schließlich auf eine gemeinsam akzeptierte Textfassung und schreiben diese auf eine längsseitig halb durchgeschnittene Folie, sodass bei der Präsentation immer zwei Beiträge miteinander verglichen werden können.

12.3 Projekt: Lyrik-Galerie zum Thema „Sehnsucht und Liebe"

Die Präsentation der Schülertexte in Form einer Lyrik-Galerie ist wegen ihres relativ unaufwändigen und zeitsparenden Charakters eine auch im Schulalltag realisierbare Projektidee.

Schreiben zu Bildern

S. 267

1 / 2 *Der Ideenstern eignet sich zu einer ersten, leicht vorstrukturierten Begriffssammlung.*

Zu dem Bild „Das Mädchen am Fenster" von Salvador Dalí
Der doppelte Rahmen betont die Ausschnitthaftigkeit der Szene einerseits, verleiht andererseits dem Bild – unterstützt durch die Zentralperspektive – eine Tiefe, in die sich der Betrachter hineingezogen fühlt. Diese Bildtiefe wird noch dadurch verstärkt, dass sich der Blick des Betrachters – wie der des Mädchens am Fenster – in der weit hinten liegenden Horizontlinie im beinahe Diffusen verliert. Das Mädchen steuert den Betrachterblick aus dem schlichten, fast monochromen Raum hinaus in die pastellfarbene Weite der Welt, im Fluchtpunkt findet sich ein zart gemaltes Segelschiff als Symbol für Sehnsucht, Reisen und Weite. Der Wind, der das Schiff forttreibt, ist auch im vorgelagerten Raum an den sich bewegenden Vorhängen sichtbar und scheinbar spürbar. Die Haltung des Mädchens (spiralförmige Axiallinie, angewinkeltes rechtes Bein) deutet eine (innere) Bewegtheit/Aufbruchsbereitschaft angesichts der Weite und Ferne an.

3 *Die Schülerinnen und Schüler werden – durch das Bild angeregt – dazu neigen, Abstraktnomina („Weite", „Tiefe", „Sehnsucht", „Fernweh", „Heimat" etc.) zu verwenden. Dem kann gegebenenfalls durch ein Vorziehen der Aufgabe 4 (auf derselben Seite) entgegengesteuert werden.*

4 *Der oder die Unterrichtende sollte darauf aufmerksam machen, dass das Thema mit der Formulierung „Sehnsucht und Liebe" eine klare Akzentuierung aufweist.*
Der Schreibauftrag selbst ist an dieser Stelle bewusst frei gewählt, um den Schülerinnen und Schülern die Möglichkeit zu geben, sowohl Verfahren des kreativen Schreibens frei anzuwenden als auch ihnen bekannte Formen lyrischen Sprechens frei auszuwählen.

Automatisches Schreiben

S. 267

1 *Die Musik sollte möglichst gleichförmig sein und der Konzentration dienen.*

2 *Wesentlich beim automatischen Schreiben ist das ständige Weiterschreiben – ggf. unter Verzicht auf elementare syntaktische Strukturen. Ziel ist es, Kognitionen weitgehend auszuschalten und so kreative Potenziale freizusetzen.*
Hinweis: *Das Verfahren, das sich erstmals 1889 bei dem Psychologen Pierre Janet findet, diente zunächst dem Freisetzen imaginärer Kräfte und unbewusster Gefühle, birgt also auch die Gefahr in sich, dass einzelne Schülerinnen und Schüler – gerade in der Phase der Pubertät – hochemotionale und sehr persönliche Textfragmente produzieren. Dessen sollten sich die Unterrichtenden bewusst sein. (Vgl. Gerd Brenner: Methoden II. Cornelsen Scriptor, Berlin 2007, S. 174 f.)*

3 *Diese Aufgabe kann bei sehr vertrauten Gruppen/Lerngruppen auch als Schreibkonferenz initiiert werden.*

Ein Parallelgedicht schreiben

S. 268

1 *Die Auswertung der Schülertexte erfolgt sinnvollerweise kontrastiv. Für das Projekt „Lyrik-Galerie" bietet sich eine parallele Präsentation ausgewählter Paralleltexte an.*

2 *Für Parallelgedichte geeignet sind aus dem Schülerbuch:*
- *Herbert Grönemeyer: „Lache, wenn es nicht zum Weinen reicht" (S. 248)*
- *Mascha Kaléko: „Sehnsucht nach dem Anderswo" (S. 249)*
- *Johann Wolfgang Goethe: „Nähe des Geliebten" (S. 254)*

Die Lyrik-Galerie vorbereiten

S. 268

1 *Hierfür sollte zeitlich großzügig geplant werden. Insbesondere der Schreibauftrag („Überarbeitet ...") verlangt ausreichend Zeit oder/und sehr eingespielte Gruppen.*

2 *Diese Aufgabe ist auch als vorbereitende Hausaufgabe sinnvoll.*

3 *Tipp: Endlosschleife instrumenteller Musik, eventuell auch aufgelockert durch Grönemeyer u. a.*

Lernerfolgskontrolle/ Thema für eine Klassenarbeit

Einen literarischen Text interpretieren

Gustav Falke

Zwei (1896)

Drüben du, mir deine weiße
Rose übers Wasser zeigend,
Hüben ich, dir meine dunkle
Sehnsüchtig entgegenneigend.

5　In dem breiten Strome, der uns
Scheidet, zittern unsre blassen
Schatten, die vergebens suchen,
Sich zu finden, sich zu fassen.

Und so stehn wir, unser Stammeln
10　Stirbt im Wind, im Wellenrauschen,
Und wir können nichts als unsre
Stummen Sehnsuchtswinke tauschen.

Leis, gespenstisch, zwischen unsern
Dunklen Ufern schwimmt ein wilder
15　Schwarzer Schwan, und seltsam schwanken
Unsre blassen Spiegelbilder.

(Aus: Gedichte und Interpretationen. Bd. 5.
Hg. von Harald Hartung. Reclam, Stuttgart 1983, S. 43)

1　*Analysiere das Gedicht „Zwei" von Gustav Falke:*
　　– Stelle dar, wie Falke in den einzelnen Strophen seines Gedichts das Sehnsuchtsmotiv entwickelt.
　　– Untersuche formale und sprachliche Mittel in ihrer Wirkung.
　　– Gehe dabei besonders auf die Rolle des lyrischen Ich und die Bildlichkeit des Gedichts ein.

2　*Nimm wertend Stellung zu dem Gedicht. Du kannst dabei auch auf andere Liebesgedichte Bezug nehmen.*

Erwartungshorizont

1 *Falkes Gedicht thematisiert die aus vielen Liebesgedichten bekannte Situation der Liebenden, die nicht zusammenkommen können, sondern sich in Sehnsucht nacheinander verzehren. „Die Sehnsucht erhält [...] den eigentümlichen Charakter des ‚Schmachtens' [...]." (Jürgen Viering, vgl. S. 281 in diesem Handbuch) Die Sehnsucht bleibt ohne Erfüllung, es hat aber auch den Anschein, als ob den Liebenden daran gelegen ist, diesen Schwebezustand des Sehnsuchtsschmerzes aufrechtzuerhalten.*

In der ersten Strophe stehen sich das lyrische Ich und das angesprochene Du in geradezu symmetrischer Anordnung gegenüber, beide eine Rose in der Hand haltend und getrennt durch einen Fluss. Eine Variation ergibt sich aus dem unterschiedlichen Farbwert der Blume. In der zweiten Strophe wird das Sehnsuchtsmotiv noch gesteigert, indem das Bild der sich an beiden Seiten des Flusses gegenüber stehenden Liebenden nun als Spiegelbild erscheint. Die Figuren des Ich und des Du begegnen sich nur noch als „blasse Schatten". In der dritten Strophe wird die Situation der ersten wieder aufgenommen. Nicht nur der Fluss trennt die beiden Liebenden körperlich, sondern Wind und Wellenrauschen unterbinden sogar eine akustische Annäherung. In der vierten und letzten Strophe erfährt die eher bedrückende und gedämpfte Atmosphäre des Gedichts noch eine Steigerung. Die Sehnsucht der Liebenden steht unter dem Menetekel des Todes (schwarzer Schwan).

Der regelmäßige Aufbau des Gedichts (vier Strophen mit jeweils vier Versen, jeder zweite Vers gereimt) evoziert eine äußerlich harmonische, stille Atmosphäre, wobei das Versmaß (Trochäus) mit seinem fallenden Rhythmus die besinnlich-traurige Grundstimmung des Gedichts verstärkt. Der Schwebezustand, in dem sich die beiden Liebenden befinden, die Verflüchtigung der Wirklichkeit spiegeln sich formal u. a. in zahlreichen Alliterationen und Enjambements. Die Antithese „Drüben du", „hüben ich" unterstreicht die Trennung der Liebenden. Auffällig ist die Wortwahl. Adjektive, die dem Wortfeld „dunkel" zuzuordnen sind, Verben, die eine unsichere, nicht gezielte Bewegung beschreiben, unterstützen den eher statischen Charakter des Gedichts. Die Vorstellung, die das Gedicht beim Leser hervorruft, erinnert an ein Schwarzweißbild oder an eine Tuschezeichnung mit schemenhaften Konturen.

Das Gedicht erscheint so insgesamt als ein Bild für die vergebliche Sehnsucht zweier Liebender nach Erfüllung ihrer Liebe. Darüber hinaus lassen sich auch einzelne Bilder in ihrer Bedeutung und ihrem Verweischarakter entschlüsseln. So stehen die beiden Rosen für die Seelen der Liebenden, der breite Strom symbolisiert eine „Schicksalsmacht [...], die die Liebenden trennt" (Viering), der schwarze Schwan verweist auf den Bereich des Todes, der sich wie ein dunkler Schatten über die Liebe von Ich und Du senkt. Das Bildfeld „Wasser" („Wasser", „Strom", Zittern der Schatten, „Wellenrauschen", schwimmen, „Ufer") kommt in allen Strophen vor und trägt zu jener ambivalenten, unwirklichen Stimmung bei, in die sich das lyrische Ich und das angesprochene Du gehüllt fühlen. Über den Sprecher im Gedicht und den Adressaten erfahren wir sonst nichts. Die dunkle Rose, die das Ich dem Du werbend entgegenhält, verweist aber wohl auf den Mann. Vergleicht man die Haltung des lyrischen Ich etwa mit der in Goethes „Willkommen und Abschied", so wird deutlich, dass es sich in dem Gedicht Falkes nicht um ein lyrisches Ich handelt, das aus vollem Erleben aktiv die Begegnung mit dem geliebten Menschen sucht, sondern um eines, das in dem Schmerz der Trennung fast ergeben verharrt.

2 *Die Schülerinnen und Schüler werden sicher zu stark abweichenden Urteilen gelangen. Einerseits könnte die dichte Atmosphäre des Gedichts herausgestellt und die bildliche Darstellung der Situation der beiden Liebenden als besonders kunstvoll gewürdigt werden, andererseits könnten Schüler auch die stilisierte, dadurch künstliche und artifizielle Bildwelt als unangemessene Veranschaulichung der vergeblichen Liebessehnsucht ablehnen. Möglich wären Verweise auf folgende Gedichte: C. F. Meyer, „Zwei Segel" oder B. Brecht, „Die Liebenden". Die kunsthistorische Einbettung des Gedichts in die Zeit des Jugendstils kann nicht erwartet werden. Bei einer Lernerfolgskontrolle außerhalb einer Klassenarbeit könnte den Schülerinnen und Schülern aber der Arbeitsauftrag erteilt werden, unter dem Stichwort „Jugendstil" die Entstehungszeit des Gedichts zu recherchieren.*

Literaturhinweise

Berger, Norbert: Motivgleiche Gedichte im Unterricht. Bayerischer Schulbuchverlag, München ²1991

Böttcher, Ingrid/ Wagner, Monika: Kreative Texte bearbeiten. In: Praxis Deutsch 119/1993

Brenner, Gerd: Kreatives Schreiben. Ein Leitfaden für die Praxis. In: Praxis. Cornelsen Scriptor, Frankfurt/M. 1990

Neuhaus, Volker: Andere verschlafen ihren Rausch, meiner steht auf dem Papiere. Goethes Leben in seiner Lyrik. DuMont, Köln 2007

Segebrecht, Wulf: Rede über die rechte Zeit zu lieben. Zu Opitz' Gedicht „Ach Liebste/laß vns eilen". In: Volker Meid (Hg.): Gedichte und Interpretationen. Bd. 1: Renaissance und Barock. Reclam, Stuttart 1982, S. 137–147

Viering, Jürgen: Eine Pantomime der Sehnsucht – Über Gustav Falkes „Zwei". In: Harald Hartung (Hg.): Gedichte und Interpretationen. Bd. 5: Vom Naturalismus bis zur Jahrhundertmitte. Reclam, Stuttgart 1983, S. 44–52

Waldmann, Günter: Produktiver Umgang mit Lyrik. Schneider Verlag Hohengehren, Baltmannsweiler ⁹2006

LESEN · UMGANG MIT TEXTEN UND MEDIEN

13 Bilder vom Anderen – Theaterstücke untersuchen

Konzeption des Gesamtkapitels

Im Stoff von Max Frischs Theaterstück „Andorra" ist neben der historischen Bezugnahme auf den Nationalsozialismus in modellhafter Verallgemeinerung die Bildnisthematik angelegt. Am „Modell Andorra" können die Schülerinnen und Schüler die Inhumanität des Vorurteils, die zuweilen tödliche Wirkung von „Bildnissen" erfahren.

Das erste Teilkapitel („**Max Frisch: ‚Andorra' – Wie Vorurteile und Stereotype wirken**") ist schwerpunktmäßig dem Lernbereich „Umgang mit Texten" zugeordnet. Ausgehend von Frischs Prosaskizze „Der andorranische Jude" und einem Sachtext zum Antisemitismus erfassen die Schülerinnen und Schüler das Thema und die Handlung des Stücks sowie seine historische Verortung und modellhafte Ausgestaltung. Die beispielhafte Ausgrenzung eines jungen Mannes als Konsequenz antisemitischer Vorurteile wird an Schlüsselszenen des Theaterstücks entfaltet. Die Wirkung historisch gewachsener stereotyper Vorstellungen bei der Wahrnehmung und Selbstwahrnehmung wird am Beispiel der Hauptfigur Andri exemplarisch untersucht. Neben den herkömmlichen Verfahren der Textanalyse werden dabei besonders Verfahren des szenischen Interpretierens systematisch genutzt. Im ersten Teilkapitel werden darüber hinaus zentrale Begriffe der Dramentheorie (Wendepunkt/Peripetie, Katastrophe, Was-/Wie-Spannung, Monolog, Dialog) wiederholt bzw. eingeführt.

Das zweite Teilkapitel („**‚Schleichendes Gift ...' – Sprache im Nationalsozialismus**") integriert den Lernbereich „Nachdenken über Sprache". Texte von Victor Klemperer sowie eine weitere historische Quelle aus dem Jahr 1935, welche die Schülerinnen und Schüler in den historischen Kontext einbinden sollen, bieten ihnen die Möglichkeit, Ausprägung und Wirkung von Sprache und Sprachgebrauch im Nationalsozialismus zu analysieren und kritisch zu reflektieren. Ein besonderer Schwerpunkt liegt bei der Sprachbeobachtung im Bereich der Metaphorik und deren Bedeutung für die Auf- und Abwertungen im Rahmen des Ingroup-Outgroup-Verhaltens. Am Ende besteht die Möglichkeit, die Erkenntnisse des zweiten Teilkapitels auf das Theaterstück „Andorra" zurückzubeziehen.

Das dritte Teilkapitel („**Themenabend: ‚Ab heute heißt du Sara'**") regt die Schülerinnen und Schüler zur selbstständigen Gestaltung einer szenischen Darstellung an. Hier werden zwei Szenen aus dem GRIPS-Theaterstück „Ab heute heißt du Sara" von Volker Ludwig vorgestellt, die das Thema Antisemitismus in einer neuen Facette aufgreifen und sich zur Inszenierung auf der Bühne eignen. Die Schülerinnen und Schüler können in diesem Kontext Verfahren des szenischen Interpretierens erneut anwenden und wirkungsvoll einsetzen.

Weiteres Übungsmaterial zu diesem Kapitel

Übungsmaterial im „**Deutschbuch Arbeitsheft 9**"
– Dramenszenen untersuchen: Max Frisch, „Andorra": S. 75–78

Das „**Deutschbuch-Hörbuch 9/10**" enthält einen Text, der in diesem Kapitel behandelt wird.

13 Bilder vom Anderen – Theaterstücke untersuchen

	Inhalte	Kompetenzen
	Inhalte	**Kompetenzen**
S. 269	13.1 Max Frisch: „Andorra" – Wie Vorurteile und Stereotype wirken	Die Schülerinnen und Schüler können – ausgehend von Fotos einer Inszenierung Hypothesen über das Thema des Theaterstücks und mögliche Konflikte bilden;
S. 270	„Du sollst dir kein Bildnis machen"	– beschreiben, dass der Handlungskern des Theaterstücks auf stereotypen Vorstellungen basiert;
S. 270	Max Frisch Der andorranische Jude	– stereotype Vorstellungen über Juden konkret erkennen und benennen;
S. 271	Werner Bergmann Antisemitismus	– darlegen, inwieweit Max Frisch auf historisch gewachsene Stereotype über Juden zurückgreift;
S. 273	Max Frisch Andorra (Drittes Bild)	– die Szene mit Hilfe der Stereotype untersuchen; – das Ingroup-Outgroup-Schema anwenden;
S. 277	Stereotype sichtbar machen	– Verfahren des szenischen Interpretierens erproben und auf ihre Funktionalität hin bewerten;
S. 278	Max Frisch Andorra (Siebtes Bild)	– ausführen, dass auch positive Stereotype als Fremdbilder wirksam sein können; – die Szene analysieren und szenisch interpretieren;
S. 281	Max Frisch Andorra (Neuntes Bild)	– erläutern, dass Andri das Fremdbild als Selbstbild übernommen hat; – benennen, dass die Szene als Wendepunkt des Stückes auf die Katastrophe hinführt;
S. 284	Max Frisch Andorra (Zeugenschrankenszenen)	– über die Schuldfrage diskutieren und begründet Stellung nehmen; – den Modellcharakter von „Andorra" beschreiben.
S. 286	13.2 „Schleichendes Gift ..." – Sprache im Nationalsozialismus	Die Schülerinnen und Schüler können – Aufwertungen/Abwertungen als fundamentale Eigenheiten der NS-Propaganda ausweisen; – diese differenziert analysieren;
S. 286	Victor Klemperer Tagebuchauszüge	
S. 287	„Die Gärtneraufgabe des Staates" – Metaphorik und Lüge	– Informationen zu den so genannten „Rassegesetzen" recherchieren; – die Metaphorik des Textes analysieren und ihre Wirkung bewerten;
S. 288	Victor Klemperer Lingua Tertii Imperii	– über die Rolle von Sprache und Sprachgebrauch in totalitären Systemen reflektieren; – die Erkenntnisse auf „Andorra" beziehen.
S. 289	13.3 Themenabend: „Ab heute heißt du Sara"	– Die Schülerinnen und Schüler können – einen Themenabend zum Thema „Vorurteile" vorbereiten und durchführen;
S. 289	Volker Ludwig Ab heute heißt du Sara (1. und 4. Bild)	– sich die Szene szenisch erschließen und eine Inszenierung vorbereiten; – Material zu Inge Deutschkron recherchieren.

13.1 Max Frisch: „Andorra" – Wie Vorurteile und Stereotype wirken

S. 269

Der assoziative Einstieg ermöglicht es, ausgehend von den Szenenfotos, Hypothesen über Inhalt, Figuren etc. des Stückes zu bilden.

1 Die Stellung der Figuren zueinander könnte im Einzelnen so gedeutet werden:
- Bild 1/ oben links: Liebe oder Trost (Andri/ Barblin);
- Bild 2/ oben rechts: Distanz, Skepsis, Arroganz (Andorraner);
- Bild 3/ Mitte links: Konflikt (Andri/Can, sein Vater);
- Bild 4/ Mitte rechts: Konflikt/ Liebe/ Eifersucht (Andri/ Peider/ Barblin);
- Bild 5/ unten links: Zerstörung/ Tod (Szenenbild aus der „Judenschau");
- Bild 6/ unten rechts: Versuch eines Gesprächs (Andri/Can).

2 Aus den Szenenbildern (Figuren/ Konstellationen) lassen sich zentrale Themen und Konflikte des Stückes generieren:
- Konflikte um die Liebe (Bild 1 und Bild 4);
- distanziertes Beobachten (Bild 2);
- Konflikt Andris mit dem Vater Can (Bild 3 und Bild 6).

S. 270

„Du sollst dir kein Bildnis machen" – Die Entfaltung eines Themas

S. 270

Max Frisch
Der andorranische Jude

Die „Prosaskizze" „Der andorranische Jude" findet sich schon in Max Frischs ersten Tagebüchern 1946; sie skizziert bereits die Grundidee des später ausgearbeiteten Theaterstücks. Sowohl die Übernahme der Fremdzuweisungen durch den (vermeintlichen) Juden (im Stück: Andri) als auch der zweite Wendepunkt und die damit verbundene sarkastische Ironie (Andri ist gar kein Jude) sind hier bereits angelegt. Insofern bietet der Text die Möglichkeit, den Handlungsaufbau des Stücks knapp vorzustellen.

S. 271

Werner Bergmann
Antisemitismus

Im Rückbezug auf den Sachtext können die Schülerinnen und Schüler erkennen, dass Frisch die auch nach dem Ende des Nationalsozialismus verbreiteten antijüdischen Stereotype aufgreift und für sein Modell „Andorra" verwendet. Der kurze Auszug aus seinem Tagebuch (S. 285 im Schülerband) legt Frischs Intention offen und macht deutlich, wie virulent in der Zeit nach 1945 das Thema gewesen ist.

13.1 Max Frisch: „Andorra" – Wie Vorurteile und Stereotype wirken

Da das Thema Nationalsozialismus in der Jahrgangsstufe 9 nicht unbedingt schon im Geschichtsunterricht behandelt worden ist, sollten die Unterrichtenden auf Folgendes verweisen:
- Januar 1933: Machtantritt der Nationalsozialisten, Beginn der systematischen Ausgrenzung, Entrechtung, Verfolgung und Vernichtung politischer Gegner, Andersdenkender und „Nichtarier", Gleichschaltung und Aufbau eines totalitären Systems (Führerdiktatur).
- Januar 1942: Wannseekonferenz: Generalplan zur Deportation und systematischen Vernichtung der Juden.
- Mai 1945: Ende der Naziherrschaft.
- 1945–49: Besetzung Deutschlands: Entnazifizierung, Nürnberger Prozesse, Aufklärung über den Völkermord an Juden unter anderem durch Filme.

Erstaunlich wirkt das konstante Fortbestehen stereotyper Vorstellungen, das bei Berliner Studenten in einer empirischen Untersuchung im Jahr 1951 (vgl. S. 272 im Schülerband) festgestellt wurde, in der sich die Langlebigkeit von Stereotypen deutlich zeigt. Dies sollte mit den Schülerinnen und Schülern besprochen werden. Vielleicht hilft der Hinweis, dass im Jahr 1951 in Deutschland so gut wie keine Juden gelebt haben, die befragten Studenten also nur im seltensten Fall aus eigener Erfahrung hätten berichten können. Zum Verständnis des Begriffs „Stereotyp" hilft ein Verweis auf die Definition im Info-Kasten auf S. 273 im Schülerband.

1 a) Die Tabelle zu den stereotypen Vorstellungen über Juden könnte z. B. so aussehen:

Bereich	Stereotype Vorstellung	Zeilen im Text von Frisch	Zeilen im Sachtext
Aussehen	Hakennase		Z. 24, 49, 57
	hässlich, gebückte Haltung		Z. 22–24
Eigenschaften	ohne Gemüt	Z. 7–9, 53 f.	
	intelligent, kalter Verstand	Z. 9 f., 51, 75 f.	Z. 38–41, 57, 71
	ist nicht taktvoll, biedert sich an, geschäftige (= vorgetäuschte) Höflichkeit	Z. 30–42, 64	
	kann nicht lieben	Z. 48 ff.	
	rachsüchtig, lauernde Feindschaft	Z. 53, Z. 61 f.	
Verhältnis zum Geld	denkt ständig ans Geld	Z. 12–17	Z. 34–38
	Wucherer, Betrüger, Kapitalisten, Ausbeuter		Z. 9–13
Beziehung zum Vaterland	hat kein Vaterland, das er sich wählt, sondern Vaterländer, die er sich kauft	Z. 24–27	Z. 58, 63
	„jüdische Weltverschwörung"		Z. 13–19

b) Frisch greift viele der charakterbezogenen stereotypen Vorurteile auf; das Aussehen spielt keine Rolle, ebenso bleibt die politische Ebene der Stereotype („Weltverschwörung") zum Teil ausgespart und reduziert sich ganz auf die – auch für das Modell des Theaterstücks – entscheidende Frage nach dem Verhältnis zum Vaterland.

2 „Modell Andorra": Frisch interessiert sich für menschliche Wahrnehmungs- und Verhaltensweisen ebenso wie für existenzialistisch geprägte philosophische Grundfragen; in „Andorra" greift Frisch auf „den Jud" gewissermaßen als historische Folie zurück (s. auch Frischs Text auf S. 285 im Schülerband). Das Modellhafte seines Theaterstücks lässt sich an den Antagonismen (Freund – Feind; Gesellschaft – Ausgegrenzter: Schicksal des Außenseiters in der Kleingruppe, Diskriminierung und Verfolgung wehrloser Minderheiten) ebenso nachweisen wie in der eher philosophisch oder psychologisch inspirierten Fragestellung: Wie stark prägen die Vorstellungen der anderen von mir meine eigene (Selbst-)Wahrnehmung?

S. 273

Andri und die anderen – Der Konflikt im Drama

S. 273

Max Frisch
Andorra (Drittes Bild)

1 a/b) Einteilung in Sinnabschnitte, Stichworte zu äußerer Handlung und Gesprächsinhalten – Vorschlag für ein Tafelbild:

Abschnitt	Stichworte (äußere Handlung, Gesprächsinhalte)
Z. 1–33	Gespräch Andri – Fedri über Fußball: Andri sieht sich als Freund von Fedri
Z. 34–47	Gespräch über den Stuhl, den Andri angefertigt hat: Sein Stuhl ist verzapft
Z. 48–56	Auftritt Prader, Fedri verzieht sich
Z. 57–96	Prader prüft Fedris Stuhl, den er jedoch für Andris hält
Z. 97–143	Prader reißt Fedris Stuhl auseinander
Z. 144–184	Prader raucht Pfeife; Andri wehrt sich gegen die Vorwürfe seines Meisters
Z. 185–205	Prader schlägt vor, dass Andri im Verkauf arbeiten soll
Z. 206	Andri merkt an, dass er Tischler werden wollte

2 Die Tabelle könnte z. B. so aussehen:

	Stereotype Vorstellungen über	
	Juden (negativ)	Andorraner (positiv)
Begabungen	handeln (Z. 73 ff.)	gute, ehrliche Handwerker (Z. 49 ff., Z. 77 f.)
Charaktereigenschaften	feige (Z. 61), verlogen (Z. 113), undankbar (Z. 113 ff.)	sozial (Z. 114 f.), gutmütig (Z. 204)
Verhältnis zum Geld	schnorren (Z. 177, Z. 192 f.)	feilscht nicht (Z. 53)

3 *Diese Aufgabenstellung ist auch als Hausaufgabe denkbar.*
Der Begriff „Lüge" impliziert das bewusste Sagen der Unwahrheit. Darüber lässt sich hier dergestalt diskutieren, dass Prader in seiner Wahrnehmung, die von stereotypen Vorurteilen geprägt ist, tatsächlich Fedris Stuhl als Andris zu erkennen meint. Eine Lüge Praders würde voraussetzen, dass er bewusst den falschen Stuhl ergriffen hat, um Andri zu erniedrigen. Von Lüge kann man allerdings sprechen, wenn man das Verhalten Fedris untersucht: Er unterlässt es – aus Eigennutz –, die Wahrheit zu sagen, also klarzustellen, wer welchen Stuhl angefertigt hat.

4 a) *Die Schülerinnen und Schüler werden hier vor allem soziale Konstellationen im schulischen Umfeld oder aus Sportvereinen nennen. Gender- oder ethnienspezifische Ausgrenzungen dürften ebenfalls eine Rolle spielen. Hier lassen sich dann begründbare Parallelen zu „Andorra" ziehen.*

b) *Bild 2 (oben rechts) deutet an, dass die Andorraner als Ingroup Andri ausgrenzen. Dazu passt auch Fedris Äußerung: „Aber reib nicht immer die Hände, sonst lacht die ganze Tribüne." (Z. 24 f.)*

Stereotype sichtbar machen – Szenisches Interpretieren

S. 277

1 / 2 *Einige Bemerkungen zur Durchführung beim szenischen Interpretieren:*
Habitusübungen:
Sie lassen sich besonders gut einsetzen, wenn es darum geht, Macht- oder Herrschaftsverhältnisse szenisch umzusetzen. Bei „Andorra" können sie dazu dienen, das Verhältnis Tischler – Andri, später auch das Verhältnis Pater – Andri zu veranschaulichen.
Besonders geeignet für: Figuren (und ihre Konstellation).

Situationsbezogene Rollenmonologe:
Da die Rollenmonologe die Schülerinnen und Schüler dazu zwingen, sich mit der Innensicht einer Figur auseinanderzusetzen, eignen sie sich besonders, um die innere Zerrissenheit und die Gefühle Andris zu thematisieren.
Besonders geeignet für: Figuren, Situation.

Szenisches Lesen mit Gedankenstopp:
Es empfiehlt sich, dass nur die Vortragenden den Text vor sich liegen haben, damit alle anderen zuhören müssen. Ggf. kann das „Stopp"-Rufen auch allen in der Lerngruppe ermöglicht werden.
Besonders geeignet für: Handlung, Gespräch, Figuren.

Selbstdarstellung als Rollenbiografie:
Anders als die Rollenmonologe weist die Rollenbiografie eine distanzierte, reflektierende Haltung zur Figur auf und bezieht sich in der Regel sogar auf das komplette Theaterstück.
Besonders geeignet für: Figuren, Situation.

Standbild/Statue:
Wesentlich ist die Rolle des „Erbauers", es muss also immer mindestens ein Akteur mehr in der Gruppe sein, als Figuren in der Szene auftreten. Wichtig: Es geht nicht um ein Abbild des Bühnengeschehens!
Besonders geeignet für: Figuren, Situation.

Rollenbefragung:
Die Rollenbefragungen können als Spontaninterviews durchgeführt werden. Die Alter-Ego-Technik hilft den Schülerinnen und Schülern, die Gefühle der Figuren zum Ausdruck zu bringen.
Besonders geeignet für: Figuren, Gespräch, Situation.

Szenisches Lesen/gestaltendes Sprechen:
Es empfiehlt sich, mit Kopien/Vergrößerungen des Textes zu arbeiten, damit die Schülerinnen und Schü-

ler im Text markieren können. Das szenische Lesen eignet sich auch als Verfahren der Ergebnissicherung nach einem eher analytischen Umgang mit dem Text.
Besonders geeignet für: Figuren, Gespräch, Handlung, Situation.

3 Besonders geeignet für die Umsetzung stereotyper Vorstellungen Fedris und des Tischlers sind Rollenmonologe, Rollenbiografie, Rollenbefragung.

Nicht wie die anderen sein – Steigende Handlung

Max Frisch
Andorra (Siebtes Bild)

Das „**Deutschbuch-Hörbuch 9/10**" enthält das siebte Bild aus Max Frischs Stück „Andorra", gelesen von Peter Brogle und Rolf Henniger.

Die Szene stellt insofern eine Schlüsselszene des Stückes dar, als der Pater hier durch seine philosemitischen Vorstellungen Andri weiter in die Rolle des Juden hineinzwängt. Das neunte Bild (S. 281 im Schülerband) spiegelt dann diese verzerrte Wahrnehmung des Paters (der nun über Andris Herkunft Bescheid weiß) und zeigt gleichzeitig die Wirksamkeit auch positiv besetzter Vorurteile und stereotyper Vorstellungen. Während sich Andri im siebten Bild gegen die Vorstellung vom Anders-Sein wehrt, hat er im neunten Bild diese Vorstellung verinnerlicht und ist zu keiner Korrektur seines Selbst-/Fremdbildes mehr bereit.

1 a) Stereotype über Juden, die der Pater verinnerlicht hat:
  – „kein Gemüt"/„etwas Gehetztes" (Z. 51–54);
  – „gescheiter" als die anderen, „wacher" (Z. 90 f., Z. 174 f.);
  – „mehr Verstand [...] als Gefühl" (Z. 182 f.);
  – „Überempfindlichkeit" (Z. 138–143).

  b) Der Pater schätzt die vermeintlichen Eigenschaften (Intelligenz, Andersartigkeit) Andris, während die Andorraner sie abwerten.

  c) Die Szene lässt sich auf die Textstelle Z. 70–76 in dem Text „Der andorranische Jude (S. 270 f. im Schülerband) beziehen: Die Figur das Paters ist in der Prosaskizze bereits strukturell angelegt.

2 *Dialogführung* und *Regieanweisungen* in den Z. 1–29:
Auffällig ist der deutlich höhere Redeanteil des Paters zu Beginn der Szene, der zeigt, dass Andri kaum Interesse an dem Gespräch hat. Der Eröffnungssatz des Paters („wir wollen sprechen miteinander") wird durch das in den Regieanweisungen fünffach erscheinende „Andri schweigt" konterkariert. Andri greift in seiner ersten Äußerung das Modalverb des Paters („wollen") konsequenterweise nicht auf, sondern verwendet „sollen", was dem Charakter des Gesprächs aus seiner Sicht entspricht. Andri, der seine Lebens- und Identitätskrise unmittelbar artikuliert („daß ich anders bin als alle", Z. 24 f.), erntet umgekehrt seitens des Paters beredtes Schweigen („Pause"), das sich erst im Laufe der Szene mit Inhalt füllt (siehe Aufgabe 1b).

3 *Für diese Szene besonders geeignete Verfahren des szenischen Interpretierens:*
Habitusübungen: *Hierbei müsste deutlich werden, dass Andri dem Pater zunächst mit Ehrfurcht begegnet.*
Szenisches Lesen mit Gedankenstopp: *Vor allem zu Beginn der Szene können Andris Gedanken und Gefühle verbalisiert werden, im mittleren Teil der Szene kann mit steigendem Redeanteil Andris dann der Pater mit seinen Gefühlen und Gedanken in den Blick genommen werden.*
Standbild: *Hier könnte auch eine Abfolge von mehreren Standbildern helfen, die Entwicklung innerhalb der Szene zu thematisieren: Andri, der sich zunächst nur widerwillig auf das Gespräch einlässt, gewinnt zunehmend Souveränität und wehrt sich gegen die Fremdbilder. Gegen Ende dominiert wieder der Pater, während sich Andri innerlich zurückzieht.*

„Die Wahrheit bricht aus" – Vom Wendepunkt zur Katastrophe

S. 281

Max Frisch
Andorra (Neuntes Bild)

S. 281

1 *Die Szene kann als Spiegelszene zum siebten Bild verstanden werden: Der Pater hat nun die neue Information, dass Andri gar kein Jude ist, während Andri diese neue Wahrheit anzweifelt: Er hat sich mit seinem Anders-Sein abgefunden und die Rolle des Juden übernommen.*

   a) *Direkt äußert der Pater keine stereotypen Vorstellungen über Juden, allerdings können einige seiner Äußerungen so gedeutet werden, dass der Pater den Antagonismus Christen – Juden im Sinne des In-group-Outgroup-Modells (vgl. im Schülerbuch S. 276) versteht, z. B.: „um dich zu erlösen" (Z. 3), „sein Sohn, unser Sohn" (Z. 37 f.).*

   b) *Z. 85–91: Es handelt sich um eine poetisch verdichtete Aneinanderreihung sprachlicher Bilder, vor allem in Gestalt des Vergleichs („wie Zähne", „wie eine Mütze"). Diese auffallende Bildlichkeit unterstreicht, dass Andri das Fremdbild, das die Andorraner von ihm haben, nun verinnerlicht hat: Er fühlt sich als Jude. Dazu passt die an das Alte Testament erinnernde Redeweise in den Äußerungen Andris (ab Z. 75).*

   Mögliche Zusatzaufgabe:
   – *An welchen Stellen in dem Abschnitt Z. 75–107 bedient sich Andri einer biblischen (alttestamentarischen) Sprache? Wie wirkt dies?*
   Lösungshinweis dazu:
   – *Textstellen: z. B. „nicht Vater noch Mutter" (Z. 78), „damit ihr Tod nicht über mich komme [...] und mein Tod nicht über sie" (Z. 79 ff.), „allezeit" (Z. 92), „frohlocken" (Z. 93);*
   – *Wirkung: pathetische Überhöhung des Gesagten; Vorausdeutung auf den tragischen Tod Andris.*

2 *Der Monolog Andris müsste idealerweise:*
   – *am Szenenende (Mord an der Senora) anknüpfen;*
   – *auf den bevorstehenden Tod Andris hinweisen (so auch Z. 105 f. „Ich möchte tot sein"; Z. 123: „wenn sie mich holen");*
   – *sprachlich die pathetische und bildhafte Ausdrucksweise Andris aufgreifen.*

3 *Für diese Szene besonders geeignete Verfahren des szenischen Interpretierens:*
Szenisches Lesen mit Gedankenstopp: *Diese Technik ist gut geeignet, um die (verzweifelten) Gedanken des Paters zu verbalisieren.*
Rollenbefragung: *Diese eignet sich ebenfalls, um die ambivalente Figur des Paters zu hinterfragen. Er könnte mit seinen Äußerungen (und Wahrnehmungen) aus dem siebten Bild konfrontiert werden.*
Rollenbiografie (für Andri): *Hier müssten die Schülerinnen und Schüler alle Informationen zum Stück verarbeiten und Andris Entwicklung skizzieren: Zunächst will er sein wie alle anderen, dann zweifelt er daran, schließlich übernimmt er das Fremdbild als Selbstbild und hält daran fest, auch als bekannt wird, dass er der leibliche Sohn Cans ist.*
Standbild *(eventuell auch in Kombination mit dem siebten Bild): Deutlich werden müsste, dass Andri gegenüber dem Pater eine Position der Stärke erreicht hat, die sich daraus ergibt, dass er seine (neue) Überzeugung vehement vertritt.*

4 *Vorschlag für ein Tafelbild:*

Das neunte Bild – Wendepunkt der Handlung	
Wendung durch neue Information	→ *Andri ist kein Jude, sondern Sohn von Can*
Wendung durch Wandlung Andris	→ *Andri hat das Fremdbild vom Juden als Selbstbild übernommen*
Wendung in der äußeren Handlung	→ *Die Senora wird ermordet (Botenbericht Cans) – Andri wird als Täter verdächtigt, obwohl er unschuldig ist*

5 *Andere Texte (Theaterstücke, Hörspiele, Filme usw.), bei denen die Wie-Spannung entscheidend ist: Zu nennen sind insbesondere die Theaterstücke Brechts, allerdings dürften sich die Schülerinnen und Schüler vor allem auf TV- und Kinoproduktionen beziehen. Die meisten (Hollywood-)Kinofilme leben von der Was-Spannung; im Fernsehen findet sich bei Krimis gelegentlich ein Konstruktionsprinzip, bei dem die Zuschauer (anders als die Ermittler) bereits wissen, wer der Mörder ist (z. B. „Columbo"). Das Zuschauerinteresse richtet sich auf die Frage: Wie wird der Kommissar den Täter überführen?*

„Morgen kann es ein anderer sein" – Schlüsse ziehen

Max Frisch
Andorra (Zeugenschrankenszenen)

1 *Die verschiedenen Positionen zur (Mit-)Schuld an Andris Tod:*
– *Position des Gesellen: keine Einsicht und Reue; sieht (Mit-)Schuld in Andris Verhalten;*
– *Position des Tischlers: keine Einsicht und Reue; er habe nur das Beste für Andri gewollt;*
– *Position des Paters: Einsicht und Reue; das Bildnis von Andri sei schuld an seinem Schicksal.*
In der „TV-Diskussion" müsste neben der Schuldfrage – ausgehend von den Äußerungen des Paters – auch die Bildnisproblematik eine besondere Rolle spielen.

13.1 Max Frisch: „Andorra" – Wie Vorurteile und Stereotype wirken

2 a) *Sprachliche Gemeinsamkeiten und Unterschiede der drei Szenen:*
- *Gemeinsamkeiten: Geselle und Tischler weisen sprachlich ein Grundmuster in ihrer „Argumentation" auf: „Ich gebe zu [...]. Ich bin nicht schuld". Diese paradoxe Formulierung offenbart die Widersprüchlichkeit ihrer Äußerungen: Sie räumen Fehler im Detail ein, fühlen sich aber für das große Ganze nicht verantwortlich, ein Verdrängungsmechanismus, der als paradigmatisch für die Aufarbeitung des Nationalsozialismus gelesen werden kann. Im Schülerhorizont kann es reichen, das Paradoxe der Äußerungen zu benennen und das Verdrängen der eigenen (Mit-)Schuld zu betonen.*
- *Unterschiede: Mit der Äußerung „Auch ich bin schuldig geworden" räumt der Pater nicht nur – anders als die anderen Andorraner – ein eigenes grundsätzliches Versagen ein, sondern verweist durch das „auch" darauf, dass der Tod Andris letztlich durch das Verhalten des Kollektivs der Andorraner verursacht wird.*

b) *Stereotype Vorstellungen:*
- *des Gesellen: Überheblichkeit Andris;*
- *des Tischlers: „Ich wußte ja, es wird Unannehmlichkeiten geben. Wieso wollte er nicht Verkäufer werden? Ich dachte, das würd ihm liegen."*

3 *Der Monolog Cans müsste deutlich machen:*
- *dass Can aus Angst vor der Schmach (unehelicher Sohn) Andris wahre Identität verheimlicht hat;*
- *dass Can, als er Andri als Juden ausgegeben hat, zunächst in Andorra gut dastand;*
- *dass Can erst in dem Moment, als die Senora erscheint, bereit ist, die Wahrheit zu bekennen;*
- *dass Can durch sein Verhalten Andri in die Rolle des (stigmatisierten) Juden gedrängt hat, der er letztlich zum Opfer gefallen ist.*

4 *Begründete Stellungnahmen zu den drei Aussagen:*
- *„Für Frisch geht es nicht um Antisemitismus, sondern darum, zu zeigen, wie Vorurteile wirksam werden. Der Antisemitismus ist nur ein Beispiel dafür." – Die Aussage ist zutreffend, erfasst aber nicht die Begründung dafür, warum Frisch gerade den „Jud" als Beispiel gewählt hat.*
- *„Frisch will mit seinem Theaterstück ‚Andorra' vor allem den Antisemitismus bekämpfen, deshalb packt er den ‚Stier bei den Hörnern', wie er sagt." – Die Aussage ist nicht zutreffend, im Gegenteil: Mit dem Bild (den Stier bei den Hörnern packen) will Frisch ausdrücken, dass der Antisemitismus nur eine mögliche Folie von Fremdhass darstellt.*
- *„Frisch wählt das Schicksal der Juden als Beispiel, weil es uns Deutschen/ Europäern auf Grund unserer Geschichte und des Holocaust am nächsten liegt." – Die Aussage ist zutreffend und ergänzt die erste.*

5 a) *Falls es nicht möglich ist, eine Inszenierung von „Andorra" gemeinsam zu besuchen, aber dennoch die Textsorte „Rezension" am Beispiel dieses Dramas in den Blick genommen werden soll, kann der Zusatztext auf S. 292 in diesem Handbuch im Sinne einer Sachtextanalyse eingesetzt werden.*

b) *Die Fotos der Kölner Inszenierung zeigen, dass mit einem abstrakten Bühnenbild und zeitlosen Kostümen gearbeitet wird, um das Modellhafte des Stückes vor Augen zu führen. Die Aktualisierung erfolgte durch die Einspielung der politisch sehr umstrittenen Hohmann-Rede zu Beginn der Inszenierung. (Vgl. auch die Rezension auf S. 292 f. in diesem Handbuch)*

Zusatzmaterial: Rezension zur Kölner Inszenierung von „Andorra"

Susanne Staerk
Die tödliche Macht der Bilder

Der mahnende Zeigefinger im Schauspielhaus – Aktualität um jeden Preis

„Du sollst dir kein Bildnis machen" heißt ein Text, den Max Frisch 1946 in seinem Tagebuch notierte. Es war Frischs Lebensthema. „In gewissem Grad sind wir wirklich das Wesen, das die anderen in uns hineinsehen, Freunde wie Feinde. Und umgekehrt! Auch wir sind die Verfasser der anderen." Kurz darauf griff der damals 35-jährige Autor dieses erste (auf Gott bezogene) der Zehn Gebote aus dem Alten Testament in seiner Prosaskizze „Der andorranische Jude" wieder auf. Dort entwirft er die Geschichte eines jungen Mannes, der eigentlich ein andorranisches Findelkind ist, den die Bürger von Andorra jedoch für einen Juden halten. Und den daher überall ein „fertiges Bildnis" seiner Person erwartet. Die Folgen dieser Fixierung sind tödlich. In doppelter Hinsicht: Zunächst verhindern die Vorurteile eine freie Entfaltung des Individuums. Schließlich folgt der seelischen die leibliche Vernichtung.

Diese Skizze hat Frisch rund ein Jahr nach dem Ende des Holocaust geschrieben. Fünfzehn Jahre später beendete er sein Stück „Andorra", das jene Parabel aufgreift. „Frisch ist hier gelungen, einmal ohne alle Beschönigung ein Grundübel der Epoche aufzuklappen", schrieb der Theaterkritiker Friedrich Luft in der „Welt" nach der Zürcher Uraufführung im November 1961. „Hier ist der Mechanismus tödlicher Vorurteile zu sehen." Es gebe im Augenblick wohl keinen anderen deutschsprachigen Dramatiker, der einem solchen Thema auch nur annähernd gewachsen wäre, meinte Joachim Kaiser in der „Süddeutschen Zeitung". Hier sei Frisch „ein echter Wurf" gelungen, urteilte die Kritikerin der „Frankfurter Allgemeinen Zeitung". Und der Kritiker der „Zeit" sprach von einem „Theaterereignis". Man erfand die „Triplepremiere", um alle Uraufführungsgäste im Zürcher Schauspielhaus platzieren zu können; Düsseldorf, München und Frankfurt zugleich übernahmen die westdeutsche Erstaufführung; zwanzig weitere deutsche Theater folgten. „Andorra ist mehr als eine Premiere", bemerkte Kaiser. „Es ist eine repräsentative Kraftprobe des deutschsprachigen Theaters."

Gut vierzig Jahre später ist „Andorra" von den deutschen Bühnen (nicht aber aus den Lehrplänen der Schulen) so gut wie verschwunden. Möglicherweise sind die Gründe dafür die, welche die New Yorker Kritiker nach der amerikanischen Erstaufführung 1963 am Broadway anführten (und die bewirkten, dass das Stück bis April 2002 in New York nicht mehr zur Aufführung kam): zu stereotyp, zu didaktisch, zu moralisierend. Am Thema kann es ja wohl nicht liegen – ist doch der Antisemitismus in unserer Gesellschaft leider noch immer präsent.

Im Kölner Schauspielhaus sehen die Zuschauer sich zunächst in einem Spiegel – von dem auch in den beiden Tagebuchtexten die Rede ist. Wir sehen uns darin für einige Augenblicke – bis das Spiegelglas sich in Glas verwandelt und den Blick auf eine festliche Gesellschaft freigibt – als Auditorium eines Redners, der ausführt, warum man auch die Juden als „Tätervolk" bezeichnen könnte. Der Schauspieler Martin Reinke hält die Ansprache des Bundestagsabgeordneten Martin Hohmann vom 3. Oktober 2003[1]. In voller Länge, zwanzig Minuten, knapp ein Drittel der Aufführung lang. Gleichzeitig finden vorn, im freigeräumten Saal eines Nobelrestaurants, antisemitisch konnotierte, mitunter an „Andorra" erinnernde Szenen statt, die aber hinter der Rede verschwinden.

---

[1] **Martin Hohmanns Bundestagsrede** vom 3. Oktober 2003 war höchst umstritten. Viele sahen in dieser Rede einen neuen Antisemitismus verkörpert, selbst Parteifreunde distanzierten sich von dem Text; Hohmann wurde aus der CDU-Fraktion im Bundestag ausgeschlossen.

Wie überhaupt das Stück „Andorra" in Torsten Fischers krampfhaft um Aktualität bemühter Inszenierung nahezu verschwindet. Das passiert zum einen durch spielbehindernde Montagen, zum andern durch verkürzende Streichungen. So kommen etwa die Schwarzen, jene äußere Bedrohung der Andorraner, hier gar nicht vor. Auch die Zwischenbilder, in denen die schuldig gewordenen Figuren sich nachträglich rechtfertigen, gibt es nicht mehr. Fischers Konstrukt aus „Andorra"-Zitaten, Hohmann-Rede und eigenem Text (wie Judenwitzen) verhindert zudem jede Entfaltung einer Geschichte. Sein viel zu enges Regiekorsett erdrückt alles Spiel – von Reinkes brillanter Rhetorik abgesehen – und nimmt vor allem Markus Gertken als Andri die Chance, die an Vorurteilen zu Grunde gehende Hauptfigur zu entwickeln.

Die Botschaft hört man wohl – Andorra ist hier und heute. Doch im Theater gilt das Gebot: Du sollst deine Botschaft sinnlich machen.

(Aus: Kölner Stadt-Anzeiger online, 14. 3. 2004)

[1] *Analysiert die Rezension zur Kölner Inszenierung. Geht dabei auf die folgenden Aspekte besonders ein:*

　a) *den gedanklichen Aufbau des Textes;*

　b) *das Verhältnis zwischen beschreibenden und bewertenden Textteilen;*

　c) *die Wirkung der verwendeten sprachlichen Mittel.*

[2] *Hältst du die Rezension für gelungen?*

13 Bilder vom Anderen – Theaterstücke untersuchen

13.2 „Schleichendes Gift ..." – Sprache im Nationalsozialismus

Victor Klemperer – Sprachliche Verzerrungen aufdecken

1 Gegenstandsbereiche, auf die sich Klemperers Beobachtungen beziehen: Kriegsberichterstattung, Berichte über „Leistungen" der Nationalsozialisten, Berichte über Juden und deren Verfolgung – also Bereiche der Politik, in denen die Propaganda eine besondere Rolle spielte.

2 Vorschlag für ein Tafelbild:

Abwertung/Aufwertung durch

Verallgemeinerungen (Vorurteile/ Stereotype)	verzerrte Deutungen (Euphemismen = Beschönigungen)	Übertreibungen (Hyperbeln)

– der Jude
– der Engländer
	– abgewandert
	– Vergeltungs-
	  angriffe
		– alle Tage
		– das größte Bombardement der Welt-
		  geschichte
		– pausenlose Vergeltungsangriffe
		– Helden, heldenhaft

„Die Gärtneraufgabe des Staates" – Metaphorik und Lüge

1 Ein ergänzender Sachtext findet sich auf S. 296.

2 a) Die ergänzte Tabelle zu dem Text „... die unerlässliche Rodungsarbeit" könnte z. B. so aussehen:

Zentraler Bildbereich: Garten/Gärtner

	Sprachliches Bild/ Metapher	Bedeutung
Aufwer- tungen	Garten/Gärtner	Idylle, gepflegte Natur → gemeint: „gesunde", „arische" Ehe als Kern des deutschen Volkes/Staates und seiner Institutionen
	Pflanzgarten	nutzbringend angelegte Natur → gemeint: Ehe und Familie
	Säuberung	Befreiung von Schmutz → gemeint: Vernichtung alles Andersartigen
	Reinigungsprozess	„Prozess" betont, dass die staatlichen Maßnahmen noch nicht abgeschlossen sind
	unerlässliche Rodungsarbeiten	Rodung dient der Nutzbarmachung wilder Naturgebiete → gemeint: Ausschluss und Vernichtung aller nicht „gesunden" Deutschen

13.2 „Schleichendes Gift ..." – Sprache im Nationalsozialismus

Abwertungen	Unkraut	wuchernde, die Nutzpflanzen bedrohende Gewächse → gemeint: Nicht-Arier u. a.
	ungeeignetes Saatgut/Fremdgewächse	nicht Nützliches, Andersartiges → gemeint: Nicht-Arier
	Zersetzung (der Ehe)	biologisch-chemischer Prozess, bei dem sich Substanzen auflösen → gemeint: Auflösung/Bedrohung der (arischen) Ehe

b) Der Metapher vom „Nutzgarten" liegt eine biologistische Sicht von Staat und Gesellschaft zu Grunde (ähnlich wie bei der Metapher vom „Volkskörper"). Die Problematik liegt in der deterministischen Grundanschauung (alles scheint natürlich gegründet und begründbar) einerseits sowie in der Frage nach der Bestimmung der inhaltlichen Kategorien (Gut-Böse-Schema) andererseits. Möglicher Impuls im Unterrichtsgespräch: Wer entscheidet, was nützlich und was Unkraut ist?

3 Untersuchung des Textauszugs aus „Lingua Tertii Imperii" von Victor Klemperer

a) Sprache hat nach Klemperer eine Steuerungsfunktion bei der Wahrnehmung der Welt. Die Wirkung der Sprache ist nach seiner Vorstellung weitgehend unbewusst, darin sieht er eben die Gefahr, wenn Machthaber die Sprache für ihre Zwecke nutzen.

b) Metaphern und ihre Bedeutung:
– Z. 2: Sprache „steuert" → nimmt aktiv Veränderungen vor;
– Z. 6 ff.: „giftige(n) Elemente(n)" innerhalb der Sprache/„Arsendosen" → vergiftende, tödliche Wirkung.

c) Vorschlag für ein Tafelbild:

Victor Klemperer: LTI – Grundgedanke

Sprache vermag das Denken und Fühlen zu steuern.

↓

Die Nationalsozialisten prägen die Sprache v. a. durch den Gebrauch und die Umwertung einzelner Begriffe.

↓

Diese Nazi-Sprache prägt auf Dauer Denken und Fühlen der Menschen im Sinne der Propaganda.

4 Übertragung der Grundgedanken von Klemperer auf Frischs „Andorra" und erneute Untersuchung des neunten Bildes – zwei Textstellen, die verdeutlichen, dass Andri sich das Fremdbild der anderen zu eigen macht und ihre (stereotypen) Vorstellungen über ihn (als Juden) übernimmt:
– S. 282 im Schülerband, Z. 44–47: Andri berichtet grundsätzlich von der Übernahme des Fremdbildes als Selbstbild.
– S. 282 im Schülerband, Z. 47–71: Andri konkretisiert Aspekte seines neuen Selbstbildes: Bewegung/Körperhaltung, materialistische Einstellung, Feigheit, Heimatlosigkeit.
Fazit: Andri übernimmt die stereotypen Vorstellungen der Andorraner vollkommen. Diese Vorurteile äußern sich sprachlich (vor allem auf semantischer Ebene) gleichermaßen wie die Selbstbeschreibungen Andris im genannten Szenenausschnitt.

Zusatzmaterial:
Aus den Nürnberger Gesetzen vom 15. September 1935

Gesetz „zum Schutze des deutschen Blutes und der deutschen Ehre" vom 15. September 1935

Durchdrungen von der Erkenntnis, dass die Reinheit des deutschen Blutes die Voraussetzung für den Fortbestand des deutschen Volkes ist, und beseelt von dem unbeugsamen Willen, die deutsche Nation für alle Zukunft zu sichern, hat der Reichstag einstimmig das folgende Gesetz beschlossen, das hiermit verkündet wird.

§ 1.1. Eheschließungen zwischen Juden und Staatsangehörigen deutschen oder artverwandten Blutes sind verboten. Trotzdem geschlossene Ehen sind nichtig, auch wenn sie zur Umgehung dieses Gesetzes im Auslande geschlossen sind.
[...]
§ 2 Außerehelicher Verkehr zwischen Juden und Staatsangehörigen deutschen oder artverwandten Blutes ist verboten.
§ 3 Juden dürfen weibliche Staatsangehörige deutschen oder artverwandten Blutes unter 45 Jahren nicht in ihrem Haushalt beschäftigen.
[...]
§ 5.1. Wer dem Verbot des § 1 zuwiderhandelt, wird mit Zuchthaus bestraft. [...]

1. Verordnung zum Reichsbürgergesetz vom 14. November 1935

Auf Grund des § 3 des Reichsbürgergesetzes vom 15. September 1935 wird Folgendes verordnet:
[...]
§ 2.1. Die Vorschriften des § 1 gelten auch für die staatsangehörigen jüdischen Mischlinge.
2. Jüdischer Mischling ist, wer von ein oder zwei der Rasse nach volljüdischen Großelternteilen abstammt, sofern er nicht nach § 5 Abs. 2 als Jude gilt. Als volljüdisch gilt ein Großelternteil ohne weiteres, wenn er der jüdischen Religionsgemeinschaft angehört hat.
[...]
§ 5.1. Jude ist, wer von mindestens drei der Rasse nach volljüdischen Großeltern abstammt. § 2 Abs. 2 Satz 2 findet Anwendung.

2. Als Jude gilt auch der von zwei volljüdischen Großeltern abstammende staatsangehörige jüdische Mischling,
a) der beim Erlass des Gesetzes der jüdischen Religionsgemeinschaft angehört hat oder danach in sie aufgenommen wird,
b) der beim Erlass des Gesetzes mit einem Juden verheiratet war oder sich danach mit einem solchen verheiratet,
c) der aus einer Ehe mit einem Juden im Sinne des Abs. 1 stammt, die nach dem Inkrafttreten des Gesetzes zum Schutze des deutschen Blutes und der deutschen Ehre vom 15. September geschlossen ist,
d) der aus dem außerehelichen Verkehr mit einem Juden im Sinne des Abs. 1 stammt und nach dem 31. Juli 1936 außerehelich geboren wird.
[...]

(RGBL, Jg. 1935, Teil I, Nr. 100, S. 1146 f., zitiert nach: Der Nationalsozialismus. Dokumente 1933–1945. Herausgegeben und kommentiert von Walther Hofer. Frankfurt/M. 1985, S. 285)

13.3 Themenabend: „Ab heute heißt du Sara"

Eine Szene aus: „Ab heute heißt du Sara" inszenieren

S. 289

Volker Ludwig

**Ab heute heißt du Sara
(1. Bild)**

S. 289

1 Schwierigkeiten dürfte beim szenischen Lesen die dialektal geprägte Sprechweise vor allem Lottes bereiten.

2 a–c) Alternative: Szenisches Lesen im Sinne des gestaltenden Sprechens. Das Auswendiglernen der Szene ist recht aufwändig und sicherlich notwendig, wenn man die Szene auf die Bühne bringen will. Inszenierungsspielräume ergeben sich vor allem bei der Ausgestaltung der Figur Inge, die mit ihrer logisch-frechen Art die Argumentationen der Erwachsenen demaskiert.

Volker Ludwig

**Ab heute heißt du Sara
(4. Bild: 1935, Hackescher Markt)**

S. 291

1 Standbilder eignen sich, um die Machtverhältnisse innerhalb der Szene darzustellen:
– Z. 1–23: HJler triumphieren über ein jüdisches Mädchen und demütigen es.
– Z. 23–43: Machtkampf zwischen Inge und den HJlern.
– Z. 44–52: Triumph Inges über die HJler durch eine Lüge.
– Z. 53–65: harmonisches Ende: Das jüdische Mädchen ist überrascht, Inge selbstbewusst.

2 a) Hier sollten die Unterrichtenden die Schülerinnen und Schüler durchaus zu übertriebenen Haltungen ermuntern.

b) Wenn der gedankliche Aufbau der Szene verstanden worden ist (siehe Aufgabe 1), lässt sich losgelöst vom Figurentext die Szene durch Improvisieren nachspielen. Souffleur oder Souffleuse sollten nur eingreifen, wenn die Handlung stockt, und keinesfalls einzelne Wörter korrigieren.

c) Die Notizen können sich auf die relevanten Bereiche – Körperhaltung, Gestik und Mimik, Sprechweise – konzentrieren.

3 a) Inge Deutschkron: Ich trug den gelben Stern (Deutscher Taschenbuch Verlag, München 1985)

Lernerfolgskontrolle/ Thema für eine Klassenarbeit

Eine Dramenszene analysieren und interpretieren

Max Frisch

Andorra (Auszug aus dem ersten Bild)

LEHRER: Nämlich es handelt sich um meinen Sohn.
TISCHLER: Ich sagte: 50 Pfund.
LEHRER: – um meinen Pflegesohn, meine ich.
TISCHLER: Ich sagte: 50 Pfund.
Der Tischler klopft mit einer Münze auf den Tisch.
Ich muß gehn.
Der Tischler klopft nochmals.
Wieso will er grad Tischler werden? Tischler werden, das ist nicht einfach, wenn's einer nicht im Blut hat. Und woher soll er's im Blut haben? Ich meine ja bloß. Warum nicht Makler? Zum Beispiel. Warum nicht geht er zur Börse? Ich meine ja bloß ...
LEHRER: Woher kommt dieser Pfahl?
TISCHLER: Ich weiß nicht, was Sie meinen.
LEHRER: Dort!
TISCHLER: Sie sind ja bleich.
LEHRER: Ich spreche von einem Pfahl!
TISCHLER: Ich seh keinen Pfahl.
LEHRER: Hier!
Der Tischler muß sich umdrehen.
Ist das ein Pfahl oder ist das kein Pfahl?
TISCHLER: Warum soll das kein Pfahl sein?
LEHRER: Der war gestern noch nicht.
Der Tischler lacht.
's ist nicht zum Lachen, Prader, Sie wissen genau, was ich meine.
TISCHLER: Sie sehen Gespenster.
LEHRER: Wozu ist dieser Pfahl?
Tischler klopft mit der Münze auf den Tisch.
Ich bin nicht betrunken. Ich sehe, was da ist, und ich sage, was ich sehe, und ihr alle seht es auch –
TISCHLER: Ich muß gehn.
Der Tischler wirft eine Münze auf den Tisch und erhebt sich.
Ich habe gesagt: 50 Pfund.
LEHRER: Das bleibt Ihr letztes Wort?
TISCHLER: Ich heiße Prader.
LEHRER: 50 Pfund?
TISCHLER: Ich feilsche nicht.
LEHRER: Sie sind ein feiner Mann, ich weiß ... Prader, das ist Wucher, 50 Pfund für eine Tischlerlehre, das ist Wucher. Das ist ein Witz, Prader, das wissen Sie ganz genau. Ich bin Lehrer, ich habe mein schlichtes Gehalt, ich habe kein Vermögen wie ein Tischlermeister – ich habe keine 50 Pfund, ganz rundheraus, ich hab sie nicht!
TISCHLER: Dann eben nicht.
LEHRER: Prader –
TISCHLER: Ich sagte: 50 Pfund.
Der Tischler geht.
LEHRER: Sie werden sich wundern, wenn ich die Wahrheit sage. Ich werde dieses Volk vor seinen Spiegel zwingen, sein Lachen wird ihm gefrieren.
Auftritt der Wirt.
WIRT: Was habt Ihr gehabt?
LEHRER: Ich brauch einen Korn.
WIRT: Ärger?
LEHRER: 50 Pfund für eine Lehre!
WIRT: Ich hab's gehört.
LEHRER: – ich werde sie beschaffen.
Der Lehrer lacht.
Wenn's einer nicht im Blut hat!
Der Wirt wischt mit einem Lappen über die Tischlein.
Sie werden ihr eigenes Blut noch kennenlernen.
WIRT: Man soll sich nicht ärgern über die eigenen Landsleute, das geht auf die Nieren und ändert die Landsleute gar nicht. Natürlich ist's Wucher! Die Andorraner sind gemüt-

liche Leut, aber wenn es ums Geld geht, das hab ich immer gesagt, dann sind sie wie der Jud.
Der Wirt will gehen.
LEHRER: Woher wißt ihr alle, wie der Jud ist?
WIRT: Can –
LEHRER: Woher eigentlich?
WIRT: – ich hab nichts gegen deinen Andri. Wofür hältst du mich? Sonst hätt ich ihn wohl nicht als Küchenjunge genommen. Warum siehst du mich so schief an? Ich hab Zeugen. Hab ich nicht bei jeder Gelegenheit gesagt, Andri ist eine Ausnahme?
LEHRER: Reden wir nicht davon!
WIRT: Eine regelrechte Ausnahme –

(Aus: Max Frisch: Andorra. Stück in zwölf Bildern. © Suhrkamp Verlag, Frankfurt/M. 1961, S. 13–15)

1. *Analysiere den Szenenauszug. Gehe dabei vor allem auf die folgenden Aspekte ein:*

   a) *das Thema und den Verlauf des Gesprächs;*

   b) *die Bedeutung der Textstelle für das Stück;*

   c) *die Auswirkungen stereotyper Vorstellungen auf das Verhalten und die Sprache der Figuren.*

2. *Bewerte das Verhalten Cans vor dem Hintergrund der weiteren Handlung.*

Erwartungshorizont/Lösungshinweise

Die Schülerin/der Schüler ...		mögliche Punkte	erreichte Punkte
Aufgabe 1 (50 Punkte)			
1	... gibt den Inhalt und Verlauf des Gesprächs mit eigenen Worten wieder.	10	
2	... benennt das Thema der Textstelle (Verhandlung zwischen Lehrer und Tischler über die Lehre Andris; Charakterisierung der vorurteilsbehafteten Einstellung der Andorraner)	6	
3	... ordnet die Textstelle in den Kontext ein (Teil der Exposition, Grundlegung des Konflikts zwischen Tischler und Andri; Vorausdeutung auf die Katastrophe: Motiv des Pfahls)	7	
4	... benennt die negativ konnotierten stereotypen Vorstellungen des Tischlers gegenüber Juden (Geldgier, rassistische Vorstellung)	8	
5	... benennt die positiv konnotierten stereotypen Vorstellungen des Wirts („Andri ist eine Ausnahme")	6	
6	... legt dar, wie diese Stereotype das Verhalten des Tischlers und des Wirts bestimmen (Tischler will Andri nicht in der Lehre haben; Wirt nutzt die vermeintlichen Fähigkeiten aus)	5	
7	... analysiert einzelne Textstellen in Bezug auf Generalisierungen („der Jud" u. a.) und Ingroup-Outgroup-Mechanismen (Andorraner vs. Juden)	8	
8	... erfüllt ein anderes aufgabenbezogenes Kriterium (z. B.: Ironie im Verhalten des Tischlers, dessen Verhalten selbst dem Stereotyp – „Wucherer" – entspricht)	(max. 5)	
Aufgabe 2 (20 Punkte)			
9	... weist textbezogen aus, dass der Lehrer die Unwahrheit über die Herkunft Andris sagt	7	
10	... setzt sich abwägend mit der Situation des Lehrers auseinander (Notlüge?)	6	
11	... bewertet das Verhalten des Lehrers vor dem Hintergrund von Andris tragischem Tod	7	

Darstellungsleistung (30 Punkte)		
... gibt den Text korrekt wieder (Zitierweise, Paraphrasieren etc.)	7	
... verwendet das Tempus korrekt (Präsens, bei Vorzeitigkeit: Perfekt)	5	
... verwendet eine sachliche, angemessene und präzise Sprache (allgemeiner Ausdruck)	8	
... verwendet fachsprachliche Begriffe (korrekt, präzise, umfassend)	5	
... verknüpft den Text gedanklich-sprachlich korrekt und differenziert	5	

Literaturhinweise

Frisch, Max: Andorra. Stück in zwölf Bildern. Suhrkamp, Frankfurt/M. 1961

Frisch, Max: Andorra. Text und Kommentar. Cornelsen, Berlin 2001 (BasisBibliothek). Dazu sind erhältlich: Handreichungen für den Unterricht (Unterrichtsvorschläge und Kopiervorlagen), Audio Book und CD-ROM (mit originalen Tonaufnahmen von Max Frisch)

Klemperer, Victor: Ich will Zeugnis ablegen bis zum letzten. Tagebücher. Aufbau, Berlin 1999 (auch als Taschenbuchausgabe erhältlich)

Ludwig, Volker: Ab heute heißt du Sara. In: Theater heute 3/1989, S. 42 ff.

Scheller, Ingo: Szenische Interpretation. Kallmeyer, Seelze-Velber 2004

Schmitz, Walter/ Wendt, Ernst (Hg.): Frisch: „Andorra". Suhrkamp, Frankfurt/M. 1984 (= suhrkamp taschenbuch materialien 2052)

14 Die Macht der Medien – Sachtexte und Medien untersuchen

Konzeption des Gesamtkapitels

Vor allem die elektronischen Medien sind fester und selbstverständlicher Bestandteil im Leben der Jugendlichen – mit allen Vorzügen und Problemen. Der Akzent liegt in diesem Kapitel eher auf den problematischen Aspekten des Themas, die sowohl an konkreten Beispielen als auch grundsätzlich erörtert werden. Gegenstand des Unterrichts sind aber auch Sachtexte, die sich mit dem Thema befassen und die zum Teil Printmedien entstammen. Damit wird nicht nur das Spektrum der Medien – über die elektronischen hinaus – erweitert, sondern es wird den Schülerinnen und Schülern auch Gelegenheit geboten, ihre Kompetenz im Umgang mit verschiedenen Sachtextformaten einzuüben und zu vertiefen.

Das erste Teilkapitel („**Massenmedien – Informationen und Meinungen unterscheiden**") reißt zunächst das breite Spektrum der elektronischen Medien an, um dann mit der Frage nach dem bevorzugten Medium der Schülerinnen und Schüler den Medienumgang der konkreten Lerngruppe zu thematisieren; dabei wird unter anderem das Lesen von (Balken-)Diagrammen geübt. Mit den „Killerspielen" wird sodann ein immer wieder in der Öffentlichkeit lebhaft diskutiertes Thema aufgegriffen, das zwei fachdidaktische Schwerpunkte setzt: Zum einen werden verschiedene journalistische Textsorten (unterschiedliche Berichtsformen, Kommentar) und im Ansatz Formen der Argumentation behandelt, zum anderen gibt das Thema selbst Anlass und Anregung zur Auseinandersetzung. Schließlich wird mit den Stichworten „Boulevardisierung" und „Infotainment" die Grenze zwischen Information und Unterhaltung thematisiert.

Im zweiten Teilkapitel („**Medien auf dem Prüfstand – Schriftlich Stellung nehmen**") wird der Blick in mehrfacher Hinsicht ausgeweitet und vertieft: Die argumentativen (persuasiven) Texte, die hier angeboten werden, erörtern die grundsätzliche Frage nach Nutzen und Gefahren der elektronischen Medien. Die Schülerinnen und Schüler werden zu einer gründlichen Untersuchung der Argumentation angeleitet, ebenso aber zum Verfassen eigener Erörterungen. Der Kompetenzbereich „Umgang mit Sachtexten" wird also ergänzt durch den Bereich „Schreiben".

Das dritte Teilkapitel („**Projekt: ‚Podcasting' – Radiosendungen selbst gestalten**") greift eine neuere Entwicklung im Bereich der elektronischen Medien auf: das „Podcasting". Die Schülerinnen und Schüler werden mit diesem Verfahren auf zweifache Weise vertraut gemacht: Sie sollen es erklären können, werden aber auch zu einer praktischen Anwendung angeregt.

Weiteres Übungsmaterial zu diesem Kapitel

Übungsmaterial im „Deutschbuch Arbeitsheft 9"
– Argumentieren: S. 9–19
– Sachtexte erschließen: S. 64–66, 69
– Diagramme lesen und verstehen: S. 67
– Beziehungen zwischen Informationsmaterialien herstellen: S. 68

14 Die Macht der Medien – Sachtexte und Medien untersuchen

	Inhalte	Kompetenzen
		Die Schülerinnen und Schüler können
S. 293	**14.1 Massenmedien – Informationen und Meinungen unterscheiden**	– die Vielfalt der Medien und unterschiedliche Facetten der Medienmacht erkennen;
S. 294	Was ist „dein" Medium? – Diagramme verstehen	– Diagramme verstehen und auswerten; – den (eigenen) Umgang mit elektronischen Medien in einer Umfrage untersuchen und in Diagrammen festhalten;
S. 295	Bericht ist nicht gleich Bericht – Informierende Texte in Zeitung und Internet untersuchen	– journalistische Formen der Information (Nachricht, Meldung, Bericht sowie Reportage und Feature) unterscheiden; – Merkmale von Hypertexten und des Textdesigns erklären;
S. 300	Meinungen in Medien – Zeitungskommentare vergleichen	– Formen und sprachliche sowie argumentative Strategien der Meinungsbildung in journalistischen Textsorten (Kommentar, Kolumne, Leserbrief) erkennen und untersuchen;
S. 303	Print, Online und TV – Berichterstattung und Boulevardisierung	– zwischen sachlichen und reißerischen journalistischen Texten differenzieren; – Aspekte von „Boulevardisierung" und „Infotainment" benennen; – das Verhältnis von Information und Unterhaltung in verschiedenen medialen Angeboten reflektieren.
S. 306	**14.2 Medien auf dem Prüfstand – Schriftlich Stellung nehmen**	Die Schülerinnen und Schüler können – kontroverse Sachtexte zur Mediennutzung Jugendlicher erschließen;
S. 306	Verwahrlosung oder Bereicherung durch die Medien? – Argumentationsstrategien untersuchen	– Informationen grafisch darstellen; – verschiedene Argumentationsstrategien erkennen; – sich mit fremden Meinungen auseinandersetzen;
S. 306	Christian Pfeiffer **Medienverwahrlosung in Deutschland**	– Positionen und Argumentationsstrategien zueinander in Beziehung setzen; – Vorzüge und Probleme der unterschiedlichen elektronischen Medien abwägen;
S. 308	Yuriko Wahl **Computer machen schlau**	
S. 309	Stefan Aufenanger **Das Fernsehen nicht schlechtreden**	
S. 310	Materialien nutzen – Ein Problem erörtern	– eine materialgestützte Erörterung in fünf Arbeitsschritten verfassen.
S. 311	**14.3 Projekt: „Podcasting" – Radiosendungen selbst gestalten**	Die Schülerinnen und Schüler können – das Verfahren des „Podcasting" erklären und selbst anwenden.

14.1 Massenmedien – Informationen und Meinungen unterscheiden

S. 293

1 Folgende Adjektive bieten sich zur Beschreibung des jeweiligen Gesichtsausdrucks auf den im Schülerband abgedruckten Fotos an:
- vergnügt
- ernst
- gespannt
- gebannt
- ärgerlich
- angespannt

2 a) Vorschlag für ein Tafelbild:

Überschriften: Die Macht...	Wie durch die genannten Tätigkeiten Macht ausgeübt werden kann
... der Themenauswahl	Hervorheben und Verdrängen – Themen werden ins Bewusstsein gehoben und damit wichtig gemacht oder durch Ausschließen indirekt als unwichtig deklariert.
... der Zumischung von Geräuschen oder Musik	Geräusche und Musik wirken sich v.a. auf das Gefühl der Hörer/innen bzw. Zuschauer/innen aus und können das Unterbewusstsein beeinflussen.
... den Hintergrund zu wählen (TV)	Hintergründe können sehr vielfältig sein, z.B.: ärmlich, stilvoll, erlesen usw.; unberührte/zerstörte Natur; „normales"/bedeutendes Bauwerk usw. Dies kann auf das Geschehen im Vordergrund gewissermaßen „ausstrahlen". So kann der Hintergrund die gesamte Atmosphäre prägen oder zumindest beeinflussen und damit Akzente setzen.
... der Kameraführung	Möglichkeit, etwas hervorzuheben oder an den Rand zu rücken, groß/bedeutend oder klein/unbedeutend erscheinen zu lassen. Auch die Perspektive (Frosch-/Vogelperspektive) kann hier Wirkung erzeugen.
... des Weglassens und Kürzens	Akzentuierung – ähnlich wie „Themenauswahl" (s.o.), sozusagen auf einer niedrigeren Ebene.
... der An- und Abmoderation	Möglichkeit der Akzentuierung, v.a. durch Kommentare.
... der Wortwahl	v.a. durch auf- und abwertende Wortwahl.

b) Hier wäre der Begriff „Medien" in seiner ganzen Vielfalt zu berücksichtigen: Rundfunk, Fernsehen, Computer usw.

14.1 Massenmedien – Informationen und Meinungen unterscheiden

Was ist „dein" Medium? – Diagramme verstehen

S. 294

1 Gleich geblieben sind bei beiden Diagrammen:
- das Thema, wenn auch unterschiedlich formuliert;
- die Darstellung in Form eines Balkendiagramms.

Geändert hat sich aber vor allem die Bedeutung der Balken:
- Grafik aus JIM 2001: Vergleich 2000/2001;
- Grafik aus JIM 2005: Vergleich Jungen/Mädchen.

Deshalb sind die Grafiken nicht ohne Weiteres vergleichbar.
Außerdem gibt es Änderungen bei den Items. So ist z. B. in der unteren Grafik ein Item „Internet" hinzugekommen, zusätzlich zu „Computer", während in der oberen (älteren) Grafik wohl beides unter „Computer nutzen" impliziert war. Weitere neu hinzugekommene Items in der grafischen Darstellung über das Jahr 2005 sind z. B. „DVD", „MP3", „Video" und „Spielkonsole". Insgesamt ist also die untere Grafik differenzierter. Mögliche Gründe: neue Sachverhalte, neue Medien oder genauere Wahrnehmung.

2 a) Auffallend ist die zunehmende Nutzung des Computers: 2000: 60%, 2001: 64%, 2005: 69 (Mädchen) bzw. 82% (Jungen). Zu beachten ist dabei, dass in der unteren Grafik der Bereich „Internet" noch einmal getrennt aufgeführt ist, wodurch der Unterschied noch größer wird. Abnehmend ist die Zeitungslektüre – evtl. kann man hier eine Korrelation sehen zu der zunehmenden Computernutzung. In diesem Zusammenhang muss man deutlich machen, dass solche Grafiken auch der Deutung unterliegen: Die zuletzt getroffene Aussage (über die Korrelation) kann keineswegs eindeutig aus den Grafiken abgelesen werden.
Eine weitere Korrelation könnte man vermuten hinsichtlich des (leicht zurückgehenden, aber auch in 2000/2001 schon unwichtigen) Kinobesuchs und des DVD-Konsums.

b) Die Unschärfen in der Aussage über die Entwicklung sind zum Teil schon angesprochen: Sie entstehen u. a. durch eine weitere Ausdifferenzierung von ehemals wohl zusammengefassten Freizeitbeschäftigungen. Weitere Unschärfen ergeben sich aus der für 2000/2001 fehlenden Geschlechterdifferenzierung.

3 a) Der von den Schülerinnen und Schülern zu entwickelnde Fragebogen könnte z. B. noch differenziert werden durch gestaffelte Angaben zur Zeit der Mediennutzung pro Tag und zur Anzahl der genutzten Medien pro Tag oder pro Woche.

Bericht ist nicht gleich Bericht – Informierende Texte in Zeitung und Internet untersuchen

S. 295

1 a) Gemeinsames Thema der beiden Berichte „Killerspiele sollen auf den Index" und „Der Kampf um ‚Counterstrike' und Co": Diskussion um ein Verbot von PC-Gewaltspielen.

b) „*Killerspiele sollen auf den Index*"
Stichwörter (abschnittweise):
- Vorspann: knappe Darstellung des Artikelinhalts;
- Z. 1–9: Forderung, Killerspiele zu verbieten, durch den Innenminister von Niedersachsen und eine Arbeitsgruppe;
- Z. 10–22: Kritik des Ministers an der Unterhaltungssoftware Selbstkontrolle (USK);

– Z. 23–30: Zurückweisung der Kritik durch USK-Sprecherin;
– Z. 31–37: juristische Stellungnahme eines Verfassungsrechtlers.
Erläuterung des Aufbaus: Vorangestellt, weil aktuell und wichtig, ist die Verbotsforderung mit ihrer Begründung; zusammen mit der Zurückweisung nimmt dies auch den größten Raum ein. Am Ende des Berichts steht die juristische Information, die damit auch inhaltlich „zurückgestellt" ist; sie könnte zur Not – wie in der Praxis der Zeitungsherstellung üblich – aus Platzgründen auch im letzten Moment noch gestrichen werden.
Vorherrschendes Tempus: Präteritum; auffallende Ausnahme: Z. 23.

„Der Kampf um ‚Counterstrike' & Co"
Stichwörter (abschnittweise):
– Z. 1–18: Verweis auf Gewalt in anderen Medien seitens der Computerspieler und Softwareproduzenten;
– Z. 19–21: „Counterstrike" derzeit besonders umstritten;
– Z. 22–39: Stellungnahme der Bundesprüfstelle und Kritik an ihr;
– Z. 40–51: Informationen über „Counterstrike";
– Z. 52–71: Verteidigung seitens der Spielebranche;
– Z. 72–82: Spielebranche lehnt Verantwortung für Gewalttaten ab;
– Z. 83–97: Schwarze Schafe in der Branche und Beschaffungsmöglichkeiten der Spieler.
Erläuterung des Aufbaus: Im Wechsel kommen Befürworter und Gegner der Computerspiele zu Wort. Eingestreut sind Informationen über das Spiel „Counterstrike" (Z. 40 ff.), über den geschäftlichen Aspekt (kurz, Z. 72 ff.) und über Aktionen in der rechtlichen Grauzone (Z. 83 ff.).
Vorherrschendes Tempus: Präsens (z. B. Z. 2, 11, 19, 29 usw.); fast ausschließlich in den beiden letzten Absätzen.

2 a) Einwände gegen ein Verbot in „Killerspiele sollen auf den Index":
– Alterskennzeichnung hat bereits zum Schutz von Kindern und Jugendlichen geführt (Z. 23–30).
Einwände gegen ein Verbot in „Der Kampf um ‚Counterstrike' & Co":
– Auch andere Medien enthalten Gewaltdarstellungen (Z. 2 ff.).
– Die Spiele fördern Kooperations- und Kommunikationsfähigkeit (Z. 11 ff., 45 ff.).
– Verweis auf vielfältige Probleme jugendlicher Amokläufer, die die einseitige Schuldzuweisung an Gewaltspiele fragwürdig machen (Z. 62 ff.).

b) Als Vertreter einer Verbotsforderung werden hier vor allem der niedersächsische Innenminister und eine Arbeitsgruppe der Innenministerkonferenz (Text 1) sowie die damalige Bundesfamilienministerin (Text 2, Z. 33 f.) angeführt und damit insgesamt die Politik (Z. 70), die das Gemeinwohl im Blick haben muss. Ihr Interesse ist es, Jugendliche vor schädlichen Einflüssen mit gravierenden Folgen für das Sozialverhalten zu bewahren. Befürworter der Spiele und damit Gegner der Verbotsforderung sind ausschließlich Personen, die ein kommerzielles Interesse an den Computerspielen haben: Sprecher des Interessenverbandes der Softwareindustrie (Text 2, Z. 9 ff., 43, 52 ff.) oder einer „Computerspiele-Zeitschrift" mit dem bezeichnenden Namen „Maniac" (= Irrer, Fanatiker; Z. 60 ff.), deren Existenzgrundlage letztlich auch die möglichst weite und zahlreiche Verbreitung von Spielen ist.

3 „Killerspiele sollen auf den Index" ist ein Ereignisbericht, „Der Kampf um ‚Counterstrike' & Co" ein Hintergrundbericht. Darauf weist – formal – das jeweils dominierende Tempus hin.

14.1 Massenmedien – Informationen und Meinungen unterscheiden

4 Die Tabelle zu „Der Kampf um ‚Counterstrike' & Co" könnte etwa so aussehen:

„Der Kampf um ‚Counterstrike' & Co"

erkennbarer aktueller Bezug	Hintergrundinformationen
– „Counterstrike" derzeit (!) besonders umstritten: Z. 19 ff. – Warnung der Bundesprüfstelle: Z. 22 ff. – Ankündigung der Bundesfamilienministerin: Z. 33 ff.	– Verteidigung der Computerspielbranche, die unabhängig ist von einem konkreten Anlass (worauf formal das Präsens verweist): Z. 2 ff., 9 ff., 55 ff., 62 ff. – Entwicklung und Eigenart des Spiels: Z. 40 ff. – das boomende Geschäft: Z. 72 f. – Ablehnung der Verantwortung für Gewalttaten, die ebenfalls unabhängig ist von einem konkreten Anlass: Z. 75 ff. – Machenschaften in der juristischen Grauzone: Z. 84 ff.

5 Der erste Artikel beschränkt sich fast ausschließlich auf den aktuellen Anlass und verschiedene Reaktionen darauf (Politiker, Vertreterin der Softwarebranche). Er ist ein Ereignisbericht, dessen stringenter Aufbau aus der Intention – möglichst knappe und präzise Informationen über das Ereignis zu geben – zu erklären ist. Der Hintergrundbericht (= Text 2) geht breiter vor allem auf die verschiedenen Standpunkte der Befürworter und Gegner eines Verbots von Computerspielen ein, die in einem gewissen Wechsel dargestellt werden, was den Aufbau kennzeichnet. Zur Vorbereitung auf eine Diskussion über Computerspiele ist der zweite Artikel weitaus ergiebiger, da er mehr Argumente zur Verfügung stellt.

Verbot von Killerspielen gefordert

S. 298

1 Hypertexte sind „vernetzte" Texte; die Verknüpfung geschieht durch „Hyperlinks" (Erklärung des Begriffs auf S. 324 im Schülerband). Diese sind meistens durch unterstrichene Wörter gekennzeichnet – so auch auf S. 298 f. im Schülerband, zum Teil im Text, vor allem aber in der linken Spalte.

2 In der linken Spalte gehören nur zwei Kästchen zum zentralen Thema „Verbot von Killerspielen": „Mehr zum Thema" und „Das könnte Sie auch interessieren" (außer dem letzten Titel „Obdachloser ...").

3 Die Elemente, die zum Thema gehören, bieten die sinnvolle Möglichkeit, sich weiter und vertiefend mit dem Thema zu beschäftigen und gegebenenfalls Aspekte mit einzubeziehen, die den Rahmen der „Meldung", wie der Hauptartikel sie darstellt, sprengen würden.

4 Zum Textdesign vgl. ausführlich „Deutschbuch 8", S. 75–76, und die „Handreichungen für den Unterricht" zum „Deutschbuch 8", S. 75–77.

Meinungen in Medien – Zeitungskommentare vergleichen

1 **David Froitzheim: „Ballern statt Büffeln?"**
Standpunkt des Verfassers: So genannte „Killerspiele" schaden nicht dem Charakter des Spielers, und Politiker und „so genannte Experten" sollten dazu schweigen, da sie ohnehin keine Ahnung davon haben.

2 Die sprachlichen Mittel in diesem Kommentar verstärken sich gegenseitig:
 – Wortwahl: vor allem abwertend (Z. 14, 28f., 33, 43), außerdem salopp (Z. 5–7, 18, 46, 58f.);
 – Satzbau: vielfach elliptisch (Z. 12, 24, 46);
 – weitere sprachliche Auffälligkeiten und argumentative Strategien: Interjektion (Z. 5, 8) – gespieltes Erschrecken (Z. 5) – Wortspiel (Z. 16f.) – Anrede an den Leser (sog. „Apostrophe", Z. 47ff.) – Ironie (Z. 59f.) – Vorwurf der Diskrepanz zwischen theoretischem Anspruch (Erziehung zur Mündigkeit) und mangelhafter Umsetzung (Z. 50–54) – Wiederholung/Rahmung (Z. 1f./54f.). Dass hier ein Zitat verwendet wird („das ist gut so"), kann erwähnt werden, muss aber nicht. (Der Regierende Bürgermeister von Berlin, Klaus Wowereit, hat diese Worte seinem „Coming-out" als Homosexueller als Kommentar beigefügt; sie wurden dann zum geflügelten Wort, um einen Sachverhalt, der von anderen als fragwürdig gewertet wird, nachdrücklich zu bejahen.)
Vor allem die abwertende Wortwahl und die genannten weiteren sprachlichen Auffälligkeiten sind Mittel einer sozusagen „unterschwelligen" Argumentation, die zwar einen Text amüsant machen, aber als Mittel der Argumentation fragwürdig sind, da sie nicht den Verstand ansprechen, sondern das Gefühl.

3 Die Antworten der Schülerinnen und Schüler sind natürlich nicht antizipierbar. Als mehr oder weniger „starke" Argumente kann man werten, dass der Schreiber bei sich und seinen Freunden bisher keine negativen Folgen des Spielens von „Ballerspielen" festgestellt hat (Z. 1ff.) und dass offenbar die pure Freude am Spiel überwiegt (vgl. Z. 56ff.). Das schwächste Argument findet sich in Z. 40ff.: Angesichts der gerade bei Jugendlichen auch in der Realität zunehmenden Gewalt, die den Tätern möglicherweise auch „Spaß macht" (vgl. z. B. das „Happy Slapping"), kann man eine solche Aussage nur als dumm bezeichnen.

4 **Susanne Gaschke: „Eine Frage der Moral. Was unerträglich ist, muss man verbieten dürfen"**
Die Verfasserin verwendet eine Strategie der Entlarvung: Sie entlarvt die Behauptung, es zähle „mehr der sportliche Charakter als das Töten" (Z. 26), dadurch, dass sie mit deutlichen Worten sagt, worin dieser „Sport" besteht, nämlich im „Erschießen, Sprengen und Zerstückeln" (Z. 29). Dies ist sicher ein überzeugendes Vorgehen; man kann das Beispiel zum Anlass nehmen, um grundsätzlich über die Verwendung und die Fragwürdigkeit von Euphemismen zu sprechen. Beispiele, die thematisch in den Kontext passen, sind „Kollateralschaden" („Seitenschaden", etwa die versehentliche, aber in Kauf zu nehmende Zerstörung von Wohnhäusern bei „gezielten" Angriffen auf ein militärisches Ziel in einem Krieg) und „ethnische Säuberung" (vor allem im Jugoslawienkrieg verwendete Bezeichnung für die oft mörderische Vertreibung bestimmter ethnischer Gruppen aus ihren Dörfern, die von Angehörigen einer anderen Ethnie dominiert wurden).

5 a) Gaschke sieht die Wirkungsforschung kritisch, weil diese ihrer Meinung nach die falsche Frage stellt: Sie fragt nur nach einem Beweis dafür, dass das Spielen von Gewaltspielen aus den Spielern „automatisch" Massenmörder macht. Das Fehlen entsprechender „Beweise" belegt aber keineswegs die Unbedenklichkeit der Spiele.

14.1 Massenmedien – Informationen und Meinungen unterscheiden

b) *Vergleiche in dem Text, z. B.:*
- Z. 22 f.: Vergleich der Verteidigung seitens der Spieler mit derjenigen seitens der Kampfhundebesitzer und Waffenlobbyisten. Zur Funktion: Beide Gruppen haben in den letzten Jahren mehrfach negative Schlagzeilen gemacht; der Vergleich rückt die Spieler von Gewaltspielen am PC sozusagen in eine „schlechte Gesellschaft".
- Z. 67–70: Vergleich des Umsatzes in der Medienbranche mit dem der Rüstungsindustrie. Zur Funktion: Die Höhe der Rüstungsausgaben sind ein in der Gesellschaft viel und kontrovers diskutiertes Thema; ihre Höhe veranschaulicht den enormen Umsatz in der Medienbranche.

c) *Neologismen in dem Text:*
- „bequemliberal" (Z. 34): will durch die Kontraktion die „Liberalität" von Verteidigern der Gewaltspiele als vorgeschoben und als Verschleierung der eigentlich dahinterstehenden Bequemlichkeit entlarven;
- „Dauerkindlichkeit" (Z. 55): betont durch die paradoxe Verbindung das Unreife oder Ungesunde des dargestellten Verhaltens;
- „Sofortgenuss" (Z. 55): will durch das Ungewöhnliche der Verbindung auf die damit bezeichnete Fragwürdigkeit aufmerksam machen;
- „Bürgerrechtspathos" und „Modernisierungsjargon" (Z. 9 f.): Hier wird jeweils der erste, positiv besetzte Bestandteil des Kompositums durch den zweiten, negativ konnotierten aufgehoben.

6 *Vergleich der beiden Kommentare:*

Aspekt	Froitzheim	Gaschke
Frage nach den Auswirkungen der Gewaltspiele	- Spieler fanden reale Massaker nicht „toll" (Z. 10 f.), d.h. die Spiele haben keine negativen moralischen Folgen in der Realität	- Es ist moralisch bedenklich, wenn „Mord und Schlächterei" als unterhaltsam angesehen werden (Z. 42 ff.) - die Lust am virtuellen Töten ist eine Verhöhnung der realen Opfer von Gewalt (Z. 46 ff.)
Abwertung der Kritiker als „alt"	- Wer gegen Gewaltspiele ist, hat keine Ahnung (Z. 43 ff., v.a. Z. 46 ff.)	- „fast rührende Geste der Überlegenheit gegen (ältere) Kritiker" (Z. 56 f.)
Anspruch der Selbstbestimmung	- „wir sind [...] in dem Alter, in dem wir [...] eigene Entscheidungen treffen [...] dürfen" (Z. 33 ff.)	- Spieler reklamieren Rechte auf Selbstbestimmung und Meinungsfreiheit (Z. 1 f.)
Mündigkeit der Spieler	- Man muss den Spielern Mündigkeit zutrauen (Z. 49 f.)	- „Dauerkindlichkeit" (Z. 55)

7 *Streitgespräch und Podiumsdiskussion müssen sorgfältig – am besten in Gruppen – vorbereitet werden: Sammeln von Argumenten (Karteikarten), Beschreibung eines Rollenprofils bei Vertretern bestimmter Interessengruppen. In der Diskussion selbst kann man mit „Ghostspeakern" arbeiten. Vielleicht ergibt sich*

14 Die Macht der Medien – Sachtexte und Medien untersuchen

ja auch die Möglichkeit, eine Podiumsdiskussion (evtl. für die ganze Stufe) mit tatsächlichen Fachleuten zu veranstalten: Eltern der Klasse und Vertreter des Jugendamtes oder eines schulpsychologischen Dienstes lassen sich möglicherweise dafür gewinnen.

S. 303

Print, Online und TV – Berichterstattung und Boulevardisierung

1 / 2 *Auffallende Unterschiede zwischen beiden Texten:*

„Mutmaßlicher Frauenmörder gefasst"	„Festnahme! Haben sie den ‚Suffolk-Ripper'?"
Überschrift: – Mutmaßlicher Frauenmörder (keine Vorverurteilung)	Überschrift: – Ausruf/Ausrufezeichen („Festnahme!") – „Ripper" (engl. „der Aufschlitzer"; Anspielung auf den niemals gefassten Serienmörder Jack the Ripper, der 1888 in London fünf Prostituierte ermordet und zerstückelt haben soll; engl. „to rip" = „reißen, zerreißen") – „Serienkiller": reißerische Wortwahl
1. Satz (Z. 1–3): – sachliche Mitteilung	Vorspann (Z. 1–5, kursiv): – reißerischer, krimiähnlicher Anfang („Schrecken Englands", „fieberhaft gesucht") – Altersangabe der Opfer: stärkere Personalisierung – Ausrufezeichen am Ende des dritten Satzes betont die Bedeutung der Aussage, ist aber von den Zeichensetzungsregeln her gesehen unbegründet; typische Zeichenverwendung von Boulevardmedien wie der „Bild"-Zeitung
nichts Vergleichbares	– Aufwand der Polizei wird hervorgehoben (Z. 6–9); damit wird die Dramatik der Fahndung heraufbeschworen.
nichts Vergleichbares	– Ellipse (Z. 12); Wirkung: Ausruf
„am Morgen" (Z. 5f.)	– „gegen 7.20 Uhr" (Z. 14f.): Konnotation der frühen Morgenstunde: rund um die Uhr wachsame Polizei; Anschleichen im Morgengrauen ...
„festgenommen worden" (Z. 7)	– „Einsatzkräfte überwältigten ihn" (Z. 14): Konnotation von Widerstand, Kampf; grammatische Aktivkonstruktion betont die Aktion der Polizei
nichts Vergleichbares	– Angabe, dass die Leichen nackt waren (Z. 18); weckt und bedient Sensationslust
„eine Polizeiwache in Suffolk" (Z. 12)	– „in einer geheim gehaltenen Polizeistation" (Z. 23f.); Steigerung der Dramatik durch vagen Hinweis auf Geheimnisvolles

3 Man sollte Sendungen, in denen die Unterhaltung überwiegt, nicht moralisierend grundsätzlich abwerten. Im Sinne der Medienerziehung ist aber eine Schulung des bewussten Sehens wichtig: Es geht darum, sich sowohl die Intention einer Sendung (überwiegend Unterhaltung oder überwiegend Information) bewusst zu machen wie auch die eigene „Seh-Intention"; unter diesem Aspekt gilt es, sofern man sich fundiert informieren will, bei einigen Sendeformaten eine gesunde kritische Distanz einzunehmen – ohne dass das Vergnügen an solchen Sendungen grundsätzlich geschmälert würde.

4 a) Bei der Gestaltung der untersuchten Sendungen sind die verschiedensten Aspekte mit zu berücksichtigen: Raum/Örtlichkeiten, Ausstattung im weitesten Sinn, Musik/Geräusche, Kameraführung, Lichtgestaltung usw. Siehe auch die Liste in Aufgabe 2 auf S. 293 im Schülerband.

b) Bei dem Klassen-Ranking muss man definieren, welches die leitende Norm beim Vergleich der verschiedenen Magazinsendungen sein soll: Liefert der Informationsgehalt den Bewertungsmaßstab oder der Unterhaltungswert?

5 a) Das „Anfetten" von Nachrichten besteht darin, dass Szenen und Informationen mit nicht authentischem, also gespieltem und eigens hergestelltem Ton- und/oder Bildmaterial sozusagen „verlebendigt" werden, weil das originale Material zu wenig (z. B. „wenig Revolutionäres", Z. 7 f.) hergibt.

b) Die Urteile über das „Anfetten" finden sich alle im letzten Absatz des Textes: Es solle „an ganz ausgewählten Stellen" und äußerst selten (Z. 35 f.) Anwendung finden, nicht in der „Tagesschau", aber gelegentlich in den „Tagesthemen": Die „Tagesschau" ist ein streng sachlich-informierendes Format wie der Bericht in den Printmedien; die „Tagesthemen" als „Nachrichtenmagazin" (Z. 37) sind eher vergleichbar der Reportage, die ebenfalls mit auflockernden Elementen arbeitet.

6 Das entscheidende Pro-Argument für das „Anfetten" von Nachrichten wäre: Trockene oder langweilige Themen, die aber gleichwohl wichtig sind, können so eher den Weg zu den Zuschauern finden (vgl. Z. 40 f.); das entscheidende Kontra-Argument: Das Verfahren bietet die im Prinzip sehr fragwürdige Möglichkeit, Informationen zu dramatisieren, oder allgemeiner gesagt: Es enthält die Gefahr einer emotionalen Manipulation.

14.2 Medien auf dem Prüfstand – Schriftlich Stellung nehmen

Verwahrlosung oder Bereicherung durch die Medien? – Argumentationsstrategien untersuchen

1 a) Ausgangsfrage der Überlegungen von Christian Pfeiffer in seinem Text „Medienverwahrlosung in Deutschland": „[...] warum werden die Unterschiede zwischen Jungen und Mädchen [bzgl. Schulversagens] Jahr für Jahr größer?" (Z. 5 ff.)

b) Die ersten Beobachtungen und Überlegungen des Verfassers legen bereits den Zusammenhang zwischen Medienkonsum und (schlechten) Schulleistungen nahe (siehe Z. 25 ff.). Als Wissenschaftler geht er mit den Daten aber vorsichtig um und fordert eine genauere Überprüfung (siehe Z. 29 f.).

c) Zu seinen Ergebnissen gelangt der Verfasser durch eine Kombination von Datenerhebung (Beobachtung) und Schlussfolgerung. Konkret: Mehr Zeit mit elektronischen Geräten bedeutet weniger Zeit zum Lesen, bedeutet schlechtere Schulleistungen.

d) Mögliches Flussdiagramm zu den Methoden, die Soziologen anwenden, um verallgemeinerbare Erkenntnisse über das Verhalten von Menschen zu gewinnen:

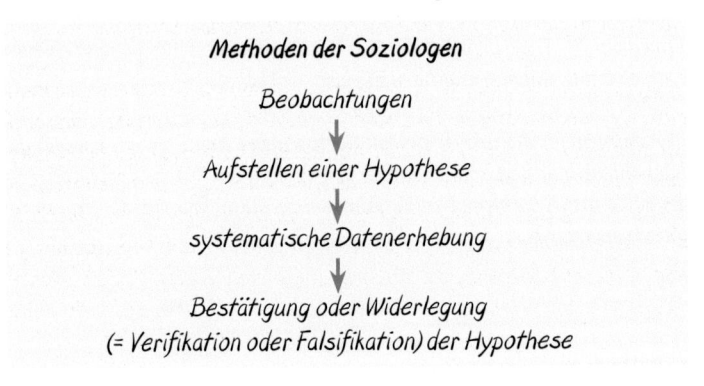

Methoden der Soziologen

Beobachtungen
↓
Aufstellen einer Hypothese
↓
systematische Datenerhebung
↓
Bestätigung oder Widerlegung
(= Verifikation oder Falsifikation) der Hypothese

2 Die grafischen Darstellungen könnten z. B. so aussehen:

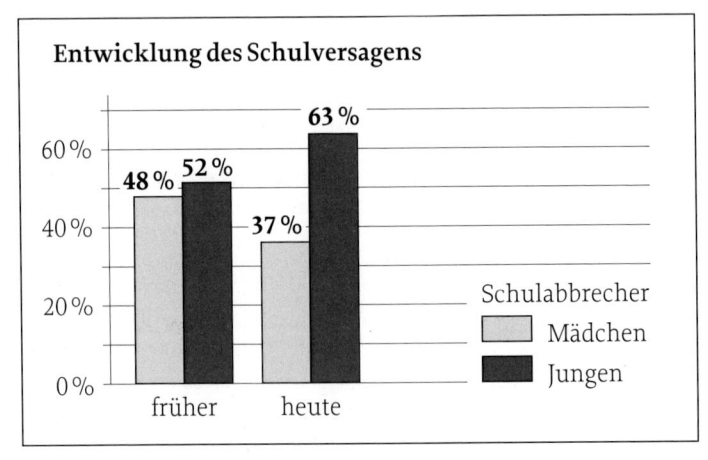

Entwicklung des Schulversagens

Schulabbrecher – Mädchen / Jungen

- früher: Mädchen 48 %, Jungen 52 %
- heute: Mädchen 37 %, Jungen 63 %

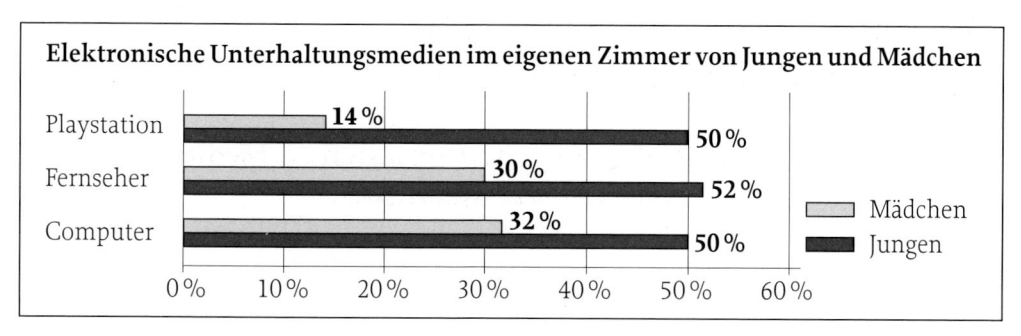

Elektronische Unterhaltungsmedien im eigenen Zimmer von Jungen und Mädchen

Gerät	Mädchen	Jungen
Playstation	14 %	50 %
Fernseher	30 %	52 %
Computer	32 %	50 %

Anschaulich und eindrucksvoll dürfte es auch sein, wenn man einen ganzen Tagesablauf in Form eines Zeitstrahls abbilden lässt, auf dem die Zeiten für die verschiedenen Tätigkeiten im Laufe eines Tages angegeben sind. Dabei wird dann auch deutlich, dass eine längere Zeitspanne für die Beschäftigung mit elektronischen Medien die Zeit für andere Tätigkeiten verkürzt.

3 Die grundlegende These ist nicht explizit formuliert, kann aber leicht erschlossen werden, und zwar aus den Zeilen 25–27 und 30–33. Sie könnte lauten: „Dass die Jungen in der Schule viel schlechter sind als die Mädchen, hängt damit zusammen, dass sie mehr elektronische (Spiel-)Geräte in ihren Zimmern haben und diese auch in hohem Maße nutzen." Dies ist eine Tatsachenbehauptung. Das gilt auch für die Argumente: Sie sind vor allem Faktenargumente, worauf schon die vielen statistischen Angaben verweisen. Natürlich kommen auch „Wertargumente" zum Tragen, etwa in den beiden Adjektiven in Z. 79 f.

4 Auf den freien Vortrag weisen die Stellen hin, die in einem geschriebenen Text als sprachlich nachlässig zu werten wären, die aber gerade deswegen geeignet sind, in einem (freien) Vortrag eine gesprächsähnliche Kommunikationssituation und -atmosphäre entstehen zu lassen. Das kann durch die (saloppe) Wortwahl geschehen oder auch durch eine schriftsprachlich ungewöhnliche bis „falsche" Syntax: „Also, es gibt" (Z. 8), „Vorsicht!, haben wir gesagt" (Z. 28), „Eindruck [...], da könnte etwas dran sein" (Z. 32 f.), „Wir haben das dann [...] unterschieden und dann zeigt sich [...]" (Z. 48 f.), Hauptsatz statt des syntaktisch zu erwartenden dass-Satzes (Z. 56), „Also es wird" (Z. 56 f.), „was" statt „etwas" (Z. 62), „klauen" (Z. 72), „Na ja" (Z. 75), „dann wird's knapp mit dem Lernen und dem Schularbeitenmachen" (Z. 77 ff.).

5 Wenn man es besonders gründlich machen will, kann man natürlich auch hier schriftliche Befragungen durchführen und die Ergebnisse grafisch aufbereiten lassen.

6 Die Gegenüberstellung der Meinungen, die in Yuriko Wahls Text „Computer machen schlau" geäußert werden, könnte z. B. so aussehen:

Medienpädagoge(n)	Kinderärzte
These: Computer fördern viele Fähigkeiten der Kinder (Z. 6 ff.)	**These** (nicht explizit ausgeführt): Computer sind für Kinder bedenklich
Argumente: Ergebnisse von „Wissenschaftliche[n] Untersuchungen" (Z. 12; Autoritätsargument) (darin enthaltene Faktenargumente:) Förderung der Intelligenz, der Raumorientierung, der Kompetenz bei Zahlen und Geometrie (Z. 8 ff.)	**Argumente** (offensichtlich aus der ärztlichen Praxis gewonnen): Kinder, die viel Zeit am Computer verbringen, leiden unter Immobilität und Gewichtszunahme (Z. 28 f.) und drohen zu vereinsamen (Z. 31)

14 Die Macht der Medien – Sachtexte und Medien untersuchen

7 Vom Argumentationstyp her ist die Frage nicht zu entscheiden, da beide Positionen erfahrungsgestützt sind. Wichtig ist aber der Hinweis, dass die Ärzte in ihrer Praxis in der Regel nur die Problemfälle kennen lernen, die aber nicht repräsentativ sind (Z. 35 ff.).

8 Weitere Belege für Argument 1 („Fernsehen ist wissensaneignend und lernanregend") in Stefan Aufenangers Text „Das Fernsehen nicht schlechtreden" sind:
- die Hinweise auf die „Sendung mit der Maus" und die Sendung „Löwenzahn" (in Form einer rhetorischen Frage) und der generalisierende Hinweis auf eine „Vielzahl von Informations- und Wissenssendungen", die einen nie da gewesenen „Einblick in die Welt" vermitteln (Z. 19–24; Tatsachenbehauptungen);
- die Vermutung, dass das soziale und ökologische Engagement von Kindern ebenfalls vom Fernsehen geprägt sei (Z. 24 ff.; weiterführende Überlegung);
- Hinweise auf weitere Untersuchungen (Z. 30 ff.).

Argument 2: Fernsehen ist auch für das Gefühlsleben wichtig (Z. 36 f.).
Belege/weiterführende Überlegungen:
- Ermöglichung einer Flucht aus dem Alltag;
- Hilfen zur Lebensbewältigung und Identitätsfindung (Z. 37 ff.).

Hinweis: Ob eine Aussage als These oder als Argument bewertet wird, hängt von ihrer Stellung im Gesamtzusammenhang einer Argumentation ab. Die beiden Argumente wurden hier als solche qualifiziert, weil sie die im Vorspann genannte These stützen, dass „das Fernsehen auch viel Positives" biete. Lässt man diese Information weg, kann man die hier so bezeichneten Argumente auch als Thesen gelten lassen.

S. 310 Materialien nutzen – Ein Problem erörtern

Das Material im Teilkapitel 14.2 eignet sich als Grundlage für einen Aufgabentyp, bei dem die Schülerinnen und Schüler eine (ggf. auch textbasierte) Argumentation zu einem Sachverhalt erstellen.

Das Material kann aber auch als Grundlage für einen Aufgabentyp genommen werden, bei dem die Schülerinnen und Schüler durch Fragen bzw. Aufgaben geleitet aus kontinuierlichen und/oder diskontinuierlichen Texten Informationen ermitteln, Informationen vergleichen, Textaussagen deuten und abschließend reflektieren und bewerten. Dabei könnte zur Sprache kommen, dass einige Texte – z. B. der von Pfeiffer – etwas einseitig sind, weil hier vor allem extreme Fälle von Medienkonsum verabsolutiert werden.

1 Zum weiteren Ausfüllen der Tabelle auf S. 310 unten im Schülerband vgl. die Lösungsvorschläge zu den Texten auf den vorangehenden Seiten in diesem Handbuch.

14.3 Projekt: „Podcasting" – Radiosendungen selbst gestalten

1 *Die Zeitschrift „Medien und Erziehung" weist auf die „Bundesinitiative Jugend ans Netz" hin: „Jugendliche sollen so den Umgang mit verschiedenen Medien und Kommunikationsformen spielerisch erlernen und praktizieren." (www.merz-zeitschrift.de/ detail.php?beitrag_id=3093) Neben einem Link auf die Website www.netzcheckers.de des Bundesfamilienministeriums wird auch ein Link auf einen „Podcast-Club" angeboten: www.podcastclub.de.*

S. 311

2 *Das Podcasting ist sowohl ein passives (Z. 8 ff.) als auch ein aktives Vergnügen (Z. 39 ff.).*

3 *Die Empfängerseite kommt in der Anleitung „Podcasting: Schritt für Schritt erklärt" ab Punkt 6 zur Sprache.*

6 *Es ist darauf zu achten, dass alle Schülerinnen und Schüler bei der Erstellung der Audiodatei zum Zuge kommen. Gegebenenfalls sollte man die Mädchen besonders ermutigen, sich auch mit der technischen Seite des Vorhabens zu befassen, die gerne von den Jungen besetzt wird.*

Zum Podcasting im Unterricht siehe auch www.lehrer-online.de, Stichwort „Podcasting".

In der letzten Zeit ist das Angebot an Podcasts enorm angestiegen. Große Rundfunksender bieten mittlerweile den größten Teil ihrer Sendungen zum Herunterladen an. Aus dieser Beobachtung könnte man die folgende zusätzliche Aufgabe ableiten.

Zusatzaufgabe

1 *Seht euch die Homepages einiger Rundfunksender an.*
Stellt zusammen, welche Hörfunkbeiträge als Podcast angeboten werden.
Vergleicht das Angebot mit dem gesamten Hörfunkprogramm des betreffenden Senders (in einer Programmzeitschrift nachsehen) und nennt Sendungen, die nicht als Podcast angeboten werden.
Überlegt euch mögliche Gründe für euren Befund.

Lösungshinweis:
Der WDR 5 beispielsweise bot im Februar 2008 42 Sendungen als Podcast an (siehe http://www.wdr5.de/sendungen/sonderseiten/885805.phtml). Ausgenommen sind Hörspiele. Die Gründe dürften urheberrechtlicher und wirtschaftlicher Art sein: Hörspiele lassen sich auch auf dem Buchmarkt in Form von Hörbüchern verkaufen. Ein weiterer Grund könnte im Umfang der Dateien liegen; eine Sendung von 15 Minuten ist bereits 5 bis 6 MB stark.

Lernerfolgskontrolle/ Themen für Klassenarbeiten

Vorschlag 1: Eine textbasierte Argumentation zu einem Sachverhalt erstellen

Alice Ahlers
Computerspiele machen dumm

Je öfter Kinder und Jugendliche virtuell ballern, desto größer wird der Schulfrust.

[...]. Computer, Gewalt, schlechte Noten – allgemeiner Lebensfrust. Diesen Zusammenhang hat eine Studie des Kriminologischen Forschungsinstituts Niedersachsen untersucht. 6000 Viertklässler und 17000 Neuntklässler wurden zu ihrem Medienkonsum befragt. „Je mehr Zeit Kinder mit Computerspielen verbringen und je brutaler die Inhalte sind, desto schlechter sind auch die Schulleistungen", so Christian Pfeiffer, Direktor des Instituts. Der Wissenschaftler sieht das Ergebnis vor allem als Antwort auf die Leistungskrise der Jungen. Sie verbringen dreimal so viel Zeit vor der „Kiste" wie die Mädchen. Schulstatistiken und PISA-Studien dokumentieren den Abfall der Jungen schon seit einigen Jahren: Sie bleiben häufiger sitzen und brechen öfter die Schule ab als ihre Klassenkameradinnen. 41 Prozent der Schülerinnen, aber nur 34 Prozent der zehnjährigen Schüler bekommen derzeit eine Empfehlung für das Gymnasium.

In Dortmund spielen Jungen im Alter von zehn Jahren an einem Schultag durchschnittlich 3,3 Stunden Computer oder sehen fern. Am Wochenende erhöht sich der Konsum. Damit verbringen sie pro Jahr mehr Zeit vor einem Bildschirm als im Schulunterricht. Die Folge: Für Hausaufgabenmachen, Sport, Lesen oder andere kreative Beschäftigungen bleibt wenig Zeit. Zudem haben Neurobiologen untersucht, dass durch das Computerspielen frisches Schulwissen aus dem Gedächtnis verdrängt werde. „Je intensiver Emotionen erfahren werden, [...] desto eher bleiben die Erlebnisse im Gedächtnis", sagt Pfeiffer, „da hat das Vokabelheft gegen das Computerspiel wenig Chancen." Die Folge: schlechte Noten, sinkende Motivation, Schulfrust.

[...] Pfeiffer und sein Team ziehen aus der Studie vor allem einen Schluss: Raus mit den Bildschirmen aus den Kinderzimmern. „Das Dümmste, was Eltern tun können, ist, den Kindern eine eigene Playstation ins Zimmer zu stellen", so der Wissenschaftler. [...] Manfred Spitzer, Direktor der psychiatrischen Klinik der Universität Ulm, rät Eltern sogar: „Kaufen Sie Ihrem Sohn keinen Computer. Fakt ist, dass er wahrscheinlich kaum Französischvokabeln damit lernen wird, jedoch vor allem ballert oder sich im Internet verbotene Dinge herunterlädt." Kinder und Jugendliche nutzten den PC eben nicht als Lernhilfe, indem sie sich für sinnvolle Bildungssoftware interessierten. Stattdessen seien gewalttätige Spiele „Tötungs-Trainingssoftware zum Einüben von Aggressionen als der einzig möglichen Konfliktlösung". [...] Selbst in der Schule hält er Computer für sinnlos. „Wenn wir an der Vermüllung der Gehirne der nächsten Generation nichts ändern, dann werden wir in 20 Jahren die T-Shirts für China nähen", lautet sein Fazit, „Computer sind allenfalls in der Oberstufe gelegentlich sinnvoll." Vor Spitzers Medienpessimismus kann Dirk Frank von „Schule ans Netz" nur warnen. „Medien sind längst Teil unserer Realität. Wenn man in der Schule auf Computer verzichtet, schließt man die Kinder aus, deren Eltern sich zu Hause keinen PC leisten können." Wer mit dem PC nicht umgehen kann, hat auf dem Arbeitsmarkt kaum eine Chance. „Es liegt nicht am Medium an sich. Auf die Kommunikation zwischen Eltern und Kindern kommt es an." [...]

(Aus: Kölner Stadt-Anzeiger – Magazin, 23.11.2006)

PISA: Lernen am Computer macht Schüler schlauer

Berlin – Wer als Schüler regelmäßig zu Hause den Computer zum Lernen nutzt, zeigt in der Regel in allen wichtigen Schulfächern bessere Leistungen. Dies ist das Ergebnis einer neuen internationalen PISA-Auswertung, die die OECD gestern in Berlin vorstellte. In Deutschland waren im Fach Mathematik 15-jährige Schüler sogar den Gleichaltrigen ohne regelmäßige PC-Nutzung zu Hause fast ein Schuljahr voraus. Jeder Zweite gab an, den Computer daheim nicht nur für Spiele, sondern auch zum Lernen und zu Nachforschungen im Internet zu nutzen.
Noch deutlicher fallen die Leistungsunterschiede aus, wenn nach der Dauer der Computererfahrung gefragt wird. 15-Jährige mit weniger als einem Jahr Computererfahrung liegen der Studie zu Folge in Deutschland mit ihren Leistungen in Mathematik in der Regel über zwei Lernjahre hinter Gleichaltrigen mit einer drei- bis fünfjährigen PC-Erfahrung. Der Zugang der Schüler zu Computern hat [...] rasant zugenommen. [...] In über 90 Prozent der Familien von 15-jährigen Schülern in Deutschland ist inzwischen ein PC vorhanden. [...]

(Aus: Hamburger Abendblatt, 25. 1. 2006/ dpa; www.abendblatt.de/daten/2006/01/25/526645.html)

Fit für die Zukunft – im Internet?

„Wenn Kinder schon recht früh anfangen, sich mit dem Internet zu beschäftigen, dann lernen sie dabei, vernetzt zu denken", sagt Prof. Dr. Stefan Aufenanger, Professor für Erziehungswissenschaften und Medienpädagogik in Mainz. Sein Plädoyer an die Eltern lautet deshalb, Kinder schon früh an die neuen Medien heranzuführen. Im Interview erklärt er, warum.

Frage: Können Kinder durch die Nutzung des Internets etwas lernen?
Prof. Aufenanger: Wenn Kinder schon recht früh anfangen, sich mit dem Internet zu beschäftigen, dann lernen sie dabei, vernetzt zu denken. Auch erwerben sie durch den Umgang mit neuen Medien das, was wir Medienkompetenz nennen. Damit ist nicht nur gemeint, Computer und Internet richtig handhaben zu können, sondern sinnvoll mit den Inhalten umzugehen sowie auch, diese nach ihrer Qualität und Bedeutung einzuschätzen und zu bewerten.
Wir sollten also unseren Kindern den Zugang zu den neuen Medien schon in jungen Jahren ermöglichen. Positiv wirkt sich das auf ihre Entwicklung in dem Sinne aus, dass sie sich in die komplexe Welt der neuen Medien hineinversetzen können. Dadurch wird ihr Denken angeregt und ihre kognitive Entwicklung [= Entwicklung des Denkvermögens] gefördert.

(Quelle: BMFSFJ [= Bundesministerium für Familie, Senioren, Frauen und Jugend]:
„Ein Netz für Kinder – Surfen ohne Risiko", Ausgabe 2003.
www.schau-hin.info/55.0.html)

[1] *„Kaufen Sie Ihrem Sohn keinen Computer", rät ein bekannter Hirnforscher. Soll man Computer also aus dem Kinderzimmer verbannen?*
Verfasse zu der Frage eine Stellungnahme für die Schülerzeitung. Berücksichtige dabei die drei Texte.

Erwartungshorizont/Lösungshinweise

Bei dieser Aufgabe müssen die Schülerinnen und Schüler
- *sowohl die drei Texte auswerten*
- *als auch eigene Überlegungen anstellen.*

Die Texte geben die Positionen zweier Wissenschaftler – Pfeiffer und Aufenanger – wieder, die bereits aus dem Schülerbuch bekannt sind; sie knüpfen also gut an das im Unterricht behandelte Material an, ergänzt um den Namen Spitzer, der Pfeiffers Position unterstützt.

Die Schülerinnen und Schüler müssen erkennen, dass in den Texten unterschiedliche Schwerpunkte gesetzt werden: Zwar befassen sich alle mit dem Zusammenhang zwischen dem Umgang mit dem Computer und den (schulischen) Leistungen; aber Pfeiffer und Spitzer haben mehr den Computer als Spielgerät im Blick und ignorieren (Pfeiffer) bzw. leugnen (Spitzer) eine mögliche Verwendung des Geräts als Lernmedium, wohingegen die beiden anderen Texte ebendiesen Aspekt in den Vordergrund stellen. Aus der Gesamtheit der Texte ergibt sich so ein facettenreiches Bild, das Ansatzpunkte für eine differenzierte Auseinandersetzung bietet.

Aus den Texten können die Schülerinnen und Schüler folgende Argumente gewinnen:
Kritische Einstellung gegenüber dem Computer (Thesen und Argumente)

Z. 3 ff.	*These/Tatsachenbehauptung (Pfeiffer): Es gibt einen eindeutigen Zusammenhang zwischen der Zeit, die für das Computerspielen aufgewendet wird, und schlechten Schulleistungen.*
Z. 16 ff.	*Autoritätsargument: Berufung auf „Schulstatistiken und PISA-Studien" als Stützung der Behauptung, dass vor allem die Leistungen der Jungen abnehmen.*
Z. 25 ff.	*Konkretisierung in Form von Zeitangaben.*
Z. 32 ff.	*Weiteres Argument: negative Auswirkungen der beim Computerspielen ausgelösten Emotionen für die Gedächtnisleistung in Bezug auf Schulstoff.*
Z. 47 ff.	*These/Tatsachenbehauptung (Spitzer): Kinder und Jugendliche nutzten den PC nicht als Lernhilfe, sondern zum Spielen von Killerspielen.*
Z. 60 ff.	*Drastische Zuspitzung: Computer führen zu einer „Vermüllung der Gehirne".*

Positive Einstellung gegenüber dem Computer (Thesen und Argumente):

Z. 67 ff.	*Umgang mit dem Computer ist in unserer Welt selbstverständlich und wird vor allem auf dem Arbeitsmarkt vielfach vorausgesetzt.*
Z. 85 ff.	*50% der Schülerinnen und Schüler nutzen den Computer nicht nur zum Spielen, sondern auch zum Lernen.*
Z. 81 ff.	*Studien belegen eine positive Auswirkung der Computernutzung beim Lernen: regelmäßige Nutzer weisen bessere Schulleistungen auf.*
Z. 89 ff.	*Der nachgewiesene Zusammenhang zwischen der Dauer der Computererfahrung und den schulischen Leistungen verstärkt den Befund.*
Z. 102 f., 113 f.	*Durch den Umgang mit dem Internet lernen Kinder vernetztes Denken.*
Z. 114 ff.	*Sie erwerben außerdem Medienkompetenz, das heißt, sie lernen den kritisch-differenzierenden Umgang mit dem Medium.*
Z. 127 ff.	*Der Umgang mit dem Medium fördert allgemein das Denkvermögen.*

Inhaltliche Erwartungen an die Schülerarbeiten
Die Schülerinnen und Schüler sollten
- *die Einseitigkeit mancher Argumentationen herausstellen (s.o.) und so*
- *ein differenziertes Bild zeichnen,*
- *dabei eigene Erfahrungen und Beobachtungen einbeziehen*
- *und zu einem ausgewogenen Urteil gelangen, indem sie Probleme und Gefahren ebenso wenig leugnen wie die Vorzüge und den Nutzen des Computers.*

Formale Erwartungen an die Schülerarbeiten

Wichtige Gesichtspunkte sind hier:
- klare Gliederung in Einleitung (Darstellung/Erläuterung der zu erörternden Frage, evtl. mit Hinweis auf den provozierenden Ausspruch Spitzers als Anlass), Hauptteil und Schluss (Zusammenfassung, Bekräftigung des eigenen Standpunkts);
- im Hauptteil klarer Aufbau, das heißt durchgehend entweder Pro und Kontra im Block oder fortlaufend antithetisch;
- dabei sinnvolle Verwendung der Texte (unter Umständen korrektes Zitieren);
- Verknüpfung der einzelnen Gedankenschritte (sprachliche Kohärenz).

14 Die Macht der Medien – Sachtexte und Medien untersuchen

Vorschlag 2: Durch Fragen geleitet aus Sachtexten Informationen ermitteln, Informationen vergleichen, Textaussagen deuten und abschließend reflektieren und bewerten

Die Materialien können auch für einen anderen Aufgabentyp verwendet werden, der darin besteht, aus den Texten Informationen zu ermitteln, die Textaussagen zu deuten sowie abschließend zu reflektieren und zu bewerten. Die Aufgabenstellung könnte lauten:

[1] *Untersuche die vorliegenden Texte. Arbeite die jeweilige Aussage zum Thema „Computer im Kinderzimmer" heraus und stelle dar, wie die Texte das Thema jeweils behandeln.*

[2] *Verfasse zu einem der Texte einen Leserbrief, in dem du sowohl auf die vertretene bzw. wiedergegebene Position als auch auf die Art der Darstellung eingehst.*

Lösungshinweise/Erwartungshorizont

Der Unterschied zu der unter „Vorschlag 1" beschriebenen Aufgabenstellung ist folgender:
Es geht nicht nur um die dargestellten Positionen, sondern auch um die Texte selbst; diese sind zu sichten und zu bewerten. Die eigene Meinung ist hier also nur in Form einer Bewertung dieser Texte bzw. der in ihnen vertretenen Positionen gefragt (während bei der Aufgabenstellung oben die eigene Auseinandersetzung mit der aufgeworfenen Frage im Mittelpunkt steht und die Texte vorwiegend Argumentationshilfen darstellen).
*Gefordert ist also hier eine **Argumentationsanalyse** und die **Bewertung der Argumentation**.*

Bei dieser Aufgabenstellung sind folgende Aspekte wichtig:
- *Sowohl bei den Gegnern des Computers im Kinderzimmer als auch bei den Befürwortern dominiert als Form der These die Tatsachenbehauptung (Z. 3 ff., 76 ff.). Allerdings spielen auch Werturteile eine große Rolle: schlechtere (Z. 3) bzw. bessere Schulleistungen (Z. 78 f.). Dasselbe gilt für die Ebene der Argumente, etwa mit dem Hinweis auf das Herunterladen „verbotene[r] Dinge" (Z. 52 f.) oder – auf der Pro-Seite – auf die Hinführung zu einem „vernetzten Denken" (Z. 103, 113 f.) und die Denkschulung allgemein (Z. 127 ff.).*
- *Interessant ist, dass sowohl im ersten als auch im zweiten Text die PISA-Studie angeführt wird (Autoritätsargumente, Z. 17 und 80) – aber mit unterschiedlicher Zielrichtung. Hier müssten die Schülerinnen und Schüler abwägen, welche Aussage ihnen überzeugender erscheint. Das ist nicht leicht, aber ein gewichtender Gesichtspunkt kann in der differenzierteren Darstellung im „Hamburger Abendblatt" gesehen werden, die deutlich mehr Faktenargumente aufweist.*
- *Der erste Text unterscheidet sich von den beiden anderen auch hinsichtlich der sprachlichen Form. An vielen Stellen kann man ein eher unterschwelliges Argumentieren durch eine wertende Wortwahl nachweisen, das bereits in der Überschrift beginnt. Die wichtigsten Belege sind: die lapidare Behauptung „Computerspiele machen dumm" (Schlagzeile), „ballern" und „Schulfrust" (beides im Untertitel), die lapidare Reihung mit der als geradezu zwangsläufig suggerierten Schlussfolgerung („Computer, Gewalt, schlechte Noten – allgemeiner Lebensfrust." – Z. 3 f.), die Wendung „verbotene Dinge" (Z. 52 f.), die diffuse Ängste anspricht und an Pädagogenmoral appelliert, sowie Spitzers Formulierung „Vermüllung der Gehirne" (Z. 60 f.). Ein Leserbrief sollte diese Aspekte der Darstellungsform thematisieren. Eine differenzierte Stellungnahme könnte darüber hinaus unterscheiden zwischen den Positionen selbst, denen man eventuell zustimmen kann, und der Art der Darstellung, die man als „flott geschrieben" und daher leicht zu lesen, aber dadurch auch leicht suggestiv werten kann. Allerdings ist dies für die Klasse 9 bereits eine sehr hohe Erwartung.*
- *Insgesamt müsste bei dieser Aufgabenstellung auch die Einseitigkeit der Position von Pfeiffer und Spitzer kritisch herausgearbeitet und in Frage gestellt werden.*

Literaturhinweise

Breilmann, Sybille u. a. (Hg.): Computer, Internet & Co. im Deutschunterricht ab Klasse 5. Cornelsen Scriptor, Berlin 2003

Groeben, Norbert/Hurrelmann, Bettina (Hg.): Medienkompetenz. Bedingungen, Dimensionen, Funktionen. Juventa, Weinheim/München 2002

Hendricks, Wilfried (Hg.): Neue Medien in der Sekundarstufe I und II. Didaktik, Unterrichtspraxis. Cornelsen Scriptor, Berlin 2000

Kron, Friedrich W./Sofos, Alivisos: Mediendidaktik. Neue Medien in Lehr- und Lernprozessen. Reinhardt, München/Basel 2003 (UTB 2404)

Maier, Wolfgang: Grundkurs Medienpädagogik, Mediendidaktik. Ein Studien- und Arbeitsbuch. Beltz, Weinheim/Basel 1998

Möller, Erik: Die heimliche Medienrevolution – Wie Weblogs, Wikis und freie Software die Welt verändern. Heise, Hannover ²2006

Wermke, Jutta: Integrierte Medienerziehung im Fachunterricht. Schwerpunkt: Deutsch. KoPäd, München 1997

Fachzeitschriften zum Thema

Umgang mit Sachtexten:

Deutschmagazin (Oldenbourg) 4/2005, Schwerpunkt „Sachtexte"

Mit Sachtexten umgehen. Deutschunterricht (Westermann) August 2007

Sachbücher und Sachtexte lesen. Praxis Deutsch 189/Januar 2005

Umgang mit Medien:

Deutschmagazin (Oldenbourg) 1/2006, Schwerpunkt „PC und Internet"

ARBEITSTECHNIKEN UND METHODEN

15 Original und Fälschung – Den Computer nutzen

Konzeption des Gesamtkapitels

Anhand des Themas „Original und Fälschung" werden die Schülerinnen und Schüler in diesem Kapitel in Recherchestrategien und das Erstellen von Präsentationen mit dem Computer eingeführt. Das Kapitel ist didaktisch so angelegt, dass die Schüler anhand von vorgegebenen thematischen Beispielen exemplarisch den Weg von der Internetrecherche bis zur computergestützten Präsentation selbst nachvollziehen können. Im ersten und zweiten Teilkapitel bildet die Beschäftigung mit dem Begriff des Plagiats den inhaltlichen Schwerpunkt. Ausgehend von einem Artikel der Professorin Debora Weber-Wulff über Plagiatsversuche von Studenten wird das Problem „Urheberrecht – Plagiat" erörtert. Die Schülerinnen und Schüler führen dazu zunächst selbstständig Internetrecherchen durch und halten die Ergebnisse digitalisiert und übersichtlich geordnet fest. Zum Thema „Kunstfälschungen" bereiten sie eine Präsentation mit Hilfe eines Computerprogramms vor.

Im ersten Teilkapitel (**„WWW, Weblogs, Wikipedia – Internetrecherche"**) werden die Schülerinnen und Schüler dazu angeleitet, ihre Internetrecherchen zunächst sorgfältig zu planen und Recherchestrategien festzulegen. Ziel dieser Schritte ist es, ihnen zu verdeutlichen, dass eine gezielte Vorbereitung und planmäßige Durchführung von Internetrecherchen die Effektivität der Suche erheblich steigert und zu besseren Suchergebnissen führt. Dazu gehört es auch, dass Recherchewege protokolliert und Suchergebnisse bewertet werden. Gerade bei Beiträgen im Internet ist es zudem wichtig, nach bestimmten Kriterien zu überprüfen, ob die Internetseite und der Beitrag seriös und die dort gemachten Aussagen verlässlich sind.

Im Mittelpunkt des zweiten Teilkapitels (**„Präsentationsprogramme – Perfekt präsentieren"**) steht die Vorbereitung von Material, mit dem man einen mündlichen Vortrag medial unterstützen kann. In Anwendung ihrer bisherigen Kenntnisse über die Zusammenfassung von Texten können die Schülerinnen und Schüler hier anhand von Beispielen erproben, wie sie auf Folien eines Präsentationsprogramms Ergebnisse oder Thesen ihres Vortrags knapp und aussagekräftig formulieren und im Lay-out optisch ansprechend aufbereiten. Es soll ihnen verdeutlicht werden, dass gut vorbereitete und gut strukturierte Folien sowohl sie selbst beim Vortragen unterstützen als auch den Zuhörerinnen und Zuhörern eine zusätzliche Orientierung bei der akustischen Aufnahme bieten.

Gegenstand des dritten Teilkapitels (**„Darf man das Original verändern? – Eine Website entwickeln"**) ist einerseits – auf der Ebene der Problemorientierung – die urheberrechtliche Frage, ob ein Kunstkurs ein älteres Kunstobjekt an einem Schulgebäude durch Bemalen verändern darf. Andererseits geht es – auf der Ebene das fachlichen Lernzuwachses – um die Anleitung zur Erstellung einer Website.

15 Original und Fälschung – Den Computer nutzen

	Inhalte	Kompetenzen
S. 313	**15.1 WWW, Weblogs, Wikipedia – Internetrecherche**	Die Schülerinnen und Schüler können
		– ihre Alltagsvorstellung von „Original" und „Fälschung" beschreiben;
S. 314	Eine Professorin auf Plagiat-Jagd – Der große Online-Schwindel	– die Begriffe „Fälschung", „Plagiat", „Kopie" u. a. definieren und anhand von Beispielen erläutern;
		– einen Sachtext zum Thema „Plagiat" erschließen;
		– ihre persönliche Meinung zum Thema darstellen und begründen;
S. 316	Online-Lexika – Recherchestrategien festlegen	– Strategien für eine Recherche im Internet festlegen;
S. 317	Suchwerkzeuge und Suchbegriffe – Ein Rechercheprotokoll führen	– Suchbegriffe für eine effektive und gezielte Internetrecherche bestimmen;
		– Internetseiten bewerten;
		– Informationen von Internetseiten zusammenfassen und festhalten;
S. 319	Material in Dateien übersichtlich festhalten – Links anlegen	– Material digitalisiert aufbereiten, geordnet speichern und durch Links nutzerfreundlich und übersichtlich gestalten.
S. 321	**15.2 Präsentationsprogramme – Perfekt präsentieren**	Die Schülerinnen und Schüler können
		– ein Thema für einen adressatenbezogenen Vortrag vorbereiten;
		– mit einem Präsentationsprogramm Folien für einen mediengestützten Vortrag erstellen;
		– Textaussagen auf Folien mit optischen Effekten visuell stützen;
		– einen Vortrag mit Hilfe von Folien und Stichwortzetteln halten.
S. 324	**15.3 Darf man das Original verändern? – Eine Website entwickeln**	Die Schülerinnen und Schüler können
		– als Beispiel für den Inhalt einer Website die Problematik einer möglichen Urheberrechtsverletzung an einem Schulgebäude verfolgen;
		– die Website als verknüpfbare multimediale HTML-Datei definieren;
S. 325	A Die Startseite	– den Schritten zur Erstellung einer Startseite folgen und sie mit einem HTML-Editor erproben;
S. 327	B Die Inhaltsseiten – Der „content"	– die Aufteilung eines Inhalts für die Menüspalte planen;
		– digitale Textseiten erstellen und dem Menü (Inhaltsverzeichnis) zuordnen;
		– dabei die verschiedenen medialen Möglichkeiten (Text, Bild, Ton) einbeziehen;
		– wichtige Vorschriften zum Urheberrecht recherchieren;
S. 329	C Verlinken – Hyperlinks	– die Verlinkung von Textseiten und Menüs planen und durchführen;
		– dabei interne und externe Links unterscheiden.

15.1 WWW, Weblogs, Wikipedia – Internetrecherche

S. 313

1 Bei den Abbildungen im Schülerband handelt es sich um:
- links oben: Zeichnung von Leonardo da Vinci aus dem Jahr 1492. Die Studie stellt ein Proportionsschema der menschlichen Gestalt dar, die Leonardo nach den Grundlagen einer Abhandlung von Vitruv (Marcus Vitruvius Pollio) über die Theorie des wohlgeformten Menschen („homo bene figuratus") erarbeitete. Vitruv beschrieb darin anhand geometrischer Formen wie Kreis und Quadrat die Proportionen des Menschen.
- rechts: In diesem Bild wird Leonardo da Vincis Zeichnung karikiert, indem statt eines Menschen eine Ente (wie bei Walt Disney) den ästhetischen Maßstäben unterworfen wird.
- unten: Ausschnitt aus einem Comic bzw. einer Serigrafie von Roy Lichtenstein („May be", 1965). Der Ausschnitt wurde für die Rubrik „Original und Fälschung" in der Fernsehzeitschrift „Hörzu" verwendet. In der rechten Abbildung sind 17 kleine Fehler eingebaut, die der Betrachter finden soll.

Während bei der Abbildung des vitruvischen Menschen als Karikatur sofort deutlich wird, dass es sich um eine satirische Verzerrung des Originals handelt, fällt die Fälschung des Bildes von Lichtenstein zunächst nicht auf.

2 Es ist davon auszugehen, dass die Schülerinnen und Schüler selbstständig Beispiele für Fälschungen nennen können. Ansonsten könnte die Lehrerin/der Lehrer Impulse geben; z. B. könnten aufgeführt werden:
- im Bereich darstellende Kunst: Fälschungen von Bildern, Kopien von Skulpturen usw.
- im Bereich Literatur: z. B. Plagiatsvorwürfe bei Romanen, bei Sachbüchern (etwa der Versuch, Hitler-Tagebücher zu fälschen und als Original auszugeben);
- Plagiate in der Musikbranche;
- im Bereich Produktfälschung: z. B. Fälschungen von Uhren, Kameras, Taschen, Kleidung namhafter Hersteller und Designer;
- Fälschungen in der Forschung und in der Wissenschaft (z. B. Angaben des koreanischen Wissenschaftlers Woo-Suk Hwang von der Nationaluniversität Seoul, dass er einen Menschen geklont habe; Fälschungen von historischen Urkunden).

3 a) Begriffserklärungen: Die Definitionen der Begriffe sind abhängig vom jeweiligen Standpunkt und von der Beurteilung des Anteils an Eigenleistung. Insbesondere zum Begriff „Plagiat" gibt es durchaus unterschiedliche Ansichten (im Sinne von: aus einer Hausarbeit abschreiben = ein Plagiat; aus zwei Hausarbeiten abschreiben = ein Essay). Es werden daher im Folgenden die Quellen der Definitionen vermerkt:
- Fälschung: „Eine Fälschung (auch als ‚Falsifikat' bezeichnet) liegt vor, wenn einer eigenen Leistung die Urheberschaft eines anderen unterstellt wird." (Definition nach Wikipedia: http://de.wikipedia.org/wiki/F%C3%A4lschung)
- Plagiat: „Unter einem Plagiat versteht man die unrechtmäßige Nachahmung bzw. Veröffentlichung eines künstlerischen oder wissenschaftlichen Werkes, das von einem anderen geschaffen worden ist. Damit bedeutet Plagiat so viel wie Diebstahl geistigen Eigentums. Aber auch ein ganzes künstlerisches oder wissenschaftliches Werk, das auf diese Weise entstanden ist, wird als Plagiat bezeichnet." (Quelle: www.teachsam.de)
- Reproduktion: „Nachbildung, Wiedergabe eines Originals [...], Vervielfältigung" (Duden. Die deutsche Rechtschreibung. 24. Auflage. Dudenverlag, Mannheim u. a. 2006).
- Kopie: „Abschrift, Abdruck, Nachbildung, (Film) Abzug" (Duden, a. a. O.).

- *Replik: „vom Künstler selbst angefertigte Nachbildung eines Originals" (Duden, a.a.O.).*
- *Duplikat: eine Zweitschrift.*
- *Fake: „ugs. [umgangssprachlich] für Fälschung, Betrug, Schwindel" (Duden, a.a.O.), für den Bereich Kunst vgl. die Definition nach Wikipedia: „Der Begriff des Fake meint eine mimetische Nachahmung eines anderen Kunstwerks, die im Gegensatz zur Fälschung selbst auf ihren gefälschten Charakter hinweist." (http://de.wikipedia.org/wiki/Fake)*

b) *Verwendung der Begriffe in unterschiedlichen Bereichen:*
- *Bereich der darstellenden Kunst: Fake, Reproduktion, Fälschung, Replik;*
- *Bereich Literatur, Bereich Musik: Plagiat;*
- *Bereich Forschung: Fälschungen; wissenschaftliche Arbeiten: Plagiat;*
- *bei Urkunden: Fälschung und – in anderer Bedeutung – Duplikat, Kopie.*

Eine Professorin auf Plagiat-Jagd – Der große Online-Schwindel

S. 314

1 *Debora Weber-Wulffs Auseinandersetzung mit dem Problem des Plagiats begann, als sie sich dazu veranlasst sah, bei Arbeiten von Studenten zu prüfen, ob diese abgeschrieben hätten. Auf die Spur brachte sie eine Formulierung in einem Nebensatz einer Arbeit, die sie korrigieren und bewerten musste. Die Formulierung machte sie stutzig und bewegte sie, über Google nachzuforschen. Als sie einen Aufsatz mit genau dieser Formulierung fand und in der vorliegenden Arbeit die Quelle nicht verzeichnet war, wusste sie, dass der Aufsatz so nicht gewertet werden konnte. Stichproben bei Arbeiten anderer Studenten deckten weitere Plagiate auf. Das Verhalten mancher Studenten, die sie aufforderte, Plagiate zu gestehen, führte dazu, dass Debora Weber-Wulff ihre Suche intensivierte. Besonders die Aussage eines Studenten, Lehrer seien „„zu doof', mit dem Internet umzugehen" (Z. 69/70), bestärkte sie in ihrem Vorhaben.*
Die Aufdeckung abgeschriebener Passagen in Arbeiten von Schülern und Studenten gehört heute leider zum täglichen Geschäft von Hochschullehrern und Lehrern an Schulen. In der „Süddeutschen Zeitung" (9. Juli 2007) griff Anna Mielke unter dem Titel „Plagiatorenkämpfe" das Thema auf und legte dar, dass jemand, der heutzutage eine schriftliche Arbeit als Aufgabe vergibt, damit rechnen muss, dass ihm ein Plagiat abgeliefert wird.
Gute Informationen zum Thema „Plagiat" findet man über folgende Links:
- *http://www.teachsam.de/arb/internet/WWW/arb_www_2_5_1.htm#Plagiat.*
- *http://plagiat.fhtw-berlin.de/ff/startseite/fremde_federn_finden (Kurs über das Auffinden von Plagiaten, dort gibt es auch Definitionen zum Begriff).*
- *http://plagiat.fhtw-berlin.de (Internetseite von Debora Weber-Wulff zum Thema Plagiat, hier werden unter dem Punkt „Links" auch Artikel aus Zeitungen und Magazinen zum Thema angegeben, z. B. aus dem „Spiegel").*
- *http://www.f4.fhtw-berlin.de/~weberwu/papers/plagiat.shtml (Anleitung von Debora Weber-Wulff zum Entdecken von Plagiaten: Suchen im Internet für Lehrkräfte).*

2 *Debora Weber-Wulff beschreibt folgendes Vorgehen, um Ideendiebstahl aus dem Internet nachzuweisen (Z. 108–119): Von Textstellen, die einem plagiatverdächtig vorkommen, wählt man bestimmte Substantive, im Grunde genommen Schlüsselwörter, aus und gibt zwei oder drei davon in eine Suchmaschine ein. Man kann es auch mit der Suche nach besonders verschachtelten Sätzen oder Schreibfehlern probieren. Über die Suchergebnisse muss man weiterklicken, bis man auf die Quelle gestoßen ist.*

Es gibt inzwischen jedoch auch Software, die bei der Suche nach Plagiaten hilft, z. B.:
- *www.mydropbox.com*
- *www.turnitin.com*
- *www.m4-software.com*

Zusatzaufgabe:
Die Schülerinnen und Schüler können selbst einmal das Vorgehen von Debora Weber-Wulff nachvollziehen: Nimmt man z. B. an, dass ein Schüler in einem Referat oder Vortrag die Formulierung „Fälschungen am laufenden Band" oder „Dalí – Fälschungen am laufenden Band" aus fremder Quelle benutzt hat, gibt man diese Formulierung bei Google ein. Dann stößt man schnell auf die Seite: „Original und Fälschung in der Malerei" (zeitbild-de.academy4.com/files/de/downloads/Copyrights/KopVo_18bis22.pdf).
Ähnliche Versuche kann die Lehrerin/der Lehrer auch selbst anstellen.

3 a) *Über die Entschuldigungen der Studenten (Z. 86–100) soll diskutiert werden. Die Autorin hat diesen ja bereits zynische oder hämische Kommentare hinzugefügt, sodass die Schülerinnen und Schüler über die Entschuldigungen auch eher belustigt sein werden. Sie werden aber z. B. auch zugeben müssen, dass man sich als Student nicht mehr damit herausreden kann, etwas in der Schule nicht durchgenommen zu haben. Viele der Entschuldigungen klingen von vornherein unglaubwürdig. Strittig wird wahrscheinlich der Fall des Studenten beurteilt werden, der angeblich „nur" vier Zeilen abgeschrieben hatte (Z. 78–81). Die Frage dürfte lauten: Ist jede Arbeit Plagiat, in der die Quelle eines Zitats nicht angegeben wurde, auch wenn das Zitat nur wenige Zeilen umfasst?*

b) *Eine mögliche Antwort an den Studenten, der angeblich „nur vier Zeilen" abgeschrieben hat, könnte so lauten: Wer bewusst die Quelle eines Zitats nicht angibt, rechnet damit, dass die Täuschung nicht entdeckt wird. Eigentlich möchte sich derjenige gerne mit fremden Federn schmücken. Wird der Betrug aufgedeckt, muss man auch die Konsequenzen tragen.*

4 *Die Schülerinnen und Schüler sollen, nachdem sie sich mit dem Text beschäftigt und selbst recherchiert haben, über Plagiate und Täuschungsversuche mit Plagiaten Bescheid wissen. Ihnen muss verdeutlicht werden, dass Plagiate auf keinen Fall als Kavaliersdelikte beschönigt werden dürfen. Wer geistiges Eigentum anderer ohne Angabe von Quellen nutzt, verletzt das Urheberrecht und macht sich in der Regel sogar strafbar. Wenn ein Schüler oder Student sich mit Plagiaten einer Leistungskontrolle stellt, begeht er einen Täuschungsversuch. Wird der Täuschungsversuch entdeckt, können Diplome oder Examina aberkannt werden. Schüler müssen bei Plagiaten mit der Aberkennung der Leistung und der Note 6 rechnen. Die Schülerinnen und Schüler müssen lernen, dass sie Zitate kenntlich machen und mit einem korrekten Quellennachweis versehen müssen, dass sie bei Leistungsnachweisen, die sie mit Plagiaten erbracht haben, wegen eines Täuschungsversuchs mit Noten- oder Punktabzug zu rechnen haben und es sogar sein kann, dass sie null Punkte angerechnet bekommen.*
Bei ihren Begründungen sollten die Schülerinnen und Schüler die oben genannten Aspekte einbeziehen. Außerdem sollten sie bedenken, dass Beurteilungsverfahren ungerecht ablaufen, wenn unter den zu beurteilenden Arbeiten abgeschriebene Produkte sind. Wird eine solche Arbeit nicht als Täuschungsversuch entlarvt und gut bewertet, ist das äußerst ungerecht gegenüber denjenigen, die ihre Arbeit selbst geschrieben und sich Mühe gemacht haben.

15.1 WWW, Weblogs, Wikipedia – Internetrecherche

Online-Lexika –
Recherchestrategien festlegen

S. 316

1 Diese Aufgabe führt exemplarisch in das Vorgehen bei einer (Internet-)Recherche für Vorträge oder Referate ein. Sinnvollerweise geht man folgendermaßen vor:
– Man aktiviert sein Vorwissen;
– man benutzt Quellen, die einem unmittelbar zu Hause zur Verfügung stehen (Aufgabe a);
– man notiert Fragen, die sich aus dem Gelesenen ergeben, und vermerkt wichtige Begriffe, die mit dem Thema im Zusammenhang stehen (Aufgabe b, hier z. B. auch die Begriffe „Fake", „Fälschung" usw.);
– man schreibt in einer Stichwortliste oder einer Mind-Map verschiedene Aspekte des Themas auf.

2 a) Damit man erfolgreich und effektiv im Internet suchen kann, muss man zunächst einen Rechercheweg festlegen. Einen Einstieg in ein Thema erhält man über Online-Lexika, die meistens auch schon Links zu Beiträgen zum Begriff oder Thema anbieten. Dies kann man z. B. ausprobieren anhand des Artikels „Plagiat" bei dem Online-Lexikon Wikipedia: http://de.wikipedia.org/wiki/Plagiat.

b) Informationen über Suchmaschinen findet man über den Link http://www.suchfibel.de.
Web-Kataloge nutzt man in der Regel, wenn man einen ersten Einstieg in ein Thema sucht. Möchte man z. B. ein Referat über Sciencefictionbücher schreiben, kann man sich über einen Web-Katalog einen ersten Einblick verschaffen. Web-Kataloge haben die entsprechenden Internetseiten, die als Suchergebnisse angezeigt werden, bereits kategorisiert. Bekannte Web-Kataloge sind z. B. Dino: http://www.dino-online.de oder Fireball: http://www.fireball.de/. Sucht man z. B. bei Dino nach Sciencefictionliteratur, muss man die entsprechenden Kategorien „Freizeit und Lifestyle" – „Lesen" – „Literatur und Sprache" – „Bücher und Texte" aussuchen, bis man zur Kategorie „Sciencefictionliteratur" stößt – wenn man nicht direkt über „Suchen" geht.
In der Regel eignen sich zur Recherche eher Suchmaschinen wie Google oder Altavista. Man muss aber genau überlegen, welche Suchbegriffe oder Kombinationen von Suchbegriffen man einsetzt, um die Anzahl der Suchergebnisse effektiv eingrenzen zu können. Somit ist es gut, wenn man bereits einen Überblick über das Thema hat und sich auch schon darüber Gedanken gemacht hat, zu welchem speziellen Aspekt man recherchieren möchte. Beispiel: Gibt man bei Google den Suchbegriff „Plagiat" ein, erhält man über 2,5 Millionen Suchergebnisse. Gibt man aber speziell die Begriffe „Plagiat aufdecken Software" ein, schränkt man die Anzahl der Ergebnisse sinnvoll auf einen Aspekt ein und erhält „nur" etwas mehr als 800 Suchergebnisse.

Suchwerkzeuge und Suchbegriffe –
Ein Rechercheprotokoll führen

S. 317

1 a) Gerade bei Recherchen für umfangreiche Vorträge, Referate oder Facharbeiten sollte man die Recherchewege und Rechercheergebnisse protokollieren. Die auf Seite 317 im Schülerband abgebildete Übersicht stellt eine mögliche Anordnung für ein solches Rechercheprotokoll dar. Wenn man ein Protokoll erstellt hat, kann man zu einem späteren Zeitpunkt immer wieder auf die Angaben im Protokoll zurückgreifen und weiß sofort, bei welchen Seiten es lohnt, sie aufzurufen, und für welchen Bereich man dort Informationen findet.

b) Die Schülerinnen und Schüler sollen lernen, dass man aus den Internetadressen und kurzen Angaben zum Suchergebnis oft schon Schlüsse auf die Qualität oder den Inhalt einer Seite ziehen kann. Durch Erfahrung im Umgang mit dem Internet kann man so aus den Suchergebnissen Seiten auswählen, bei denen sich das Aufrufen und Ansehen lohnt.

c) Kriterien zur Überprüfung der Glaubwürdigkeit und Qualität der angegebenen Internetseiten sind im Merkkasten auf S. 318 im Schülerband aufgeführt.

2 Die Internetadresse http://plagiate.lernnetz.de/ sagt zunächst wenig über die Qualität oder Glaubwürdigkeit der Seite aus. Kenner aus dem Bildungsbereich wissen aber vielleicht, dass es sich um eine Seite des Landesbildungsservers Schleswig-Holstein handelt. Ruft man die Seite auf, liest man die Angabe „Landesbildungsserver Schleswig-Holstein" unten auf der Seite und hat damit die Gewissheit, dass es sich um eine vertrauenswürdige öffentliche Institution handelt. Über den Link „Impressum" auf der Seite erhält man genaue Angaben zum Autor bzw. Verantwortlichen der Seite. Wann die Seite zuletzt aktualisiert wurde oder ob sie regelmäßig gepflegt wird, ist nicht unmittelbar ersichtlich. Die Seite ist gut strukturiert, die Inhalte werden übersichtlich und verständlich dargeboten. Zu den einzelnen Aspekten werden zusätzliche Links angeboten. Zitate oder Quellen werden ordnungsgemäß genannt.

S. 319

Material in Dateien übersichtlich festhalten – Links angeben

1 – 3 Wenn die Schülerinnen und Schüler die Aufgaben 1 bis 3 nacheinander bearbeiten, können sie exemplarisch nachvollziehen, wie sie für ihre eigenen Referate oder Vorträge Dateien sinnvoll ordnen und speichern können. Insbesondere wenn man für ein längeres Dokument Dateien zusammenstellt, verliert man sonst bei vielen Einzeldateien leicht den Überblick. Legt man gleich bei der Bearbeitung innerhalb der Dateien Verweise (in Form von Links) zu anderen Dateien an, kann man zu einem späteren Zeitpunkt komfortabler damit arbeiten.

4 / 5 Falls die Schülerinnen und Schüler das Methodenkapitel behandeln, ohne dass sie an einem eigenen Referat arbeiten, können sie zum Thema „Plagiat" beispielhaft und in einem überschaubaren Zeitrahmen eine Internetrecherche in allen Schritten durchführen.

6 Solche „Anti-Plagiats-Regeln" könnten z. B. als Appelle formuliert sein.
Vorschlag für ein Tafelbild:

Anti-Plagiats-Regeln

- *Formuliert Texte selbst.*
- *Kopiert nicht einfach aus fremden Texten.*
- *Gebt die Quellen an, wenn ihr aus fremden Texten zitiert.*
- *Macht die Zitate kenntlich.*
- *Gebt im Literaturverzeichnis alle Quellen an, die ihr für eure Referate oder Vorträge benutzt habt.*

15.2 Präsentationsprogramme – Perfekt präsentieren

In Studium und Beruf ist es heute Standard, Vorträge, Referate oder Arbeitsergebnisse angemessen zu präsentieren; deshalb sollten Schülerinnen und Schüler rechtzeitig in Techniken zur Erstellung von Präsentationen und in die Arbeitsweise des foliengestützten Vortragens eingeführt werden. Im Prinzip funktioniert das Präsentieren mit Folien aus Präsentationsprogrammen genauso wie das Präsentieren mit Folien auf dem Overheadprojektor. Die Folien sind nur digitalisiert und werden mit einem Beamer an die Wand projiziert. Für den Vortragenden ist es einfacher, wenn er mit einem Klick zur nächsten Folie wechseln kann, anstatt jedes Mal eine neue Folie auflegen zu müssen. So kann er die Zuhörenden im Blick behalten und sich auf den Vortrag konzentrieren. Außerdem bieten viele Präsentationsprogramme, wie z.B. PowerPoint, die Möglichkeit, Fotos, Screenshots, Videos, Töne und andere Audiofiles einzubinden.

Den Schülerinnen und Schülern sollten Vorteile und Nutzen des foliengestützten Präsentierens verdeutlicht werden: Die Folien bieten eine Gedächtnisstütze für den Vortragenden; auf deren Basis kann er den Vortrag weitgehend frei halten. Für die Zuhörenden bieten die Folien eine Hilfe, um auf Wichtiges zu achten, die Struktur des Vortrags zu erkennen, den roten Faden nicht zu verlieren und dem Ablauf des Vortrags besser folgen zu können. Zentrale Begriffe prägen sich durch die visuelle Darbietung, unterstützt durch Grafiken und Schaubilder, besser ein.

Eine gute Einführung in das Programm PowerPoint für die Lehrerfortbildung:
– http://lehrerfortbildung-bw.de/werkstatt/praes/pp_tutorial/ueberblick.html
– http://www.teachsam.de/arb/powerpoint/pp_0.htm (noch im Aufbau)
Arbeitsblätter für den ersten Umgang mit PowerPoint enthält:
– *Rund um Textverarbeitung 7–10. Kopiervorlagen für den Deutschunterricht.* Erarbeitet von Anne Hingst und Claudia Kitzig. Cornelsen, Berlin 2007

1 – 6 *Die Aufgaben auf den Seiten 321–323 im Schülerband geben in ihrer Abfolge die Schritte vor, die die Schülerinnen und Schüler nachvollziehen sollten, wenn sie selbst eine Präsentation mit einem Präsentationsprogramm wie z. B. PowerPoint erstellen. Die Aufgaben können kaum exemplarisch an einem Beispiel geübt werden. Sinnvollerweise sollten die methodischen Schritte eingeübt werden, wenn die Schülerinnen und Schüler tatsächlich einen Vortrag oder ein Referat erarbeiten.*

S. 321

Die Abbildung der Folienmuster „Dalí – Fälschung am laufenden Band" auf S. 322 im Schülerband soll anhand von zwei Beispielen verdeutlichen, dass die Hinweise zur Foliengestaltung auf S. 321–322 im Schülerband beachtet werden müssen: Die rechte Folie ist kaum lesbar, wenn sie projiziert wird. Die linke Folie reduziert stark, arbeitet mit einer sinnvollen Aufteilung des Textes und hebt Wichtiges durch die Aufzählung hervor.

Es können auch gemeinsam Tipps für eine gute Präsentation formuliert werden, z.B.:
– *Die Präsentation muss in Sprachstil und Lay-out auf den Adressatenkreis abgestimmt sein.*
– *Das Ziel der Präsentation bzw. das Thema des Vortrags sollte eingangs deutlich genannt werden.*
– *Nur wichtige Inhalte oder Thesen werden auf den Folien präsentiert. Zusammenhänge werden im Vortrag hergestellt.*
– *Die Folien sollen auf keinen Fall einfach nur abgelesen werden. Der Vortragende spricht frei!*
– *Die vorgesehene Vortragsdauer muss unbedingt eingehalten werden. Zeit für Fragen oder für einen Austausch mit den Zuhörern am Schluss einplanen.*
– *Den Ablauf des Vortrags proben. Dabei üben, an welchen Stellen des Vortrags man die nächste Folie einsetzen möchte. Tipp: Der Vortragende kann sich die Folienübersicht ausdrucken und darauf Notizen zum Ablauf des Vortrags machen.*

15.3 Darf man das Original verändern? – Eine Website entwickeln

Mit der Auftaktseite (S. 324 im Schülerband) wird eine doppelte Spur durch das Teilkapitel eröffnet: Zum einen verfolgen die Schülerinnen und Schüler einen konkreten Fall, in dem am Gutenberg-Gymnasium Bergheim (Rhein-Erft-Kreis) ein Kunstkurs einen Fries am Schulgebäude farblich verändert hat, der vom Architekten ursprünglich nur in Beton gestaltet wurde (vgl. www.gugy.de/kultur/Graffiti/kunst_am_bau/startseite_gygy_kunst_am_bau.htm).
Der Fall ist Anlass, sich nach den Problemstellungen in den Teilkapiteln 15.1 und 15.2 nun mit der Frage zu befassen, wie das Urheberrecht die Nutzung und Veränderung fremder Werke regelt. Dabei sollen die Schülerinnen und Schüler darauf aufmerksam werden, dass sie fremde Werke nur unter bestimmten Bedingungen selbst ins öffentliche Internet stellen können.
Zum anderen sollen sie auf einer zweiten Spur durch das Teilkapitel konkret verfolgen, wie man eine eigene Website entwickelt, die dann gegebenenfalls auf der Homepage der Schule eingestellt werden kann.

S. 324

1 *Zur Beschreibung des Kunstobjekts vgl. S. 327 im Schülerband (allerdings ohne die dort aufgeführten Maßangaben).*

2 *Mögliche Rechercheziele, die sich aus den Fragen in der Mind-Map ableiten lassen:*
  – *zu Frage 1.: Beschreibung und Bedeutung des Kunstobjekts: Es sieht aus wie eine in sich verschachtelte Kleinstadt mit Häusern, Toren, Türen und Fenstern, Brücken und Unterführungen ...;*
  – *zu den Fragen 2 und 3.: Die Schülerinnen und Schüler stufen mit diesen Fragen den Betonfries als ein Kunstwerk ein, das einen Künstler als Urheber hat und das eine bestimmte Kunstepoche widerspiegelt;*
  – *zu Frage 4.: Von der Veränderung des Kunstobjekts kommen die Schülerinnen und Schüler auf die urheberrechtliche Problematik.*

S. 325

A Die Startseite

Eine gute Einführung ins Internet und in die Gestaltung einer Website und Homepage:
– www.www-kurs.de/
Zur Gestaltung einer Website einsetzbare Software
zum Sonderpreis für Schüler und Lehrer:
– Frontpage, aus dem Windows-Office-Paket (neben Word und Excel)
– Dreamweaver aus dem Adobe-Creative-Suite-Paket
kostenlos:
– Website-Generator von lo-net2: www.lehrer-online.de/lo-net2-ueberblick.php? (nach Anmeldung durch die Schule)
– KompoZer DE, einfacher deutschsprachiger HTML-Editor: www.nvu-composer.de
– Magix Website Maker: www.magix-website.com/de/
– Netscape Composer 7.1 (Download z. B.: www.netscape.de/netscapeprodukte/netscape71/download.html – dazu eine Einführung: www.html-seminar.de/seiten-ueber-composer.htm#composer-starten)

15.3 Darf man das Original verändern? – Eine Website entwickeln

Will man eine eigene Homepage erstellen, nach Anmeldung einer eigenen Domain bei einem Provider, dann hat die Startseite in der Regel den Dateinamen „index.html". Mögliche Dateinamen wären auch noch „index.htm", „index.php", „index.shtml", aber auch „home.html", „main.html".

Wird die eigene Website als Teil einer Homepage (z. B. der Schule) eingestellt – wie hier angenommen –, dann kann sie einen selbst gewählten Namen „startseite.htm" erhalten.

1 *Übernahme von zentralen Begriffen/Aspekten aus der Mind-Map in das Inhaltsverzeichnis der Website, z. B.:*
1. *Das Kunstobjekt und seine Bedeutung*
2. *Entstehung*
3. *Stil*
4. *Veränderung*

Ggf. kann in der Tabelle „Stil" auch vor „Entstehung" platziert werden: Die Tabelle soll den Frame für das Inhaltsverzeichnis spiegeln.

B Die Inhaltsseiten – Der „content" S. 327

1 *Entsprechend der GuGy-Mind-Map würden vier bis neun Seiten entstehen.*
Zuordnung der Nummern in der Mind-Map zu den Nummern im Inhaltsverzeichnis:
– *Mind-Map, Punkt 1 zu Inhalt 1 und 2;*
– *Mind-Map, Punkt 2 zu Inhalt 4;*
– *Mind-Map, Punkt 3 zu Inhalt 3;*
– *Mind-Map, Punkt 4 zu Inhalt 5.*

4 *Zuordnung der Ausschnitte aus den GuGy-Inhaltsseiten (S. 327/328 im Schülerband) zu den Stichworten im Inhaltsverzeichnis:*
– *Seite I zu 5;*
– *Seite II zu 1;*
– *Seite III zu 1;*
– *Seite IV zu 3.*

5 *Für Stichwort 4 sind Informationen zu dem Architekten und Künstler zu recherchieren: Entwurf des Objekts am GuGy gemäß Bauakte von 1970 durch Dipl.-Architekt Marcel Felten, *1925, †1992, Köln. (Auskunft: Bauamt der Stadt Bergheim, 2003/06)*
Informationen zu dem Architekten und Künstler **Marcel Felten** *findet man:*
– *mit Hilfe einer Suchmaschine;*
– *auf www.gugy.de/kultur/Graffiti/kunst_am_bau/der_kuenstler_architekt.htm;*
– *auf www.archinform.net/arch/9114.htm.*

6 *Urheberrecht eines Architekten: Sind Veränderung an seinem Werk erlaubt?*
Internetrecherchen ergeben zum Beispiel:

Gesetz über Urheberrecht und verwandte Gesetze

§ 2 Geschützte Werke
(1) Zu den geschützten Werken der Literatur, Wissenschaft und Kunst gehören insbesondere:
   1. Sprachwerke, wie Schriftwerke, Reden und Computerprogramme;
   2. Werke der Musik;
   3. pantomimische Werke einschließlich der Werke der Tanzkunst;
   4. Werke der bildenden Künste einschließlich der Werke der Baukunst und der angewandten Kunst und Entwürfe solcher Werke;
   5. Lichtbildwerke einschließlich der Werke, die ähnlich wie Lichtbildwerke geschaffen werden;
   6. Filmwerke einschließlich der Werke, die ähnlich wie Filmwerke geschaffen werden;
   7. Darstellungen wissenschaftlicher oder technischer Art, wie Zeichnungen, Pläne, Karten, Skizzen, Tabellen und plastische Darstellungen.
(2) Werke im Sinne dieses Gesetzes sind nur persönliche geistige Schöpfungen.

§ 14 Entstellung des Werkes
Der Urheber hat das Recht, eine Entstellung oder eine andere Beeinträchtigung seines Werkes zu verbieten, die geeignet ist, seine berechtigten geistigen oder persönlichen Interessen am Werk zu gefährden.

§ 23 Bearbeitungen und Umgestaltungen
Bearbeitungen oder andere Umgestaltungen des Werkes dürfen nur mit Einwilligung des Urhebers des bearbeiteten oder umgestalteten Werkes veröffentlicht oder verwertet werden.

§ 59 Werke an öffentlichen Plätzen
(1) Zulässig ist, Werke, die sich bleibend an öffentlichen Wegen, Straßen oder Plätzen befinden, mit Mitteln der Malerei oder Grafik, durch Lichtbild oder durch Film zu vervielfältigen, zu verbreiten und öffentlich wiederzugeben. Bei Bauwerken erstrecken sich diese Befugnisse nur auf die äußere Ansicht.
(2) Die Vervielfältigungen dürfen nicht an einem Bauwerk vorgenommen werden.

(Quelle: http://bundesrecht.juris.de/urhg)

Auf einer Seite, auf der Rechstanwälte juristische Informationen anbieten, finden sich folgende Informationen:

Werkbegriff, Urheberpersönlichkeitsrechte

Werkbegriff: Wenn ein Werk vorliegt, besteht urheberrechtlicher Schutz. Werke sind nach § 2 Abs. 2 persönliche geistige Schöpfungen. Nach der Rechtsprechung des Bundesgerichtshofs (BGH) muss eine persönliche geistige Schöpfung nicht auf einen bestimmten Zweck gerichtet sein. Voraussetzungen sind, dass eine persönliche Schöpferkraft vorliegt, das Ergebnis dieser Schöpferkraft eine gewisse Gestaltungshöhe erreicht (z. B. nicht bei Abschreiben) und sich das Ergebnis in sinnlich wahrnehmbarer Form konkretisiert
Urheberpersönlichkeitsrechte: [diesen Fall betreffend] Weiter ist zu nennen das Recht auf Schutz vor Entstellung des Werkes (§ 14). Als Entstellung sind verschiedene Formen tiefgreifender Beeinträchtigung zu verstehen, etwa das Verändern, Verzerren, Beschädigen und nach umstrittener Ansicht bzw. in bestimmten Fällen auch das Vernichten. Bei der Anwendung von § 14 besteht ein struktureller Konflikt zwischen (materiellem) Eigentum und (immateriellem) Urheberrecht. Es gilt, beide Materien strikt voneinander zu trennen. Die Lösung im Einzelfall muss unter Abwägung der jeweils betroffenen Interessen gelöst werden.
Fall: X erwirbt ein „Hundertwasser-Haus" zu Eigentum. Er will Änderungen an der Außen-

fassade vornehmen. Die Angehörigen von Hundertwasser verweigern ihre Zustimmung. Muss man die Angehörigen um Zustimmung fragen? Wenn ja, dürfen sie die Zustimmung verweigern?
[...] Will der Eigentümer das Gebäude aus Gründen der Zweckmäßigkeit neu gestalten, kann er verlangen, dass – notfalls vor Gericht – zwischen seinen Modernisierungswünschen und dem Urheberrecht des Architekten abgewogen wird. Bei einem Umbau aus rein ästhetischen Überlegungen gilt dies jedoch nicht. Wer ein Buch zu Eigentum erwirbt, erwirbt damit nicht zugleich das Recht, es beliebig zu vervielfältigen und kommerziell zu verwerten.

(Quelle: www.sakowski.de → Menü → IT-Recht → Onlinerecht → Urheberrecht I)

7 Zur notwendigen Beachtung des Urheberrechts bei Veröffentlichungen auf einer Website:

Verwertungsrechte

a. Allgemeines
Während die Urheberpersönlichkeitsrechte dem Schutz der geistigen und persönlichen Beziehungen des Urhebers zu seinem Werk dienen, schützen die Verwertungsrechte i.S. d. §§ 15–23 UrhG die wirtschaftlichen Interessen des Urhebers. Das Urheberrecht ordnet dem Urheber den Wert des Werks dadurch zu, dass es ihm die ausschließliche Befugnis zur Verwertung des Werks einräumt, ergänzt durch Vergütungsansprüche gegen bestimmte Werknutzer. Nur der Urheber selbst entscheidet über die Verwertung seines Werks, namentlich über die Vervielfältigung, Verbreitung, öffentliche Wiedergabe etc. Grundsätzlich dürfen andere Personen das urheberrechtlich geschützte Werk nur mit Zustimmung des Urhebers und nach Einräumung entsprechender Nutzungsrechte verwenden (§ 34 Abs. 1 UrhG). Damit hat der Urheber die Möglichkeit, sich die Zustimmung zur Nutzung seines Werks vergüten zu lassen, um so eine Beteiligung an der wirtschaftlichen Verwertung seines Werks zu erlangen. Nur für den Fall, dass die Nutzung des urheberrechtlich geschützten Werks durch eine so genannte Schranke des Urheberrechts gedeckt ist, ist die Nutzung ausnahmsweise zustimmungsfrei (vgl. unter Urheberrecht V.).

(Quelle: www.leitfaden-multimediarecht.de/index.php?id=urheb/urheb_4_3_a)

Urheberrechte im Internet

Um einen urheberrechtlichen Anspruch für Inhalte im Internet geltend machen zu können, müssen die Anforderungen des § 2 Abs. 2 Urheberrechtsgesetz (UrhG) erfüllt sein. Die Homepage muss eine persönliche geistige Schöpfung des Urhebers sein, also ein Werk darstellen. Ist dies der Fall, stehen dem Urheber insbesondere die Verwertungsrechte der §§ 15 ff. UrhG zu, mit deren Hilfe er eine Vergütung für sein Werk erlangen kann. Um den Anforderungen des § 2 Abs. 2 UrhG zu genügen, muss das Werk das Ergebnis individuellen Schaffens sein und eine gewisse Gestaltungshöhe erreichen. Dabei ist jedoch kein zu hoher Maßstab anzulegen, weshalb die Mehrzahl der Homepages im Internet diese Anforderung erfüllen dürfte.
Da auch frei zugängliche Texte im Netz in einer so genannten HTML-Datei – der Computersprache des Internets – veröffentlicht werden müssen, um an den Bildschirmen der Nutzer lesbar zu sein, können diese Texte trotz

nicht schutzwürdiger Inhalte als Datei gem. § 2 UrhG Schutz genießen. Außerdem kann der in einer Internetseite enthaltene Text als Sprachwerk gem. § 2 Abs. 1 Nr. 1 UrhG geschützt sein, Grafiken als Werke bildender Kunst nach § 2 Abs. 1 Nr. 4 UrhG und Fotos nach § 2 Abs. 1 Nr. 5 UrhG.

(Quelle: www.rechtsanwaltmoebius.de/ internetrecht/#Anker4)

8 Aus dem „Leitfaden Kunst am Bau", herausgegeben vom Bundesministerium für Verkehr, Bau- und Wohnungswesen:

Kunst am Bau

Die öffentliche Hand steht mit ihren Bauwerken in besonderer Weise im Blickfeld der Öffentlichkeit. Ihr kommt eine baukulturelle Verantwortung und Vorbildfunktion zu. Der Bund bekennt sich zu dieser Verantwortung. Seine Bauwerke sollen, insbesondere wenn sie herausgehobenen gesamtstaatlichen Funktionen dienen und an exponierten Standorten stehen, das baukulturelle Niveau und Verständnis in unserem Land widerspiegeln und nationale Visitenkarte sein. Kunst am Bau ist ein Element von Baukultur, das deren Qualität und Ausdruckskraft mitprägt. Kunst am Bau ist daher ein integraler Bestandteil der Bauaufgabe und Bauherrenverantwortung. Kunst am Bau ist eine besondere künstlerische Aufgabe mit unmittelbarem öffentlichen Bezug. Künstlerische Idee und Bauaufgabe sollen sich ergänzen. Der Orts- und Objektbezug der Kunst am Bau trägt dazu bei, Akzeptanz und Identifikation der Nutzer mit ihrem Bauwerk sowie in der Öffentlichkeit zu stärken, Aufmerksamkeit herzustellen und Standorten ein zusätzliches Profil zu geben.

(Quelle: www.bmvbs.de/ architektur-baukultur/download/ LeitfadenKunstamBau.pdf)

C Verlinken – Hyperlinks

Beim Verlinken ist sehr sorgfältig vorzugehen. Man muss unterscheiden:
– Verlinken zu einer Datei im eigenen Ordner, der alle Dateien der eigenen Website enthalten muss,
– und Verlinken zu einer fremden Website, ein externer Link.

Literaturhinweise

Breilmann, Sybille/ Grunow, Cordula/ Schopen, Michael (Hg.): Computer, Internet & Co. im Deutschunterricht ab Klasse 5. Cornelsen Scriptor, Berlin 2003

Eder, Bernd/ Kodym, Willibald/ Lechner, Franz: Europäischer Computer-Führerschein. Powerpoint. Cornelsen Scriptor, Berlin 2001

Fenske, Ute: Rund ums Internet 7–10. Kopiervorlagen für den Deutschunterricht. Cornelsen, Berlin 2004

Weitere Bestandteile des Lehrwerks neben diesen Handreichungen für den Unterricht sind:
- der Schülerband (ISBN 978-3-464-68059-9; ISBN 978-3-464-68106-0),
- das Arbeitsheft mit Lösungen (ISBN 978-3-464-68065-0; ISBN 978-3-464-68109-1),
- das Orientierungswissen (ISBN 978-3-464-68116-9).

Redaktion: Christa Jordan, Eltville

Umschlagfoto: Thomas Schulz, Berlin
Gesamtgestaltung: Katharina Wolff
Illustrationen: Thomas Binder, Magdeburg
Technische Umsetzung: Uwe Rogal, Berlin

www.cornelsen.de

Die Links zu externen Webseiten Dritter, die in diesem Lehrwerk angegeben sind, wurden vor Drucklegung sorgfältig auf ihre Aktualität geprüft. Der Verlag übernimmt keine Gewähr für die Aktualität und den Inhalt dieser Seiten oder solcher, die mit ihnen verlinkt sind.

Das Werk berücksichtigt die Regeln der reformierten Rechtschreibung und Zeichensetzung. Bei den mit R gekennzeichneten Texten haben die Rechteinhaber einer Anpassung widersprochen.

1. Auflage, 3. Druck 2011

© 2008 Cornelsen Verlag, Berlin

Das Werk und seine Teile sind urheberrechtlich geschützt.
Jede Nutzung in anderen als den gesetzlich zugelassenen Fällen bedarf
der vorherigen schriftlichen Einwilligung des Verlages.
Hinweis zu den §§ 46, 52a UrhG: Weder das Werk noch seine Teile dürfen ohne eine solche Einwilligung eingescannt und in ein Netzwerk eingestellt oder sonst öffentlich zugänglich gemacht werden.
Dies gilt auch für Intranets von Schulen und sonstigen Bildungseinrichtungen.

Druck: H. Heenemann, Berlin

Allgemeine Ausgabe:
ISBN 978-3-464-68071-1

Ausgabe für den Abschluss der Sekundarstufe I in Klasse 9:
ISBN 978-3-464-68110-7

Inhalt gedruckt auf säurefreiem Papier aus nachhaltiger Forstwirtschaft.